Bankkaufleute

Rechnungswesen

nach Lernfeldern

von

Rudolf Mayländer

Werner Krapf

Ulrich Klotz

Siegfried Kaiser

unter Mitarbeit der Verlagsredaktion

Winklers

Im Mittelpunkt des Berufsbildes für Bankkaufleute steht die Vermittlung von Handlungskompetenz in Form von **fachlicher, sozialer, persönlicher und methodischer Kompetenz.** Die Konzeption des Buches versucht diesen Herausforderungen Rechnung zu tragen.

Die Auszubildenden werden in diesem Buch an die **Logik des Rechnungswesens** herangeführt und konsequent zum **ergebnisorientierten Denken und Handeln** angeregt.

Grundlage für die Inhalte des Buches sind die **Ausbildungsordnung für Bankkaufleute,** die **Lehrpläne der Bundesländer** und **der Rahmenlehrplan für den Ausbildungsberuf Bankkaufmann/-frau** der Kultusministerkonferenz.

Der Kontenplan des Zentralen Prüfungsausschusses der IHK, der erstmals in den bundesweiten Zwischen- und Abschlussprüfungen 2010 verwendet wird, ist die Basis für einen notwendigerweise erweiterten Kontenplan in diesem Buch.

Durch die übersichtliche Darstellung und den didaktischen Einsatz von Farben wird mit der aktuellen Neuauflage die Lernbelastung weiter reduziert.

Folgende Lernfelder sind enthalten:

Lernfeld 3 Unternehmensleistungen erfassen und dokumentieren
Lernfeld 8 Kosten und Erlöse ermitteln und beeinflussen
Lernfeld 9 Dokumentierte Unternehmensleistungen auswerten

Methodisch werden die **Inhalte** durchgehend anhand von **Praxisfällen** zur Problemstellung eingeleitet. Nach der **Sachdarstellung** durch Definitionen, Beschreibungen, Erläuterungen, Beispiele, Grafiken und Übersichten werden die Fälle gelöst. Es schließen sich **handlungsorientierte Aufgaben** an, die zur Erschließung, Erarbeitung, Festigung und Vertiefung des Stoffes dienen können. **Diese *praxis- und fallorientierte Darstellung*** ermöglicht den Einsatz des Buches in der Aus- und Weiterbildung als **handlungs- und entscheidungsorientiertes Medium.**

Wir bedanken uns bei allen Praktikern in den verschiedenen Kreditinstituten, die uns immer bereitwillig mit Rat, Tat und Unterlagen zur Seite gestanden haben.

Gerne nehmen wir von den Lesern kritische Anregungen und Hinweise entgegen, die zur Verbesserung des Buches beitragen.

Frühjahr 2010 *Die Autoren*

2., erweiterte und neu bearbeitete Auflage, 2010
Druck 1, Herstellungsjahr 2010

Westermann Schroedel Diesterweg
Schöningh Winklers GmbH
Postfach 33 20, 38023 Braunschweig
Telefon: 01805 996696* Fax: 0531 708-664
service@winklers.de
www.winklers.de
Redaktion: Norbert Knur, Braunschweig
Lektorat: Jürgen Umstadt, Worms
Druck: westermann druck GmbH, Braunschweig
ISBN 978-3-8045-**5484**-9

* 14 ct/min aus dem deutschen Festnetz, Mobilfunk maximal 42 ct/min

Lernfeld 8 **Kosten und Erlöse ermitteln und beeinflussen**

14 Kosten und Erlöse ermitteln und beeinflussen

Lernfeld 9 **Dokumentierte Unternehmensleistungen auswerten**

15 Dokumentierte Unternehmensleistungen auswerten

Lernfeld 3

Unternehmensleistungen erfassen und dokumentieren

1 Rechnungswesen im Unternehmen
- Bedeutung des Rechnungswesens
- Teilbereiche des Rechnungswesens
- Aufgaben der Buchführung im Rechnungswesen
- Gesetzliche Grundlagen zur Buchführung
- Grundsätze ordnungsgemäßer Buchführung

2 Inventur und Inventar
- Inventur
- Inventar

3 Bilanz
- Bedeutung der Bilanz
- Bankbilanz
- Bilanzen von Nichtbanken

4 Wertänderungen in der Bilanz durch Geschäftsfälle
- Bilanzwertänderungen – handlungsorientierte Themenbearbeitung
- Erfolgsneutrale und erfolgswirksame Geschäftsfälle
- Jahresabschlussbilanz und Tagesbilanz
- Bilanzwertänderungen – Lösung der handlungsorientierten Themenbearbeitung

5 Auflösung der Bilanz in Bestandskonten
- Das Konto
- Aktivkonten und Passivkonten des Hauptbuches
- Erfassung von Geschäftsfällen im Hauptbuch
- Abschluss der Bestandskonten
- Erfassung der Geschäftsfälle im Grundbuch/Buchungssatz/Organisation der Buchführung mit Kontenrahmen und Kontenplan

6 Erfolgskonten
- Erfassung von erfolgswirksamen Geschäftsfällen im Hauptbuch
- Abschluss der Erfolgskonten
- Geschäftsgang mit Abschluss auf GuV und Schlussbilanz

→

7 Buchführung mit Warenkonten in einem Handelsbetrieb als Partner des Kreditinstituts

- Unterschiede in der Buchführung Handel - Kreditinstitute
- Wichtige Konten in der Handelsbuchführung
- Buchen auf den Warenkonten eines Handelsbetriebes

8 Abschreibung

- Wertminderung bei Gebrauchtsgütern
- Erfassung von Wertminderungen bei Gebrauchsgütern
- Buchen der Abschreibung in Grund- und Hauptbuch

9 Umsatzsteuer

- Mehrwertsteuersystem
- Buchen der Mehrwertsteuer
- Umsatzsteuerpflicht und Umsatzsteuerfreiheit
- Behandlung der Umsatzsteuer bei Kreditinstituten
- Berechnen der Mehrwertsteuer mit der Prozentrechnung vom Hundert und auf Hundert

10 Kontokorrentkonten – Kundenkontokorrent und Bankenkontokorrent

- Kundenkontokorrentkonto
- Bankenkontokorrentkonto

11 Personalaufwendungen

- Lohnsteuer und Kirchensteuer
- Sozialversicherung
- Umlagefinanzierung und Kapitaldeckung bei der Rente
- Vermögenswirksame Leistungen
- Buchung der Personalaufwendungen

12 Buchungen typischer Bankdienstleistungen

- Buchungen im Kassenverkehr
- Buchung von Schecks und Lastschriften
- Buchungen beim Kauf und Verkauf von Effekten
- Buchungen von Zinsen und Gebühren

13 Jahresabschluss der Kreditinstitute

- Jahresabschlüsse und ihre Bestandteile
- Bewertung von Gütern des Anlagevermögens
- Periodengerechte Ergebnisabgrenzung
- Rückstellungen
- Bewertung von Wertpapieren nach HGB
- Bewertung von Forderungen
- Vorsorge für allgemeine Bankrisiken
- Übersicht über verschiedene Buchungen der Vermögensbewertung
- Bedeutung stiller Reserven
- Richtlinien für die Bilanzdarstellung nach HGB/IAS/IFRS

54848

1 Rechnungswesen im Unternehmen

1.1 Bedeutung des Rechnungswesens

Praxisfälle

- Kunde Spar zahlt am Kassenschalter der Handelsbank 500,00 € auf sein Sparkonto ein.
- Kunde Braig hebt am Geldausgabeautomaten 400,00 € ab.
- Kundin Authe erkundigt sich nach den Preisen für die Kontoführung auf ihrem Girokonto.
- Ehepaar Braun möchte zur Anschaffung eines neuen Autos einen Ratenkredit.
- Firmenkunde Lässig möchte einen Kredit für die Vergrößerung seiner Lagerhaltung.
- Kai Rahn als Auszubildender der Handelsbank stellt bei der Kassenaufnahme zusammen mit dem Kassierer auf der Zweigstelle, nachdem der Bestand zweimal nachgezählt und sämtliche Belege überprüft wurden, einen Überschuss von 20,00 € fest.
- Der Privatkundenberater Frey möchte eine Gehaltserhöhung, da er seine Arbeitsleistung höher einschätzt als seine derzeitige Bezahlung.
- Das Kreditinstitut plant die Einstellung einer neuen Mitarbeiterin für den Servicebereich der Hauptstelle.

Das Rechnungswesen dient als Grundlage für Entscheidungen. Kaufleute allgemein und Bankkaufleute im Besonderen sind im Geschäftsleben laufend gefordert Entscheidungen zu treffen. Unter anderem in nachfolgenden Bereichen stehen in Unternehmen immer wieder wichtige Entscheidungen an:

- Maßnahmen zur Festigung oder Erhöhung des Marktanteils

Beispiele

– *Soll um neue jugendliche Kunden aktiv geworben werden?*
– *Soll ein neues attraktives Sparprodukt für Berufsanfänger entwickelt werden?*

- Kreditentscheidungen

Beispiele

– *Soll ein Ratenkredit an das Ehepaar Braun gegeben werden?*
– *Hat das Kreditinstitut genügend Mittel, um dem innovativen Handwerkerkunden Lässig einen großen Kredit für die geplante Werkhalle herauszulegen?*

- Gestaltung der Angebotspalette des Kreditinstituts

Beispiele

– *Soll sich das Kreditinstitut mit einer neu zu schaffenden Immobilienabteilung verstärkt als Immobilienmakler engagieren?*
– *Soll sich das Kreditinstitut bei der Emission von Wertpapieren für Aktiengesellschaften beteiligen?*

- Personalentscheidungen

Beispiele

– *Sollen neue Mitarbeiter eingestellt werden?*
– *Muss aus Kostengründen eine Zweigstelle geschlossen und das dortige Personal für andere Aufgaben geschult werden?*

- Mitarbeiterentscheidungen

Beispiele

– *Lohnt es sich, dem Kunden Spar zwei Stunden zu „opfern", um ihm eine kompliziertere Geldanlageform zu erklären und schließlich zu verkaufen, oder bieten wir ihm eine leicht verständliche Sparform an?*
– *Ist es Erfolg versprechend, mit der Geschäftsleitung über eine Gehaltserhöhung zu sprechen, oder lohnt dieser Aufwand wegen der aktuellen Ertragslage des Kreditinstituts nicht?*

Solche und viele weitere Entscheidungen können auch vom einzelnen Mitarbeiter nur mit gut aufbereitetem Zahlenmaterial aus dem Rechnungswesen zufriedenstellend getroffen werden. Mitarbeiter von Kreditinstituten und nicht nur Geschäftsleitung, Controller und Buchhalter brauchen ein Grundverständnis für das Rechnungswesen, um in ihrem jeweiligen Bereich betriebliche Entscheidungen treffen zu können.

1.2 Teilbereiche des Rechnungswesens

Das Rechnungswesen ist ein umfassendes Instrument zur Steuerung von Unternehmen. Zum Rechnungswesen gehören folgende Teilbereiche:

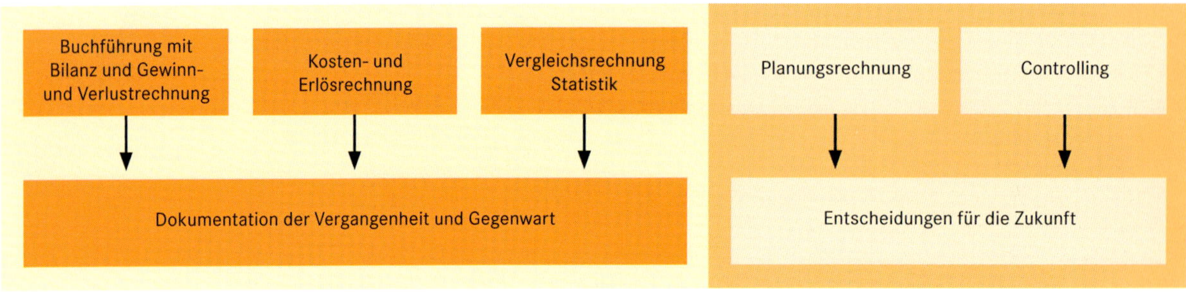

Buchführung

In der Buchführung werden alle finanziellen Geschäftsvorfälle dokumentiert. So kann der Erfolg eines Geschäftsjahres ermittelt werden.

Praxisfall

Die Einzahlung auf das Sparkonto des Kunden Spar, die Abhebung am Geldautomaten durch den Kunden Braig und der Kassenüberschuss müssen in der Buchführung dokumentiert werden. Für die Einzahlung ist ein Einzahlungsbeleg auf Papier oder in elektronischer Form zu erstellen. Die Auszahlung am GAA (Geldausgabeautomat) wird elektronisch erfasst. Wenn dies alles nicht festgehalten wird, kann am Abend weder die Kasse abgestimmt werden, noch ist feststellbar, wie der Kontostand auf dem Kundenkonto ist. Die Nachfrage der Kundin Authe nach Konditionen ist kein finanzieller Geschäftsvorfall, sie muss in der Buchführung nicht festgehalten werden.

Bilanz

Die Bilanz (siehe Kapitel 3) ist die übersichtliche Zusammenfassung des Vermögens und der Schulden als Informationsquelle für das Unternehmen selbst, für die Finanzbehörde, eventuell für Gläubiger und Mitarbeiter, bei Kreditinstituten ferner für die Bankenaufsicht der Bundesbank (BuBa).

Praxisfall

Der Guthabenbestand des Kunden Spar auf seinem Konto muss dem Kunden gegenüber in seinem Sparbuch oder Kontoauszug und am Jahresschluss in der Bilanz in der Summe mit allen anderen Sparkundenverbindlichkeiten unter der Position „Verbindlichkeiten gegenüber Kunden" erfasst werden. So können sich z.B. Anleger ein Bild von der Unternehmenslage machen.

Gewinn- und Verlustrechnung

Die Gewinn- und Verlustrechnung (siehe Kapitel 6) ist Ergebnis der Buchführung. In ihr wird durch Gegenüberstellung von Aufwand und Ertrag der Erfolg des Unternehmens als Gewinn oder Verlust festgestellt.

Praxisfall

Die Gewinn- und Verlustrechnung enthält den Gehaltsaufwand für den Privatkundenberater Frey. In ihr sind auch die Erträge (zum Beispiel Provisionen) enthalten, die durch dessen Beratertätigkeit erwirtschaftet werden.

Kosten- und Erlösrechnung

In der Kosten- und Erlösrechnung werden sämtliche anfallenden Kosten im Unternehmen ermittelt und den Erlösen aus Unternehmensleistungen (Bankdienstleistungen) zur Preisbildung zugeordnet.

Beispiel

*Die **Kosten** aus dem Bereich Privatkundengeschäft (Zins-, Personal- und Sachkosten), die ebenfalls dokumentiert werden, werden den entsprechenden **Erlösen** (Zinserlös aus Kreditvergabe, Provisionserlöse) gegenübergestellt. So kann ermittelt werden, wie rentabel die Abteilung „Privatkundengeschäft" arbeitet. Ob neue Mitarbeiter oder Auszubildende eingestellt oder Filialen geschlossen werden, ob Zinsen gesenkt werden oder die Werbung für Investmentsparen oder um vermögende Privatkundschaft verstärkt wird, meist sind für solche unternehmerischen Entscheidungen Zahlen aus der Vergangenheit nötig. Bei der Kalkulation des Preises für eine Überweisung muss nicht nur der Preis der Mitbewerber berücksichtigt werden, sondern alle Kosten, die bei dieser Leistung anfallen.*

Vergleichsrechnung/Statistik

Die Statistik erfasst die Anzahl und/oder den Zeitaufwand von Wiederholungsvorgängen im Zeitablauf und dient dem Vergleich mit früheren Perioden oder anderen Unternehmen derselben Branche und ist dadurch Informationsquelle für Unternehmensentscheidungen.

Beispiel

*In der **Statistik** wird die Anzahl der Zahlungsverkehrsvorgänge im Jahr erfasst. Wenn die Gesamtkosten der Zahlungsverkehrsabteilung am Jahresschluss vorliegen, können die Kosten für die einzelne Buchung ermittelt werden.*

Planungsrechnung

In der Planungsrechnung werden die unterschiedlichen betrieblichen Ziele in Teilpläne für verschiedene Planperioden optimiert.

Beispiel

Unternehmerische Entscheidungen, wie die Einführung einer neuen Sparform, ergeben sich aus Unternehmenszielen wie zum Beispiel eine Erhöhung der Spareinlagen bis zum Jahr 2012 um 10 %. Die Einführung der Sparform wirkt in die Zukunft. Die erwarteten Auswirkungen (Entwicklung der Einlagen, Zinskosten, ...) werden erfasst und können so später mit den tatsächlich eingetretenen Wirkungen verglichen werden.

Controlling

Controlling ist die Planung, Steuerung und Überwachung aller Unternehmensaktivitäten unter den Gesichtspunkten Rentabilität, Sicherheit, Liquidität und Wachstum.

Beispiel

Nach Einführung einer neuen Sparform muss überprüft werden, inwieweit die Planziele erfüllt sind. Plan-Soll und Ist werden verglichen. Fachleute greifen unternehmenssteuernd ein. Sie beschließen eventuell, den Werbeetat zu erhöhen, wenn sich zeigt, dass die Sparform nicht wie gewünscht von den Kunden angenommen wird.

→

Praxisfälle

- Die Controlling-Abteilung hat festgestellt, dass es für den Unternehmenserfolg des Kreditinstituts wichtig ist, Kunden bei verschiedenen Kontakten im Servicebereich auf die verschiedenen Bankleistungen direkt anzusprechen. Deshalb werden zusätzlich gut ausgebildete Mitarbeiter eingestellt.
- Ob dem Kunden Lässig der Kredit gewährt wird, hängt nicht nur von den Buchhaltungszahlen des Kreditinstituts ab. Aus ihnen ist ersichtlich, ob die entsprechenden Mittel flüssig/liquide sind. Auch das Zahlenmaterial aus dem Rechnungswesen des Kunden ist aufschlussreich. Diese Zahlen sind wichtig, um seine Kreditwürdigkeit prüfen zu können.
- Nach den vorliegenden Planzahlen für den Berater Frey hat er das Jahresziel, Bausparverträge in Höhe von 2 Mio. € abzuschließen. Frey hat bereits bis November für 2 Mio. € Bausparverträge verkauft. Wenn der Berater Frey das Rechnungswesen seines Arbeitgebers kennt, kann er tatsächlich einschätzen, ob bei ihm eine Gehaltserhöhung gerechtfertigt ist.

1.3 Aufgaben der Buchführung im Rechnungswesen

Praxisfall

Der Vorstand der Handelsbank bereitet sich auf die Bilanzpressekonferenz vor.

Die Buchhaltung eines Kreditinstituts liefert Datenmaterial für verschiedene Personen und Institutionen, die ein berechtigtes Interesse an dem Unternehmen haben. Dies sind beispielsweise:

- Geschäftsleitung
- Mitarbeiter
- Teilhaber (zum Beispiel Mitglieder einer Volksbank, Aktionäre einer AG, Träger einer Sparkasse)
- Gläubiger (zum Beispiel Sparer, andere Kreditinstitute, Lieferanten)
- Finanzbehörde
- Medien (zum Beispiel das Handelsblatt bei Großunternehmen von herausragender volkswirtschaftlicher Bedeutung)

Diese Gruppen interessieren sich für die **Rentabilität** und **Geschäftsentwicklung** oder wollen wissen, ob sie darauf vertrauen können, dass ihre **Forderungen** bezahlt werden. Das Finanzamt berechnet aus dem Gewinn, den die Buchhaltung ermittelt, die **Steuerlast.** Damit die Buchhaltung den Ansprüchen der verschiedenen berechtigt Interessierten gerecht wird, muss sie folgende Funktionen erfüllen:

- **Dokumentation**
  Geschäftliche Vorgänge, die sich auf Vermögen und Schulden auswirken, müssen nach bestimmten Vorgaben erfasst und belegt werden. Belege und Aufzeichnungen sind je nach Bedeutung unterschiedlich lange aufzubewahren.
- **Information**
  Unternehmerische Entscheidungen basieren unter anderem auf den Informationen, die die Buchhaltung liefert.
- **Rechnungslegung**
  Berechtigt Interessierten wie Finanzamt (zur Steuerermittlung) und Teilhaber (zur Beurteilung ihrer Anlage) müssen die buchhalterischen Daten aufbereitet im Rechnungsabschluss dargestellt werden.
- **Kontrolle**
  Auch fachkundige Außenstehende müssen in der Lage sein, sich aufgrund der Buchhaltungszahlen einen Überblick über das Unternehmen zu verschaffen und Vorgänge zu überprüfen.

Praxisfall

Für die Vorbereitung der Bilanzpressekonferenz wird der Vorstand der Handelsbank neben der Bilanz weiteres aufbereitetes Datenmaterial bereitlegen. Er muss in der Lage sein, auch kritische Fragen der Öffentlichkeit an das Unternehmen zu beantworten.

1.4 Gesetzliche Grundlagen zur Buchführung

Praxisfall

Kai Rahn hat bei der Ablage von Eingangs- und Duplikaten von Ausgangsrechnungen festgestellt, dass in den entsprechenden Ordnern auch zehn Jahre alte und noch ältere Rechnungen abgeheftet sind. Einige Ordner sind deshalb schon übervoll. Er will wissen, ab wann diese Belege vernichtet werden dürfen.

Kreditinstitute sind als **Kaufleute** zur Buchführung gesetzlich verpflichtet. Der Gesetzgeber hat **Grundsätze für eine ordnungsmäßige Buchführung und Aufzeichnungs- und Aufbewahrungspflicht und -dauer** in Normen gefasst. Insbesondere das **Handelsgesetzbuch** (§ 238 ff. HGB) und die steuerlich bedeutsame **Abgabenordnung** (§ 140 ff. AO) schreiben vor, **wer** der Buchführungspflicht unterliegt, **wie** Bücher zu führen sind und **wie lange** sie aufbewahrt werden müssen.

HGB
Handelsgesetzbuch
§§ 238, 239, 241, 246

§ 238. Buchführungspflicht.

(1) [1]Jeder Kaufmann ist verpflichtet, Bücher zu führen und in diesen seine Handelsgeschäfte und die Lage seines Vermögens nach den Grundsätzen ordnungsmäßiger Buchführung ersichtlich zu machen. [2]Die Buchführung muss so beschaffen sein, dass sie einem sachverständigen Dritten innerhalb angemessener Zeit einen Überblick über die Geschäftsvorfälle und über die Lage des Unternehmens vermitteln kann. [3]Die Geschäftsvorfälle müssen sich in ihrer Entstehung und Abwicklung verfolgen lassen.

(2) Der Kaufmann ist verpflichtet, eine mit der Urschrift übereinstimmende Wiedergabe der abgesandten Handelsbriefe (Kopie, Abdruck, Abschrift oder sonstige Wiedergabe des Wortlauts auf einem Schrift-, Bild- oder anderen Datenträger) zurückzubehalten.

§ 239. Führung der Handelsbücher.

(1) [1]Bei der Führung der Handelsbücher und bei den sonst erforderlichen Aufzeichnungen hat sich der Kaufmann einer lebenden Sprache zu bedienen. [2]Werden Abkürzungen, Ziffern, Buchstaben oder Symbole verwendet, muss im Einzelfall deren Bedeutung eindeutig festliegen.

(2) Die Eintragungen in Büchern und die sonst erforderlichen Aufzeichnungen müssen vollständig, richtig, zeitgerecht und geordnet vorgenommen werden.

(3) [1]Eine Eintragung oder eine Aufzeichnung darf nicht in einer Weise verändert werden, dass der ursprüngliche Inhalt nicht mehr feststellbar ist. [2]Auch solche Veränderungen dürfen nicht vorgenommen werden, deren Beschaffenheit es ungewiss lässt, ob sie ursprünglich oder erst später gemacht worden sind.

(4) [1]Die Handelsbücher und die sonst erforderlichen Aufzeichnungen können auch in der geordneten Ablage von Belegen bestehen oder auf Datenträgern geführt werden, soweit diese Formen der Buchführung einschließlich des dabei angewandten Verfahrens den Grundsätzen ordnungsmäßiger Buchführung entsprechen. [2]Bei der Führung der Handelsbücher und der sonst erforderlichen Aufzeichnungen auf Datenträgern muss insbesondere sichergestellt sein, dass die Daten während der Dauer der Aufbewahrungsfrist verfügbar sind und jederzeit innerhalb angemessener Frist lesbar gemacht werden können. [...]

§ 241 a. Befreiung von der Pflicht zur Buchführung und Erstellung eines Inventars.

Einzelkaufleute, die an den Abschlussstichtagen von zwei aufeinanderfolgenden Geschäftsjahren nicht mehr als 500.000,00 € Umsatzerlöse und 50.000,00 € Jahresüberschuss aufweisen, brauchen die §§ 238 bis 241 nicht anzuwenden. [...]

§ 246. Vollständigkeit. Verrechnungsverbot.

(1) [1]Der Jahresabschluss hat sämtliche Vermögensgegenstände, Schulden, Rechnungsabgrenzungsposten, Aufwendungen und Erträge zu enthalten, soweit gesetzlich nichts anderes bestimmt ist. [...]

(2) Posten der Aktivseite dürfen nicht mit Posten der Passivseite, Aufwendungen nicht mit Erträgen, Grundstücksrechte nicht mit Grundstückslasten verrechnet werden. [...]

HGB
Handelsgesetzbuch
§ 257

AO
Abgabenordnung
§§ 141, 145, 146

§ 257. Aufbewahrung von Unterlagen. Aufbewahrungsfristen.

(1) Jeder Kaufmann ist verpflichtet, die folgenden Unterlagen geordnet aufzubewahren:

1. Handelsbücher, Inventare, Eröffnungsbilanzen, Jahresabschlüsse, Einzelabschlüsse nach § 325 Abs. 2 a, Lageberichte, Konzernabschlüsse, Konzernlageberichte sowie die zu ihrem Verständnis erforderlichen Arbeitsanweisungen und sonstigen Organisationsunterlagen,
2. die empfangenen Handelsbriefe,
3. Wiedergaben der abgesandten Handelsbriefe,
4. Belege für Buchungen [...] (Buchungsbelege).

(2) Handelsbriefe sind nur Schriftstücke, die ein Handelsgeschäft betreffen.

(3) [1]Mit Ausnahme der Eröffnungsbilanzen, Jahresabschlüsse und der Konzernabschlüsse können die in Absatz 1 aufgeführten Unterlagen auch als Wiedergabe auf einem Bildträger oder auf anderen Datenträgern aufbewahrt werden, wenn dies den Grundsätzen ordnungsmäßiger Buchführung entspricht und sichergestellt ist, dass die Wiedergabe oder die Daten

1. mit den empfangenen Handelsbriefen und den Buchungsbelegen bildlich und mit den anderen Unterlagen inhaltlich übereinstimmen, wenn sie lesbar gemacht werden,
2. während der Dauer der Aufbewahrungsfrist verfügbar sind und jederzeit innerhalb angemessener Frist lesbar gemacht werden können.

[2]Sind Unterlagen aufgrund des § 239 Abs. 4 Satz 1 auf Datenträgern hergestellt worden, können statt des Datenträgers die Daten auch ausgedruckt aufbewahrt werden, die ausgedruckten Unterlagen können auch nach Satz 1 aufbewahrt werden.

(4) Die in Absatz 1 Nr. 1 und 4 aufgeführten Unterlagen sind zehn Jahre und die sonstigen in Absatz 1 aufgeführten Unterlagen sechs Jahre aufzubewahren.

(5) Die Aufbewahrungsfrist beginnt mit dem Schluss des Kalenderjahres, in dem die letzte Eintragung in das Handelsbuch gemacht, das Inventar aufgestellt, die Eröffnungsbilanz oder der Jahresabschluss festgestellt, der Einzelabschluss nach § 325 Abs. 2 a oder der Konzernabschluss aufgestellt, der Handelsbrief empfangen oder abgesandt worden oder der Buchungsbeleg entstanden ist.

§ 141. Buchführungspflicht bestimmter Steuerpflichtiger.

(1) [1]Gewerbliche Unternehmer sowie Land- und Forstwirte, die nach den Feststellungen der Finanzbehörde für den einzelnen Betrieb

1. Umsätze einschließlich der steuerfreien Umsätze, ausgenommen die Umsätze nach § 4 Nr. 8 bis 10 des Umsatzsteuergesetzes, von mehr als 500.000,00 € im Kalenderjahr oder [...]
3. selbst bewirtschaftete land- und forstwirtschaftliche Flächen mit einem Wirtschaftswert [...] von mehr als 25.000,00 € oder
4. einen Gewinn aus Gewerbebetrieb von mehr als 50.000,00 € im Wirtschaftsjahr oder
5. einen Gewinn aus Land- und Forstwirtschaft von mehr als 50.000,00 € im Kalenderjahr gehabt haben, sind [...] verpflichtet, für diesen Betrieb Bücher zu führen und aufgrund jährlicher Bestandsaufnahmen Abschlüsse zu machen, [...].

§ 145. Allgemeine Anforderungen an Buchführung und Aufzeichnungen.

(1) [1]Die Buchführung muss so beschaffen sein, dass sie einem sachverständigen Dritten innerhalb angemessener Zeit einen Überblick über die Geschäftsvorfälle und über die Lage des Unternehmens vermitteln kann. [2]Die Geschäftsvorfälle müssen sich in ihrer Entstehung und Abwicklung verfolgen lassen.

(2) Aufzeichnungen sind so vorzunehmen, dass der Zweck, den sie für die Besteuerung erfüllen sollen, erreicht wird.

§ 146. Ordnungsvorschriften für die Buchführung und für Aufzeichnungen.

(1) [1]Die Buchungen und die sonst erforderlichen Aufzeichnungen sind vollständig, richtig, zeitgerecht und geordnet vorzunehmen. [2]Kasseneinnahmen und Kassenausgaben sollen täglich festgehalten werden. [...]

(3) [1]Die Buchungen und die sonst erforderlichen Aufzeichnungen sind in einer lebenden Sprache vorzunehmen. [2]Wird eine andere als die deutsche Sprache verwendet, so kann die Finanzbehörde Übersetzungen verlangen. [3]Werden Abkürzungen, Ziffern, Buchstaben oder Symbole verwendet, muss im Einzelfall deren Bedeutung eindeutig festliegen.

(4) [1]Eine Buchung oder eine Aufzeichnung darf nicht in einer Weise verändert werden, dass der ursprüngliche Inhalt nicht mehr feststellbar ist. [2]Auch solche Veränderungen dürfen nicht vorgenommen werden, deren Beschaffenheit es ungewiss lässt, ob sie ursprünglich oder erst später gemacht worden sind.

(5) [1]Die Bücher und die sonst erforderlichen Aufzeichnungen können auch in der geordneten Ablage von Belegen bestehen oder auf Datenträgern geführt werden, soweit diese Formen der Buchführung einschließlich des dabei angewandten Verfahrens den Grundsätzen ordnungsmäßiger Buchführung entsprechen; bei Aufzeichnungen, die allein nach den Steuergesetzen vorzunehmen sind, bestimmt sich die Zulässigkeit des angewendeten Verfahrens nach dem Zweck, den die Aufzeichnungen für die Besteuerung erfüllen sollen. [2]Bei der Führung der Bücher und der sonst erforderlichen Aufzeichnungen auf Datenträgern muss insbesondere sichergestellt sein, dass während der Dauer der Aufbewahrungsfrist die Daten jederzeit verfügbar sind und unverzüglich lesbar gemacht werden können. [4]Dies gilt auch für die Befugnisse der Finanzbehörde. [...]

AO
Abgabenordnung
§ 146

Praxisfall

Kai Rahn erfährt aus dem HGB und der AO, dass Belege zehn Jahre aufzubewahren sind.

Belege, bei denen seit dem Jahresabschluss des Belegdatums mindestens zehn volle Jahre vergangen sind, dürfen vernichtet werden.

1.5 Grundsätze ordnungsgemäßer Buchführung

Praxisfall

In der Handelsbank werden Schecks, nachdem sie „eingescannt", also in der Datenverarbeitung elektronisch erfasst sind, nach zwei Monaten bereits vernichtet. Kai Rahn will wissen, ob dieses Verfahren nach AO und HGB rechtlich zulässig ist.

Aus den gesetzlichen Vorgaben lassen sich folgende **Grundsätze ordnungsgemäßer Buchführung (GoB)** ableiten, die auch für alle DV-gestützten Buchführungssysteme mit den **GoBs (Grundsätze ordnungsgemäßer DV-gestützter Buchführungssysteme)** gelten:

- **Allgemeiner Grundsatz:** Die Buchführung muss so aufgebaut sein, dass sich sachverständige Dritte innerhalb angemessener Zeit einen Überblick über die Lage des Unternehmens verschaffen können.

Beispiel

Belege müssen geordnet nach Nummer und/ oder Datum abgeheftet werden.

- **Grundsatz der Klarheit und Übersichtlichkeit**

Beispiel

Einzahlungen und Auszahlungen werden auf verschiedenen Belegen u. U. in verschiedenen Farben dokumentiert und auf unterschiedlichen Seiten gebucht.

- **Grundsatz der Vollständigkeit und Richtigkeit**

Beispiel

Alle geschäftlichen Vorgänge müssen mit den richtigen Werten dokumentiert werden.

■ **Grundsatz des Erhalts der ursprünglichen Eintragungen**

Beispiel

Wenn sich eine Eintragung im Nachhinein aufgrund eines Versehens als falsch erweist, darf nicht radiert oder die Eintragung übertüncht werden. Eine Änderung muss mit Datum und Namenskürzel gekennzeichnet werden. Handelsübliche Tabellenkalkulationsprogramme sind ungeeignet, da Eintragungen nachträglich vom Leser unbemerkt geändert werden können.

■ **Grundsatz des Verrechnungsverbots**

Beispiel

Schulden und Forderungen sind gesondert auszuweisen und dürfen nicht gegeneinander aufgerechnet (saldiert) werden.

■ **Grundsatz der Lesbarkeit von Daten**

Beispiel

Daten auf Datenträgern wie zum Beispiel CD-ROM oder DVD müssen mit entsprechenden Programmen gelesen werden können.

Praxisfall

Nach § 239 Abs. 4 HGB und § 146 Abs. 5 AO dürfen Aufzeichnungen auch auf Datenträgern erfasst werden. Unterlagen müssen während der Aufbewahrungsfrist jederzeit verfügbar sein, mindestens jedoch unverzüglich lesbar gemacht werden können. Die Daten der „eingescannten" oder „verfilmten" Schecks müssen bei Bedarf, also später, wieder lesbar gemacht werden können.

Zusammenfassung

Bedeutung des Rechnungswesens
- **intern:** Entscheidungsgrundlage
- **extern:** Information für berechtigt Interessierte

Teilbereiche des Rechnungswesens
- **Buchführung:** Erfassen von Vorgängen
- **Kosten- und Erlösrechnung:** Dient der Ermittlung des Unternehmenserfolges
- **Statistik:** Zeit- und mengenmäßige Erfassung von Vorgängen
  - **Planungsrechnung:** Formulierung und Konkretisierung von Unternehmenszielen
  - **Controlling:** Unternehmenssteuerung

Aufgaben der Buchführung
- Dokumentation von Vorgängen
- Information insbesondere für interne unternehmerische Entscheidungen
- Rechnungslegung insbesondere gegenüber Inhabern und berechtigt extern Interessierten (Finanzbehörde/Kreditgeber usw.)
- Kontrolle

GoB (Grundsätze ordnungsgemäßer Buchführung)
- Allgemeiner Grundsatz: Übersichtlichkeit für sachverständige Dritte
- Klarheit und Übersichtlichkeit
- Vollständigkeit und Richtigkeit
- Erhalt ursprünglicher Einträge (Originalität)
- Verrechnungsverbot
- Lesbarkeit

548416

Aufgaben

1. Die Sparkasse Kirchheim möchte im Servicebereich neue Mitarbeiter einstellen:
   a) Erläutern Sie, welche Datenquellen für diese Entscheidung als Basis herangezogen werden.
   b) Beurteilen Sie, welche Auswirkung diese Entscheidung auf das Geschäftsergebnis der Sparkasse Kirchheim haben wird.

2. Erläutern Sie an mindestens fünf Beispielen, wo für Entscheidungen in Kreditinstituten Zahlenmaterial aus der eigenen oder auch aus der Buchhaltung anderer Unternehmen notwendig ist.

3. Nennen Sie fünf Personen oder Institutionen, die berechtigtes Interesse am Zahlenmaterial aus der Buchhaltung haben, und erläutern Sie jeweils mit einem Beispiel, weshalb sie daran interessiert sind.

4. Beurteilen Sie mithilfe des Gesetzes, ob nachfolgende Personen/Institutionen nach Handels- oder Steuerrecht zur Buchführung verpflichtet sind:
   a) Landwirt Pflug mit einem Jahresumsatz von 400.000,00 €, einem Betriebsvermögen von 200.000,00 € und einem Gewinn in Höhe von 20.000,00 €
   b) Tankstelle Müller und Schulz GbR, Umsatz 1 Mio. €, Betriebsvermögen 15.000,00 €, Gewinn 20.000,00 €
   c) Herr Kraft mit einem Jahreseinkommen in Höhe von 2 Mio. €. Kraft ist Vorstand einer deutschen Großbank.
   d) Einzelhändler Klaus Müller e. K. mit einem Jahresumsatz von 200.000,00 €, Betriebsvermögen 10.000,00 €, Gewinn 20.000,00 €
   e) Volksbank Glückstadt, Umsatz 2 Mrd. €, Vermögen 100 Mio. €, Gewinn 10 Mio. €

5. Begründen Sie, wann nachfolgende Unterlagen eines im Handelsregister eingetragenen Kaufmanns (e. K.) frühestens vernichtet werden dürfen:
   a) Bilanz vom 31. Dezember 2009, festgestellt am 3. Mai 2010
   b) Eingangsrechnung, Rechnungsdatum 28. Dezember 2009, Eingang 3. Januar 2010, bezahlt 15. Januar 2010
   c) Ausgangsrechnung, Rechnungsdatum 27. Dezember 2003, Ausgang 28. Dezember 2003, Zahlungseingang 15. Januar 2004
   d) Einzahlungsbeleg für eine Bareinzahlung an der Kasse auf ein Girokonto vom 15. Februar 2009

6. Beschreiben Sie jeweils anhand eines Beispiels aus der täglichen Praxis in Kreditinstituten die Bereiche des Rechnungswesens.

7. In der Buchhaltung gilt der Grundsatz: „Keine Buchung ohne Beleg, kein Beleg ohne Buchung“. Begründen Sie diesen Grundsatz.

8. Bei der Sparkasse Reichstadt werden Belege regelmäßig verfilmt. Einen gerissenen Film versteht der Lehrling Kluge so geschickt zu flicken, dass der Riss nicht mehr erkennbar ist. Beurteilen Sie diese Vorgehensweise.

9. Dem Bankhaus Müller & Co. steht eine Buchprüfung durch das örtliche Finanzamt ins Haus. Der Prüfer möchte die Durchschläge der Gehaltsabrechnungen aus dem Jahr 2002. Da keine Durchschläge vorhanden sind, möchte er die entsprechenden Daten in der EDV einsehen. Der Lohnbuchhalter meint, das sei nicht so einfach möglich. Erstens werde seit 2008 ein neues Lohnbuchhaltungsprogramm verwendet, mit dem auf die alten Daten nicht zugegriffen werden könne, das alte Programm sei aus Speichergründen deinstalliert worden; zweitens seien alle Computer ausgelastet und der Prüfer könne nicht den ganzen Betrieb aufhalten. Beurteilen Sie die Rechtslage und suchen Sie nach einer Lösung des Problems.

10. Verdeutlichen Sie an zwei praktischen Beispielen, dass es in Kreditinstituten unbedingt notwendig ist, alle Geschäftsvorfälle lückenlos aufzuzeichnen.

11. Geben Sie für die sechs GoB jeweils eine Grundlage im Gesetz an.

→

12. 1999 wurden die Aufbewahrungsfristen für Buchungsbelege von sechs auf zehn Jahre erhöht. Beurteilen Sie, welche Nachteile sich für Unternehmen hieraus ergeben.

13. Kaufmann Spar weist seine Schreibkraft Maria May an, sie solle, um die Kosten zu senken, künftig für ausgehende Handelsbriefe keine Duplikate mehr erstellen. Beurteilen Sie diese Anordnung aus kaufmännischer und rechtlicher Sicht.

14. Besorgen Sie sich die Bilanz Ihres Kreditinstituts. Geben Sie an, in welchen Positionen dieser Bilanz Ihr eigenes Sparbuchguthaben zu finden ist. Geben Sie ferner an, unter welcher Position der Kassenbestand aufgeführt ist.

15. Beurteilen Sie folgende Gegebenheiten in der Buchhaltung eines Kreditinstituts unter dem Gesichtspunkt der GoB:

a) Kassierer Knoll schreibt einen Einzahlungsbeleg mit Bleistift, da gerade kein Kugelschreiber vorhanden ist.

b) In der Bilanz der Volksbank Gruningen e. G. hat sich ein Tippfehler eingeschlichen. Die Auszubildende Lössl verbessert sauber mit Tipp-Ex und Kuli.

c) Einen Fehler in der Bilanz der Schmidt Bank AG streicht der Buchhalter durch, verbessert von Hand mit Kuli und setzt Handzeichen und Datum dazu.

16. Der Vorstand des Bankhauses Meidel stößt in einer Fachzeitschrift auf eine Tabelle zur Veränderung der Sparneigung. Er möchte für strategische unternehmerische Planungen aufbereitetes Zahlenmaterial aus dem eigenen Institut, um Vergleiche zur Entwicklung der Sparneigung in Deutschland herstellen zu können.

Sparklima-Index Deutschland

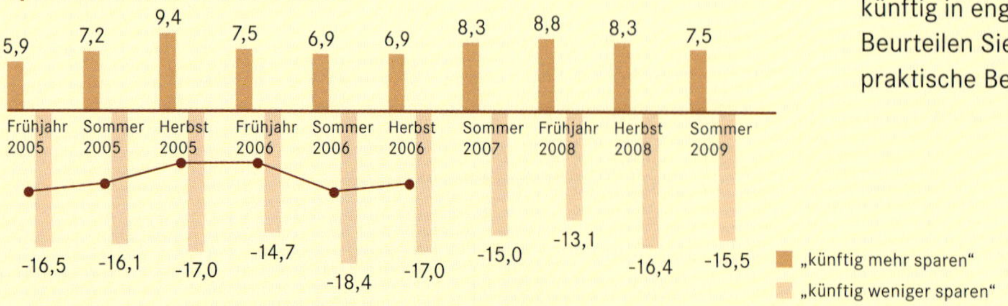

Quelle: Verband der privaten Bausparkassen

a) Erläutern Sie, welche Teilbereiche des Rechnungswesens hierfür Zahlen liefern können.

b) Beurteilen Sie, welche Auswirkungen die veränderte Sparneigung auf die Geschäftspolitik des Bankhauses Meidel haben könnte.

17. Die Buchführung wird in Unternehmen heute meist mit Buchhaltungsprogrammen wie Navision von Microsoft oder speziellen SAP-Lösungen erstellt. Erläutern Sie, weshalb eine mit einem Tabellenkalkulationsprogramm wie Excel nur auf Datenträger gespeicherte Buchung den Grundsätzen ordnungsgemäßer Buchführung GoB nicht entspricht.

18. Der Praktikant Moll wundert sich, dass in Ihrem Kreditinstitut von jedem ausgehenden Geschäftsbrief eine Kopie abgelegt wird. Erläutern Sie ihm die Notwendigkeit und nennen Sie ihm die entsprechende gesetzliche Vorschrift.

19. Begründen Sie mit der gesetzlichen Vorgabe der Abgabenordnung (AO) und mit der kaufmännischen Notwendigkeit, weshalb Unternehmen im Allgemeinen und Kreditinstitute im Besonderen täglich „Kassensturz" (Kassenaufnahme) machen.

20. In Kontoauszügen für Kunden werden neben Zahlungsvorgängen und Gebühren auch „Sollzinsen" und „Habenzinsen" ausgewiesen. Suchen Sie die gesetzliche Grundlage, die eine Kompensation (gegenseitige Aufrechnung) von Schuld- und Guthabenzinsen verbietet.

21. Die international operierende Privatbank Mark AG in Gruningen hat für die Buchhaltung einen Engländer eingestellt. Er möchte die Buchhaltung, wie er es gewohnt ist, künftig in englischer Sprache erstellen. Beurteilen Sie die Rechtslage und deren praktische Bedeutung.

548418

2 Inventur und Inventar

Praxisfall

Bei der Handelsbank „wird Inventur gemacht". Der Auszubildende Kai Rahn wird dabei zur Bestandsaufnahme eingesetzt. Er fragt, warum eine Bestandsaufnahme überhaupt notwendig ist, wenn doch alle Vorgänge und Bestände buchhalterisch sauber dokumentiert sind?

Kaufleute sind gemäß § 240 HGB verpflichtet zu Beginn des Handelsgewerbes und am Ende jedes Geschäftsjahres zum **Bilanzstichtag** ihre Vermögensgegenstände und Schulden nach Art, Menge und Wert zu verzeichnen.

HGB
Handelsgesetzbuch
§§ 240, 241

§ 240. Inventar.

(1) Jeder Kaufmann hat zu Beginn seines Handelsgewerbes seine Grundstücke, seine Forderungen und Schulden, den Betrag seines baren Geldes sowie seine sonstigen Vermögensgegenstände genau zu verzeichnen und dabei den Wert der einzelnen Vermögensgegenstände und Schulden anzugeben.

(2) [1]Er hat demnächst für den Schluss eines jeden Geschäftsjahres ein solches Inventar aufzustellen. [2]Die Dauer des Geschäftsjahres darf zwölf Monate nicht überschreiten. [3]Die Aufstellung des Inventars ist innerhalb der einem ordnungsmäßigen Geschäftsgang entsprechenden Zeit zu bewirken. [...]

(4) Gleichartige Vermögensgegenstände des Vorratsvermögens sowie andere gleichartige oder annähernd gleichwertige bewegliche Vermögensgegenstände und Schulden können jeweils zu einer Gruppe zusammengefasst und mit dem gewogenen Durchschnittswert angesetzt werden.

§ 241. Inventurvereinfachungsverfahren.

(1) [1]Bei der Aufstellung des Inventars darf der Bestand der Vermögensgegenstände nach Art, Menge und Wert auch mithilfe anerkannter mathematisch-statistischer Methoden aufgrund von Stichproben ermittelt werden. [2]Das Verfahren muss den Grundsätzen ordnungsmäßiger Buchführung entsprechen. [...]

(2) Bei der Aufstellung des Inventars für den Schluss eines Geschäftsjahres bedarf es einer körperlichen Bestandsaufnahme der Vermögensgegenstände für diesen Zeitpunkt nicht, soweit durch Anwendung eines den Grundsätzen ordnungsmäßiger Buchführung entsprechenden anderen Verfahrens gesichert ist, dass der Bestand der Vermögensgegenstände nach Art, Menge und Wert auch ohne die körperliche Bestandsaufnahme für diesen Zeitpunkt festgestellt werden kann.

(3) In dem Inventar für den Schluss eines Geschäftsjahres brauchen Vermögensgegenstände nicht verzeichnet zu werden, wenn

1. der Kaufmann ihren Bestand aufgrund einer körperlichen Bestandsaufnahme oder aufgrund eines nach Absatz 2 zulässigen anderen Verfahrens nach Art, Menge und Wert in einem besonderen Inventar verzeichnet hat, das für einen Tag innerhalb der letzten drei Monate vor oder der ersten beiden Monate nach dem Schluss des Geschäftsjahres aufgestellt ist, und
2. aufgrund des besonderen Inventars durch Anwendung eines den Grundsätzen ordnungsmäßiger Buchführung entsprechenden Fortschreibungs- oder Rückrechnungsverfahrens gesichert ist, dass der am Schluss des Geschäftsjahres vorhandene Bestand der Vermögensgegenstände für diesen Zeitpunkt ordnungsgemäß bewertet werden kann.

2.1 Inventur

Die Inventur ist die **Aufnahme der Bestände körperlich** (bei körperlichen Vermögensgegenständen wie z.B. Einrichtungsgegenständen), **buchmäßig oder anhand von Urkunden** (bei nicht körperlichen Vermögensgegenständen und Schulden wie z.B. Forderungen an Kreditkunden und Verbindlichkeiten wie z.B. Kundeneinlagen). Hierbei müssen alle **Vermögens- und Schuldteile** durch **Zählen, Messen, Wiegen,** unter Umständen auch durch **Schätzen** oder **Stichproben** erfasst und **in Euro bewertet werden.**

Beispiele

- *Vermögensgegenstände wie Büromöbel oder der Kassenbestand werden körperlich durch Zählen erfasst.*
- *Papiervorräte bei Kreditinstituten oder Vorräte, wie z. B. Eisenträger bei einem Metallbaubetrieb, werden durch Wiegen oder Messen erfasst.*
- *Bestände auf Kundenkonten ermitteln die Kreditinstitute aufgrund der Belege buchmäßig.*
- *Grundstücke werden aufgrund der Urkunde erfasst.*
- *Sandvorräte in einem Bauunternehmen werden durch Schätzen erfasst.*
- *Bei Nahrungsmitteln können Stichproben gezogen werden.*

Inventurverfahren

Das HGB erlaubt verschiedene Inventurarten (§§ 240 und 241 HGB), die sich im Zeitpunkt oder Zeitraum der Bestandsaufnahme unterscheiden:

- Stichtagsinventur
- Vor- oder nachverlegte Inventur
- Permanente Inventur

(siehe dazu auch folgende Seite)

Kreditinstitute erfassen den Kassenstand täglich. Alle Ein- und Auszahlungen werden sofort in der EDV erfasst und es ist jederzeit feststellbar, wie der aktuelle Bestand sein sollte. Der **Kassenstand** wird täglich im „Kassensturz" aufgenommen. Auf diese Weise können Fehler sofort erkannt und verfolgt werden.

Alle erfassten **Vermögens- und Schuldteile werden in Euro bewertet.** Für die Bewertung gibt es steuerrechtliche Rahmenvorgaben. Innerhalb dieses Rahmens haben Kaufleute einen gewissen Bewertungsspielraum. Werden Vermögensteile hoch bewertet, wird das Unternehmen wertvoller und damit kreditwürdiger dargestellt. Allerdings muss dann in der Regel auch eine höhere Steuerlast getragen werden. (Bewertung siehe Kapitel 8 und 13.2.)

Beispiel

Ein Dienstfahrzeug, das zu Jahresbeginn für 30.000,00 € angeschafft wurde, hat am Jahresende durch Gebrauch und Zeitablauf einen geringeren Wert.

Praxisfall

Kai Rahn nimmt für die Inventur mithilfe von Listen die Bestände der Geschäftsausstattung auf. Er zählt Stühle und Schreibtische, schätzt Formularbestände, wiegt Druckerpapier usw. Beim Vergleich mit den buchmäßigen Soll-Beständen stellt er in verschiedenen Bereichen Differenzen zu seinen erfassten Ist-Beständen fest. So hat er zum Beispiel zwei Stühle weniger gezählt, als buchmäßig da sein müssten.

Auch bei gewissenhafter Erfassung der Vorgänge im Geschäftsbetrieb unterlaufen Fehler. Deshalb ist es notwendig, die tatsächlichen Bestände zu festen Terminen aufzunehmen. Das Buch muss dann der Wirklichkeit angepasst werden.

Stichtagsinventur (§ 240 Abs. 2 HGB)	Vor- oder nachverlegte Inventur (§ 241 Abs. 3 HGB)	Permanente Inventur (§ 241 Abs. 2 HGB)
Klassische Stichtagsinventur: Bestandsaufnahme zu Beginn des Handelsgewerbes und am Ende des Geschäftsjahres zum Bilanzstichtag (meist 31. Dezember). Tag der Bestandsaufnahme, Inventarstichtag und Bilanzstichtag fallen zusammen. **Zeitnahe Stichtagsinventur** Bestandsaufnahme innerhalb von zehn Tagen vor oder nach dem Bilanzstichtag.	Bestandsaufnahme innerhalb der letzten drei Monate vor oder innerhalb der ersten zwei Monate nach dem Bilanzstichtag. Inventarstichtag und Bilanzstichtag fallen auseinander, weil am Inventurtag ein „besonderes Inventar" erstellt wird. Der Wert in der Bilanz wird durch Fortschreibung bzw. Rückrechnung festgestellt.	Die Bestandsaufnahme kann im Rahmen der permanenten Inventur auf beliebige Zeitpunkte im Laufe des Geschäftsjahres mit geringer Kapazitätsauslastung verteilt werden. Bei diesem Verfahren muss zur Erstellung des Inventars (der Inventarstichtag und Bilanzstichtag sind identisch) eine mengenmäßige Fortschreibung erfolgen, wobei die Bewertung erst am Bilanzstichtag vorgenommen wird.
Beispiel	**Beispiel**	**Beispiel**
Zum Geschäftsjahresende muss bei diesem Verfahren genügend Personalkapazität zur Aufnahme zur Verfügung stehen. Da die Aufnahme bei Kreditinstituten für die meisten Bestände nur buchmäßig möglich und somit weniger personalintensiv ist, wenden sie meist dieses Verfahren an.	*Unternehmen, die zu Geschäftsjahresschluss Hochbetrieb und somit knappe Personalkapazitäten haben (zum Beispiel Einzelhandelsunternehmen), wenden gerne dieses Verfahren an.*	*Dieses Verfahren wird in Unternehmen mit hohen Vorräten an Waren und Rohstoffen verwendet, um die mögliche Schließung des Unternehmens oder zusätzlichen Personalbedarf zur Bestandsaufnahme zu vermeiden.*

HGB
Inventur
§ 240, § 241

2.2 Inventar

Kreditinstitute als Kaufleute sind verpflichtet, ein Inventar zu erstellen (§ 240 HGB). Das Inventar ist ein **Bestandsverzeichnis über alle Vermögensgegenstände einschließlich Grundstücken und Forderungen sowie die Schulden.**

Die Ergebnisse der Inventur werden im Inventar (Beständeliste) gegliedert:

Vermögen
– Schulden
= Reinvermögen = Eigenkapital

Im Inventar werden **detailgenau** alle Bestände einzeln aufgelistet.

Das **Vermögen** wird beim Inventar **nach** der **Flüssigkeit (Liquidität)** der Mittel geordnet. Dabei ist zu überlegen: Welche Vermögensgegenstände können schnell und leicht zu Geld gemacht werden (flüssig machen), welche Vermögensgegenstände sind eher umständlicher und schwieriger zu verflüssigen?

Bei Kreditinstituten spielt die jederzeitige Liquidität eine wichtige Rolle. Deswegen beginnt die Gliederung mit den flüssigen Mitteln, also Bargeld und jederzeit verfügbaren Guthaben bei der Bundesbank.

Bei Nichtbanken spielen die flüssigen Mittel eine nicht ganz so bedeutende Rolle. Für einen Industriebetrieb sind Fertigungshallen und Maschinen, also Mittel, die langfristig gebunden sind und dem Unternehmen zur Verfügung stehen, sehr wichtig und betragsmäßig sehr hoch. Deswegen wird dort umgekehrt gegliedert.

Gliederungsmerkmal für die **Schulden** ist ihre **Fälligkeit (Fristigkeit).** Im Vordergrund stehen bei Kreditinstituten die kurzfristigen Schulden (Verbindlichkeiten), da sie von den Kunden jederzeit abgerufen werden können. Sie werden daher zuerst aufgeführt.

Bei Handels- und Industrieunternehmen ist die Gliederung wiederum umgekehrt, sodass langfristige Schulden, die betragsmäßig meist auch deutlich höher sind als die kurzfristigen Schulden, an erster Stelle stehen.

Praxisfall

Bei der Handelsbank wurden die Ergebnisse der Inventur auf verschiedenen Listen (vereinfacht) ermittelt und bewertet. Sie sollen jetzt in das Inventar eingetragen werden.

Zusammengefasste, noch nicht gegliederte Inventurergebnisse der Handelsbank zum 31. Dezember 2009

Bestand	Inventuraufnahme-verfahren	Bewertung in €
40 Stühle Wibo	körperliche Aufnahme durch Zählen	10.000,00
20 Tische Weku	körperliche Aufnahme	12.000,00
Sonstige Teile der Betriebs- und Geschäftsausstattung gemäß Listen	körperliche Aufnahme	100.000,00
100.000,00 € Anleihe der Chemie AG, Kurs 80 %	körperliche Aufnahme oder buchmäßige	80.000,00
1000 Aktien der Dysler AG, Kurs 50,00 €	körperliche Aufnahme oder buchmäßige	50.000,00
Bankgebäude Großstraße 2	Aufnahme anhand des Grundbucheintrags/Urkunde	1.000.000,00
Bargeld in den verschiedenen Kassen - Sorten (ausländisches Bargeld) - Münzen - Banknoten	körperliche Aufnahme	 5.000,00 10.000,00 80.000,00
100.000,00 € Bundesanleihe, Kurs 102 %	buchmäßige Aufnahme	102.000,00
Guthaben bei der Bundesbank	buchmäßige Aufnahme durch den Kontoauszug der Bundesbank	2.200.000,00
Forderungen an Kreditinstitute - Unser Guthaben bei der Sparkasse Glückstadt - Die Schuld des Bankhauses Manner & Co. auf einem Konto bei uns	buchmäßige Aufnahme durch die Kontoauszüge	 820.000,00 370.000,00

→

Bestand	Inventuraufnahme-verfahren	Bewertung in €
Forderungen an Kunden - Dispositionskredit, den Petra Müller in Anspruch genommen hat - Kontoüberziehung des Klaus Schulz - Übrige Kreditnehmer (Liste)	buchmäßige Aufnahme durch Kontoauszüge	 6.200,00 3.500,00 27.000.000,00
Verbindlichkeiten gegenüber Kreditinstituten - Unsere Schuld bei der Leipziger Bank AG	buchmäßige Aufnahme durch Kontoauszüge	 900.000,00
Verbindlichkeiten gegenüber Kunden - Sparkonto der Katrin Spahr - weitere Sparer (Liste)	buchmäßige Aufnahme durch Kontoauszüge	 5.200,00 10.000.000,00
Andere Verbindlichkeiten - Sichteinlagen (Guthaben unserer Kunden auf Kontokorrent-/Girokonten – also unsere Schuld) laut Namensliste mit jeweiligen Ständen - Befristete Einlagen (Gelder, die uns Kunden für eine vorgegebene Frist oder mit vorgegebener Kündigungsfrist gegeben haben) laut Namensliste mit jeweiligen Ständen	buchmäßige Aufnahme durch Kontoauszüge	 8.050.000,00 12.001.000,00

Inventargliederung bei Kreditinstituten	
Bargeld . . . Grundstücke	**Gliederung des Vermögens nach fallender Liquidität**
kurzfristige Verbindlichkeiten langfristige Verbindlichkeiten	**Gliederung der Schulden nach steigender Fristigkeit**
Summe des Vermögens **– Summe der Schulden** **= Reinvermögen (Eigenkapital)**	

Inventargliederung bei Handels- und Industrieunternehmen	
Grundstücke . . . Bargeld	**Gliederung des Vermögens nach steigender Liquidität**
langfristige Verbindlichkeiten kurzfristige Verbindlichkeiten	**Gliederung der Schulden nach fallender Fristigkeit**
Summe des Vermögens **– Summe der Schulden** **= Reinvermögen (Eigenkapital)**	

Praxisfall

Für die Handelsbank wird folgendes Inventar erstellt:

Inventar der Handelsbank zum 31. Dezember 2009			**Erläuterung**
A. Vermögen	**in €**	**in €**	**Gliederung nach fallender Liquidität**
1 Barreserve			Kasse ist bereits liquide.
1.1 Kassenbestand			
1.1.1 Münzen laut Liste	10.000,00		
1.1.2 Banknoten laut Liste	80.000,00		
1.1.3 Sorten	5.000,00	95.000,00	
1.2 Guthaben bei der Bundesbank		2.200.000,00	
2 Besondere Wertpapiere, die bei der Bundesbank refinanziert werden können 100.000,00 €, Bundesanleihe	102.000,00	102.000,00	
3 Forderungen an Kreditinstitute			
3.1 Sparkasse Glückstadt	820.000,00		
3.2 Bankhaus Manner & Co.	370.000,00	1.190.000,00	
4 Forderungen an Kunden			
4.1 Petra Müller	6.200,00		
4.2 Klaus Schulz	3.500,00		
4.3 Übrige Kreditnehmer laut Liste	27.000.000,00	27.009.700,00	
5 Wertpapiere			
5.1 100.000,00 €, Anleihe der Chemie AG	80.000,00		
5.2 1 000 Aktien Dysler	50.000,00	130.000,00	
6 Sachanlagen			Gebäude lassen sich schwerer liquidieren (verflüssigen) als zum Beispiel Wertpapiere, die an der Börse gehandelt werden.
6.1 Betriebs- und Geschäftsausstattung (BGA)			
6.1.1 40 Stühle Wibo	10.000,00		
6.1.2 20 Tische Weku	12.000,00		
6.1.3 Sonstige BGA laut Liste	100.000,00		
Bankgebäude Großstraße	1.000.000,00	1.122.000,00	
Summe des Vermögens		31.848.700,00	
B. Schulden			**Gliederung nach steigender Fristigkeit**
1 Verbindlichkeiten gegenüber Kreditinstituten			
1.1 Leipziger Bank	900.000,00	900.000,00	

→

548424

Praxisfall (Fortsetzung)

2 Verbindlichkeiten gegenüber Kunden			Über Einlagen auf Girokonten können Kunden kurzfristig verfügen. Auf ein Jahr befristete Einlagen können erst nach Ablauf eines Jahres abgehoben werden.
2.1 Sparkonto Katrin Spahr	5.200,00		
2.2 Weitere Sparer laut Liste	10.000.000,00		
2.3 Sichteinlagen auf Girokonten und Kontokorrentkonten laut Liste	8.050.000,00		
2.4 Befristete Einlagen laut Liste	12.001.000,00	30.056.200,00	
Summe der Schulden		30.956.200,00	
C. Ermittlung des Reinvermögens (Eigenkapital)			
1. Summe des Vermögens		31.848.700,00	
– 2. Summe der Schulden		30.956.200,00	
= Reinvermögen/Eigenkapital		892.500,00	
Glückstadt, 5. Februar 20.. *G. Maier* G. Maier Vorstandsvorsitzender	*K. Müller* K. Müller Vorstand		

Zusammenfassung

Inventur:	**Inventar:**	**Grobgliederung des Inventars:**
Aufnahme der Bestände von Vermögen und Schulden durch Zählen, Messen, Wiegen, Schätzen und Bewerten in Euro	Gegliederte Erfassung der Inventurergebnisse	Vermögen – Schulden = Reinvermögen = Eigenkapital

Aufgaben

1. Verpflichtung zur Inventarerstellung
   a) Begründen Sie mithilfe Ihrer Gesetzessammlung die Verpflichtung, ein Inventar zu erstellen.
   b) Erläutern Sie, wer nach dem Gesetz verpflichtet ist, ein Inventar zu erstellen.
   c) Erläutern Sie, wann nach dem Gesetz ein Inventar erstellt werden muss.
   d) Begründen Sie, warum Bankinventare im Vermögensteil nach fallender Liquidität gegliedert werden.

2. Inventurergebnisse der Handelsbank zum 31. Dezember 2010:

Bestand	Inventuraufnahmeverfahren	Bewertung in €
40 Stühle Wibo	körperliche Aufnahme durch Zählen	5.000,00
20 Tische Weku	?	6.000,00

→

Bestand	Inventuraufnahme-verfahren	Bewertung in €
Sonstige Teile der Betriebs- und Geschäftsausstattung gemäß Listen	?	1.000.000,00
100.000,00 €, Anleihe der Chemie AG, Kurs 90 %	körperliche Aufnahme oder buchmäßige	90.000,00
1 000 Aktien der Dysler AG, Kurs 70,00 €	?	70.000,00
Bankgebäude Großstraße 2	Aufnahme anhand des Grundbucheintrags/ Urkunde	1.000.000,00
Bargeld in den verschiedenen Kassen - Sorten (ausländisches Bargeld) - Münzen - Banknoten	?	 10.000,00 10.000,00 100.000,00
50.000,00 €, Bundesanleihe, Kurs 104 %	?	52.000,00
Guthaben bei der Bundesbank	buchmäßige Aufnahme durch den Kontoauszug der Bundesbank	2.000.000,00
Forderungen an Kreditinstitute - Unser Guthaben bei der Sparkasse Glückstadt - Die Schuld des Bankhauses Manner & Co. auf einem Konto bei uns	?	 820.000,00 370.000,00
Forderungen an Kunden - Dispositionskredit, den Petra Müller in Anspruch genommen hat - Kontoüberziehung des Klaus Schulz - Übrige Kreditnehmer (Liste)	?	 10.000,00 4.000,00 35.000.000,00
Verbindlichkeiten gegenüber Kreditinstituten - Unsere Schuld bei der Leipziger Bank AG	?	 6.000.000,00
Verbindlichkeiten gegenüber Kunden - Sparkonto der Katrin Spahr - weitere Sparer (Liste)	?	 6.200,00 15.000.000,00
Andere Verbindlichkeiten - Sichteinlagen (Guthaben unserer Kunden auf Kontokorrent-/Girokonten – also unsere Schuld) laut Namensliste mit jeweiligen Ständen - Befristete Einlagen (Gelder, die uns Kunden für eine vorgegebene Frist oder mit vorgegebener Kündigungsfrist gegeben haben) laut Namensliste mit jeweiligen Ständen	?	 7.000.000,00 10.000.000,00

a) Erläutern Sie für die Fälle, bei denen das Inventuraufnahmeverfahren nicht angeführt ist, in welcher Form diese Vermögensteile erfasst werden.

b) Erstellen Sie aus den Beständeergebnissen der Inventur der Handelsbank ein Inventar nach den Formvorschriften zum 31. Dezember 2010. →

c) Vergleichen Sie die Inventare der Jahre 2009 und 2010 und analysieren Sie die Unterschiede.
d) Berechnen Sie, wie hoch der Eigenkapitalanteil in Prozent des Gesamtvermögens ist.
e) Ermitteln Sie, wie hoch der Eigenkapitalanteil Ihres Ausbildungsinstituts ist.
f) Diskutieren Sie die Problematik des Eigenkapitalanteils in Zusammenhang mit der Finanzkrise 2008.

3. Inventur der Diskonto Bank AG

a) Erstellen Sie aus den Beständeergebnissen der Inventur der Diskonto Bank AG ein Inventar nach den Formvorschriften zum 31. Dezember 20.. (aus Vereinfachungsgründen verkürzte Darstellung).

Bestand	**Bewertung in T€**
Betriebs- und Geschäftsausstattung gemäß beigefügten Listen	6.000
Aktien gemäß beigefügten Listen	200.000
Rentenwertpapiere gemäß beigefügten Listen	50.000
Bankgebäude in der Schlossallee	10.000
Kassenbestand gemäß beiliegenden Aufnahmelisten	100
Guthaben bei der Bundesbank	2.000
Forderungen an Kreditinstitute gemäß Auflistung	2.000
Forderungen an Kunden gemäß Auflistung	120.000
Verbindlichkeiten gegenüber Kreditinstituten gemäß Auflistung	280.000
Verbindlichkeiten gegenüber Kunden gemäß Auflistung	95.000

b) Erläutern Sie, wo Sie erhebliche Unterschiede zum Inventar der Handelsbank erkennen.

4. Erläutern Sie, warum bei der Inventur in Kreditinstituten die körperliche Aufnahme eine eher geringe Rolle spielt.

5. Begründen Sie anhand eines Beispiels, warum der Gesetzgeber mindestens einmal im Jahr eine Stichtagsinventur verlangt, auch wenn, wie bei Kreditinstituten üblich, durch Fortschreiben der Buchbestände eine permanente Inventur gemacht wird.

6. Die Industriekreditbank weist in ihrem Inventar zum Ende des Vorjahres und im Inventar zum Ende dieses Jahres unten aufgeführte zusammengefasste Bestände aus.

Zusammengefasstes Inventar zum Jahr	2009 in T€	2010 in T€
A. Vermögen		
1. Barreserve	2.650.000	2.380.000
2. Forderungen an KI (Kreditinstitute)	820.000	870.000
3. Forderungen an Kunden	18.380.000	19.380.000
4. Wertpapiere	3.250.000	4.250.000
5. Sachanlagen	980.000	920.000
B. Schulden		
1. Vbl (Verbindlichkeiten) gegenüber KI (Kreditinstituten)	890.000	810.000
2. Vbl gegenüber Kunden		
2.1 Spareinlagen	16.310.000	15.210.000
2.2 Andere Verbindlichkeiten		
2.2.1 Täglich fällig (Sichteinlagen)	6.380.000	7.320.000
2.2.2 Befristete Einlagen	1.250.000	1.880.000

a) Ermitteln Sie jeweils das Reinvermögen und beurteilen Sie den geschäftlichen Erfolg der Industriekreditbank.
b) Ermitteln Sie den prozentualen Anteil des Eigenkapitals am Gesamtkapital.
c) Vergleichen Sie den Eigenkapitalanteil dieser Bank mit dem Eigenkapitalanteil Ihres Ausbildungsinstituts.

3 Bilanz

Praxisfall

Die Handelsbank veröffentlicht die Bilanz.

A Aktiva	Bilanz der Handelsbank zum 31. Dezember 2009		Passiva P
1. Barreserve		**1.** Verbindlichkeiten gegenüber Kreditinstituten	900.000,00 €
1.1 Kassenbestand	95.000,00 €	**2.** Verbindlichkeiten gegenüber Kunden	
1.2 Guthaben bei der Bundesbank	2.200.000,00 €	2.1 Spareinlagen	10.005.200,00 €
2. Bei Bundesbank refinanzierbare Wertpapiere	102.000,00 €	2.2 Andere Verbindlichkeiten gegenüber Kunden	20.051.000,00 €
3. Forderungen an Kreditinstitute	1.190.000,00 €	**3.** Eigenkapital	892.500,00 €
4. Forderungen an Kunden	27.009.700,00 €		
5. Eigene Wertpapiere	130.000,00 €		
6. Sachanlagen	1.122.000,00 €		
	31.848.700,00 €		**31.848.700,00 €**

Glückstadt, 5. Februar 2010

G. Maier — Vorstandsvorsitzender

K. Müller — Vorstand

3.1 Bedeutung der Bilanz

Gemäß § 242 Abs. 1 HGB sind Kaufleute zur Erstellung einer Bilanz verpflichtet. Viele Unternehmen, z. B. AG und GmbH, müssen ihre Bilanz veröffentlichen.

HGB
Handelsgesetzbuch
§§ 242 – 245

§ 242. Pflicht zur Aufstellung.

(1) [1]Der Kaufmann hat zu Beginn seines Handelsgewerbes und für den Schluss eines jeden Geschäftsjahres einen das Verhältnis seines Vermögens und seiner Schulden darstellenden Abschluss (Eröffnungsbilanz, Bilanz) aufzustellen. [2]Auf die Eröffnungsbilanz sind die für den Jahresabschluss geltenden Vorschriften entsprechend anzuwenden, soweit sie sich auf die Bilanz beziehen.

(2) Er hat für den Schluss eines jeden Geschäftsjahres eine Gegenüberstellung der Aufwendungen und Erträge des Geschäftsjahres (Gewinn- und Verlustrechnung) aufzustellen.

(3) Die Bilanz und die Gewinn- und Verlustrechnung bilden den Jahresabschluss.

(4) Die Absätze 1 bis 3 sind auf Einzelkaufleute im Sinn des § 241 a nicht anzuwenden. [...]

§ 243. Aufstellungsgrundsatz.

(1) Der Jahresabschluss ist nach den Grundsätzen ordnungsmäßiger Buchführung aufzustellen.

(2) Er muss klar und übersichtlich sein.

(3) Der Jahresabschluss ist innerhalb der einem ordnungsmäßigen Geschäftsgang entsprechenden Zeit aufzustellen.

§ 244. Sprache. Währungseinheit.

Der Jahresabschluss ist in deutscher Sprache und in Euro aufzustellen.

§ 245. Unterzeichnung.

[1]Der Jahresabschluss ist vom Kaufmann unter Angabe des Datums zu unterzeichnen. [2]Sind mehrere persönlich haftende Gesellschafter vorhanden, so haben sie alle zu unterzeichnen.

Die **Bilanz** (ital. bilancia = Waage) ist die **Kurzfassung des Inventars.** Sie nimmt die Vermögens- und Schuldteile aus dem Inventar in sinnvoll zusammengefassten Positionen, ohne Mengenangabe, in Euro bewertet auf.

Beispiel

Alle Gegenstände der Betriebs- und Geschäftsausstattung sowie die Grundstücke und Gebäude werden unter der Position „Sachanlagen" zusammengefasst.

Zur Übersichtlichkeit wird für die Bilanz die **Kontoform** gewählt. Dem Vermögen im **Aktiva** (linke Seite) stehen die Schulden im **Passiva** (rechte Seite) gegenüber. Die Differenz, der sogenannte **Saldo** (ital. saldo = Ausgleich) aus linker und rechter Seite, wird auf die kleinere Seite übernommen. Somit ist das **Konto** ausgeglichen, also in der Waage (bilancia).

Wenn das Vermögen die Schulden überwiegt, ergibt sich als Differenz im Passiva das Reinvermögen = Eigenkapital. Sollten die Schulden größer sein als das Vermögen, der Saldo also auf der linken Seite entstehen, wäre das Unternehmen überschuldet.

A Aktiva	**Bilanz** / **Passiva P**
Vermögen	**Kapital**
liquide Vermögensteile	**kurzfristige Verbindlichkeiten**
weniger liquide Vermögensteile	**längerfristige Verbindlichkeiten**
	Eigenkapital (Reinvermögen als Saldo aus der Differenz zwischen der Summe der Schulden und der Summe des Vermögens)
Bilanzsumme	**Bilanzsumme**
Aktiva = Investitionsseite/ Vermögensseite Die Aktivseite zeigt, wofür die Mittel eingesetzt werden.	**Passiva = Finanzierungsseite/ Kapitalseite** Die Passivseite zeigt, woher das Kapital kommt: – von anderen/Dritten/Gläubigern → Fremdkapital (FK) – von den Teilhabern/Geschäftseigentümern selbst → Eigenkapital (EK)
Mittelverwendung Bei Kreditinstituten werden die Gelder in der Regel überwiegend zur Vergabe von Krediten an Kunden (Aktivgeschäft) oder als Anlage am Geld- und Kapitalmarkt verwendet. Der meist kleinere Teil dient in Form von Vermögensgegenständen wie dem Bankgebäude zur Erbringung von Dienstleistungen.	**Mittelherkunft** Die Gläubiger und Teilhaber haben die Gelder für eine bestimmte Zeit oder unbefristet zur Verfügung gestellt. Kreditinstitute erhalten von ihren Kunden Mittel z. B. in Form von Spareinlagen (Passivgeschäft).

3.2 Bankbilanz

Die Gliederung der Bankbilanz ist mit Formblatt 1 in der **Verordnung über die Rechnungslegung der Kreditinstitute (RechKredV)** geregelt (die Zahl in der Klammer gibt die Position in der Formblattbilanz im Anhang dieses Buches an):

Rech-KredV
Rechnungslegung der Kreditinstitute und Finanzdienstleistungsinstitute

Bekanntmachung

der Neufassung der Verordnung über die Rechnungslegung der Kreditinstitute und Finanzdienstleistungsinstitute (RechKredV)

vom 11. Dezember 1998

Abschnitt 3
Vorschriften zu einzelnen Posten der Bilanz (Formblatt 1)

Unterabschnitt 1
Posten der Aktivseite

§ 12 Barreserve (Nr. 1)
§ 13 Schuldtitel öffentlicher Stellen und Wechsel, die zur Refinanzierung bei Zentralnotenbanken zugelassen sind (Nr. 2)
§ 14 Forderungen an Kreditinstitute (Nr. 3)
§ 15 Forderungen an Kunden (Nr. 4)
§ 16 Schuldverschreibungen und andere festverzinsliche Wertpapiere (Nr. 5)
§ 17 Aktien und andere nicht festverzinsliche Wertpapiere (Nr. 6)
§ 18 Beteiligungen (Nr. 7)
§ 19 Ausgleichsforderungen gegen die öffentliche Hand einschließlich Schuldverschreibungen aus deren Umtausch (Nr. 10)
§ 20 Sonstige Vermögensgegenstände (Nr. 15)

Unterabschnitt 2
Posten der Passivseite

§ 21 Verbindlichkeiten gegenüber Kreditinstituten (Nr. 1), Verbindlichkeiten gegenüber Kunden (Nr. 2)
§ 22 Verbriefte Verbindlichkeiten (Nr. 3)
§ 23 Rechnungsabgrenzungsposten (Nr. 6)
§ 24 Rückstellungen (Nr. 7)
§ 25 Eigenkapital (Nr. 12)
§ 26 Eventualverbindlichkeiten (Nr. 1 unter dem Strich)
§ 27 Andere Verpflichtungen (Nr. 2 unter dem Strich)

In der Bilanz erfolgt die Gliederung der ...

Aktiva nach abnehmender Liquidität	Passiva nach steigender Fristigkeit

Beispiel

A	Bilanz der Handelsbank zum 31. Dezember .. in T€		P
Vermögen		**Fremdkapital**	
Barreserve	100	Verbindlichkeiten (VBL) gegenüber KI	100
Forderungen an Kreditinstitute (KI)	20	VBL gegenüber Kunden	1.800
Forderungen an Kunden	1.200	**Eigenkapital**	120
Wertpapiere	500		
Sachanlagen	200		
	2.020		2.020

Praxisfall

Die Bilanz der Handelsbank ist kurz und übersichtlich. Sie erlaubt so berechtigten Außenstehenden wie zum Beispiel den Aktionären einer Bankaktiengesellschaft, den Mitgliedern einer Volksbank, dem Träger einer Sparkasse oder der Finanzbehörde einen raschen Überblick. Das Inventar mit seiner Ausführlichkeit ist Basis für die Bilanz und für den internen Gebrauch notwendig.

3.3 Bilanzen von Nichtbanken

Praxisfall

Die Maschinenfabrik Schuber beantragt bei der Handelsbank einen Kredit über 1 Mio. € zur Finanzierung einer Fabrikhalle. Firmenkundenberater Nuding lässt sich zur Beurteilung der Kreditwürdigkeit unter anderem die Bilanz von Schuber vorlegen.

A Aktiva	Bilanz der Firma Schuber zum 31. Dezember 20..		Passiva P
Anlagevermögen		**Eigenkapital**	3.000.000,00 €
– Grundstücke und Gebäude	2.000.000,00 €	**Fremdkapital**	
– Maschinen	5.000.000,00 €	Langfristiges Fremdkapital	
– Werkzeuge	1.000.000,00 €	– Darlehen der Handelsbank	6.500.000,00 €
Umlaufvermögen		Kurzfristiges Fremdkapital	
– Fertigerzeugnislager	1.500.000,00 €	– Kontokorrentkonto bei der Kreditbank	25.000,00 €
– Guthaben bei der Handelsbank	20.000,00 €		
– Kassenbestand	5.000,00 €		
Bilanzsumme	**9.525.000,00 €**	**Bilanzsumme**	**9.525.000,00 €**

Mitarbeiter von Kreditinstituten, z.B. als Firmenkundenberater oder als Wertpapierberater, müssen die Bilanzen ihrer Kunden (Handels-, Handwerks- und Industrieunternehmen) lesen und verstehen können. Handels- und Industrieunternehmen müssen ihre Bilanz gemäß § 247 HGB gliedern.

A	**Industriebilanz**	P
Anlagevermögen (ist im Unternehmen lange angelegt) – Maschinen – Werkzeuge **Umlaufvermögen** (Bestände ändern sich laufend) – Fertigerzeugnislager – **Guthaben bei Kreditinstituten (z. B. Forderungen auf einem Bankenkontokorrentkonto)** – Kassenbestand		**Eigenkapital** **Fremdkapital** – **Langfristiges Fremdkapital (z. B. Darlehen von einem Kreditinstitut)** – **Kurzfristiges Fremdkapital (z. B. Verbindlichkeiten auf einem Bankenkontokorrentkonto)**
Gliederung nach steigender Liquidität		**Gliederung nach fallender Fristigkeit**

Entsprechende Gegenpositionen finden sich in der Bilanz der Hausbank des obigen Industrieunternehmens wie folgt:

A	**Bankbilanz**	P
– Barreserve – ... – Forderungen an KI – Forderungen an Kunden Forderungen aus Kontokorrent Forderungen aus gegebenen Darlehen		Verbindlichkeiten gegenüber KI Verbindlichkeiten gegenüber Kunden – ... – Andere Verbindlichkeiten gegenüber Kunden (Sichteinlagen auf Kontokorrent) **Eigenkapital**

Bei Handels- und Industrieunternehmen ist das Anlagevermögen sehr bedeutend und in der Regel auch wertmäßig relativ hoch, daher wird es zuerst aufgeführt. Die Eigenkapitalbasis ist entscheidend für die Existenz des Unternehmens, daher wird das Eigenkapital auf der Kapitalseite als Erstes genannt.

Die Bilanz erlaubt wegen ihrer Kürze und Übersichtlichkeit einen raschen Überblick über das Unternehmen. Sie ist insbesondere für externe legitimierte Betrachter wie Finanzamt, Gläubiger (zum Beispiel Kreditinstitute), teilweise auch für die Öffentlichkeit ein wichtiges Instrument, um das Unternehmen zu analysieren (siehe auch Kapitel 15.3 Bilanzanalyse).

Praxisfall

Für den Firmenkundenberater Nuding ist die Bilanz der Firma Schuber, die mit immerhin über 30 % Eigenkapital im Branchenvergleich recht freundlich aussieht, nur **ein** Instrument zur Kreditbeurteilung. Er wird die Entwicklung der Bilanz über mehrere Jahre betrachten und eine Reihe weiterer Informationen zur Beurteilung heranziehen.

Zusammenfassung

Bilanz = Waage
fasst das Inventar in übersichtlicher Kontoform zusammen

Aktiva	Bilanz / Passiva
= Investitionsseite/Vermögensseite zeigt, wofür die Mittel eingesetzt (investiert) werden.	**= Finanzierungsseite/Kapitalseite** zeigt, woher das Kapital kommt: – von anderen/Dritten/Gläubigern → **Fremdkapital = FK (Schulden)** – von den Teilhabern/Geschäftseigentümern selbst → **Eigenkapital = EK**
Mittelverwendung	**Mittelherkunft**

Gliederung der Bilanz in Kreditinstituten

Aktiva nach abnehmender Liquidität	**Passiva nach steigender Fristigkeit**

Gliederung der Bilanz bei Nichtbanken

Aktiva nach steigender Liquidität	**Passiva nach fallender Fristigkeit**

Aufgaben

1. Inventurergebnisse der Handelsbank zum 31. Dezember 2010:

Bestand	Bewertung in €
40 Stühle Wibo	5.000,00
20 Tische Weku	6.000,00
Sonstige Teile der Betriebs- und Geschäftsausstattung gemäß Listen	1.000.000,00
100.000,00 € Kommunalanleihe Glückstadt, Kurs 90 %	90.000,00
1 000 Aktien der Dysler AG, Kurs 70,00 €	70.000,00
Bankgebäude Großstraße 2	1.000.000,00
Bargeld in den verschiedenen Kassen	
– Sorten (ausländisches Bargeld)	10.000,00
– Münzen	10.000,00
– Banknoten	100.000,00
50.000,00 € Bundesanleihe, Kurs 104 %	52.000,00
Guthaben bei der Bundesbank	2.000.000,00
Forderungen an Kreditinstitute	
– Unser Guthaben bei der Sparkasse Glückstadt	820.000,00
– Die Schuld des Bankhauses Manner & Co. auf einem Konto bei uns	370.000,00
Forderungen an Kunden	
– Dispositionskredit, den Petra Müller in Anspruch genommen hat	10.000,00
– Kontoüberziehung des Klaus Schulz	4.000,00
– Übrige Kreditnehmer (Liste)	35.000.000,00
Verbindlichkeiten gegenüber Kreditinstituten	
– Unsere Schuld bei der Leipziger Bank AG	6.000.000,00

→

Verbindlichkeiten gegenüber Kunden

– Sparkonto der Katrin Spahr	6.200,00
– Weitere Sparer (Liste)	15.000.000,00

Andere Verbindlichkeiten

– Sichteinlagen (Guthaben unserer Kunden auf Kontokorrent-/Girokonten, also unsere Schuld) laut Namensliste mit jeweiligen Ständen	7.000.000,00
– Befristete Einlagen (Gelder, die uns Kunden für eine vorgegebene Frist oder mit fester Kündigungsfrist gegeben haben) laut Namensliste mit jeweiligen Ständen	10.000.000,00

a) Erstellen Sie aus den Inventurergebnissen eine Bilanz.

b) Erläutern Sie den Vorteil der Bilanz gegenüber dem Inventar.

c) Erläutern Sie einen Nachteil der Bilanz gegenüber dem Inventar.

2. Erstellen Sie aus den Beständeergebnissen (aus Vereinfachungsgründen verkürzte Darstellung) der Inventur der Diskonto Bank AG eine Bilanz.

Bestand	**Bewertung in T€**
Betriebs- und Geschäftsausstattung gemäß beigefügten Listen	6.000
Aktien gemäß beigefügten Listen	200.000
Rentenwertpapiere gemäß beigefügten Listen	50.000
Bankgebäude in der Schlossallee	10.000
Kassenbestand gemäß beiliegenden Aufnahmelisten	100
Guthaben bei der Bundesbank	2.000
Forderungen an Kreditinstitute gemäß Auflistung	2.000
Forderungen an Kunden gemäß Auflistung	120.000
Verbindlichkeiten gegenüber Kreditinstituten gemäß Auflistung	280.000
Verbindlichkeiten gegenüber Kunden gemäß Auflistung	95.000

3. In vielen Unternehmen wird heute die Bilanz nicht mehr in der klassischen Kontoform dargestellt, sondern in Staffelform. Es werden also die Aktivseite und die Passivseite nicht nebeneinander, sondern untereinander dargestellt.

Bilanz		
Aktiva	?	€
Passiva	?	€

a) Überprüfen Sie, wie Ihr Ausbildungsinstitut die Bilanz darstellt.

b) Begründen Sie, warum viele Unternehmen die Staffelform wählen.

4. Erläutern Sie an einem Beispiel, warum der Gesetzgeber sowohl Inventar als auch Bilanz verlangt.

5. Suchen Sie in Ihrer Gesetzessammlung die Gliederungsvorschriften für Bankbilanzen einerseits und für Bilanzen sonstiger Kaufleute andererseits.

a) Erläutern Sie die Gliederungsvorschrift für Aktiva und Passiva bei der Bankbilanz einerseits und bei der Industrie- beziehungsweise Handelsbilanz andererseits.

b) Erläutern Sie den jeweiligen Sinn der Gliederungsvorschrift.

4 Wertänderungen in der Bilanz durch Geschäftsfälle

Praxisfälle

- Ein Kunde kauft an der Kasse der Handelsbank gegen Barzahlung Aktien der Dysler AG, die die Bank aus dem Bestand an eigenen Wertpapieren für 5.000,00 € veräußert.
- Kunde Müller überträgt von seinem Girokonto (Kontokorrentkonto) 12.000,00 € auf sein Sparkonto.
- Kunde Lohr zahlt an der Kasse der Handelsbank 1.000,00 € bar auf sein Sparguthaben ein.
- Kunde Kölle kauft aus dem Wertpapierbestand der Handelsbank Aktien der Dysler AG für 1.000,00 €. Er wird hierfür auf seinem Girokonto (Kontokorrentkonto) belastet.

Welche Auswirkungen haben diese Vorgänge auf die Bilanz?

Die Bilanz ist statisch. Sie spiegelt nur die Bestände eines Augenblicks wider. Durch **Geschäftsfälle** ändern sich die Bestände laufend. Diese Veränderungen müssen nach den Grundsätzen ordnungsgemäßer Buchführung genau erfasst werden. In der Tagesbilanz beziehungsweise der Jahresschlussbilanz werden die Veränderungen zusammengefasst dokumentiert. Jeder Geschäftsfall wirkt sich somit mit einer Zeitverzögerung auf die Bilanz aus.

Auswirkung von Wertänderungen in der Bilanz

- Wertänderungen betreffen mindestens zwei Positionen der Bilanz.
- Keine Wertänderung kann die Bilanzwaage aus dem Gleichgewicht bringen.
- Bei einem **Aktivtausch** vermehrt sich eine Position im Aktiva und eine andere vermindert sich. **Die Bilanzsumme bleibt erhalten.**
- Bei einem **Passivtausch** vermehrt sich eine Position im Passiva und eine andere vermindert sich.
  Die Bilanzsumme bleibt erhalten.
- Bei einer **Aktiv-Passiv-Mehrung** erhöht sich eine Position im Aktiva und eine im Passiva.
  Die Bilanzsumme erhöht sich.
- Bei einer **Aktiv-Passiv-Minderung** verringert sich eine Position im Aktiva und eine im Passiva.
  Die Bilanzsumme verringert sich.

In der Buchhaltung gilt das Prinzip der **„Bilanzkontinuität“**. Das bedeutet, dass die Bestände der Eröffnungsbilanz des neuen Jahres der Schlussbilanz des Vorjahres entsprechen. Für die Handelsbank ergibt sich aufgrund der Bilanzkontinuität folgende Eröffnungsbilanz zum 2. Januar 2010:

A Aktiva — Eröffnungsbilanz der Handelsbank zum 2. Januar 2010 — Passiva P

Aktiva		Passiva	
1. Barreserve		1. Verbindlichkeiten gegenüber Kreditinstituten	900.000,00 €
1.1 Kassenbestand	95.000,00 €	2. Verbindlichkeiten gegenüber Kunden	
1.2 Guthaben bei der Bundesbank	2.200.000,00 €	2.1 Spareinlagen	10.005.200,00 €
2. Bei der Bundesbank refinanzierbare Wertpapiere	102.000,00 €	2.2 Andere Verbindlichkeiten gegenüber Kunden **(Kreditoren)***	20.051.000,00 €
3. Forderungen an Kreditinstitute	1.190.000,00 €	3. Eigenkapital	892.500,00 €
4. Forderungen an Kunden **(Debitoren)***	27.009.700,00 €		
5. Eigene Wertpapiere	130.000,00 €		
6. Sachanlagen	1.122.000,00 €		
	31.848.700,00 €		**31.848.700,00 €**

* Erklärung siehe folgende Seite

Begriffserklärung

Debitoren (Einzahl: Debitor) sind Kunden, die auf ihrem Kontokorrentkonto einen Kredit in Anspruch genommen haben. Das bedeutet, das Kreditinstitut hat ihnen gegenüber eine Forderung, die in der Position „Forderungen gegen Kunden“ auf der Aktivaseite bilanziert wird.

Kreditoren (Einzahl: Kreditor) sind Kunden, die auf ihrem Kontokorrentkonto (Girokonto) ein Guthaben halten. Das bedeutet, das Kreditinstitut hat ihnen gegenüber eine Verbindlichkeit, die in der Position „Verbindlichkeiten gegen Kunden“ auf der Passivaseite bilanziert wird.

4.1 Bilanzwertänderungen – handlungsorientierte Themenbearbeitung

Um zu verdeutlichen, wie sich Geschäftsfälle auf die Bilanz auswirken, stellen wir die Bilanzwaage ausnahmsweise horizontal dar und schreiben sie mit den Veränderungen fort (siehe folgende Seite). Diese Fortschreibung ist bei Kreditinstituten mit moderner Datenverabeitung leicht möglich.

Beispiel

Ein Kunde hebt am Geldausgabeautomaten (GAA) von seinem Guthaben bar ab und zieht anschließend am Kontoauszugsdrucker einen Kontoauszug. Durch die Abhebung verringert sich die Schuld des Kreditinstituts gegenüber dem Kunden, gleichzeitig verringert sich der Kassenbestand. Der Kunde sieht die Guthabenverringerung sofort auf seinem Kontoauszug.

Übernehmen Sie die Bilanzwaage in Ihr Arbeitsheft, notieren Sie die Veränderungen in gleicher Form wie beim Geschäftsfall ❶ und ermitteln Sie jeweils die neuen Bestände in der Bilanz. Ermitteln Sie auch die jeweilige Summe der Aktiva und der Passiva.

Am 2. Januar 2010 müssen nachfolgende Geschäftsfälle buchhalterisch erfasst werden:

Geschäftsfälle

❶ Wir verkaufen an der Kasse eigene Wertpapiere an einen unbekannten Kunden gegen bar („Tafelgeschäft“) für 5.000,00 €.

❷ Ein Kreditor überträgt von seinem Girokonto, auf dem er 12.000,00 € Guthaben hat, 10.000,00 € auf sein Sparkonto.

❸ Ein Sparkunde zahlt an der Kasse 1.000,00 € bar auf sein Sparkonto ein.

❹ Wir verkaufen einem Kreditor Wertpapiere aus eigenen Beständen und belasten ihn auf dem Girokonto mit 1.000,00 €.

Gehen Sie jeweils in folgenden Schritten vor:

1. **Welche Positionen in der Bilanz ändern sich durch den Geschäftsfall?**
2. **Auf welcher Seite der Bilanz befindet sich die jeweilige Position?**
3. **Nimmt diese Position durch den Geschäftsfall zu oder ab?**
4. **Welche Auswirkung hat die Veränderung der Positionen auf die Bilanz?**

Zum Geschäftsfall ❶ lautet die Schrittfolge dann:

1. Es ändern sich die Positionen „Eigene Wertpapiere“ und „Kasse“.
2. Beide Positionen stehen auf der Aktivseite der Bilanz.
3. Wertpapiere nehmen durch den Verkauf ab, der Kassenstand nimmt zu.
4. Die Bilanzsumme bleibt gleich. Es wurden lediglich Beträge in den Aktivbeständen vertauscht. Es handelt sich um einen **Aktivtausch.**

Die Bilanzwaage bleibt immer im Gleichgewicht. Es ändert sich niemals nur eine Position, jeder Vorgang muss doppelt erfasst werden, weil im System der **„doppelten Buchführung“** (auch als **„Doppik“** bezeichnet) jede Position in der Bilanz ihre Gegenposition auf der anderen Seite hat. Der Aktivseite, die zeigt, wie das Geld investiert wurde, steht immer die Passivseite gegenüber, die erklärt, wie die Investitionen finanziert wurden.

Aktiva **Bilanzwaage** **Passiva**

Bestand	Kasse €	Bundesbank €	Bei BuBa refinanzierbare Wertpapiere €	Forderungen an Kreditinstitute, Bankdebitoren €	Forderungen an Kunden, Kundendebitoren €	Eigene Wertpapiere €	Sachanlagen €	Summe Aktiva €	Summe Passiva €	Verbindlichkeiten an Kreditinstitute, Bankkreditoren €	Spareinlagen €	Andere Verbindlichkeiten an Kunden, Kundenkreditoren €	Eigenkapital €
Anfangsbestand zum 2. Januar	95.000	2.200.000	102.000	1.190.000	27.009.700	130.000	1.122.000	31.848.700	31.848.700	900.000	10.005.200	20.051.000	892.500
Änderung durch Geschäftsfall 1	+ 5.000					- 5.000							
Bestand nach Fall 1	100.000	2.200.000	102.000	1.190.000	27.009.700	125.000	1.122.000	31.848.700	31.848.700	900.000	10.005.200	20.051.000	892.500
Änderung durch Geschäftsfall 2													
Bestand nach Fall 2													
Änderung durch Geschäftsfall 3													
Bestand nach Fall 3													
Änderung durch Geschäftsfall 4													
Bestand nach Fall 4													

Die Lösung finden Sie in Kapitel 4.4.

4.2 Erfolgsneutrale und erfolgswirksame Geschäftsfälle

Grundsätzlich kann durch Geschäftsfälle jede Position in der Bilanz betroffen sein. Geschäftsfälle, die das Eigenkapital nicht betreffen, werden als **erfolgsneutral** bezeichnet. **Erfolgswirksam** sind solche Geschäftsfälle, die sich auf die Position „Eigenkapital" auswirken.

Beispiele

Erfolgswirksame Geschäftsfälle:

- *Barzahlung der Miete für Geschäftsräume bedeutet eine Verminderung des Kassenbestandes und eine Verminderung des Eigenkapitals.*
- *Ein Sparkunde erhält eine Zinsgutschrift. Dadurch nehmen die Verbindlichkeiten gegenüber Kunden (Spareinlagen) zu und das Eigenkapital nimmt ab.*
- *Ein Debitor wird auf seinem Kontokorrentkonto mit Zins belastet. Dadurch nehmen die Forderungen gegenüber Kunden zu, das Eigenkapital nimmt ebenfalls zu.*

4.3 Jahresabschlussbilanz und Tagesbilanz

Kreditinstitute operieren mit sehr viel Geld ihrer Kunden. Bestände können sich sehr rasch verändern. Um einen Überblick über die Vermögens- und Schuldensituation zu haben, „bilanzieren" sie täglich. Im Unterschied zur Jahresschlussbilanz werden in die **Tagesbilanz** die Buchbestände übernommen. Es findet keine körperliche Bestandsaufnahme durch Inventur statt. Lediglich die Kasse wird mit ihrem tatsächlichen Bestand erfasst, der hoffentlich nur selten vom Buchbestand abweicht, also fehlerfrei gebucht und ein- und ausbezahlt wurde. Die Buchbestände werden nicht neu bewertet. Die Tatsache, dass Vermögensgegenstände an Wert verlieren, berücksichtigt das Unternehmen erst am Ende des Geschäftsjahres mit der „Abschreibung" in der Jahresbilanz (siehe Kapitel 8 und 13).

Schrittfolge zum Geschäftsfall ❷ (siehe Seite 36):

1. Spareinlagen und andere Verbindlichkeiten gegenüber Kunden
2. Beide Positionen stehen in der Passiva.
3. Die Spareinlagen nehmen zu, die Verbindlichkeiten gegenüber Kunden nehmen ab.
4. Die Bilanzsumme bleibt gleich, es wurden lediglich Beträge in der Passiva auf verschiedenen Positionen vertauscht. Es handelt sich also um einen **Passivtausch.**

Schrittfolge zum Geschäftsfall ❸:

1. Spareinlagen und Kasse.
2. Der Kassenbestand steht in der Aktiva, die Spareinlagen haben den Bestand in der Passiva.
3. Der Kassenbestand nimmt zu, der Spareinlagenbestand nimmt ebenfalls zu.
4. Die Bilanzsumme erhöht sich um die 1.000,00 €, sowohl in der Aktiva als auch in der Passiva erhöht sich eine Position. Es handelt sich um eine **Aktiv-Passiv-Mehrung.**

Schrittfolge zum Geschäftsfall ❹:

1. Eigene Wertpapiere und Verbindlichkeiten gegenüber Kunden (das Guthaben der Kunden ist die Verbindlichkeit des Kreditinstituts).
2. Eigene Wertpapiere haben den Bestand in der Aktiva, Verbindlichkeiten gegenüber Kunden haben den Bestand in der Passiva.
3. Eigene Wertpapiere nehmen ab, unsere Verbindlichkeiten gegenüber Kunden nehmen ebenfalls ab.
4. Die Bilanzsumme vermindert sich um die 1.000,00 €, sowohl in der Aktiva als auch in der Passiva verringert sich der Bestand einer Position. Es handelt sich um eine **Aktiv-Passiv-Minderung.**

548438

4.4 Bilanzwertänderungen – Lösung der handlungsorientierten Themenbearbeitung

Aktiva | Bilanzwaage | Passiva

Bestand	Kasse €	Bundesbank €	Bei BuBa refinanzierbare Wertpapiere €	Forderungen an Kreditinstitute, Bankdebitoren €	Forderungen an Kunden, Kundendebitoren €	Eigene Wertpapiere €	Sachanlagen €	Summe Aktiva €	Summe Passiva €	Verbindlichkeiten an Kreditinstitute, Bankkreditoren €	Spareinlagen €	Andere Verbindlichkeiten an Kunden, Kundenkreditoren €	Eigenkapital €
Anfangsbestand zum 2. Januar	95.000	2.200.000	102.000	1.190.000	27.009.700	139.000	1.122.000	31.848.700	31.848.700	900.000	10.005.200	20.051.000	892.500
Änderung durch Geschäftsfall 1	+ 5.000					- 5.000							
Bestand nach Fall 1	100.000	2.200.000	102.000	1.190.000	27.009.700	125.000	1.122.000	31.848.700	31.848.700	900.000	10.005.200	20.051.000	892.500
Änderung durch Geschäftsfall 2											+ 10.000	- 10.000	
Bestand nach Fall 2	100.000	2.200.000	102.000	1.190.000	27.009.700	125.000	1.122.000	31.848.700	31.848.700	900.000	10.015.200	20.041.000	892.500
Änderung durch Geschäftsfall 3	+ 1.000										+ 1.000		
Bestand nach Fall 3	101.000	2.200.000	102.000	1.190.000	27.009.700	125.000	1.122.000	31.849.700	31.849.700	900.000	10.016.200	20.041.000	892.500
Änderung durch Geschäftsfall 4						- 1.000						- 1.000	
Bestand nach Fall 4	101.000	2.200.000	102.000	1.190.000	27.009.700	124.000	1.122.000	31.848.700	31.848.700	900.000	10.016.200	20.040.000	892.500

Praxisfall

In der üblichen Darstellungsform ergibt sich für die Handelsbank nachfolgende „Tagesschlussbilanz" am Ende des 2. Januar 2010:

A Aktiva — Tagesbilanz der Handelsbank zum 2. Januar 2010 — Passiva P

Aktiva		Passiva	
1. Barreserve		1. Verbindlichkeiten gegenüber Kreditinstituten	900.000,00 €
1.1 Kassenbestand	101.000,00 €	2. Verbindlichkeiten gegenüber Kunden	
1.2 Guthaben bei der Bundesbank	2.200.000,00 €	2.1 Spareinlagen	10.016.200,00 €
2. Bei der Bundesbank refinanzierbare Wertpapiere	102.000,00 €	2.2 Andere Verbindlichkeiten gegenüber Kunden	20.040.000,00 €
3. Forderungen an Kreditinstitute	1.190.000,00 €	3. Eigenkapital	892.500,00 €
4. Forderungen an Kunden	27.009.700,00 €		
5. Eigene Wertpapiere	124.000,00 €		
6. Sachanlagen	1.122.000,00 €		
	31.848.700,00 €		**31.848.700,00 €**

Zusammenfassung

Erfolgsneutrale Geschäftsfälle: Geschäftsfälle, bei denen lediglich Bestände umgeschichtet werden, ohne dass dies eine Auswirkung auf den Erfolg des Unternehmens und damit das Eigenkapital hat.

Erfolgswirksame Geschäftsfälle: Geschäftsfälle, die sich auf den Erfolg des Unternehmens und damit für das Eigenkapital auswirken.

Auswirkungen von Wertänderungen in der Bilanz:

Aktivtausch	Erhöhung eines Aktivbestandes bei gleichzeitiger Verminderung eines anderen Aktivbestandes	Bilanzsumme bleibt erhalten
Passivtausch	Erhöhung eines Passivbestandes bei gleichzeitiger Verminderung eines anderen Passivbestandes	Bilanzsumme bleibt erhalten
Aktiv-Passiv-Mehrung	Erhöhung eines Aktivbestandes bei gleichzeitiger Erhöhung eines Passivbestandes	Bilanzsumme steigt
Aktiv-Passiv-Minderung	Verminderung eines Aktivbestandes bei gleichzeitiger Verminderung eines Passivbestandes	Bilanzsumme sinkt

Aufgaben

1. **Beträge in T€**

Aktiva — **Bilanz der Diskonto Bank AG zum 31. Dezember 2009** — Passiva

	Kasse	Bundesbank	Fo KI/ Bankdebitoren	Fo Kdn/ Kundendebitoren	Eig. WP	BGA	Summe Aktiv	Summe Passiv	VBL KI/ Bankkreditoren	VBL Spar	VBL Kdn KK/Kundenkreditoren	EK
Bestand	100	2.000	2.000	120.000	250.000	16.000	390.100	390.100	280.000	65.000	30.000	?
Geschäftsfall 1												
Bestand												

→

Legende:

– Bundesbank/BuBa	Guthaben der Bank bei der Bundesbank
– Fo KI/Bankdebitoren	Forderung der Bank gegenüber anderen Kreditinstituten (also z. B. Guthaben der Diskonto Bank bei einer anderen Bank)
– Fo Kdn/Kundendebitoren	Forderung gegenüber Kunden (Debitoren)
– Eig. WP	Eigener Wertpapierbestand
– BGA	Sachanlagen/Betriebs- und Geschäftsausstattung
– VBL KI/Bankkreditoren	Verbindlichkeiten gegenüber Kreditinstituten (also z. B. das Guthaben einer anderen Bank bei der Diskonto Bank)
– VBL Spar	Verbindlichkeiten gegenüber Sparkunden
– VBL Kdn KK/Kundenkreditoren	Verbindlichkeiten gegenüber Kunden auf deren Kontokorrentkonten
– EK	Eigenkapital

a) Erstellen Sie die Bilanz als Waage wie oben angeführt in Ihren Unterlagen oder z. B. als Excel-Tabelle. Ermitteln Sie das Eigenkapital.

b) Notieren Sie zu jedem der unten aufgeführten Geschäftsfälle Ihre Überlegungen in der 4-Schrittfolge:
   1. Welche Positionen ändern sich durch den Geschäftsfall?
   2. Auf welcher Seite der Bilanz befindet sich die Position?
   3. Nimmt diese Position durch den Geschäftsfall zu oder ab?
   4. Welche Auswirkung hat die Veränderung auf die Bilanz?

c) Übernehmen Sie die Veränderungen durch die Geschäftsfälle in die Bilanztabelle und ermitteln Sie nach jedem Vorgang die neuen Bestände.

Geschäftsfälle
1. Die Diskontobank kauft von einem Kunden Wertpapiere ausnahmsweise bar an der Kasse für 10.000,00 € an.
2. Ein Sparkunde hebt von seinem Sparkonto bar 1.000,00 € ab.
3. Ein Debitor überträgt auf sein Sparkonto 2.000,00 €.
4. Die Diskonto Bank holt bei der Bundesbank 100.000,00 € Bargeld vom Konto.
5. Die Diskonto Bank kauft von einer anderen Bank, bei der sie ein Guthaben über 500.000,00 € hat, Wertpapiere im Wert von 100.000,00 €.
6. Die Diskonto Bank kauft bei einem Kreditor einen Schreibtisch, schreibt ihm vom Rechnungsbetrag über 10.000,00 € auf seinem Konto 9.000,00 € gut und zahlt ihm die restlichen 1.000,00 € bar aus.
7. Wir belasten Debitoren mit Zinsen 10.000,00 €.
8. Wir schreiben Sparkunden Zinsen in Höhe von 8.000,00 € gut.
9. Der Kassensturz (Kassenaufnahme) ergibt 187.000,00 €.

d) Beurteilen Sie den vorläufigen Erfolg dieses Tages durch Kapitalvergleich ohne Rücksicht auf die tatsächliche Inventurbewertung.

e) Erläutern Sie, warum die Bilanz durch keine Veränderung aus dem Gleichgewicht kommt.

2. Formulieren Sie je zwei Geschäftsfälle, die zu
a) Aktivtausch,
b) Passivtausch,
c) Aktiv-Passiv-Mehrung,
d) Aktiv-Passiv-Minderung führen.

3. Beurteilen Sie, welche Art von Bilanzänderung durch folgende Geschäftsfälle bewirkt wird:
a) Kauf eines Schreibtisches von einem KK-Kunden, Gutschrift auf dessen kreditorisch geführtem Konto.
b) Kauf von Wertpapieren im Wert von 10.000,00 € von einem Kundendebitoren, Gutschrift auf dessen Konto.
c) Verkauf eines nicht mehr benötigten Schreibtisches gegen bar.
d) Ein Sparkunde hebt bar ab.

→

e) Ein Kunde mit einem Guthaben in Höhe von 20.000,00 € (Kreditor) überträgt auf sein Sparkonto 10.000,00 €.
f) Bezahlung der Telefonrechnung durch Überweisung vom Konto bei der Bundesbank.
g) Belastung eines Debitors mit Schuldzins.
h) Gutschrift von Sparzinsen auf Kunden-Sparkonten.
i) Belastung eines Debitors mit Provision.
j) Belastung eines Kreditors, der ein Guthaben in Höhe von 10.000,00 € hat, mit Provision in Höhe von 500,00 €.

4. Erläutern Sie jeweils das Kennzeichen erfolgswirksamer beziehungsweise erfolgsneutraler Geschäftsfälle.

5. Erläutern Sie die Vorschrift der „Bilanzkontinuität". Begründen Sie die Vorschrift.

6. Die Sparkasse Weilheim hat folgende Bestände für die Eröffnungsbilanz am 1. Januar 2009: Kassenbestand 40.000,00 €, Guthaben bei der Bundesbank 150.000,00 €, Guthaben bei der Diskonto Bank 90.000,00 €, Debitoren 210.000,00 €, Eigene Wertpapiere 200.000,00 €, BGA/Sachanlagen 15.000,00 €, Kreditoren 230.000,00 €, Spareinlagen 420.000,00 €.
a) Erstellen Sie die Eröffnungsbilanz in Kontoform. Ermitteln Sie das Eigenkapital.
b) Übertragen Sie die Bilanzpositionen in die tabellarische Bilanzwaage (z.B. mit einer Excel-Tabelle).
c) Übernehmen Sie die Veränderungen durch die unten aufgeführten Geschäftsfälle am 2. Januar 2009 in die Bilanzwaage und ermitteln Sie jeweils die neuen Bestände.
d) Geben Sie an, um welche Art von Bilanzveränderung es sich bei den einzelnen Geschäftsfällen handelt.
e) Errechnen Sie die Tages-Schlussbestände des 2. Januar in der Bilanzwaage.
f) Ermitteln Sie durch Kapitalvergleich, wie „erfolgreich" die Bank an diesem Tag war. Beachten Sie aber, dass das nicht der tatsächliche Erfolg ist, denn um ihn zu ermitteln, müssten die Bestände durch Inventur ermittelt und bewertet werden.

Geschäftsfälle am 2. Januar

1.	Ein Kreditor zahlt bar ein	3.000,00 €
2.	Ein Debitor hebt bar ab	1.000,00 €
3.	Ein Kreditor (Kontostand 10.000,00 €) kauft von uns Wertpapiere	5.000,00 €
4.	Ein Debitor überweist auf sein Sparkonto	1.000,00 €
5.	Zinsgutschrift auf Spareinlagen	2.000,00 €
6.	Zinsbelastung für Debitoren	30.000,00 €
7.	Provisionsbelastung für Debitoren	10.000,00 €
8.	Überweisungen eines Debitors werden über die Bundesbank ausgeführt	2.000,00 €
9.	Über die Diskonto Bank kommt eine Überweisung zugunsten eines Kreditors	5.000,00 €
10.	Kauf eines PC, Überweisung über das Guthaben bei der Bundesbank	5.000,00 €
11.	Ein Sparkunde hebt bar ab	1.000,00 €
12.	Bezahlung der Januarmiete für die Geschäftsräume über das Guthaben bei der Diskonto Bank	5.000,00 €
13.	Bezahlung der Telefonrechnung über das Guthaben bei der Bundesbank	2.000,00 €
14.	Kreditor (Kontostand 1.000,00 €) hebt bar ab	1.000,00 €

7. Beschreiben Sie den Zusammenhang von Inventur, Inventar und Bilanz.

8. Erklären Sie an einem Beispiel, wie sich ein Kreditinstitut im Rahmen des Bewertungsspielraumes „ärmer" rechnen kann. Erläutern Sie, warum dieses Vorgehen sinnvoll sein kann.

9. Erläutern Sie an einem selbst gewählten Beispiel das System der Doppik in der Buchführung.

10. Begründen Sie, weshalb Kreditinstitute Tagesbilanzen erstellen.

11. Erklären Sie den Unterschied zwischen Tagesbilanz und Jahresbilanz.

5 Auflösung der Bilanz in Bestandskonten

Praxisfall

Der Kassenstand der Handelsbank beträgt am 2. Januar 20.. 50.000,00 €. Kunde Klein hebt von seinem Girokonto 1.000,00 € an der Kasse bar ab. Kunde Spörle zahlt auf sein Sparkonto an der Kasse 2.000,00 € bar ein.

In der Praxis werden die Bilanzpositionen in einzelne Konten (ital. conto = Rechnung), auf denen dann das Geschäftsjahr über gebucht werden kann, aufgelöst. Am Ende der Abrechnungsperiode werden die Konten wieder in der Bilanz zusammengefasst.

5.1 Das Konto

Das Konto ist die Einzelabrechnung von Positionen der Bilanz in übersichtlicher Gegenüberstellung wie bei der Bilanz selbst, daher auch **T-Konto.** Die Seiten werden mit **Soll** für links und **Haben** für rechts bezeichnet.

Aus der Eröffnungsbilanz, die wegen der Bilanzkontinuität der Schlussbilanz des Vorjahres entspricht, werden die Bestände der Einzelpositionen herausgelöst und in eigene Konten übernommen.

S = Soll	Kassenkonto	Haben = H
AB **Anfangsbestand**		– **Abgänge**
+ **Zugänge**		= SB **Buchmäßiger Schlussbestand** (Saldo als rechnerisches Ergebnis von Anfangsbestand + Zugänge – Abgänge)
Summe		Summe

Buchungen auf dem Konto

Der Anfangsbestand der Kasse wird aus der Eröffnungsbilanz auf die Soll-Seite des Kontos übernommen. Eine Auszahlung vermindert den Bestand und wird folglich auf der Gegenseite im Haben gebucht. Eine Einzahlung erhöht den Bestand und wird auf die Soll-Seite wie der Anfangsbestand eingetragen.

Abschluss des Kontos

Der Abschluss des Kontos erfolgt durch **Saldierung** der Seiten. Der **Saldo** (= Differenz zwischen Soll-Seite und Haben-Seite) stellt den buchmäßigen Bestand dar. Hierzu wird zunächst die größere Seite im Konto addiert und die Summe auf die andere Seite übertragen. Nun wird die kleinere Seite addiert. Die Differenz zwischen den Seiten ergibt den Saldo, der auf der kleineren Seite gebucht wird. Zur Probe kann die kleinere Seite zusammen mit dem Saldo addiert werden. Es muss sich die gleiche Summe wie auf der größeren Seite ergeben.

Tatsächlich kann der Ist-Bestand vom buchmäßigen Soll-Bestand abweichen, weil z. B. falsch ausbezahlt wurde. Eine solche Abweichung wird bei der Kasse durch Kassensturz/Kassenaufnahme, also tägliche Inventur, ermittelt.

→

Praxisfall

S = Soll	Kassenkonto	Haben = H
Anfangsbestand (AB) .... 50.000,00 €		Auszahlung Klein .... 1.000,00 €
Einzahlung Spörle .... 2.000,00 €		Buchmäßiger Schlussbestand (SB) = Saldo ..... 51.000,00 €
Summe **52.000,00 €**		Summe **52.000,00 €**

5.2 Aktivkonten und Passivkonten des Hauptbuches

Für jede Bilanzposition wird ein Konto geführt, auf dem während des Geschäftsjahres gebucht wird. Für die Positionen der Aktivseite werden **Aktivkonten,** für die Positionen der Passivseite werden **Passivkonten** gebildet.

Aktivkonten übernehmen die einzelnen Bestände aus der **Bilanzaktivseite** in die Soll-Seite des Kontos.

- Zunahmen werden auf der Soll-Seite gebucht.
- Abnahmen werden auf der Haben-Seite gebucht.
- Der Schlussbestand steht auf der Haben-Seite.

Soll	Aktivkonto Haben
Anfangsbestand (AB)	− Abnahme
+ Zunahme	Schlussbestand (SB)

In den **Passivkonten** werden die einzelnen Bestände der **Bilanzpassivseite** im Haben erfasst.

- Zunahmen werden auf der Haben-Seite gebucht.
- Abnahmen werden auf der Soll-Seite gebucht.
- Der Schlussbestand steht auf der Soll-Seite.

Soll Passivkonto	Haben
− Abnahme	Anfangsbestand (AB)
Schlussbestand (SB)	+ Zunahme

Die Konten, auf denen dann die Geschäftsfälle sachlich den entsprechenden Positionen zugeordnet gebucht werden, bilden zusammen das **Hauptbuch.**

Am Geschäftsjahresschluss werden die Schlussbestände auf die Konten übernommen und wieder in der Bilanz zusammengeführt.

Nachfolgende Übersicht stellt den Zusammenhang von Eröffnungsbilanz, den Aktivkonten und Passivkonten des Hauptbuches und der Schlussbilanz dar.

548444

Die Eröffnungsbilanz entspricht gemäß der Vorschrift der Bilanzkontinuität der Schlussbilanz des Vorjahres

Aktiva	Eröffnungsbilanz Passiva
Kassenbestand	Verbindlichkeiten gegen Kunden
Guthaben bei der Bundesbank	– Spareinlagen
Forderungen gegen Kreditinstitute/Bankdebitoren	– täglich fällig (Kreditoren)
Forderungen gegen Kunden (Debitoren)	Eigenkapital
Sachanlagen/BGA	
Bilanzsumme Aktiva	**Bilanzsumme Passiva**

Hauptbuch mit Aktivkonten und Passivkonten

Bestandskonten

Hauptbuch

Aktivkonten ← → **Passivkonten**

Soll	Kasse Haben
AB	– Abnahme
+ Zunahme	SB

Soll	Zentralbank Haben
AB	– Abnahme
+ Zunahme	SB

Soll	Forder. geg. Kreditinstitute Haben
AB	– Abnahme
+ Zunahme	SB

Soll	Forder. geg. Kdn. (Debitoren) Haben
AB	– Abnahme
+ Zunahme	SB

Soll	Sachanlagen Haben
AB	– Abnahme
+ Zunahme	SB

Soll	Spareinlagen Haben
– Abnahme	AB
SB	+ Zunahme

Soll	VBL tägl. fällig (Kreditoren) Haben
– Abnahme	AB
SB	+ Zunahme

Soll	Eigenkapital Haben
– Abnahme	AB
SB	+ Zunahme

AB = Anfangsbestand
SB = Schlussbestand

Schlussbilanz

Aktiva	Schlussbilanz Passiva
Kassenbestand	Verbindlichkeiten gegen Kunden
Guthaben bei der Bundesbank	– Spareinlagen
Forderungen gegen Kreditinstitute/Bankdebitoren	– täglich fällig (Kreditoren)
Forderungen gegen Kunden (Debitoren)	Eigenkapital
Sachanlagen/BGA	
Bilanzsumme Aktiva	**Bilanzsumme Passiva**

Praxisfall

Aktiva	Eröffnungsbilanz zum 2. Januar 20..		Passiva
Kassenbestand	50.000,00 €	Verbindlichkeiten gg. Kunden	
Guthaben b. d. Bundesbank	100.000,00 €	– Spareinlagen	500.000,00 €
Forder. gg. Kreditinstitute	100.000,00 €	– täglich fällig	
Forder. gg. Kunden (Debitoren)	700.000,00 €	(Kreditoren)	450.000,00 €
Sachanlagen/BGA[1]	50.000,00 €	Eigenkapital	50.000,00 €
Bilanzsumme Aktiva	1.000.000,00 €	Bilanzsumme Passiva	1.000.000,00 €

Bestandskonten
Hauptbuch

Aktivkonten ← → **Passivkonten**

Soll	Kasse	Haben
AB 2. Jan.	50.000,00 €	

Soll	Bundesbank	Haben
AB 2. Jan.	100.000,00 €	

Soll	Forder. geg. Kreditinst./Bankdebitoren	Haben
AB 2. Jan.	100.000,00 €	

Soll	Forder. geg. Kdn. (Debitoren)	Haben
AB 2. Jan.	700.000,00 €	

Soll	Sachanlagen/BGA	Haben
AB 2. Jan.	50.000,00 €	

Soll	VBL-Spareinlagen	Haben
	AB 2. Jan.	500.000,00 €

Soll	VBL tägl. fällig (Kreditoren)	Haben
	AB 2. Jan.	450.000,00 €

Soll	Eigenkapital	Haben
	AB 2. Jan.	50.000,00 €

5.3 Erfassung von Geschäftsfällen im Hauptbuch

Praxisfälle

1. Ein Debitor hebt bar 1.000,00 € ab.
2. Ein Sparer zahlt bar 2.000,00 € ein.

Jeder Geschäftsfall muss nach dem Prinzip der Doppik auf jeweils mindestens zwei Konten des Hauptbuches erfasst werden. Die Veränderungen durch die Geschäftsfälle des Jahres werden in den Konten erfasst:

	1. Ein Debitor hebt bar ab.		2. Ein Sparer zahlt bar ein.	
1. Welche Positionen ändern sich?	Debitoren	Kasse	Kasse	Sparer
2. Auf welcher Seite der Bilanz befindet sich die Position?	Aktiva	Aktiva	Aktiva	Passiva
3. Nimmt die Position durch den Geschäftsfall zu oder ab?	+	–	+	+
4. Wie ändert sich die Bilanz?	Aktivtausch		Aktiv-Passiv-Mehrung	

1 Betriebs- und Geschäftsausstattung

Der Zugang im Aktivkonto „Debitoren“ (Forderungen gegen Kunden) wird im Soll gebucht. Die Auszahlung im Konto „Kasse“ ist im Haben zu buchen, da die Kasse als Aktivkonto den Anfangsbestand im Soll hat.

Der Zugang im Konto „Kasse“ ist im Soll zu erfassen, da dort auch der Anfangsbestand steht. Der Zugang im Konto „Spareinlage“ ist im Haben zu erfassen, da das Konto „Spareinlage“ als Passivkonto den Anfangsbestand im Haben trägt.

Damit der Vorgang auch im Konto später leicht nachvollziehbar ist, wird neben dem Betrag die Buchungsnummer (hier 1 und 2), eventuell das Datum und das jeweilige Konto, das ebenfalls durch den Geschäftsfall betroffen ist (Gegenkonto), in Kurzform eingetragen.

Praxisfall

Kasse

Soll		Haben	
AB 2. Jan.	50.000,00 €	**❶ Debitoren**	**1.000,00 €**
❷ Spareinlagen	**2.000,00 €**		

Zentralbank

Soll		Haben	
AB 2. Jan.	100.000,00 €		

Forder. geg. Kreditinst.

Soll		Haben	
AB 2. Jan.	100.000,00 €		

Forder. geg. Kdn. (Debitoren)

Soll		Haben	
AB 2. Jan.	700.000,00 €		
❶ Kasse	**1.000,00 €**		

Sacheinlagen/BGA

Soll		Haben	
AB 2. Jan.	50.000,00 €		

VBL Spareinlagen

Soll		Haben	
		AB 2. Jan.	500.000,00 €
		❷ Kasse	**2.000,00 €**

VBL tägl. fällig (Kreditoren)

Soll		Haben	
		AB 2. Jan.	450.000,00 €

Eigenkapital

Soll		Haben	
		AB 2. Jan.	50.000,00 €

5.4 Abschluss der Bestandskonten

Am Ende des Geschäftsjahres werden die durch Inventur ermittelten Bestände in die Konten übernommen (siehe dazu auch den Praxisfall auf der folgenden Seite). Diese Schlussbestände werden bei den Aktivkonten im Haben, bei den Passivkonten im Soll gebucht. Jetzt ist durch einen Vergleich der Seiten der verschiedenen Konten feststellbar, ob der durch die Inventur ermittelte tatsächliche Bestand mit dem buchmäßig ermittelbaren Bestand übereinstimmt. Ist das der Fall, gleichen sich die zwei Kontenseiten aus.

Die Inventur mit den ermittelten Schlussbeständen führt zu weiteren Geschäftsfällen am Jahresende. Im System der doppelten Buchhaltung (Doppik) muss zu jeder Buchung im Haben oder im Soll eine Gegenbuchung auf der jeweils anderen Seite eines anderen Kontos vorgenommen werden, sonst würde die Waage (Bilancia) nicht gehalten. Wenn also z. B. der Schlussbestand des Kontos „Kasse“ im Haben gebucht wird, ist der gleiche Betrag im Soll zu buchen, in der Schlussbilanz somit im Aktiva. So wird durch die Übernahme der Schlussbestände aus den Konten in der zusammenfassenden Schlussbilanz der Buchungskreis wieder geschlossen.

→

Praxisfall

In der Inventur am Geschäftsjahresende werden folgende **bewertete Bestände** ermittelt:

Aufgenommener Kassenbestand	50.000,00 €
Bundesbankguthaben	100.000,00 €
Forderungen gegen Kreditinstitute	100.000,00 €
Debitoren	701.000,00 €
Sachanlagen/BGA	50.000,00 €
Spareinlagen	502.000,00 €
Kreditoren	450.000,00 €

In der Praxis wird meist der ermittelte Kassenbestand aus der Inventur mit dem buchmäßigen Kassenbestand übereinstimmen (Ist-Bestand = Soll-Bestand). Die anderen Bestände wie zum Beispiel Sachanlagen, die durch Gebrauch oder Zeitablauf in ihrem Wert verlieren, müssen durch entsprechende Buchungen angepasst werden. (siehe Kapitel 8 und 13)

Gezählt wurden in der Kasse 50.000,00 €. Durch Saldierung der Seiten des Kassenkontos müssten eigentlich 51.000,00 € vorhanden sein, es fehlen also 1.000,00 €, vielleicht wurde versehentlich zu viel ausbezahlt. Wenn diese Kassendifferenz auch nach mehrmaligem Überprüfen nicht ausgeräumt werden kann, muss das Buch der Realität angepasst werden, nicht umgekehrt. Der Fehlbetrag wirkt sich nicht nur in der Kasse aus, sondern bedeutet auch eine Verminderung des Eigenkapitals.

Buchmäßige Bestandsermittlung im Kassenkonto:

Summe der Soll-Seite: 50.000,00 € + 2.000,00 €	= 52.000,00 €
– vorläufige Summe Haben:	= 1.000,00 €
Saldo (buchmäßiger Schlussbestand)	= 51.000,00 €
Ermittlung des Bestandes durch Inventur (Ist-Bestand):	= 50.000,00 €
= **Fehlbetrag**	= 1.000,00 €

Der Fehlbetrag in der Kasse löst einen dritten Geschäftsfall aus. Der Buchbestand des Aktivkontos „Kasse“ muss dem niedrigeren Ist-Bestand angepasst werden. Der Buchbestand nimmt also ab, es ist folglich im Haben zu buchen. Der Bestand des Passivkontos „Eigenkapital“ nimmt durch den Fehlbetrag ebenfalls ab, somit ist im Soll zu buchen.

Der Geschäftsgang mit Eröffnungsbilanz, Konteneröffnung, Übernahme der Inventurbestände und Abschluss der Bestandskonten auf die Schlussbilanz stellt sich im Gesamtzusammenhang wie folgt dar:

Aktiva **Eröffnungsbilanz zum 2. Januar 20..** Passiva

Aktiva		Passiva	
Kassenbestand	50.000,00 €	Verbindlichkeiten gg. Kunden	
Guthaben bei der Bundesbank	100.000,00 €	– Spareinlagen	500.000,00 €
Forderungen gegen Kreditinstitute/ Bankdebitoren	100.000,00 €	– täglich fällig (Kreditoren)	450.000,00 €
Forderungen gegen Kunden (Debitoren)	700.000,00 €	Eigenkapital	50.000,00 €
Sachanlagen	50.000,00 €		
Bilanzsumme Aktiva	**1.000.000,00 €**	Bilanzsumme Passiva	**1.000.000,00 €**

→

Praxisfall (Fortsetzung)

Bestandskonten

Hauptbuch

Aktivkonten ← → **Passivkonten**

Aktivkonten

Soll	Kasse		Haben
AB 2. Jan.	50.000,00 €	❶ Debitoren	1.000,00 €
❷ Spareinlagen	2.000,00 €	SB	**50.000,00 €**
		❸ EK	1.000,00 €
Summe	52.000,00 €	Summe	52.000,00 €

Soll	Bundesbank		Haben
AB 2. Jan.	100.000,00 €	SB	**100.000,00 €**
Summe	100.000,00 €	Summe	100.000,00 €

Soll	Forder. geg. Kreditinstitute/Bankdebitoren		Haben
AB 2. Jan.	100.000,00 €	SB	**100.000,00 €**
Summe	100.000,00 €	Summe	100.000,00 €

Soll	Forder. geg. Kdn. (Debitoren)		Haben
AB 2. Jan.	700.000,00 €	SB	**701.000,00 €**
❶ Kasse	1.000,00 €		
Summe	701.000,00 €	Summe	701.000,00 €

Soll	Sachanlagen/BGA		Haben
AB 2. Jan.	50.000,00 €	SB	**50.000,00 €**
Summe	100.000,00 €	Summe	50.000,00 €

Passivkonten

Soll	VBL Spareinlagen		Haben
SB	**502.000,00 €**	AB 2. Jan.	500.000,00 €
		❷ Kasse	2.000,00 €
Summe	502.000,00 €	Summe	502.000,00 €

Soll	VBL tägl. fällig (Kreditoren)		Haben
SB	**450.000,00 €**	AB 2. Jan.	450.000,00 €
Summe	450.000,00 €	Summe	450.000,00 €

Soll	Eigenkapital		Haben
❸ Kasse	1.000,00 €	AB 2. Jan.	50.000,00 €
SB	**49.000,00 €**		
Summe	50.000,00 €	Summe	50.000,00 €

Aktiva	**Schlussbilanz zum 31. Dezember 20..**		Passiva
Kassenbestand	**50.000,00 €**	Verbindlichkeiten gg. Kunden	
Guthaben bei der Bundesbank	**100.000,00 €**	– Spareinlagen	**502.000,00 €**
Forderungen gegen Kreditinstitute/ Bankdebitoren	**100.000,00 €**	– täglich fällig (Kreditoren)	**450.000,00 €**
Forderungen gegen Kunden (Debitoren)	**701.000,00 €**	Eigenkapital	**49.000,00 €**
Sachanlagen/BGA	**50.000,00 €**		
Bilanzsumme Aktiva	1.001.000,00 €	Bilanzsumme Passiva	1.001.000,00 €

Das neue Eigenkapital kann auf zwei Arten ermittelt werden. Im Konto „Eigenkapital" wird der Anfangsbestand durch Zugänge im Haben erhöht und durch Abgänge im Soll vermindert. Durch Saldierung im Konto „Eigenkapital" wird der neue Kapitalbestand ermittelt. Dieser Saldo muss mit dem in der Schlussbilanz durch Seitenvergleich (Vermögen - Schulden = Eigenkapital) ermittelten Eigenkapital übereinstimmen.

Praxisfall (Fortsetzung)

Der Bestand auf dem Konto „Eigenkapital" wurde dadurch ermittelt, dass der anfängliche Bestand von 50.000,00 € um 1.000,00 € auf **49.000,00 €** vermindert wurde. Der Bestand lässt sich auch durch Saldierung in der Schlussbilanz ermitteln.

Summe der Aktiva	50.000,00 €	
	100.000,00 €	
	100.000,00 €	
	701.000,00 €	
	50.000,00 €	1.001.000,00 €
- Summe der Schulden	502.000,00 €	
	450.000,00 €	952.000,00 €
= Eigenkapital		**49.000,00 €**

5.5 Erfassung der Geschäftsfälle im Grundbuch/Buchungssatz/Organisation der Buchführung mit Kontenrahmen und Kontenplan

5.5.1 Grundbuch

Im **Grundbuch,** auch **Tagebuch** oder **Journal** (auch **„Prima Nota“** = erste Aufzeichnung) genannt, werden die Geschäftsfälle in zeitlicher Reihenfolge erfasst.

Sowohl Grundbuch als auch Hauptbuch sind nötig, um für verschiedene Anforderungen unterschiedliche Zugriffsmöglichkeiten zu haben. Im Grundbuch sind die Geschäftsfälle chronologisch (in zeitlicher Reihenfolge) geordnet. Es erlaubt somit den Zugriff nach chronologischen Anforderungen. Das Hauptbuch ist nach sachlogischen Gesichtspunkten gegliedert. Es erlaubt damit Zugriffe nach sachlichem Bedarf.

Beispiele

- *Wenn die Geschäftsleitung den Bestand an Sparguthaben für geschäftspolitische Entscheidungen benötigt, wird auf das Hauptbuchkonto Spareinlagen zugegriffen.*
- *Ein Kunde vermisst die Gutschrift seiner Einzahlung vom 4. Mai. Zur Prüfung kann das Journal dieses Tages auf eine Fehlbuchung hin durchgegangen werden.*

5.5.2 Buchungssatz

Ein **Buchungssatz** ist die kurze Anweisung, wie auf den Konten des Hauptbuches zu buchen ist. Jeder Geschäftsfall wird mit einem Buchungssatz im Grundbuch erfasst.

Praxisfall

1. Ein Debitor hebt an der Kasse 1.000,00 € bar ab.
2. Ein Sparer zahlt 2.000,00 € bar ein.

Zur Erstellung des Buchungssatzes wird in vier Schritten überlegt:

❶ Welche Konten ändern sich durch den Geschäftsfall?

❷ Welche Auswirkungen hat der Geschäftsfall auf die Konten?

❸ Welche Kontoart ist hier betroffen?

❹ Auf welcher Kontenseite ist folglich zu buchen?

Im Buchungssatz wird das Konto, auf dem im Soll zu buchen ist, zuerst genannt, dann das Konto, auf dem im Haben zu buchen ist. Wenn im Konto „Debitoren“ 1.000,00 € im Soll und im Konto „Kasse“ 1.000,00 € im Haben zu buchen sind, so lautet die kurze Anweisung:

„Kdn.debit. 1.000,00 € an Kasse 1.000,00 €“.

Kundendebitoren	Betrag	an	Kasse	Betrag
Konto, auf dem der Betrag im Soll gebucht wird	?	an	Konto, auf dem der Betrag im Haben gebucht wird	?
Soll-Buchung		an	**Haben-Buchung**	

5.5.3 Organisation der Buchführung mit Kontenrahmen und Kontenplan

Zur Vereinfachung der Buchführungsorganisation verwenden Unternehmen einen **Kontenplan,** in dem sie die vielen verschiedenen Konten nach sinnvollen Kriterien in Kontenklassen gliedern und mit einer Kontennummer versehen. Diese unternehmensspezifischen Kontenpläne richten sich aus Gründen der Übersichtlichkeit für berechtigte Außenstehende meist an **Kontenrahmen** für Unternehmen bestimmter Wirtschaftszweige aus. So gibt es Kontenrahmen für Industriebetriebe, Einzelhandels- und Großhandelsbetriebe, Speditionen, Versicherungen und Banken, für Sparkassen und Genossenschaftsbanken.

Kontenplan

Basis für den Kontenplan dieses Buches ist der Kontenplan für die bundesweite zentrale IHK-Zwischenprüfung und Abschlussprüfung nach der Verordnung über die Berufsausbildung zum Bankkaufmann/zur Bankkauffrau, herausgegeben von der Zentralstelle für Prüfungsaufgaben der Industrie- und Handelskammern im Mai 2009. Der Kontenplan der IHK liegt den Aufgabensätzen der bundesweiten Abschlussprüfung ab Sommer 2010 als Anlage bei. In Baden-Württemberg findet weiterhin eine gemeinsame Abschlussprüfung in Zusammenarbeit zwischen Schule und IHK statt.

Die Autoren dieses Buches haben den IHK-Kontenplan um einige zusätzliche Konten ergänzt. Die Ergänzungen sind durch Kursivschrift kenntlich gemacht. Die verschiedenen Kontenarten sind farblich markiert:

Aktive Bestandskonten
Passive Bestandskonten
Aufwandskonten
Ertragskonten
Gemischte Konten und Abschlusskonten

Bestandskonten			**Erfolgskonten**
Kontenklasse 1 ***Finanzkonten***	**Kontenklasse 2** ***Forderungen und Verbindlichkeiten***	**Kontenklasse 3** ***Sachanlagen***	**Kontenklasse 5** ***Erträge***
10 Kasse *101 Münz- und Sortenkasse* 11 Bundesbank (BuBa) 12 Eigene Wertpapiere *120 EE, bei BuBa refinanzierbar (eigene Effekten, die bei der Bundesbank refinanziert werden können)* *121 EE (eigene Effekten)* **Kontenklasse 2** ***Forderungen und Verbindlichkeiten*** 20 Banken-KK *201 BKK (Bankenkontokorrent)* *2011 Bankdebitoren* *2012 Bankkreditoren* *2013 Eigene Zentrale* 21 Kunden-KK *211 KKK (Kundenkontokorrent)* *2111 Kundendebitoren* *2112 Darlehensforderungen* *2113 Kundenkreditoren* 22 Spareinlagen	23 Termineinlagen *24 Begebene Schuldverschreibungen und Sparbriefe* *25 EKK (Effektenkommissionskonto)* *26 Sonstige Forderungen* *27 Sonstige Verbindlichkeiten* *271 Sonst. VBL FA (Sonstige Verbindlichkeiten gegenüber Finanzamt)* *272 Sonst. VBL SV (Sonstige Verbindlichkeiten gegenüber Sozialversicherung)* *273 Sonst. VBL VL (Sonstige Verbindlichkeiten für vermögenswirksame Leistungen gegenüber Bausparkasse, Fondsgesellschaft ...)* *274 Sonst. VBL Courtage/Clearing (Sonstige Verbindlichkeiten gegenüber Börse)* *28 ARA (aktive Rechnungsabgrenzungsposten)* *29 PRA (passive Rechnungsabgrenzungsposten)*	30 Betriebs- und Geschäftsausstattung *(BGA)* 31 Grundstücke und Gebäude 32 Sammelposten Geringwertige Wirtschaftsgüter (GWG) *33 Schecks* *34 CPD/Scheckeinreicher (Conto pro Diverse)* *35 Reiseschecks* *36 Rückschecks* **Kontenklasse 4** ***Mehrwertsteuer*** 40 Umsatzsteuer 41 Vorsteuer	50 Zinserträge aus Kreditgeschäften 51 Zinserträge aus Wertpapieren *511 Effektenerträge* 52 Provisionserträge *PGE (Provisions- und Gebührenerträge)* 53 Kursgewinne aus Wertpapieren 54 Erträge aus Zuschreibungen zu Wertpapieren 55 Erträge aus Zuschreibungen zu Forderungen 56 Sonstige betriebliche Erträge *561 Mietertrag* *562 Kassenüberschuss* *564 a.o. Erträge (außerordentliche Erträge)* *57 steuerfreie Erträge* *571 Erträge aus der Auflösung versteuerter PWB* *572 Erträge aus der Auflösung des Fonds für allgemeine Bankrisiken*
Erfolgskonten		**Jahresabschluss**	
Kontenklasse 6 ***Aufwendungen***	**Kontenklasse 6** ***Aufwendungen***	**Kontenklasse 7** ***Abschlusskonten***	***Nur in der Handelsbuchführung benutzte Konten:***
60 Zinsaufwendungen 61 Provisionsaufwendungen *PGA (Provisions- und Gebührenaufwand)* 62 Kursverluste aus Wertpapieren 63 Andere Verwaltungsaufwendungen 64 Einstellungen in den Fonds für allgemeine Bankrisiken 65 Abschreibungen auf Sachanlagen *651 Abschreibungen auf GWG* 66 Abschreibungen auf Wertpapiere 67 Abschreibungen auf Forderungen 68 Sonstige betriebliche Aufwendungen *681 Mietaufwand* *682 Kassenfehlbetrag* *683 Personalaufwand*	*6831 Personalaufwand VL (vermögenswirksame Leistungen Arbeitgeberanteil)* *6832 Personalaufwand SV (Sozialversicherung Arbeitgeberanteil)* *684 a.o. Aufwand (außerordentlicher Aufwand)* *685 Reparaturaufwand* *686 Büromaterialaufwand* *687 Versicherungsaufwand* *688 Telekommunikationsaufwand und Werbeaufwand* *689 Energieaufwand* *69 Versteuerte Abschreibung*	70 Gezeichnetes Kapital *701 EK (Eigenkapital)* 71 Kapitalrücklage 72 Gesetzliche Gewinnrücklage 73 Andere Gewinnrücklagen 74 Rückstellungen 75 Einzelwertberichtigungen auf Forderungen *(EWB)* 76 Pauschalwertberichtigungen auf Forderungen *(PWB)* *761 versteuerte Pauschalwertberichtigung* 77 Fonds für allgemeine Bankrisiken 78 Gewinn- und Verlustkonto (GuV) 79 Bilanzgewinn/-verlust	*Forderungen aus Lieferungen und Leistungen (Ford. a. LL)* *Waren (Wa)* *Bank-Giro* *Verbindlichkeiten aus Lieferungen und Leistungen (VBL a. LL)* *Aufwendungen für Waren (AfW)* *Umsatzerlöse (UE)*

Praxisfall

Geschäftsfall 1

❶ Welche Konten ändern sich durch den Geschäftsfall?	2111 Kundendebitoren	10 Kasse
❷ Welche Auswirkungen hat der Geschäftsfall auf die Konten?	2111 Kundendebitoren nehmen zu.	10 Kasse nimmt ab.
❸ Welche Kontoart ist hier betroffen?	„2111 Kundendebitoren" steht mit seinem Bestand in der Bilanz im Aktiva. Das Konto „2111 Kundendebitoren" ist ein aktives Bestandskonto.	„10 Kasse" steht mit ihrem Bestand in der Bilanz im Aktiva. Kasse ist ein aktives Bestandskonto.
❹ Auf welcher Kontenseite ist folglich zu buchen?	Mehrungen in aktiven Bestandskonten sind im Soll zu erfassen. Im Konto „2111 Kundendebitoren" muss im Soll gebucht werden.	Minderungen in aktiven Bestandskonten sind im Haben zu erfassen. Im Konto „10 Kasse" muss im Haben gebucht werden.

Geschäftsfall 2

❶ Welche Konten ändern sich durch den Geschäftsfall?	10 Kasse	22 Spareinlagen
❷ Welche Auswirkungen hat der Geschäftsfall auf die Konten?	10 Kasse nimmt zu.	22 Spareinlagen nehmen zu.
❸ Welche Kontoart ist hier betroffen?	„10 Kasse" steht mit ihrem Bestand in der Bilanz im Aktiva. Das Konto „10 Kasse" ist ein aktives Bestandskonto.	„22 Spareinlagen" stehen mit ihrem Bestand in der Bilanz im Passiva. Das Konto „22 Spareinlagen" ist ein passives Bestandskonto.
❹ Auf welcher Kontenseite ist folglich zu buchen?	Mehrungen in aktiven Bestandskonten sind im Soll zu erfassen. Im Konto „10 Kasse" muss im Soll gebucht werden.	Mehrungen in passiven Bestandskonten sind im Haben zu erfassen. Im Konto „22 Spareinlagen" muss im Haben gebucht werden.

Grundbuch/Journal für die Buchung der Geschäftsfälle und den Abschluss der Hauptbuchkonten
Grundbuch

Buchungsnummer	Soll	Betrag in €		Haben	Betrag in €
1.	2111 Kundendebitoren	1.000,00	**an**	10 Kasse	1.000,00
2.	10 Kasse	2.000,00	**an**	22 Spareinlagen	2.000,00
	Summe der Soll-Buchungen	3.000,00	=	Summe der Haben-Buchungen	3.000,00
	Buchung der Differenz				
3.	701 Eigenkapital	1.000,00	**an**	10 Kasse	1.000,00
	Schlussbuchungen				
	Schlussbilanz	50.000,00	**an**	10 Kasse	50.000,00
	Schlussbilanz	100.000,00	**an**	11 Bundesbank	100.000,00
	Schlussbilanz	100.000,00	**an**	2011 Bankdebitoren	100.000,00

→

Praxisfall (Fortsetzung)

Buchungsnummer	Soll	Betrag in €		Haben	Betrag in €
	Schlussbilanz	701.000,00	an	2111 Kundendebitoren	701.000,00
	Schlussbilanz	50.000,00	an	30 BGA	50.000,00
	22 Spareinlagen	502.000,00	an	Schlussbilanz	502.000,00
	2113 Kundenkreditoren	450.000,00	an	Schlussbilanz	450.000,00
	701 Eigenkapital	49.000,00	an	Schlussbilanz	49.000,00
	Gesamtsumme der Soll-Buchungen	2.009.000,00	=	Gesamtsumme der Haben-Buchungen	2.009.000,00

Zusammenfassung

Vorgehensweise beim Buchen eines Geschäftsganges im Kurzüberblick:

1. Anfangsbestände aus der Bilanz in die Konten übernehmen. Aktivbestände in die Aktivkonten im Soll, Passivbestände in die Passivkonten im Haben.
2. Für jeden Geschäftsfall einen Buchungssatz im Grundbuch/Journal (Tagebuch) erstellen.
3. Die Buchungen in den Aktiv- und Passivkonten des Hauptbuches erfassen.
4. Dort, wo die Inventurbestände nicht mit den Buchbeständen übereinstimmen, die Differenz durch eine weitere Buchung ausgleichen.
5. Die Schlussbestände durch Abschlussbuchungen auf den Konten der Bilanz erfassen.
6. Durch doppelte Ermittlung des Eigenkapitals mögliche Unstimmigkeiten aufdecken.

Aktivkonten,
deren Bestand in der Bilanz im Aktiva steht, daher auch aktive Bestandskonten, tragen den Anfangsbestand im Soll, dort werden auch Zugänge gebucht. Abgänge werden im Haben erfasst. Der Schlussbestand wird dann im Haben gebucht.

Passivkonten,
deren Bestand in der Bilanz im Passiva steht, daher auch passive Bestandskonten, tragen den Anfangsbestand im Haben, dort werden auch Zugänge gebucht. Abgänge werden im Soll erfasst. Der Schlussbestand wird dann im Soll gebucht.

Grundbuch: Erfassung der Geschäftsfälle in zeitlicher Reihenfolge (chronologisch) mit Buchungssätzen

		Soll	an	Haben		
Kontonummer	Konto	Betrag	an	Kontonummer	Konto	Betrag

Hauptbuch: Erfassung der Geschäftsfälle nach sachlogischen Gesichtspunkten auf Konten

Aufgaben

1. Einfacher Geschäftsgang eines Kreditinstituts in Grund- und Hauptbuch:
   a) Erstellen Sie aus folgenden Beständen eines Bankinventars des Jahres 2009 die Eröffnungsbilanz für das Jahr 2010:
   Kasse 10.000,00 €, Bundesbank 120.00,00 €, Bankdebitoren 100.000,00 €, Kundendebitoren 250.000,00 €, BGA 20.000,00 €, Spareinlagen 200.000,00 €, Kundenkreditoren 170.000,00 €, Bankkreditoren 100.000,00 €.

   b) Eröffnen Sie die Konten des Hauptbuches (auf T-Konten) aus der Bilanz heraus. →

c) Buchen Sie die nachfolgenden Geschäftsfälle zunächst im Grundbuch, dann im Hauptbuch:
   1. Ein Debitor hebt bar 1.000,00 € ab.
   2. Ein Kreditor zahlt bar 2.000,00 € ein.
   3. Ein Kreditor überträgt 5.000,00 € von seinem Girokonto auf sein Sparkonto. Der Kontostand auf dem Girokonto beträgt vor der Übertragung 10.000,00 €.
   4. Wir erhalten über die Bundesbank eine Gutschrift von 1.000,00 € aus einer Überweisung zugunsten eines Debitors, wodurch sich sein Schuldstand etwas verringert.

d) Die Inventur des Jahres 2010 ergibt folgende Schlussbestände:
   Kasse 10.000,00 €, Bundesbank 121.000,00 €, Bankdebitoren 100.000,00 €, Kundendebitoren 250.000,00 €, BGA 20.000,00 €, Spareinlagen 205.000,00 €, Kundenkreditoren 167.000,00 €, Bankkreditoren 100.000,00 €.
   Führen Sie die notwendigen Abschlussbuchungen im Grund- und Hauptbuch durch und erstellen Sie die Schlussbilanz.

2. Buchen Sie im Grundbuch (Journal):
   1. Die Bank kauft einen neuen Schreibtisch für 5.000,00 €, zahlt bar 1.000,00 € und überträgt den Rest auf das Konto des Büromöbelhändlers, der Debitor mit hohem Schuldenstand ist.
   2. Sparkunden zahlen bar 10.000,00 € ein.
   3. Debitoren erteilen für 20.000,00 € Überweisungsaufträge, die wir über die Bundesbank ausführen.
   4. Für Kreditoren erhalten wir 80.000,00 € per Überweisungsgutschriften über die Bundesbank.
   5. Eine Korrespondenzbank, bei der wir Verbindlichkeiten haben, belastet uns mit einem Scheck über 2.000,00 €, den unser Kreditor ausgestellt hat.
   6. Wir erhalten zugunsten eines Kreditors eine Gutschrift über 4.000,00 € von einer Korrespondenzbank, bei der wir ein Guthaben halten.
   7. Ein Debitor überträgt vom Kontokorrentkonto auf sein Sparkonto 200,00 €.
   8. Ein Kreditor lässt vom Sparkonto auf sein Girokonto 10.000,00 € übertragen, um damit eine größere Anschaffung später mit Scheck bezahlen zu können.
   9. Ein Debitor reicht einen Scheck über 1.000,00 €, den ein Kreditor ausgestellt hat, zur Gutschrift auf seinem Konto ein.
   10. Ein Sparkunde hebt 1.000,00 € ab.

3. Bei Unstimmigkeiten und Fehlbuchungen kann z. B. aufgrund der Buchungen im Grundbuch (Journal) der zugrunde liegende Geschäftsfall rekonstruiert werden.
   a) Ergänzen Sie die Kontennummern.
   b) Welche Geschäftsfälle könnten folgenden Buchungen im Grundbuch zugrunde liegen?

1. Kasse	**an**	Spareinlagen
2. Bankkreditoren	**an**	Kundenkreditoren
3. Kundendebitoren	**an**	Bundesbank
4. Kasse	**an**	BGA
5. Spareinlagen	**an**	Kundendebitoren
6. Bankdebitoren	**an**	Kundenkreditoren
7. Bundesbank	**an**	Kundenkreditoren
8. Spareinlagen	**an**	Kasse

4. Erläutern Sie, warum sowohl das Grundbuch als auch das Hauptbuch notwendig sind.

5. Erklären Sie die verschiedenen Begriffssynonyme für das Grundbuch.

6. Erläutern Sie, warum am Geschäftsjahresende nicht einfach die Salden auf den Konten ermittelt werden dürfen, um sie dann in die Bilanz zu übertragen.

7. Erläutern Sie den Sinn von Kontenrahmen und Kontenplan.

8. Prüfen Sie, ob in Ihrem Ausbildungsinstitut aufgrund von Kundenkontennummern erkennbar ist, welche Art von Konto (KKK, Spar, Kredit ...) vorliegt.

548454

6 Erfolgskonten

Praxisfälle

- Die Handelsbank schreibt ihren Sparkunden 10.000,00 € Zinsen gut.
- Die Bundesbank belastet die Handelsbank mit 2.000,00 € Kreditzins.
- Die Handelsbank belastet der Schuber AG 100,00 € Gebühr für eine Überweisung nach Japan.
- Debitoren der Handelsbank werden mit 40.000,00 € Sollzins belastet.
- Mitarbeiter der Handelsbank erhalten Gehaltszahlungen in Höhe von 20.000,00 €.

Der Unternehmenserfolg der Kreditinstitute ist am **Gewinn** orientiert. Zum Erfolg tragen verschiedene Geschäftsfelder bei, aus denen **Erträge** zufließen oder **Aufwand** entsteht. Das Kreditgeschäft bringt Zinsertrag. Im Einlagengeschäft entsteht Zinsaufwand. Gebühren und Provisionen für Bankdienstleistungen bedeuten einen Ertrag. Für Personal werden Lohn- und Gehaltsaufwendungen bezahlt, das notwendige Büromaterial verursacht Aufwand ebenso wie Provisionen, die Mitarbeiter erhalten oder anderen Kreditinstituten gutgeschrieben werden.

6.1 Erfassung von erfolgswirksamen Geschäftsfällen im Hauptbuch

Erfolgswirksame Geschäftsfälle erhöhen oder vermindern das Eigenkapital. Für die Vielzahl der Aufwands- und Ertragsarten, die im Unternehmen anfallen, werden aus Gründen der Übersichtlichkeit **Erfolgskonten** mit den **Aufwandskonten** für Aufwendungen und **Ertragskonten** für Erträge eröffnet. Auf ihnen sind während des Geschäftsjahres alle Vorgänge zu erfassen, die sich auf das Geschäftsergebnis und den Erfolg auswirken. Als **Unterkonten** des Kontos **„Eigenkapital"** haben sie weder Anfangsbestand noch Schlussbestand. Aufwendungen mindern das Eigenkapital, sie werden deshalb in den Aufwandskonten im Soll gebucht. Erträge erhöhen das Eigenkapital und werden in den Ertragskonten im Haben gebucht.

S	Eigenkapital	H
		Anfangsbestand
Verminderung durch ↓ **Aufwand**		Erhöhung durch ↓ **Ertrag**

Erfolgskonten → **Aufwandskonten** / **Ertragskonten**

Soll	Aufwandskonten	Haben
Aufwand ↓		

Soll	Ertragskonten	Haben
		↓ **Ertrag**

Beispiele

- *Zinsaufwand*
- *PGA (Provisionen- und Gebührenaufwand)*
- *Gehaltsaufwand*
- *Büromaterialaufwand*
- *Mietaufwand*
- *...*

Beispiele

- *Zinsertrag*
- *PGE (Provisionen- und Gebührenertrag)*
- *...*

6.2 Abschluss der Erfolgskonten

Am **Jahresschluss** werden die Erfolgskonten **(Aufwandskonten und Ertragskonten)** über das Zwischenkonto **GuV (Gewinn und Verlust)** abgeschlossen. Auf diese Weise kann leicht nachvollzogen werden, welche Aufwendungen und Erträge angefallen sind. Durch Saldierung wird der **Gewinn oder Verlust ermittelt,** der auf das Eigenkapitalkonto übertragen wird. Im GuV-Konto stehen Aufwendungen im Soll, Erträge im Haben. Sind die Erträge größer als die Aufwendungen, entsteht ein Gewinn. Überwiegen die Aufwendungen, so entsteht als Saldo ein Verlust.

Aufwandskonten

Soll	Haben
Aufwand	**Saldo (GuV)**

Ertragskonten

Soll	Haben
Saldo (GuV)	Ertrag

78 GuV-Konto

Aufwendungen	Erträge
60 Zinsaufwand	**50 Zinsertrag**
61 Provisions- und Gebührenaufwand	**52 Provisions- und Gebührenertrag**
683 Personalaufwand	
686 Büromaterialaufwand	
681 Mietaufwand	
Saldo Gewinn (Eigenkapitalerhöhung)	

6.3 Geschäftsgang mit Abschluss auf GuV und Schlussbilanz

Praxisfall

Die Handelsbank erstellt die Eröffnungsbilanz, bucht Geschäftsfälle im Grund- und Hauptbuch auf Bestands- und Erfolgskonten. Sie schließt die Konten über GuV und Schlussbilanz ab und ermittelt den Geschäftserfolg. Sie kann damit Entwicklungen im Zeitvergleich oder auch im Vergleich mit anderen Kreditinstituten erkennen.

Eröffnungsbilanz

Aktiva	Passiva

Buchung der Geschäftsfälle im Grundbuch:

Geschäftsfälle — Grundbuch/Journal/Prima Nota

Nr.	Geschäftsfall	**Soll-Buchung**	Betrag	**an**	**Haben-Buchung**	Betrag
1						
2						
3						

→

Eröffnung der Bestandskonten und Buchung der Geschäftsfälle auf Bestands- und Erfolgskonten:

Bestandskonten

S	Aktive Bestandskonten	H	S	Passive Bestandskonten	H

Erfolgskonten

S	Aufwandskonten	H	S	Ertragskonten	H

Aufwendungen	78 GuV	Erträge
Aufwand		Ertrag
Gewinn (als Saldo von Ertrag – Aufwand)		

Aktiva	Schlussbilanz	Passiva

Praxisfall (Fortsetzung)

Aktiva	Eröffnungsbilanz		Passiva
Kasse	10.000,00 €	Bankkreditoren	100.000,00 €
Bundesbank	120.000,00 €	VBL gegen Kunden	
Bankdebitoren	80.000,00 €	– Spareinlagen	380.000,00 €
Kundendebitoren	360.000,00 €	– Kundenkreditoren	220.000,00 €
Eigene Wertpapiere	110.000,00 €	Eigenkapital	30.000,00 €
BGA	50.000,00 €		
	730.000,00 €		**730.000,00 €**

Geschäftsfälle

	Grundbuch/Journal/Prima Nota Soll	Haben
1. Wir schreiben Sparzinsen 10.000,00 € gut:		
60 Zinsaufwendungen	10.000,00 €	
an **22 Spareinlagen**		10.000,00 €
2. Die Bundesbank belastet uns mit 2.000,00 € Kreditzins:		
60 Zinsaufwendungen	2.000,00 €	
an **11 Bundesbank**		2.000,00 €
3. Ein Debitor überweist 15.000,00 € ins Ausland. Wir führen die Überweisung über eine Korrespondenzbank, bei der wir ein Guthaben von 40.000,00 € halten, aus und belasten den Kunden mit 100,00 € Gebühr:		
2111 Kundendebitoren	15.100,00 €	
an **2011 Bankdebitoren**		15.000,00 €
an **52 Provisionen und Gebührenerträge**		100,00 €

→

Geschäftsfälle (Fortsetzung)

	Soll	Haben
4. Wir erhalten eine Zinsgutschrift für Wertpapiere über 1.500,00 € von einer Korrespondenzbank, die bei uns ein Konto auf Guthabenbasis führt:		
2012 Bankkreditoren	1.500,00 €	
an **50 Zinserträge**		1.500,00 €
5. Zinsbelastung unserer Debitoren 40.000,00 €:		
2111 Kundendebitoren	40.000,00 €	
an **50 Zinserträge**		40.000,00 €
6. Gehaltszahlung an Mitarbeiter, die ihr Konto bei uns auf Guthabenbasis führen, 20.000,00 €:		
683 Personalaufwand	20.000,00 €	
an **2113 Kundenkreditoren**		20.000,00 €
7. Stromrechnung für Geschäftsräume wird über Bundesbank bezahlt, 1.000,00 €:		
689 Energieaufwand	1.000,00 €	
an **11 Bundesbank**		1.000,00 €
8. Wir bezahlen die Reparaturrechnung für unser Geschäftsfahrzeug an einen Kreditorenkunden, 500,00 €:		
685 Reparaturaufwand	500,00 €	
an **2113 Kundenkreditoren**		500,00 €
Summe	**90.100,00 €**	**90.100,00 €**

Praxisfall

Bei der Inventur werden die Bestände ermittelt. Es ergeben sich folgende bewertete Bestände:

Kasse	10.000,00 €
Bundesbank	117.000,00 €
Bankdebitoren	65.000,00 €
Kundendebitoren (keine Kreditausfälle)	415.100,00 €
Eigene Wertpapiere (gleicher Wertansatz wie zu Jahresbeginn)	110.000,00 €
BGA (niedrigerer Wertansatz wegen Wertverlust durch Abschreibung)	45.000,00 €
Bankkreditoren	98.500,00 €
Spareinlagen	390.000,00 €
Kundenkreditoren	240.500,00 €

Abschlussbuchungen

1. **Abschluss Kasse** Inventur = Buchbestand (I = B):
   SB .... 10.000,00 € an **10 Kasse** .... 10.000,00 €
2. **Abschluss Bundesbank** I = B:
   SB .... 117.000,00 € an **11 Bundesbank** .... 117.000,00 €
3. **Abschluss Bankdebitoren** I = B:
   SB .... 65.000,00 € an **2011 Bankdebitoren** .... 65.000,00 €
4. **Abschluss Debitoren** I = B:
   SB .... 415.100,00 € an **2111 Kundendebitoren** .... 415.100,00 €

→

548458

Praxisfall (Fortsetzung)

5. **Abschluss Eigene Wertpapiere** I = B:
SB .... 110.000,00 € an **12 Eigene WP** .... 110.000,00 €

6. **Abschluss BGA:**
SB .... 45.000,00 € an **30 BGA** .... 45.000,00 €
Der Buchwert muss dem Inventurwert angepasst werden. Die Differenz zwischen Buch- und Inventurwert bedeutet Eigenkapital mindernden Abschreibungsaufwand:
65 Abschreibungsaufwand 5.000,00 € an **30 BGA** .... 5.000,00 €

7. **Abschluss Bankkreditoren** I = B:
2012 Bankkreditoren .... 98.500,00 € an SB .... 98.500,00 €

8. **Abschluss Spareinlagen** I = B:
22 Spareinlagen .... 390.000,00 € an SB .... 390.000,00 €

9. **Abschluss Kreditoren** I = B:
2113 Kundenkreditoren . 240.500,00 € an SB .... 240.500,00 €

10. **Abschluss Zinsaufwendungen:**
78 GuV .... 12.000,00 € an **60 Zinsaufwendungen** .... 12.000,00 €

11. **Abschluss Energieaufwand:**
78 GuV .... 1.000,00 € an **689 Energieaufwand** .... 1.000,00 €

12. **Abschluss Personalaufwand:**
78 GuV .... 20.000,00 € an **683 Personalaufwand** .... 20.000,00 €

13. **Abschluss Reparaturaufwand:**
78 GuV .... 500,00 € an **685 Reparaturaufwand** .... 500,00 €

14. **Abschluss Abschreibungsaufwand:**
78 GuV .... 5.000,00 € an **65 Abschreibungsaufwand**... 5.000,00 €

15. **Abschluss Zinserträge:**
50 Zinsertrag............. 41.500,00 € an 78 GuV .... 41.500,00 €

16. **Abschluss Provisions- und Gebührenerträge:**
52 PGE .... 100,00 € an 78 GuV .... 100,00 €

17. **Abschluss GuV Saldo Soll** 3.100,00 € = Gewinn
78 GuV .... 3.100,00 € an 701 Eigenkapital .... 3.100,00 €

18. **Abschluss Eigenkapital:**
701 EK .... 33.100,00 € an SB .... 33.100,00 €
Bei Addition der Bilanzaktiva und Passiva muss jetzt Gleichgewicht bestehen.

Bestandskonten

Aktivkonten

S	10 Kasse		H
AB	10.000,00	SB	10.000,00

S	11 Bundesbank		H
AB	120.000,00	❷ Zinsaufw.	2.000,00
		❼ Energ.aufw.	1.000,00
		SB	117.000,00
	120.000,00		120.000,00

Passivkonten

S	2012 Bankkreditoren		H
❹ Zinsertr.	1.500,00	AB	100.000,00
SB	98.500,00		
	100.000,00	AB	100.000,00

S	22 Spareinlagen		H
SB	390.000,00	AB	380.000,00
		❶ Zinsaufw.	10.000,00
	390.000,00		390.000,00

→

Praxisfall (Fortsetzung)

Aktivkonten

S — 2011 Bankdebitoren — H

S		H	
AB	80.000,00	❸ Debit.	15.000,00
		SB	65.000,00
	80.000,00		80.000,00

S — 2111 Kundendebitoren — H

S		H	
AB	360.000,00	AB	415.100,00
❸ Bankdebitoren/ PGE	15.100,00		
❺ Zinsertrag	40.000,00		
	415.100,00		415.100,00

S — 12 Eigene Wertpapiere — H

S		H	
AB	110.000,00	SB	110.000,00

S — 30 BGA — H

S		H	
AB	50.000,00	SB	45.000,00
		Abschreib.	5.000,00
	50.000,00		50.000,00

Passivkonten

S — 2113 Kundenkreditoren — H

S		H	
SB	240.500,00	AB	220.000,00
		❻ Pers.aufw.	20.000,00
		❽ Reparaturaufw.	500,00
	420.500,00		420.500,00

S — 701 Eigenkapital — H

S		H	
SB	33.100,00	AB	30.000,00
		GuV Gewinn	3.100,00
	33.100,00		33.100,00

Erfolgskonten

Aufwandskonten

S — 60 Zinsaufwendungen — H

S		H	
❶ Spar	10.000,00	GuV	12.000,00
❷ Bundesb.	2.000,00		
	12.000,00		12.000,00

S — 689 Energieaufwand — H

S		H	
❼ Bundesb.	1.000,00	GuV	1.000,00

S — 683 Personalaufwand — H

S		H	
❻ Kreditoren	20.000,00	GuV	20.000,00

S — 685 Reparaturaufwand — H

S		H	
❽ Kreditoren	500,00	GuV	500,00

S — 65 Abschreibungsaufwand — H

S		H	
BGA	5.000,00	GuV	5.000,00

Ertragskonten

S — 50 Zinserträge — H

S		H	
GuV	41.500,00	❹ VBL KI	1.500,00
		❺ Debitoren	40.000,00
	41.500,00		41.500,00

S — 521 Provisionen u. Gebührenertr. — H

S		H	
GuV	100,00	❸ Debitoren	100,00

GuV-Konto

Aufwendungen		Erträge	
Zinsaufwendungen	12.000,00	Zinserträge	41.500,00
Energieaufwand	1.000,00	Provisionen und Gebührenertrag	100,00
Personalaufwand	20.000,00		
Reparaturaufwand	500,00		
Abschreibungsaufwand	5.000,00		
Gewinn (EK-Erhöhung) Saldo	3.100,00		
	41.600,00		41.600,00

→

Praxisfall (Fortsetzung)

Aktiva	Schlussbilanz in Euro		Passiva
Kasse	10.000,00	Bankkreditoren	98.500,00
Bundesbank	117.000,00	Verbindlichkeiten gegen Kunden	
Bankdebitoren	65.000,00	– Spareinlagen	390.000,00
Kundendebitoren	415.100,00	– Kundenkreditoren	240.500,00
Eigene Wertpapiere	110.000,00	Eigenkapital	33.100,00
BGA	45.000,00		
	762.100,00		762.100,00

Erläuterungen

1. Übernahme der Bilanzbestände in die T-Konten (Bestandskonten → Aktivkonten/Passivkonten).
2. Buchen der Geschäftsfälle im Grund- und Hauptbuch auf den Bestandskonten und auf den jeweils zu eröffnenden Erfolgskonten.
3. Übernahme der bewerteten Inventurbestände auf die Bestandskonten.
4. Abschluss der Bestandskonten mit Ausnahme des Kontos „Eigenkapital" auf die Schlussbilanz. Mögliche Salden müssen über ein Erfolgskonto ausgeglichen werden. Im Beispiel ist das Inventurergebnis bei BGA um 5.000,00 € niedriger als der Buchbestand. Diese Differenz kommt zustande, weil die Vermögensgegenstände an Wert verloren haben. Dem wird mit der Abschreibung Rechnung getragen. Dieser Aufwand ist auf dem Konto „Abschreibungen" zu buchen.
5. Abschluss der Erfolgskonten auf das GuV-Konto.
6. Feststellen des Saldos auf GuV. Wenn der Saldo im Soll erscheint, handelt es sich um Gewinn, erscheint der Saldo im Haben, wurde ein Verlust erwirtschaftet. Der Saldo ist über das Konto „Eigenkapital" abzuschließen.
7. Abschluss des Eigenkapitalkontos.
8. Überprüfen des Gleichgewichts in der Bilanzwaage.

Zusammenfassung

- **Erfolgskonten** (Aufwandskonten und Ertragskonten): Unterkonten des passiven Bestandskontos „Eigenkapital"
- **Aufwandskonten:** Aufwendungen, wie z. B. Miete für die Geschäftsräume, die an den Vermieter bezahlt wird, mindern den Erfolg - sie werden im Soll des jeweiligen Aufwandskontos gebucht
- **Ertragskonten:** Erträge, wie z. B. Zinsen für Kredite an Kunden, erhöhen den Erfolg - sie werden im Haben des jeweiligen Ertragskontos gebucht
- **GuV-Konto (Gewinn- und Verlustkonto):** Die Erfolgskonten (Aufwandskonten und Ertragskonten) werden mit ihren jeweiligen Salden auf das Zwischenkonto „GuV" abgeschlossen. Auf dem GuV-Konto ergibt sich dann als Differenz zwischen allen Aufwendungen und allen Erträgen ein Saldo im Soll als Gewinn oder im Haben als Verlust. Der Saldo wird auf das Bestandskonto „Eigenkapital" abgeschlossen. Der Eigenkapitalbestand erhöht sich durch einen Soll-Saldo (Gewinn) und vermindert sich durch einen Haben-Saldo (Verlust).

Ablauf eines Geschäftsganges in Kurzform:

1. Übernahme Bilanzbestände in Bestandskonten
2. Geschäftsfälle im Grundbuch (chronologisch) und im Hauptbuch (sachlogisch) auf Bestandskonten und zu eröffnenden Erfolgskonten
3. Übernahme Inventurbestände auf Bestandskonten
4. Abschluss Bestandskonten mit Ausnahme Konto „Eigenkapital" auf Schlussbilanz; mögliche Salden müssen über ein Erfolgskonto gebucht werden.

→

Zusammenfassung (Fortsetzung)

5. Abschluss Erfolgskonten auf GuV-Konto
6. Ermittlung Saldo auf GuV
   - Saldo im Soll = Gewinn
   - Saldo im Haben = Verlust
   - Abschluss des Saldos auf Eigenkapital
7. Abschluss Eigenkapital auf Schlussbilanz – Saldo Eigenkapital (buchmäßiger Schlussbestand) auf Schlussbilanz übernehmen
8. Abstimmung Schlussbilanz – wenn richtig gebucht wurde, kein Saldo

Aktiva	**Eröffnungsbilanz** Passiva
Anfangsbestände Aktiv	Anfangsbestände Passiv

Geschäftsfälle **Grundbuch/Journal/Prima Nota**

Nr.	Geschäftsfall	Soll-Buchung	Betrag	an	Haben-Buchung	Betrag
1						
2						

Bestandskonten

Aktivkonten (aktive Bestandskonten)

S	z. B. 10 Kasse H
AB	Abgänge –
Zugänge +	SB laut Inventur

Passivkonten (passive Bestandskonten)

S	z. B. 22 Spareinlagen H
Abgänge –	AB
SB laut Inventur	Zugänge +

S	701 Eigenkapital H
SB	AB
	GuV Gewinn

Erfolgskonten

Aufwandskonten

S	z. B. 681 Mietaufwand H
Aufwand	GuV (Saldo)

Ertragskonten

S	z. B. 50 Zinserträge H
GuV (Saldo)	Ertrag

Anwendungen	**78 GuV-Konto** Erträge
Mietaufwand Energieaufwand Personalaufwand Reparaturaufwand Abschreibungsaufwand	Zinserträge Provisions- und Gebührenerträge ...
Gewinn (Saldo) Abschluss auf EK	

Aktiva	**Schlussbilanz** Passiva
Schlussbestände Aktiv	**Schlussbestände Passiv**

Aufgaben

1. Aktiva **Eröffnungsbilanz in €** Passiva

Aktiva		Passiva	
Kasse	20.000,00	Bankkreditoren	100.000,00
Bundesbank	220.000,00	VBL gegen Kunden	
Bankdebitoren	180.000,00	– Spareinlagen	880.000,00
Kundendebitoren	660.000,00	– Kundenkreditoren	280.000,00
Eigene Wertpapiere	110.000,00	Eigenkapital	?
BGA	150.000,00		
	?		?

a) Vervollständigen Sie die Eröffnungsbilanz.

b) Eröffnen Sie die Hauptbuchbestandskonten aus der Bilanz heraus.

Geschäftsfälle

1. Wir schreiben Sparzinsen gut ... 20.000,00 €
2. Wir erhalten eine Zinsgutschrift für eigene Wertpapiere über die Bundesbank ... 3.000,00 €
3. Wir verkaufen einem Kunden (Debitor) Wertpapiere aus eigenen Beständen im Wert von ... 40.000,00 €
   und belasten den Kunden zusätzlich mit Gebühr ... 200,00 €
4. Wir zahlen die Telefonrechnung über die Korrespondenzbank, bei der wir ein debitorisches Konto halten ... 1.800,00 €
5. Wir belasten Debitoren mit Zins ... 35.000,00 €
6. Gehaltszahlung an Mitarbeiter, die ihr Konto derzeit bei uns mit circa zwei Monatsgehältern im Soll führen ... 12.000,00 €
7. Wasserrechnung für Geschäftsräume wird über Bundesbank bezahlt ... 1.000,00 €
8. Wir haben einen neuen Bürodrehstuhl für den Vorstand gekauft. Rechnungspreis 5.000,00 € zahlbar netto innerhalb 30 Tagen oder abzüglich 2 % Skonto bei Zahlung innerhalb 8 Tagen auf ein Konto bei der Zentralbank.
   Entscheiden Sie begründet, wie bezahlt werden soll, wenn Gelder dieser Größe und Laufzeit derzeit 8 % Zins brächten. Erläutern Sie auch rechnerisch, bis zu welchem Zinssatz die Skontierung lohnen würde.

c) Buchen Sie die Geschäftsfälle aufgrund der Belege im Grund- und Hauptbuch. Eröffnen Sie, wo nötig, zusätzliche T-Konten.

d) Übernehmen Sie die Bestände der Inventur.

e) Buchen Sie selbstständig erforderliche Geschäftsfälle am Jahresende.

f) Schließen Sie die Bestandskonten und die Erfolgskonten ab.

g) Ermitteln Sie den Erfolg und erstellen Sie die Schlussbilanz.

Bei der Inventur werden die Bestände ermittelt. Es ergeben sich folgende bewertete Bestände:

Kasse	20.000,00 €
Bundesbank	217.100,00 €
Bankdebitoren	180.000,00 €
Kundendebitoren	723.200,00 €
Eigene Wertpapiere (aufgrund schlechter Börsenlage müssen die WP-Bestände niedriger bewertet werden)	65.000,00 €
BGA (niedrigerer Wertansatz wegen Abschreibung)	148.000,00 €
Bankkreditoren	101.800,00 €
Spareinlagen	900.000,00 €
Kundenkreditoren	280.000,00 €

→

2. Erläutern Sie, warum es sinnvoll ist, die Erfolgskonten nicht direkt auf EK abzuschließen.

3. Ermitteln Sie in der GuV-Rechnung Ihres Ausbildungsinstituts die jeweils fünf größten Positionen der Aufwands- und der Ertragsseite.

4. Erläutern Sie mit einer anschaulichen Skizze, warum ein möglicher Gewinn im GuV-Konto im Soll stehen muss, „obwohl" doch die Erträge im Haben stehen.

5. Geschäftsgang

a) Erstellen Sie die Eröffnungsbilanz.
b) Eröffnen Sie die Hauptbuchbestandskonten aus der Bilanz heraus.
c) Buchen Sie die Geschäftsfälle aufgrund der Belege im Grund- und Hauptbuch. Eröffnen Sie, wo nötig, zusätzliche T-Konten.
d) Übernehmen Sie die Bestände der Inventur.
e) Buchen Sie selbstständig erforderliche Geschäftsfälle am Jahresende.
f) Schließen Sie die Bestandskonten und die Erfolgskonten ab.
g) Ermitteln Sie den Erfolg und erstellen Sie die Schlussbilanz.

Eröffnungsbestände:

Kasse	16.000,00 €
Bundesbank	150.000,00 €
Kundendebitoren	930.000,00 €
Eigene Wertpapiere	40.000,00 €
BGA	70.000,00 €
Spareinlagen	580.000,00 €
Kundenkreditoren	550.000,00 €
Eigenkapital	?

Geschäftsfälle

1.	Einzahlung auf Sparkonto	1.800,00 €
2.	Überweisung von Miete für Geschäftsräume über Bundesbank	2.000,00 €
3.	Kauf von Büromaterial von einem Kreditor	600,00 €
4.	Überweisung an eine Werbeagentur für Kampagne über Bundesbank	15.000,00 €
5.	Wir belasten Debitoren mit Zins	50.000,00 €
6.	Belastung von Kreditoren mit Depotgebühren	2.000,00 €
7.	Belastung von Debitoren mit Provision für Wertpapierkäufe	500,00 €
8.	Zinsgutschrift für Spareinlagen	20.000,00 €
9.	Die Bundesbank belastet uns mit Gebühren für eine Scheckbestätigung	200,00 €
10.	Kauf von Wertpapieren über die Bundesbank für	10.000,00 €
	Gebühren	100,00 €

Bei der Inventur werden die Bestände ermittelt. Es ergeben sich folgende bewertete Bestände:

Kasse	17.800,00 €
Bundesbank	122.700,00 €
Kundendebitoren (keine Kreditausfälle)	980.500,00 €
Eigene Wertpapiere	50.000,00 €
BGA (niedrigerer Wertansatz wegen Abschreibung)	60.000,00 €
Spareinlagen	601.800,00 €
Kundenkreditoren	548.600,00 €

7 Buchführung mit Warenkonten in einem Handelsbetrieb als Partner des Kreditinstituts

Praxisfall

Die Handelsbank kauft bei der Firma Bürobedarf Burger zwei neue PC-Bildschirme, die Rechnung wird später über das Kontokorrentkonto Burgers beglichen.

- Wie wird dieser Geschäftsfall bei Burger und wie beim Kreditinstitut gebucht?
- Wie wird die Zahlung über das Kontokorrentkonto Burgers bei der Handelsbank gebucht?

7.1 Unterschiede in der Buchführung von Handel und Kreditinstituten

Bei Kreditinstituten sind die großen Aufwandspositionen insbesondere Zins für hereingenommene Einlagen von Kunden und Personalkosten. Die großen Ertragsposten sind insbesondere Zins für Kreditvergabe und zum Beispiel Provisionsertrag im Wertpapiergeschäft. Bei Handelsbetrieben liegt der **Hauptaufwand** in der Regel beim **Wareneinkauf,** der **Hauptertrag** beim **Warenverkauf.** Der Handelsbetrieb lebt von der Spanne zwischen Einkaufspreis und Verkaufspreis der Ware, von der er noch die Handlungskosten, zum Beispiel für Personal, abdecken muss und den verbleibenden Rest als Gewinn hat.

7.2 Wichtige Konten in der Handelsbuchführung

Der Kauf von Ware bedeutet Aufwand, der Verkauf bedeutet Ertrag. Entsprechend werden Käufe auf dem Erfolgskonto **„Aufwendungen für Waren AfW“** (Aufwandskonto) und Verkäufe auf dem Erfolgskonto **„Umsatzerlöse UE“** (Ertragskonto) gebucht. Da am Ende der Rechnungsperiode in der Regel noch Ware am Lager ist und dieser Bestand auch nicht gleich ist wie zu Jahresbeginn, wird als weiteres Konto das Bestandskonto **„Waren“** benötigt.

7.3 Buchen auf den Warenkonten eines Handelsbetriebes

Der Zusammenhang der Warenkonten und die Verbindung des Handelsbetriebes mit dem Kreditinstitut soll am Beispiel eines Warenkaufs beim Kunden des Kreditinstituts erläutert werden.

Das Bankguthaben des Kunden eines Kreditinstituts ist für den Kunden eine Forderung gegenüber der Bank. Diese Forderung bucht er im Soll. Für das Kreditinstitut ist das eine Verbindlichkeit gegenüber Kunden, die im Haben zu buchen ist.

Der „Soll-Stand“ eines Bankschuldners stellt für ihn eine Verbindlichkeit gegenüber der Bank dar, die im Haben gebucht wird. Für das Kreditinstitut ist das eine Forderung gegenüber Kunden, die im Soll zu buchen ist.

Wenn der Kunde des Kreditinstituts gleichzeitig als Lieferant für Sachanlagen auftritt, verkauft er Ware, die das Kreditinstitut zum Beispiel durch Gutschrift auf seinem Kontokorrentkonto bezahlt.

Praxisfall (Fortsetzung)

Die Bilanzen des Bürobedarf Burger und der Handelsbank stellen sich wie folgt dar:

Bilanz Bürobedarf Burger

Aktiva		Passiva	
Anlagevermögen		Eigenkapital	370.000,00
1. Gebäude	500.000,00	Fremdkapital	
2. Ladeneinrichtung	200.000,00	1. **langfrist. Bankdarlehen**	400.000,00
Umlaufvermögen		2. **kurzfrist. Bankverbindl. auf Kontokorrent**	60.000,00
3. Handelswaren	100.000,00		
4. Forderungen	20.000,00		
5. Kasse	10.000,00		
	830.000,00		830.000,00

Bilanz der Handelsbank

Aktiva		Passiva	
1. Barreserve		1. Verbindlichkeiten gegenüber Kreditinstituten	900.000,00
1.1. Kassenbestand	95.000,00	2. Verbindlichkeiten gegenüber Kunden	
1.2. Guthaben bei der Bundesbank	2.200.000,00	2.1. Spareinlagen	10.005.200,00
2. Bei der Bundesbank refinanzierbare Wertpapiere	102.000,00	2.2. Andere Verbindlichkeiten gegenüber Kunden	20.051.000,00
3. Forderungen an Kreditinstitute	1.190.000,00	3. Eigenkapital	892.500,00
4. **Forderungen an Kunden**	27.009.700,00		
5. Eigene Wertpapiere	130.000,00		
6. Sachanlagen	1.122.000,00		
	31.848.700,00		31.848.700,00

Das langfristige Bankdarlehen und die kurzfristigen Bankverbindlichkeiten auf dem Kontokorrentkonto stellen für Burger Verbindlichkeiten (Schuld) gegenüber dem Kreditinstitut dar. Aus Sicht des Kreditinstituts sind dies Forderungen gegenüber Kunden (Position 4 Debitoren).
Aus Vereinfachungsgründen handele Burger nur mit gleichartigen PC-Bildschirmen, die er für 500,00 € je Stück kaufe und für 1.000,00 € je Stück verkaufe.

Geschäftsfälle

Bei Burger	Bei der Handelsbank
1. Verkauf von zwei Bildschirmen zu je 1.000,00 € an die Handelsbank gegen Rechnung. 2. Zahlungseingang durch Gutschrift auf dem Kontokorrentkonto bei der Handelsbank. 3. Einkauf eines Bildschirms zu 500,00 €. 4. Inventuraufnahme ergibt 199 Bildschirme, bewertet zum Einstandspreis von 500,00 €/St.	Kauf von zwei PC-Bildschirmen gegen Rechnung bei Kunde Burger, Bezahlung durch Gutschrift auf dem Kontokorrentkonto des Burger.

Buchungen im Grundbuch

Bei Burger

	Soll	Betrag		Haben	Betrag
1.	Ford. aus Warenlieferungen	2.000,00 €	**an**	Umsatzerlöse	2.000,00 €
2.	Kfr. Bank VBL	2.000,00 €	**an**	Ford. aus Warenlieferungen	2.000,00 €
3.	Aufwendungen für Waren	500,00 €	**an**	Kasse	500,00 €
4.	Schlussbilanz	99.500,00 €	**an**	Waren	99.500,00 €

Bei der Handelsbank

	Soll	Betrag		Haben	Betrag
1.	30 BGA	2.000,00 €	**an**	2111 Kundendebitoren (Debitoren/Burger)	2.000,00 €

→

Praxisfall (Fortsetzung)

Buchung der Zahlungsvorgänge im Hauptbuch

bei Burger

S	10 Kasse		H
AB	10.000,00	❸ AfW	500,00

S	Kurzfrist. Verbindlich. Bank		H
❷ Forder. aus Warenliefer.	2.000,00	AB	60.000,00

S	Forder. aus Warenliefer.		H
AB	20.000,00	❷ Kfr. Bank	
❶ UE	2.000,00	VBL	2.000,00

bei der Handelsbank

S	2111 Kundendebitoren		H
AB	27.009.700,00	❶ BGA	2.000,00

S	30 BGA		H
AB	1.122.000,00		
❶ Kundendebitoren (Burger)	2.000,00		

Buchung auf den Warenkonten bei Burger

S	Waren		H
AB 200 St. zu 500	100.000,00	Schlussbestand lt. Inventur	99.500,00
		Saldo = Minderbestand	500,00

S	Aufwendungen für Waren AfW		H
❸ Kasse (Wareneinkauf zu Einstandspreisen)	500,00	GuV (Saldo/ Wareneinsatz = Einstandspreis d. verkauften Waren)	1.000,00
Minderbestand	500,00		

S	Umsatzerlöse UE		H
GuV (Saldo)	2.000,00	❶ Forderungen (Warenverkauf zu Verkaufspreisen)	2.000,00

Anwendungen	GuV Burger		Erträge
Aufwend. für Waren	1.000,00	Umsatzerlöse	2.000,00
Weitere Aufwendungen z. B. für Gehälter	500,00		
Reingewinn (Saldo)	700,00	Weitere Erträge (z. B. Miete aus nicht benötigten vermieteten Geschäftsräumen)	200,00
	2.200,00		2.200,00

Rohgewinn (UE – AfW) 1.000,00

Reingewinn (alle Erträge – alle Aufwendungen) 700,00

Erläuterung der Warenbuchungen:

- Der Anfangsbestand an Waren entspricht dem Schlussbestand des Vorjahres (Bilanzkontinuität).
- Einkäufe von Waren bedeuten Aufwand in Höhe des Einstandspreises. Dieser Aufwand wird im Erfolgskonto **„AfW" = „Aufwendungen für Waren"** (Aufwandskonto) im Soll gebucht.
- Verkäufe von Waren bedeuten Ertrag in Höhe des Verkaufspreises. Dieser Ertrag wird im Erfolgskonto **„UE" = „Umsatzerlöse"** (Ertragskonto) im Haben gebucht.
- Am Ende der Rechnungsperiode wird durch Inventur der Endbestand an Waren ermittelt, in der Regel zu **Einstandspreisen** bewertet und in das Bestandskonto „Waren" und in die Schlussbilanz übernommen. (Buchung: SB an Waren)
- Als Saldo ergibt sich auf dem Konto „Waren" entweder ein Mehrbestand gegenüber dem Anfangsbestand im Soll oder ein Minderbestand im Haben. Ein Mehrbestand vermindert den Aufwand, der bereits im laufenden Jahr auf dem Konto „AfW" gebucht wurde, ein Minderbestand erhöht diesen Aufwand, denn es wurde Ware verkauft, für die in diesem Jahr kein Aufwand gebucht wurde (der wurde im Vorjahr erfasst). Entsprechend muss auf dem Konto „AfW" umgebucht werden:
  – Bei Mehrbestand: Waren an AfW
  – Bei Minderbestand: AfW an Waren
- Auf dem Konto „AfW" ergibt sich als Saldo der **Wareneinsatz.** Das sind die Warenverkäufe, bewertet zu Einstandspreisen. Man kann auch sagen, diese Zahl drückt die gesamten Einstandspreise der verkauften Waren aus. Dieser Saldo wird umgebucht auf GuV.
- Das Konto „UE" wird mit seinem Saldo auf GuV abgeschlossen. Dieser Saldo zeigt die Gesamterlöse aus Warenverkäufen des Rechnungsjahres.
- Im Konto „GuV" stehen sich nun AfW und UE gegenüber. Die Differenz zwischen beiden wird als Rohgewinn bezeichnet.

	UE
–	AfW
=	**Rohgewinn**

Um zum Reingewinn zu kommen, müssen die „Handlungskosten", also weitere Aufwendungen wie z. B. Personalaufwand oder Raumkosten, berücksichtigt werden. Der Händler kann die Differenz zwischen Einkaufspreis und Verkaufspreis nicht als seinen Gewinn betrachten. Ferner müssen noch weitere Erträge, wie z. B. Zinseinkünfte für Kapitalanlagen oder Mieteinnahmen für nicht benötigte Geschäftsräume, berücksichtigt werden, allerdings werden die weiteren Erträge im Handelsbetrieb eher gering ausfallen.

Die Differenz zwischen:		UE + weitere Erträge
	–	AfW + weitere Aufwendungen
ergibt den	=	**Reingewinn**

Praxisfall

Die Buchung von Geschäftspartnern ist jeweils gegenläufig. Die Forderung des einen ist die Schuld des anderen. Den Kauf von Sachanlagen wie die Bildschirme bei eigenen Kunden kann das Kreditinstitut durch Gutschrift auf deren Konto bezahlen. Der Warenverkehr bei Handelsbetrieben ist einerseits Hauptaufwand, andererseits Hauptertragsquelle und daher über drei verschiedene Konten zu buchen.

Zusammenfassung

Buchungsbeziehung zu Geschäftskunden des Kreditinstituts

A Aktiva	**Bilanz Geschäftskunde** Passiva P
Anlagevermögen	Eigenkapital
	Fremdkapital
Umlaufvermögen	1. langfristiges Bankdarlehen
	2. kurzfristige Bankverbindlichkeiten auf Kontokorrent

A Aktiva	**Bilanz Kreditinstitut** Passiva P
1. Barreserve	1. Verbindlichkeiten gegenüber Kreditinstituten
2. Forderungen an Kreditinstitute	2. Verbindlichkeiten gegenüber Kunden
3. Forderungen an Kunden	2.1 Spareinlagen
4. Eigene Wertpapiere	2.2 Andere Verbindlichkeiten gegenüber Kunden
5. Sachanlagen	3. Eigenkapital

Warenkonten im Handel

S **Waren**	H
AB	Schlussbestand lt. Inventur
	Saldo (hier Minderbestand)

S **Aufwendungen für Waren AfW**	H
Wareneinkauf zu Einstandspreisen	GuV (Saldo/ Wareneinsatz = Einstandspreis der verkauften Waren)
Minderbestand	

S **Umsatzerlöse UE**	H
GuV (Saldo)	Warenverkauf zu Verkaufspreisen

Aufwendungen **GuV**	Erträge
Aufwendungen für Waren	Umsatzerlöse
Weitere Aufwendungen (z. B. für Gehälter)	Weitere Erträge (z. B. Mieteinnahme)
Reingewinn (Saldo)	

Rohgewinn
UE – AfW

Reingewinn

Aufgaben

1. Übernehmen Sie die nachstehenden Positionen in Konten und ermitteln Sie durch Abschluss der Konten auf GuV Rohgewinn oder -verlust und Reingewinn oder -verlust.

- AB Waren .... 13.000,00 €
- Summe der Wareneinkäufe .... 21.000,00 €
- Summe der Warenverkäufe .... 46.000,00 €
- Summe aller weiteren Aufwendungen .... 17.000,00 €
- Summe aller weiteren Erträge .... 6.000,00 €
- Warenendbestand laut Inventur, bewertet zu Einstandspreisen .... 4.000,00 €

2. Übernehmen Sie nachstehende Positionen in Konten und ermitteln und erläutern Sie Rohgewinn oder -verlust und Reingewinn oder -verlust.

- AB Waren .... 86.000,00 €
- Summe der Wareneinkäufe .... 42.000,00 €
- Summe der Warenverkäufe .... 60.000,00 €
- Summe aller weiteren Aufwendungen .... 50.000,00 €
- Summe aller weiteren Erträge .... –
- Warenendbestand laut Inventur, bewertet zu Einstandspreisen .... 88.000,00 €

3. Erläutern Sie an einem selbst gewählten Beispiel, wie ein Unternehmen, das einen Rohverlust erwirtschaftet, dennoch am Ende einen Reingewinn ausweisen kann.

4. Der Reifenhändler Fahr hat im Jahr 2009 folgende Inventurbestände ermittelt:

Kasse	1.000,00 €
Forderungen aus Warenlieferungen	5.000,00 €
Ware (2 000 Reifen)	100.000,00 €
BGA (Betriebs- und Geschäftsausstattung)	10.000,00 €
Eigenkapital	? €
Bankverbindlichkeiten	50.000,00 €
Verbindlichkeiten gegenüber Lieferanten	20.000,00 €

a) Erstellen Sie die Eröffnungsbilanz zum 02.01.2010.

b) Buchen Sie die Geschäftsfälle im Jahr 2010 im Grundbuch und im Hauptbuch:

1. Kauf von 1 000 Reifen für 50.000,00 € gegen Lieferantenrechnung auf Ziel
2. Verkauf von 500 Reifen für 70.000,00 € gegen bar
3. Einzahlung von 60.000,00 € auf das Bankkonto
4. Lohnzahlung an Mitarbeiter durch Banküberweisung 30.000,00 €
5. Die Inventur am Geschäftsjahresschluss zeigt auf allen Bestandskonten außer dem Warenkonto eine Übereinstimmung mit den Buchbeständen. Bei der Bestandsermittlung der Waren werden 2 500 Reifen mit einem Gesamtwert von 125.000,00 € gezählt.

c) Ermitteln Sie durch Abschluss der Konten auf GuV und Schlussbilanz den Reingewinn/Reinverlust.

d) Ermitteln Sie den Rohgewinn/Rohverlust.

8 Abschreibung

In diesem Kapitel soll nur die grundsätzliche buchhalterische Auswirkung der Abschreibung berücksichtigt werden. Details zur Abschreibung werden in Kapitel 13.2 behandelt.

Praxisfall

Die Handelsbank hat bei ihrem Kunden Kassensysteme Geist GmbH im Januar eine Geldzählmaschine für 2.100,00 € gekauft. Die Handelsbank überweist den Betrag durch Gutschrift auf dem Konto des Debitors Geist:

30 BGA .... 2.100,00 € an 2111 Kundendebitoren .... 2.100,00 €

Wie berücksichtigt die Buchhaltung die Tatsache, dass die Maschine durch Gebrauch und Zeitablauf an Wert verliert?

8.1 Wertminderung bei Gebrauchsgütern

Gebrauchsgüter, wie Sachanlagen in Form von Gebäuden, Geschäftsautos, Maschinen, Betriebs- und Geschäftsausstattungsgegenständen, verlieren nach Kauf durch

- Gebrauch,
- technische Neuerungen,
- Mode

im Zeitablauf an Wert. Sie unterliegen einem **Werteverzehr.**

Beispiele

- *Kraftfahrzeuge verschleißen entsprechend den gefahrenen Kilometern im Verhältnis zur Gesamtlaufleistung oder verlieren durch Zeitablauf an Wert.*
- *Personal Computer verlieren erheblich an Wert, wenn ein neues Modell mit besserer Leistung auf den Markt kommt.*
- *Büromöbel werden weniger wert, wenn sich z. B. Design- und Farbtrends ändern.*

8.2 Erfassung von Wertminderungen bei Gebrauchsgütern

Der Werteverzehr eines Gebrauchsgutes **vermindert den Bestandswert des Aktivkontos,** auf dem es beim Kauf gebucht wurde. Diese Minderung des ursprünglichen Wertes wird am Geschäftsjahresschluss im Bestandskonto durch Buchung im Haben erfasst. Die **Abschreibung** ist ein **Aufwand,** der durch Buchung auf Erfolgskonten in die Gewinn- und Verlustrechnung Eigenkapital mindernd eingeht.

Die Abschreibung bedeutet Aktiv-Passiv-Minderung:

Aktiva (Bilanz)	Passiva
...	...
Sachanlagen	**Eigenkapital**
- Wertminderung	**- Abschreibungsaufwand (Erfolgskonto),** der in GuV den Gewinn mindert.

AfA = Absetzung für Abnutzung

Durch die Verringerung des Gewinns lässt sich die Steuerbelastung senken. Die Abschreibung wird steuerlich auch **AfA = Absetzung für Abnutzung** genannt. Wenn das Kreditinstitut Gewinne macht, wird es versuchen, durch möglichst hohen Abschreibungsaufwand den Gewinn und damit die Steuerlast zu senken. Der Gesetzgeber möchte andererseits eine möglichst gerechte Steuerbelastung und gibt daher mit § 252 ff. HGB und § 7 EStG **(Einkommensteuergesetz),** die mit der AO **(Abgabenordnung)** von den Finanzämtern umgesetzt werden, recht detailliert vor, wie der Werteverzehr durch die Abschreibung erfasst werden darf. Im Rahmen des Steuerrechts haben Unternehmen nur geringe Wahlmöglichkeiten, die der unterschiedlichen Gewinnsituation Rechnung tragen sollen.

Lineare Abschreibung

Die **lineare Abschreibung** berücksichtigt eine jährlich gleichbleibende Wertminderung des Anlagegutes entsprechend der **gewöhnlichen Nutzungsdauer.** Das bedeutet, dass die jährliche Abschreibung über die gesamte Nutzungsdauer mit der gleichen Rate erfolgt.

Für die **lineare Abschreibung** nach dem Steuerrecht müssen sich die Unternehmen **grundsätzlich** an **AfA-Tabellen** halten, die von den Finanzämtern vorgegeben sind. In diesen Tabellen wird für die verschiedenen Sachanlagegüter eine jeweils unterschiedlich lange gewöhnliche Nutzungsdauer vorgegeben. Aus der gewöhnlichen Nutzungsdauer lässt sich der entsprechende jährliche Abschreibungsprozentsatz ermitteln.

$$\text{Abschreibungssatz p. a. (per annum = im Jahr) in \%} = \frac{100\ \%}{\text{betriebsgewöhnliche Nutzungsdauer}}$$

Praxisfall

Für Geldzählgeräte weist die AfA-Tabelle eine betriebsgewöhnliche Nutzungsdauer von sieben Jahren aus. Es ergibt sich eine jährliche lineare Abschreibung in Höhe von:

$$100\ \% : 7 = 14\tfrac{2}{7}\ \% \approx 14{,}2857\ \%$$

Die Zählmaschine im Anschaffungswert von 2.100,00 € wird wie folgt abgeschrieben:

Anschaffungswert	2.100,00 €
– AfA 1 (14,2857 % von 2.100,00 €)	300,00 €
Restwert am Ende des 1. Jahres	1.800,00 €
– AfA 2 (14,2857 % von 2.100,00 €)	300,00 €
Restwert am Ende des 2. Jahres	1.500,00 €
– AfA 3 (14,2857 % von 2.100,00 €)	300,00 €
Restwert am Ende des 3. Jahres	1.200,00 €

...

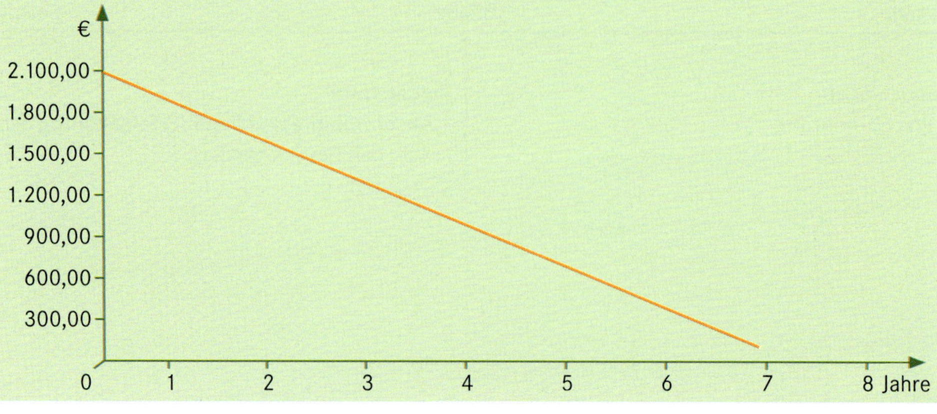

Die Abschreibung muss monatsgenau erfolgen. Das bedeutet, dass im Jahr der Anschaffung nur anteilig für die Restmonate des Jahres abgeschrieben werden darf. Dadurch verlängert sich die Abschreibungsdauer um die Monate, die bis zum Kauf im Anschaffungsjahr bereits vergangen sind.

Beispiele

Kauf im Januar:	*Im Jahr der Anschaffung darf der volle Abschreibungsbetrag angesetzt werden.*
Kauf im Juli:	*Im Jahr der Anschaffung dürfen 6/12 des Jahresabschreibungsbetrages angesetzt werden, im letzten Jahr der Abschreibung dürfen dann noch die fehlenden 6/12 des Abschreibungsbetrages angesetzt werden.*

Praxisfall

Lineare AfA für die Zählmaschie für 2.100,00 €: je nachdem, ob sie im Januar, Juli oder Dezember des Jahres erworben wird.

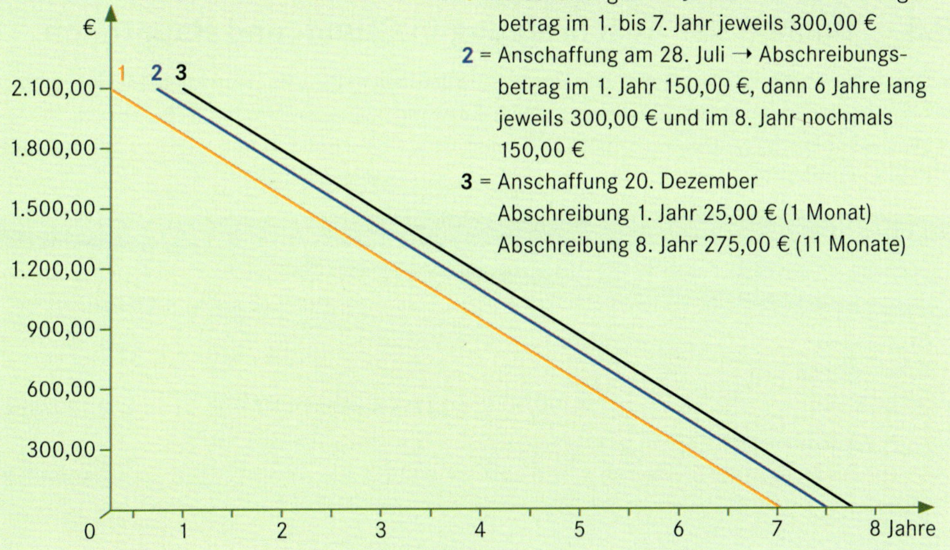

1 = Anschaffung am 5. Januar → Abschreibungsbetrag im 1. bis 7. Jahr jeweils 300,00 €

2 = Anschaffung am 28. Juli → Abschreibungsbetrag im 1. Jahr 150,00 €, dann 6 Jahre lang jeweils 300,00 € und im 8. Jahr nochmals 150,00 €

3 = Anschaffung 20. Dezember
Abschreibung 1. Jahr 25,00 € (1 Monat)
Abschreibung 8. Jahr 275,00 € (11 Monate)

Auszug aus einer AfA-Tabelle für allgemein nutzbare Anlagegüter aus dem Bundessteuerblatt

Anlagegut	**Betriebsgewöhnliche Nutzungsdauer (ND) in Jahren**
...	...
Büromöbel	 13
...	...
Fernsprechanlagen	 10
Funktelefon/Handy	 5
Geldprüfgeräte/Sortiergeräte/Zählgeräte	 7
Geldzählgeräte	 13
...	...
Personal Computer/Laptop/Drucker	 3
Pkws	 6
Tresoranlagen	 25
Verkaufstheken	 10

Beispiele

Gebrauchsgut	*betriebsgewöhnl. Nutzungsdauer*	*linearer AfA-Satz*	
Kraftfahrzeug	*6 Jahre*	$\frac{100\,\%}{6\ \text{Jahre}}$	*16 2/3 %*
Tresoranlage	*25 Jahre*	$\frac{100\,\%}{25\ \text{Jahre}}$	*4 %*
PC	*3 Jahre*	$\frac{100\,\%}{3\ \text{Jahre}}$	*33 1/3 %*
Schreibtisch	*13 Jahre*	$\frac{100\,\%}{13\ \text{Jahre}}$	*7,7 %*

8.3 Buchen der Abschreibung in Grund- und Hauptbuch

- Durch die Abschreibung nimmt der Wert der Sachanlagen/BGA im Aktivkonto im Haben ab.
- Der Abschreibungsaufwand wird auf einem Aufwandskonto „AfA“ oder auch „Abschreibungen auf Sachanlagen“ erfasst. Das Konto wird über GuV abgeschlossen und wirkt so auf das Eigenkapital mindernd.

Praxisfall

Buchung am Jahresabschluss für die Abschreibung der im Januar für 2.100,00 € gekauften Geldzählmaschine, die laut AfA-Tabelle eine betriebsgewöhnliche Nutzungsdauer von sieben Jahren hat.

Grundbuch

Buchung beim Kauf:

30 BGA .... 2.100,00 € an **2111 Kundendebitoren .... 2.100,00 €**

Buchung der Abschreibung am Jahresende:

65 Abschreibungen auf Sachanlagen 300,00 € an **30 BGA .... 300,00 €**

Hauptbuch

Bestandskonto 30 BGA

S			H
3. Januar Kauf Zählgerät/ Gegenkonto Kundendebitoren	2.100,00 €	31. Dezember Abschreibung	300,00 €
		Schlussbestand laut Inventur, bewertet mit dem um die AfA verminderten Wert = Saldo (Buchung auf Schlussbilanz)	1.800,00 €

Aufwandskonto 65 Abschreibungen auf Sachanlagen

S			H
31. Dezember Sachanlagen	300,00 €	Saldo (Buchung auf GuV)	300,00 €

78 GuV

Aufwendungen		Erträge
Abschreibungsaufwand	**300,00 €**	**Erträge**
Sonstige Aufwendungen		
Gewinn		

Eigenkapital

S	H
	Gewinn

Praxisfälle

1. Die Handelsbank kauft bei einem Geschäftskunden (Kreditor) am 25. Januar 2007 einen Geschäftswagen für 36.000,00 €. Die AfA-Tabelle weist eine betriebsgewöhnliche Nutzungsdauer (ND) von sechs Jahren aus.

Buchung im Grundbuch am 25. Januar 2009:

30 BGA .... **36.000,00 €** an **2113 Kundenkreditoren** .... **36.000,00 €**

AfA-Satz: 100 % : ND = $16\,^2/_3$ %

Abschreibungsverlauf:

Anschaffungswert Januar 2009	36.000,00 €
– AfA 1 $16\,^2/_3$ % von 36.000,00 € (12 Monate)	6.000,00 €
Restwert am Jahresende 2009 und am Jahresbeginn 2010	30.000,00 €
– AfA 2 $16\,^2/_3$ % von 36.000,00 €	6.000,00 €
Restwert am Jahresende 2010 und am Jahresanfang 2011	24.000,00 €
– AfA 3 $16\,^2/_3$ % von 36.000,00 €	6.000,00 €
Restwert am Jahresende 2011 und am Jahresanfang 2012	18.000,00 €
– AfA 4 $16\,^2/_3$ % von 36.000,00 €	6.000,00 €
Restwert am Jahresende 2012 und am Jahresanfang 2013	12.000,00 €
– AfA 5 $16\,^2/_3$ % von 36.000,00 €	6.000,00 €
Restwert am Jahresende 2013 und am Jahresanfang 2014	6.000,00 €
– AfA 6 $16\,^2/_3$ % von 36.000,00 € = 6.000,00 €, da das Fahrzeug aber weiter genutzt wird, bleibt es mit einem Erinnerungswert von 1,00 € stehen, somit wird nur mit 5.999,00 € abgeschrieben	5.999,00 €
Restwert am Jahresende 2014 und am Jahresanfang 2015	1,00 €
= Erinnerungswert, mit dem das Fahrzeug in der Buchhaltung bleibt, bis es verkauft oder verschrottet wird	

Buchung am 31. Dezember 2009:

65 Abschreibungen auf Sachanlagen .... **6.000,00 €** an **30 BGA** .... **6.000,00 €**

2. Kauf des Geschäftsfahrzeugs am 26. Juli 2009 für 36.000,00 € bei einer ND von sechs Jahren.

Abschreibungsverlauf:

Anschaffungswert 26. Juli 2009	36.000,00 €
– AfA 1 $16\,^2/_3$ % von 36.000,00 € : 12 · 6 (6 Monate)	3.000,00 €
Restwert am Jahresende 2009 und am Jahresbeginn 2010	33.000,00 €
– AfA 2 $16\,^2/_3$ % von 36.000,00 €	6.000,00 €
Restwert am Jahresende 2010 und am Jahresanfang 2011	27.000,00 €
– AfA 3 $16\,^2/_3$ % von 36.000,00 €	6.000,00 €
Restwert am Jahresende 2011 und am Jahresanfang 2012	21.000,00 €
– AfA 4 $16\,^2/_3$ % von 36.000,00 €	6.000,00 €
Restwert am Jahresende 2012 und am Jahresanfang 2013	15.000,00 €
– AfA 5 $16\,^2/_3$ % von 36.000,00 €	6.000,00 €
Restwert am Jahresende 2013 und am Jahresanfang 2014	9.000,00 €
– AfA 6 $16\,^2/_3$ % von 36.000,00 €	6.000,00 €
Restwert am Jahresende 2014 und am Jahresanfang 2015	3.000,00 €
– AfA 7 Abschreibung des Restwertes bis zum Erinnerungswert von 1,00 €	2.999,00 €
Erinnerungswert	1,00 €

→

Praxisfälle (Fortsetzung)

3. Verkauf des Fahrzeugs aus Fall 2 am 5. Dezember des Jahres 2011 für 22.000,00 €.

   Der Buchwert des Fahrzeugs beträgt 27.000,00 €, denn die Abschreibung des Jahres 2011 würde erst am 31. Dezember gebucht. Der Mindererlös (Verkaufspreis - Buchwert) muss als Aufwand gebucht werden. Es entstehen also „sonstige betriebliche Aufwendungen" in Höhe von 5.000,00 €.

   Buchung des Verkaufs an einen Debitor im Grundbuch:

   2111 Kundendebitoren .... 22.000,00 € an **30 BGA .... 27.000,00 €**
   68 Sonstige betriebliche Aufwendungen 5.000,00 €

   Hauptbuch

S	**30 BGA im Jahr 2011**		H
AB	27.000,00 €	5. Dezember 2011 Kundendebitoren	22.000,00 €
		5. Dezember 2011 Sonst. betr. Aufwendungen	5.000,00 €

S	**68 Sonstige betriebliche Aufwendungen**		H
5. Dezember 2011 Sachanlagen	5.000,00 €		

S	**2111 Kundendebitoren**		H
5. Dezember 2011 Sachanlagen	22.000,00 €		

4. Verkauf des Fahrzeugs aus Fall 2 am 5. Dezember 2011 für 29.000,00 € an einen Debitor.

   Der Buchwert des Fahrzeugs beträgt 27.000,00 €, denn die Abschreibung des Jahres 2011 würde erst am 31. Dezember gebucht. Der Mehrerlös (Verkaufspreis - Buchwert) muss als Ertrag gebucht werden. Es entstehen also „sonstige betriebliche Erträge" in Höhe von 2.000,00 €.

   Buchung des Verkaufs an einen Debitor im Grundbuch:

   2111 Kundendebitoren ...... 29.000,00 € an **30 BGA .... 27.000,00 €**
   56 Sonstige betriebliche Erträge .... 2.000,00 €

   Hauptbuch:

S	**30 BGA im Jahr 2011**		H
AB	27.000,00 €	5. Dezember 2011 Debitoren	27.000,00 €

S	**56 Sonstige betriebliche Erträge**		H
		5. Dezember 2011 Debitoren	2.000,00 €

S	**2111 Kundendebitoren**		H
5. Dezember 2011 Sachanlagen/ Sonst. betr. Erträge	29.000,00 €		

548476

Zusammenfassung

Wertminderungen bei Gebrauchsgütern wegen Abnutzung, technischer Neuerungen usw. werden auf dem Aufwandskonto „65 Abschreibungen auf Sachanlagen“ (steuerlich AfA = Absetzung für Abnutzung) erfasst.
Der gewinnmindernde und damit die Einkommensteuer senkende Abschreibungsaufwand muss entsprechend den amtlichen AfA-Tabellen monatsgenau auf die Nutzungsdauer verteilt werden.

Verkauf von Sachanlagen unter dem Buchwert	Verkauf von Sachanlagen über dem Buchwert
→ **68 Sonstige betriebliche Aufwendungen**	→ **56 Sonstige betriebliche Erträge**

Aufgaben

1. Erläutern Sie, welche Ursachen der Werteverzehr bei Sachanlagen haben kann.

2. Berechnen Sie die AfA-Sätze bei nachfolgender Nutzungsdauer der Sachanlagengüter:
- 2 Jahre
- 3 Jahre
- 4 Jahre
- 5 Jahre
- 8 Jahre
- 10 Jahre
- 20 Jahre
- 50 Jahre

3. Erstellen Sie Abschreibungspläne:
a) Kauf eines Funktelefons für 3.000,00 € am 4. April 2009 (ND 5 Jahre).
b) Kauf einer Servicetheke für 8.000,00 € am 2. Dezember 2009 (ND 10 Jahre).

4. Buchen Sie im Grundbuch:
a) Kauf eines Funktelefons für 3.000,00 € am 4. April 2009 bei einem Kreditor.
b) Buchung der Abschreibung aus 4 a) am 31. Dezember 2009 (ND 5 Jahre).
c) Buchung des Verkaufs des Telefons aus 4 a) am 12. Dezember 2010 für 1.200,00 € gegen bar.
d) Kauf einer Fernsprechanlage am 2. Dezember 2010 für 8.000,00 € von einem Debitor, der mit 25.000,00 € im Soll ist.
e) Buchung der Abschreibung aus 4 d) am 31. Dezember 2010 (ND 10 Jahre).
f) Verkauf der Fernsprechanlage am 2. Mai 2013 für 6.000,00 € an einen Debitor.
g) Kauf eines PC am 12. Mai 2010 für 1.500,00 € gegen bar.
h) Buchung der Abschreibung aus 4 g) am 31. Dezember 2010.

5. Erklären Sie, warum die Anschaffungskosten von Sachanlagen auf die Nutzungsdauer mit Abschreibungen verteilt werden müssen.

6. Erläutern Sie, welche Auswirkungen der Verkauf eines Sachanlagegutes über dem Buchwert hat.

7. Erläutern Sie, welche Auswirkungen der Verkauf eines Sachanlagegutes unter dem Buchwert hat.

→

8. Aufgrund der Quartalszahlen für das III. Quartal, die die Rechnungswesenabteilung im Oktober liefert, entscheidet der Vorstand der Handelsbank, den eigentlich fürs nächste Jahr vorgesehenen Kauf einer neuen Büroeinrichtung für etwa 100.000,00 € auf Dezember vorzuziehen. Die nicht mehr zeitgemäße alte Einrichtung steht mit 1,00 € als Erinnerungswert zu Buch. Sie soll in Teilen an die Mitarbeiter verschenkt werden. Ferner soll die drei Jahre alte Vorstandslimousine mit einem Buchwert von 16.000,00 € zum gutachterlichen Schätzwert in Höhe von 13.000,00 € an den Leiter der Controlling-Abteilung zur Privatnutzung verkauft werden und durch ein Neufahrzeug für 60.000,00 € ersetzt werden.

a) Begründen Sie, welche Überlegungen den Vorstand zu seinen Entscheidungen führen könnten.

b) Verdeutlichen Sie die Auswirkung dieser Entscheidungen auf das GuV-Konto mit einer Skizze.

c) Buchen Sie im Grundbuch:
   - Kauf des Neuwagens bei einem Kreditor, Zahlung auf dessen Konto.
   - Verkauf des Gebrauchtwagens an den Abteilungsleiter, dessen Kontokorrentkonto momentan genau auf 0 steht, Belastung auf diesem Konto.
   - Abschreibung für das Neufahrzeug am Jahresende, gewöhnliche ND 6 Jahre.

548478

9 Umsatzsteuer

Praxisfall

Kunde Lau kauft bei der Handelsbank eine Goldmünze als Geschenk zur Konfirmation seines Sohnes Marcel. Lau erhält folgende Kaufabrechnung:

Goldmünzenverkauf gegen Barzahlung:

1 Goldmünze Helvetia von 1947	82,56 €
+ 19 % MWSt	15,69 €
Abrechnungssumme	98,25 €

Die Handelsbank hatte die Münze zuvor bei ihrem Münzlieferanten für 67,02 € + 12,73 € MWSt gekauft.

Verkauf
Edelmetalle/Münzen/Medaillen
Handelsbank

Medaillen sind Liebhaberobjekte und werden von der Handelsbank Göppingen nicht mehr zurückgenommen.

Name und Anschrift: Claus Lau

Giro-/Sachkonto-Nr.

Legitimation geprüft bei Verkauf z. L. Girokonto

❑ MasterCard ❑ BankCard
☒ pers. bekannt
❑ ausgew. durch

MWSt.-Satz 19 %	Stück	Wert pro Stück	Skonto	An-/Verkauf	Euro-Betrag
Helvetia 1947	1	82,56		Verkauf	82,56
+ Mehrwertsteuer					15,69

Terminal	Uhrzeit	Datum	Zusatz	Abrechnungssumme
12820A	15:10	12.07.2010		98,25

Unterschrift des Kunden bei UNBAR-Verkauf

Handelsbank

X/03 G 1 142 135 — Abrechnung —

9.1 Mehrwertsteuersystem

Die **Mehrwertsteuer** ist eine **Umsatzsteuer,** die den Kauf und Verkauf von Waren und Diensten besteuert. Da die gleiche Ware in aller Regel über mehrere Handelsstufen vom Hersteller über Zwischenhändler zum Endverbraucher verkauft wird, muss die Umsatzsteuer so gestaltet werden, dass auf jeder Handelsstufe nur der dort geschaffene Mehrwert besteuert wird.

Mit der Mehrwertsteuer wird bei jedem Umsatz der Verkaufspreis besteuert. Der Käufer zahlt an den Verkäufer den Kaufpreis sowie die Umsatzsteuer (auf den gesamten Kaufpreis). Der Verkäufer ist verpflichtet, die vom Käufer erhaltene Steuer ans Finanzamt abzuführen. Die Steuer bezahlt der Endverbraucher an den Verkäufer, für den diese Steuer nur ein durchlaufender Posten ist (Einnahme vom Kunden/Ausgabe an das Finanzamt). Wenn der Käufer gar nicht Endverbraucher, sondern Zwischenhändler ist, darf er vom Finanzamt die an den Verkäufer bezahlte **„Vor"-Steuer** fordern und muss erst beim Weiterverkauf die **„Mehrwert"-Steuer** auf seinen Verkaufspreis ans Finanzamt abführen. Somit wird nur der jeweils auf einer Handelsstufe geschaffene Mehrwert besteuert. Die Steuer auf alle Mehrwerte zahlt schließlich der Endverbraucher im Kaufpreis. Abgeführt wird diese Steuer an der Quelle von den jeweiligen Verkäufern, daher zählt sie zu den **Quellensteuern.**

Je nach Umsatzhöhe sind die umsatzsteuerpflichtigen Unternehmen verpflichtet, entweder monatlich, vierteljährlich oder jährlich eine **Umsatzsteuervoranmeldung** beim zuständigen Finanzamt abzugeben. Dabei wird die einbehaltene Umsatzsteuer mit der bezahlten Vorsteuer verrechnet. Die Differenz wird als **Zahllast** an das Finanzamt überwiesen.

> siehe folgenden Praxisfall

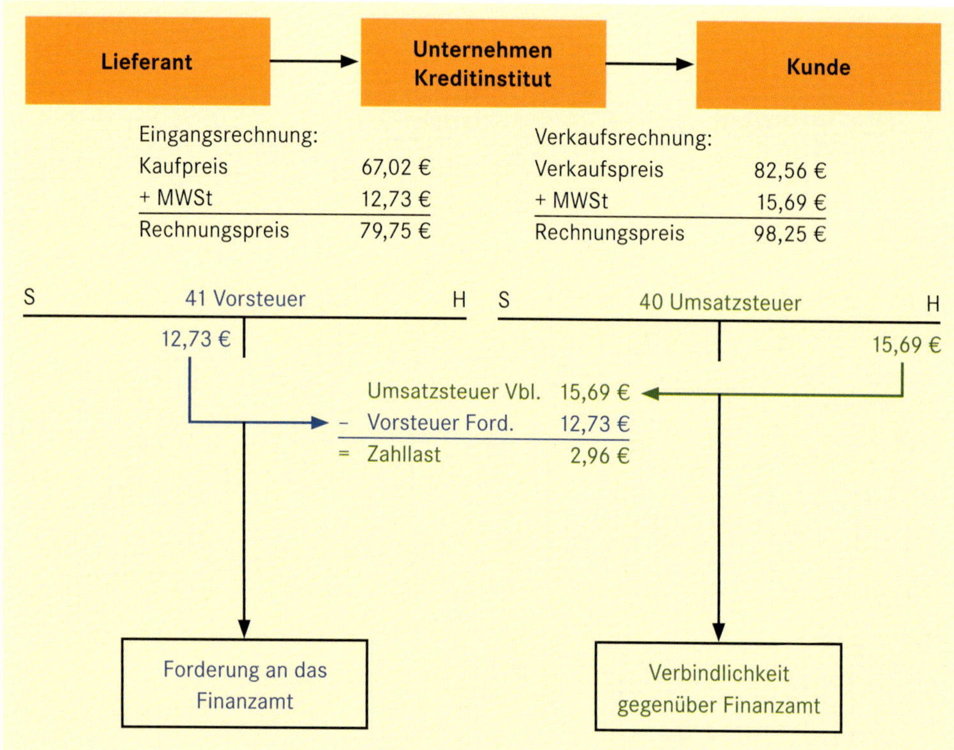

Praxisfall

Besteuerung der Goldmünze mit dem Mehrwertsteuersystem von der Prägeanstalt bis zum Kunden Lau:

Vorgang	**Wertentwicklung**	**Erläuterung**	**Ermittlung der Zahllast**	**Zahllast,** die monatlich ans Finanzamt bezahlt werden muss
Die Münzprägeanstalt verkauft die Münze für netto 55,00 €.	55,00 €			
hierauf zu entrichtende MWSt	10,45 €	Vbl. (Verbindlichkeit) der Münzprägeanstalt an FA (Finanzamt) = USt (Umsatzsteuer)	USt 10,45 €	❷ 10,45 €
Einkaufspreis für Münzgroßhändler Müller inkl. Vorsteuer	65,45 €			

Praxisfall (Fortsetzung)

Vorgang	**Wertentwicklung**	**Erläuterung**	**Ermittlung der Zahllast**	**Zahllast,** die monatlich ans Finanzamt bezahlt werden muss
Müller kalkuliert mit Aufschlag auf den Netto-EK, VK (Verkaufspreis) somit	67,02 €	Müller muss nur aus dem von ihm geschaffenen Mehrwert (12,02 €) 19 % Steuer (2,28 €) an das Finanzamt abführen.		
+ MWSt	12,73 €	In seiner Rechnung wird der gesamte Betrag versteuert. Müller hat also eine Verbindlichkeit (USt) in Höhe von 12,73 €, andererseits hat er bereits mit der Eingangsrechnung 10,45 € bezahlt. Dies ist für ihn eine Forderung (Vorsteuer) an das FA.	USt 12,73 € - VSt 10,45 €	❷ 2,28 €
Einkaufspreis für die Handelsbank inkl. Vorsteuer	79,75 €			
Die Handelsbank kalkuliert mit einem Aufschlag	82,56 €	Im Verkaufspreis der Handelsbank werden 15,69 € Steuer für den Gesamtbetrag ausgewiesen, sie hat also eine Vbl (USt) i. H. von 15,69 €. Auch sie hat aber bereits mit dem Kaufpreis Vorst. i. H. von 12,73 €, die sie zurückfordern kann, bezahlt.	USt 15,69 € - VSt 12,73 €	❷ 2,96 €
+ MWSt	❶ 15,69 €	Das FA erhält insgesamt 19 % aus dem Netto-Verkaufspreis.		15,69 €
Kaufpreis für den Endverbraucher Lau	98,25 €			

Die Handelsbank ist nicht Endverbraucher der Münze. Die Umsatzsteuer wird also nur von Lau getragen ❶. Sie wird ❷ in Teilen auf den verschiedenen Handelsstufen als Steuer auf die jeweiligen Mehrwerte abgeführt.

9.2 Buchen der Mehrwertsteuer

In umsatzsteuerpflichtigen Unternehmen wird die Mehrwertsteuer beim Einkauf auf dem Konto **„41 Vorsteuer“ (Forderung an das Finanzamt)** und beim Verkauf auf dem Konto **„40 Umsatzsteuer“ (Verbindlichkeit gegenüber dem Finanzamt)** gebucht.

Die Konten „Vorsteuer“ und „Umsatzsteuer“ werden bei der Erstellung der Umsatzsteuervoranmeldung verrechnet, indem das Konto „Vorsteuer“ über das Konto „Umsatzsteuer“ abgeschlossen wird. Der sich ergebende Saldo **(Zahllast)** wird durch Überweisung bis spätestens 10. des Folgemonats an das Finanzamt ausgeglichen. Sollte sich wegen hoher Vorsteuerforderungen eine negative Zahllast ergeben, bleibt die Forderung gegen das Finanzamt bestehen und wird mit der Zahllast im nächsten Monat verrechnet. Bei sehr hohen negativen Zahllasten schreibt das Finanzamt den Betrag auf Antrag auch sofort gut.

→

Praxisfall

Die Handelsbank **kauft** eine umsatzsteuerpflichtige Münze für 79,75 € inkl. MWSt. vom Händler und verrechnet über die Bundesbank:

❶ **101 Münz- und Sortenkasse ...... 67,02 €** an ❶ **11 Bundesbank .... 79,75 €**
❶ **41 Vorsteuer .... 12,73 €**

Das Kreditinstitut bucht **beim Verkauf** der Münze an Lau, der bar bezahlt:
Grundbuch

❷ **10 Kasse............................ 98,25 €** an ❷ **101 Münz- und Sortenkasse ... 82,56 €**
❷ **40 Umsatzsteuer................ 15,69 €**

Hauptbuch (nur Konten „Vorsteuer"/„Umsatzsteuer"/„Münzen")

S	**41 Vorsteuer**		H
❶ Bundes-bank	12,73 €		

S	**40 Umsatzsteuer**		H
		❷ Kasse	15,69 €

S	**101 Münz- und Sortenkasse**		H
❶ Bundes-bank	67,02 €	❷ Kasse	82,56 €

Abrechnung der Konten „Vorsteuer" und „Umsatzsteuer" am Monatsende

S	**41 Vorsteuer**		H
Forderung gegen das Finanzamt	12,73 €	❸ Saldo Umbuch. auf das Konto USt	12,73 €

→ Ermittlung der USt-Zahllast durch Aufrechnen der Vorst.-Forderung gg. die USt Vbl.

S	**40 Umsatzsteuer**		H
❸ Vor-steuerford.	12,73 €	USt-Verbindlichkeit	15,69 €
❹ **Zahl-last** (ZB)	**2,69 €**		

❸ **40 Umsatzsteuer .... 12,73 €** an **41 Vorsteuer......................... 12,73 €**

Ausgleich der Zahllast durch Überweisung vom Bundesbankkonto:

❹ **40 Umsatzsteuer .... 2,69 €** an **11 Bundesbank .... 2,69 €**

9.3 Umsatzsteuerpflicht und Umsatzsteuerfreiheit

UStG
UStR
UStDV

Die verschiedenen Umsätze unterliegen unterschiedlichen Steuersätzen oder sind steuerfrei. Die umsatzsteuerpflichtigen Vorgänge und unterschiedlichen Steuersätze sowie die Erhebung der Umsatzsteuer sind im **Umsatzsteuergesetz** (UStG), in den **Umsatzsteuerrichtlinien** (UStR) und der **Umsatzsteuerdurchführungsverordnung** (UStDV) geregelt.

Beispiele

Beispiele für Umsätze	***Mehrwertsteuersatz***
Waren	
– weit überwiegende Mehrzahl der Waren	*19 %*
– Bücher	*7 %*
– Lebensmittel	*7 %*
Dienstleistungen	
– Handwerkerleistungen	*19 %*
– Reisevermittlung	*19 %*
– Hotelübernachtungskosten	*7 %*

→

Beispiele (Fortsetzung)

Bankleistungen – *Zahlungsverkehr* – *Kreditgeschäft* – *Wertpapierhandel* – *Außenhandelsgeschäft* – *Einlagengeschäft* – *Umsätze mit Barrengold und Goldmünzen, die auch gesetzliches Zahlungsmittel sind*	***USt-freier Bereich***
– *Umsätze mit Edelmetallen und Münzen, deren Münzpreis über dem Metallwert liegt und die nicht gesetzliches Zahlungsmittel sind, werden mit 19 % oder, wenn der Verkaufspreis höher als das 2 ½-Fache des Metallwertes ist, mit 7 % besteuert.* – *Verkäufe von Sachanlagen, die nicht dem umsatzsteuerfreien Bereich zuzuordnen sind* – *Verkäufe von Sicherungsgut (hereingenommene Kreditsicherheiten, z. B. in Form von Pfand)* – *Vermögensverwaltung* – *Immobilienvermittlung* – *Vermietung von Schließfächern* – *Depotgebühren*	***USt-pflichtiger Bereich, besteuert mit 7 % oder mit 19 %***

9.4 Behandlung der Umsatzsteuer bei Kreditinstituten

Der wertmäßig weit überwiegende Teil der Umsätze von Kreditinstituten, wie die Verzinsung von Einlagen und Krediten, der Zahlungsverkehr und der Handel mit Wertpapieren, ist umsatzsteuerfrei. Steuerpflichtig sind z. B. Umsätze bei Depotgeschäft, Münzgeschäft, Vermögensverwaltung oder Vermietung von Schließfächern. Im Geschäft mit Firmenkunden „optieren" viele Banken für die Mehrwertsteuer. Das bedeutet, sie nehmen die Wahlmöglichkeit, die der Gesetzgeber Banken lässt, Firmenkunden gegenüber zum Beispiel auch auf Zinsen und Gebühren Mehrwertsteuer zu verrechnen, in Anspruch. Für die Firmenkunden hat das den Vorteil, dass sie den Mehrwertsteueranteil bei Zinsen und Gebühren als Vorsteueraufwand (Forderung gegenüber dem Finanzamt) geltend machen können.

9.4.1 Kauf von Gütern und Leistungen, die der Umsatzsteuer unterliegen

Wenn Kreditinstitute mit Umsatzsteuer belegte Güter oder Leistungen kaufen, gelten sie entweder als Endverbraucher oder als Wiederverkäufer.

- **Endverbraucher**

  Wenn Güter oder Leistungen für den **umsatzsteuerfreien Bereich** z. B. von der Kreditabteilung gekauft werden, gilt sie als Endverbraucher und ist somit nicht vorsteuerabzugsberechtigt. Die im Kaufpreis an den Verkäufer bezahlte Umsatzsteuer ist dann für das Kreditinstitut sofort oder über die Abschreibung im Zeitablauf ein Kostenfaktor.

- **vorsteuerabzugsberechtigte Wiederverkäufer oder Leistungserbringer**

  Wenn z. B. für die Kundenschließfachanlage oder die Sammlermünzkasse Güter oder Leistungen für den **umsatzsteuerpflichtigen Bereich** gekauft werden, gelten sie als Wiederverkäufer und sind somit vorsteuerabzugsberechtigt. Die im Kaufpreis enthaltene Umsatzsteuer ist dann für das Kreditinstitut ein durchlaufender Posten. Das Kreditinstitut zahlt mit dem Rechnungsbetrag die Umsatzsteuer an den Lieferanten und erhält die Vorsteuer im Folgemonat durch Verrechnung der Umsatzsteuer mit der Vorsteuer vom Finanzamt zurück.

9.4.2 Verkauf von Gütern und Leistungen, die der Umsatzsteuer unterliegen

Wenn Kreditinstitute mit Umsatzsteuer belegte Güter oder Leistungen verkaufen, müssen sie dem Käufer die Umsatzsteuer in Rechnung stellen und an das Finanzamt abführen.

Praxisfälle

	Erläuterung	Beispiel im Monat 1 bei der Handelsbank	Buchung im Grundbuch	
			Soll	Haben
Kauf von Sachanlagen, mit denen überwiegend (zu mehr als 95 %) umsatzsteuerfreie Bankleistungen erbracht werden.	Die beim Kauf anfallende Umsatzsteuer wird aktiviert, also auf dem entsprechenden Bestandskonto gebucht. Abgeschrieben wird von den gesamten Anschaffungskosten inkl. USt. Die USt wird für das Kreditinstitut so zum Kostenfaktor.	❶ Kauf eines Schreibtisches für die Zahlungsverkehrsabteilung für 2.000,00 € + 19 % MWSt bei einem Kreditor, Verrechnung über dessen Kontokorrentkonto	30 BGA 2.380,00 €	2113 Kundenkreditoren 2.380,00 €
Kauf von Sachanlagen, mit denen umsatzsteuerpflichtige Bankleistungen erbracht werden.	Die beim Kauf anfallende Umsatzsteuer wird als abzugsfähige Vorsteuer auf dem Konto „Vorsteuer" (Forderung an das Finanzamt) gebucht und am Monatsende mit dem Konto „Umsatzsteuer" verrechnet. Die Differenz wird im Folgemonat mit dem Finanzamt abgerechnet. Das bedeutet, die USt ist für das Kreditinstitut nur durchlaufender Posten. Abgeschrieben wird von den Anschaffungskosten ohne USt.	❷ Kauf einer Kasseneinrichtung für die Sammlermünzkasse für 8.000,00 € + 19 % MWSt, Bezahlung durch Überweisung vom Bundesbankkonto	30 BGA 8.000,00 € 41 Vorsteuer 1.520,00 €	11 Bundesbank 9.520,00 €
Aufwendungen für umsatzsteuerfreie Bankleistungen	Die anfallende USt wird zusammen mit dem Nettoaufwand auf dem entsprechenden Aufwandskonto gebucht und geht so als Kostenfaktor in die GuV-Rechnung ein.	❸ Kauf von Büromaterial für die Kreditabteilung für 300,00 € + 19 % MWSt gegen bar	686 Büromaterialaufwand 357,00 €	10 Kasse 357,00 €
Aufwendungen für umsatzsteuerpflichtige Bankleistungen	Die anfallende USt wird als abzugsfähige Vorsteuer auf dem Konto „Vorsteuer" (Forderung an das Finanzamt) gebucht und am Monatsende mit dem Konto „Umsatzsteuer" verrechnet. Die Differenz wird im Folgemonat mit dem Finanzamt abgerechnet. Das bedeutet, die USt ist für das Kreditinstitut nur ein durchlaufender Posten.	❹ Bezahlung der Telefonrechnung für die Sammlermünzkasse 1.000,00 € + 19 % MWSt durch Überweisung vom Bundesbankkonto	688 Telekommunikationsaufwand 1.000,00 € 41 Vorsteuer 190,00 €	11 Bundesbank 1.190,00 €
Ankauf von Münzen, gleichgültig, ob sie grundsätzlich steuerpflichtig sind oder nicht, von Privaten, die keine Rechnung mit Umsatzsteuer stellen dürfen.	Es fällt keine Umsatzsteuer an.	❺ Kauf einer Sammlermünze von einem Kunden gegen bar 500,00 €	101 Münz- und Sortenkasse 500,00 €	10 Kasse 500,00 €
Verkauf von umsatzsteuerpflichtigen Münzen, Bankleistungen oder Sachanlagen, mit denen umsatzsteuerpflichtige Bankleistungen erbracht wurden.	Die Umsatzsteuer muss dem Käufer berechnet werden und ist im Folgemonat an das Finanzamt abzuführen. Die USt ist für das Kreditinstitut also ein durchlaufender Posten.	❻ Verkauf der Münzen aus Praxisfall 5 für 600,00 € + 19 % MWSt an einen anderen Kunden gegen bar	10 Kasse 714,00 €	101 Münz- und Sortenkasse 600,00 € 40 Umsatzsteuer 114,00 €

→

Praxisfälle (Fortsetzung)

	Erläuterung	Beispiel im Monat 1 bei der Handelsbank	Buchung im Grundbuch	
			Soll	Haben
		❼ Debitoren werden mit Depotgebühren in Höhe von 10.000,00 € zuzüglich 19 % MWSt belastet	2111 Kundendebitoren 11.900,00 €	521 PGE (Provisions- und Gebührenerträge) 10.000,00 € 40 Umsatzsteuer 1.900,00 €
		❽ Verkauf eines gebrauchten Schreibtisches aus der Sammlermünzkasse zum Buchwert 500,00 € +19 % MWSt an einen Debitor und Verrechnung über sein Kontokorrentkonto	2111 Kundendebitoren 595,00 €	30 BGA 500,00 € Umsatzsteuer 95,00 €
Verkauf von umsatzsteuerfreien Münzen, Bankleistungen oder Sachanlagen, mit denen umsatzsteuerfreie Bankleistungen erbracht wurden.	Dem Käufer darf keine Umsatzsteuer berechnet werden.	❾ Verkauf einer umsatzsteuerfreien Münze für 50,00 € gegen bar	10 Kasse 50,00 €	101 Münz- und Sortenkasse 50,00 €
		❿ Belastung eines Debitors mit Sollzins 200,00 €	2111 Kunden–debitoren 200,00 €	50 Zinserträge 200,00 €
		⓫ Verkauf eines gebrauchten PC aus der Kreditabteilung zum Buchwert 500,00 € gegen bar	10 Kasse 500,00 €	30 BGA 500,00 €

Ermittlung der Zahllast bei der Handelsbank für den Monat 1

S	41 Vorsteuer	H
❷ 1.520,00 €	Saldo 1.710,00 € Umbuchung auf das Konto USt	
❹ 190,00 €		

Forderung gegen das Finanzamt

→ Ermittlung der USt-Zahllast durch Aufrechnen der Vorst.-Forderung gegen die USt- Vbl

S	40 Umsatzsteuer	H
Vorsteuer 1.710,00 €	❻	114,00 €
	❼	1.900,00 €
Zahllast 399,00 € (Saldo USt-Vbl. - Vorst.-Forderung)	❽	95,00 €

Verbindlichkeit gegenüber dem Finanzamt

Umbuchung des Saldos im Vorsteuerkonto auf das Umsatzsteuerkonto im Grundbuch:

40 Umsatzsteuer **1.710,00 €** an **41 Vorsteuer** **1.710,00 €**

Ausgleich der Zahllast durch Überweisung vom Bundesbankkonto im Grundbuch:

40 Umsatzsteuer **399,00 €** an **11 Bundesbank** **399,00 €**

Zusammenfassung

- Die Mehrwertsteuer ist eine Quellensteuer.
- Regelsatz: 19 % (auf viele Güter und Dienste)
- ermäßigter Satz: 7 % (z. B. auf Lebensmittel, Hotelübernachtungen und bestimmte Münzen)
- Mehrwertsteuerzahllast: wird von USt-pflichtigen Unternehmen am Monatsende durch Verrechnung der „40 USt-Verbindlichkeiten" mit der „41 Vorsteuerforderung" ermittelt und an die Finanzbehörde abgeführt.
- Kreditinstitute sind nur in wenigen Teilbereichen USt-pflichtig und somit auch vorsteuerabzugsberechtigt. Dort, wo sie nicht USt-pflichtig sind, muss beim Kauf von Sachanlagen die im Kaufpreis enthaltene Vorsteuer aktiviert, also auf das Sachanlagenkonto gebucht werden. Abgeschrieben wird dann vom Kaufpreis einschließlich Vorsteuer.

9.5 Berechnen der Mehrwertsteuer mit der Prozentrechnung vom Hundert und auf Hundert

Praxisfall

- Der Einzelhandel, mit dem Kreditinstitute in Geschäftsverbindung stehen, muss Preise immer inklusive MWSt auszeichnen. Kreditinstitute müssen jedoch zum Beispiel beim Kauf von Büromaterial beim Händler den Nettopreis und die Vorsteuer ermitteln.
- Mit der Sammlermünzkasse steht das Kreditinstitut in Konkurrenz zum Münzeinzelhändler, der nur Inklusivpreise angibt. Zur Vergleichbarkeit muss die MWSt aus dem Inklusivpreis herausgerechnet werden.

Wenn auf den Nettopreis MWSt zu berechnen ist, so kann einfach **„vom Hundert"**, das heißt vom Grundwert, gerechnet werden. Soll aus einem Inklusivpreis, in dem die MWSt enthalten ist, diese herausgerechnet werden, so muss vom **vermehrten Grundwert** ausgegangen werden, denn der Preis inklusive MWSt ist 100 % + 19 % MWSt, also 119 %. Es muss folglich **„auf Hundert"** gerechnet werden. Die Prozenttaste, die viele Taschenrechner haben, hilft nur beim Prozentrechnen vom Hundert.

Praxisfall

Verkauf einer Sammlermünze für 98,25 € inkl. MWSt

Preis ohne MWSt	82,56 €	Das entspricht	100 %
+ MWSt 19 %	15,69 €	Das entspricht	19 %
= Preis inkl. MWSt	98,25 €	Das entspricht	119 %

Rechnung vom Hundert

Gegeben: – Preis ohne MWSt = 82,56 €
– MWSt = 19 %
Gesucht: – MWSt in €

Rechnen mit Dreisatz:

100 % = 82,56 €
19 % = x

$$x = \frac{82{,}56 \cdot 19}{100} = 15{,}69\ €$$

Oder mit Taschenrechnerprozenttaste: 82,56 € · 19 % = 15,69 €

Oder, da nur durch 100 zu teilen ist, mit Kommaverschiebung: 82,56 € · 0,19 = 15,69 €

Rechnung auf Hundert

Gegeben: – Preis inkl. MWSt = 98,25 €
– MWSt = 19 %
Gesucht: – MWSt in €

Rechnen mit Dreisatz:

119 % = 98,25 €
19 % = x

$$x = \frac{98{,}25 \cdot 19}{119} = 15{,}69\ €$$

(analog z. B. bei Lebensmitteln mit 107 %)

548486

Aufgaben

1. a) Buchen Sie die Geschäftsfälle 1 - 7 der Sparkasse Hausen im Monat Januar im Grundbuch. Buchen Sie ferner die anfallende Vorsteuer beziehungsweise Umsatzsteuer auf den entsprechenden Hauptbuchkonten.

1. Kauf von Büromaterial für 348,00 € inklusive 19 % MWSt gegen bar.
2. Bezahlung der Telefonrechnung für die Sammlermünzkasse 226,20 € inklusive 19 % MWSt durch Überweisung vom Zentralbankkonto.
3. Belastung eines Sparkunden auf seinem Konto mit der Miete für sein Bankschließfach 100,00 € + 19 % MWSt.
4. Belastung eines Depotkunden mit der Depotgebühr in Höhe von 400,00 € + 19 % MWSt auf seinem debitorisch geführten Kontokorrentkonto.
5. Ankauf einer umsatzsteuerpflichtigen Goldmünze von einem Privatkunden für 300,00 € gegen bar.
6. Verkauf der Münze aus Geschäftsfall 5 für 350,00 € + 19 % MWSt gegen bar.
7. Kauf eines Geschäftswagens für den Vorstand bei einem Firmenkunden.

Listenpreis	40.000,00 €
- 5 % Treuerabatt	2.000,00 €
	38.000,00 €
- 2 % Skonto bei Zahlung innerhalb von 14 Tagen	760,00 €
	37.240,00 €
+ 19 % MWSt	7.075,60 €
Rechnungspreis	44.315,60 €

Der Rechnungsbetrag wird dem Kunden auf seinem kreditorisch geführten Kontokorrentkonto gutgeschrieben.

b) Schließen Sie das Hauptbuchkonto „Vorsteuer“ auf das Hauptbuchkonto „Umsatzsteuer“ ab und ermitteln Sie die Zahllast. Buchen Sie im Grundbuch die Überweisung der Zahllast vom Bundesbankkonto im Februar.

2. a) Buchen Sie die Geschäftsfälle 1 - 6 der Neckarbank AG im Monat Januar im Grundbuch. Buchen Sie ferner die anfallende Vorsteuer beziehungsweise Umsatzsteuer auf den entsprechenden Hauptbuchkonten.

1. Einem Depotkunden wird auf seinem debitorisch geführten Kontokorrentkonto die Depotgebühr in Höhe von 500,00 € + MWSt belastet.
2. Einem Kunden wird eine Schmuckaktie als Geschenk für seinen Sohn ausgeliefert. Die Neckarbank berechnet Provision in Höhe von 58,00 € inklusive MWSt, der Kunde bezahlt bar.
3. Die Neckarbank kauft von einem Kunden eine Münze für 600,00 € gegen bar an.
4. Die Neckarbank verkauft einem Kunden eine Goldmünze für 638,00 € inklusive 19 % MWSt gegen bar.
5. Die Neckarbank kauft von einem Geschäftskunden einen Schreibtisch für den Bankvorstand für 3.500,00 € inklusive 19 % MWSt. Der Betrag wird dem Kunden auf seinem kreditorisch geführten Kontokorrentkonto gutgeschrieben.
6. Die Neckarbank kauft eine Kundenschließfachanlage für den umsatzsteuerpflichtigen Bereich für 23.200,00 € inklusive 19 % MWSt. Der Betrag wird vom Bundesbankkonto überwiesen.

b) Schließen Sie das Hauptbuchkonto „Vorsteuer“ auf das Hauptbuchkonto „Umsatzsteuer“ ab und ermitteln Sie die Zahllast. Buchen Sie im Grundbuch die Gutschrift der „negativen“ Zahllast durch das Finanzamt auf dem Bundesbankkonto im Februar.

3. a) Buchen Sie die Geschäftsfälle 1 - 6 der Volksbank Glückstadt im Monat Januar im Grundbuch. Buchen Sie ferner die anfallende Vorsteuer beziehungsweise Umsatzsteuer auf den entsprechenden Hauptbuchkonten.

1. Kauf von Büromaterial für 8.000,00 € inklusive 19 % MWSt von einem Kreditor, Gutschrift auf dessen Konto.
2. Bezahlung der Druckkosten für einen Prospekt für die Sammlermünzkasse (umsatzsteuerpflichtiger Bereich) 2.900,00 € inklusive 19 % MWSt durch Überweisung vom Bundesbankkonto.
3. Verkauf eines gebrauchten PC, der ausschließlich in der umsatzsteuerpflichtigen Sammlermünzkasse verwendet wurde, zum Buchwert in Höhe von 500,00 € + 19 % MWSt an einen Debitor, Belastung auf dessen Konto.
4. Belastung von Depotkunden mit Depotgebühr auf deren Sparkonten 20.000,00 € + 19 % MWSt.
5. Reparatur der Kundenschließfachanlage 2.436,00 € inklusive 19 % MWSt. Bezahlung durch Überweisung vom Bundesbankkonto. →

6. Kauf von zwei Schreibtischen für jeweils 4.060,00 € inklusive 19 % MWSt. Ein Schreibtisch ist für die Kreditabteilung bestimmt, der andere für die umsatzsteuerpflichtige Immobilienabteilung. Bezahlung durch Überweisung vom Bundesbankkonto.

b) Schließen Sie das Hauptbuchkonto „Vorsteuer" auf das Hauptbuchkonto „Umsatzsteuer" ab und ermitteln Sie die Zahllast. Buchen Sie im Grundbuch die Überweisung der Zahllast an das Finanzamt vom Bundesbankkonto im Februar.

4. Begründen Sie die unterschiedlichen Mehrwertsteuersätze in Deutschland.

5. Erläutern Sie den Begriff „Zahllast".

6. Erläutern Sie mit einem Beispiel, wie bei einem Kreditinstitut in einem Monat ausnahmsweise eine „negative" Umsatzsteuerzahllast entstehen kann.

7. Beurteilen Sie, welche Auswirkungen es hätte, wenn der Kauf eines Geschäftsfahrzeugs für den Vorstand des Kreditinstituts versehentlich in den umsatzsteuerpflichtigen Bereich gebucht würde.

8. Begründen Sie, warum in Rechnungen üblicherweise der Begriff „MWSt" statt „USt" verwendet wird.

9. Erläutern Sie, warum ein Kreditinstitut die Vorsteuer, die es beim Kauf einer Sachanlage für den umsatzsteuerpflichtigen Bereich an den Verkäufer bezahlt hat, im Folgemonat mit der zu zahlenden Umsatzsteuer verrechnen darf.

10. Begründen Sie, warum der Gesetzgeber die Mehrzahl der Bankleistungen wie zum Beispiel den Zahlungsverkehr, das Kreditgeschäft oder das Einlagengeschäft von der Umsatzsteuer freigestellt hat.

11. Geschäftsgang mit Grundbuch, Hauptbuch und Hauptbuchabschluss

Kontoendbestände der Handelsbank zum 30. Dezember:

Kasse	21.000,00 €
Bundesbank	514.000,00 €
Kundendebitoren	10.380.000,00 €
BGA (umsatzsteuerfreier Bereich)	120.000,00 €
Kundenkreditoren	6.745.000,00 €
Spareinlagen	3.740.000,00 €
Eigenkapital	?

Hinweise:

- Das Kontokorrentkonto 21111548 hat einen Schuldsaldo in Höhe von .... 43.000,00 €
- Das Kontokorrentkonto 21131318 hat einen Habensaldo in Höhe von .... 5.000,00 €
- Das Sparkonto 224317 hat einen Saldo von .... 22.000,00 €

a) Erstellen Sie die Tagesschlussbilanz zum 30. Dezember.

b) Buchen Sie die Geschäftsfälle am 31. Dezember im Grund- und Hauptbuch:

1. Einzahlung auf das Sparkonto 224317 3.000,00 €
2. Barauszahlung von Konto 21111548 2.000,00 €
3. Eingangsrechnung für den Kauf von Sachanlagen 1.000,00 € + 19 % MWSt für den umsatzsteuerfreien Bereich wird mit Überweisung vom Zentralbankkonto bezahlt.
4. Eingangsrechnung für den Kauf von Sachanlagen 3.000,00 € + 19 % MWSt für den umsatzsteuerpflichtigen Bereich wird mit Überweisung vom Zentralbankkonto bezahlt.
5. Belastung von Depotgebühren auf
   Konto 21111548 4.500,00 € + 19 % MWSt
   Konto 21131318 1.000,00 € + 19 % MWSt
6. Belastung Konto 21111548 mit Sollzins 2.500,00 €
7. Gutschrift von Sparzins auf Konto 224317 1.000,00 €

c) Zum Geschäftsjahresschluss am 31. Dezember sind mit Buchungsnummer 8 folgende Buchungen vorzunehmen:

- Abschreibungen auf ältere Sachanlagen aus dem umsatzsteuerfreien Bereich 2.000,00 €
- Abschreibungen auf die Neubeschaffungen am 31. Dezember
  Buchungsnummern 3 und 4, Nutzungsdauer je 4 Jahre (Abschreibung monatsgenau)

d) Schließen Sie die Hauptbuchkonten auf GuV beziehungsweise Schlussbilanz ab und ermitteln Sie den Gewinn oder Verlust. Sämtliche Inventurbestände stimmen mit den Buchbeständen überein.

e) Buchen Sie die Bezahlung der USt-Zahllast mit Überweisung vom Bundesbankkonto zum 10. Januar im Grundbuch.

548488

10 Kontokorrentkonten – Kundenkontokorrent und Bankenkontokorrent

10.1 Kundenkontokorrentkonto

Praxisfälle

- Debitor Braun (Soll-Stand 1.500,00 €) zahlt auf sein Konto an der Kasse 2.100,00 € ein.
- Auf dem Konto von Kreditor Dietrich (Haben-Stand 9.600,00 €) gehen durch Überweisung 1.500,00 € ein.
- Kreditor Asche (Haben-Stand 400,00 €) hebt an der Kasse 1.000,00 € bar ab.
- Debitor Braun (Soll-Stand 1.500,00 €) überweist von seinem Konto 250,00 €.

Vereinfachend haben wir bisher angenommen, dass getrennte Hauptbuchkonten „2111 Kundendebitoren“ und „2113 Kundenkreditoren“ existieren.

In der Praxis von Kreditinstituten kann jedoch jederzeit ein Kreditor durch Kontoverfügung zum Debitor werden und ein Debitor kann durch eine Gutschrift zum Kreditor werden. Deshalb werden diese Konten auf einem Konto **„211 Kundenkontokorrent (KKK)“** zusammengeführt. Dieses Konto trägt den Anfangsbestand der Debitoren im Soll und den Anfangsbestand der Kreditoren im Haben.

Der Schlussbestand bei Kreditoren wird im Soll, der Schlussbestand der Debitoren wird im Haben erfasst. Auf der Schlussbilanz wird gegengebucht, es erscheinen die Debitoren in Aktiva, die Kreditoren in Passiva.

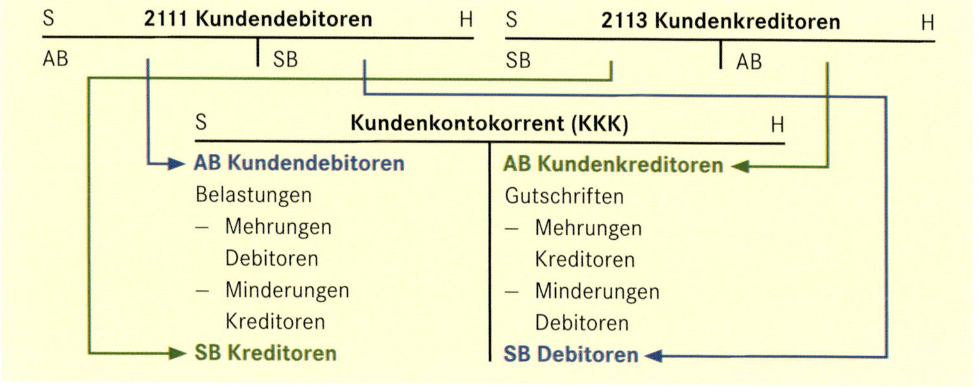

Debitoren und Kreditoren dürfen jedoch nur für die laufenden Buchungen im Hauptbuch zusammengefasst werden. In der Tagesbilanz und der Schlussbilanz müssen die Bestände getrennt ausgewiesen werden. Eine Saldierung (gegenseitige Aufrechnung) von Forderungen (Debitoren) und Verbindlichkeiten (Kreditoren) ist nicht erlaubt (Kompensierungsverbot). Das Kreditinstitut benötigt den Gesamtbestand der Forderungen und den Gesamtbestand der Verbindlichkeiten. Aus diesem Grund sind auf dem Konto „KKK“ zwei Schlussbestände zu ermitteln, die sich aus der Inventur ergeben.

Skontro

Neben dem Hauptbuchkonto „KKK“ muss das Kreditinstitut für jeden einzelnen Kunden ein **Konto** führen, auch um dem Kunden einen Konto-„Auszug“ erstellen zu können. Hierzu legt das Kreditinstitut ein **Nebenbuch (Skontro,** Plural: Skontren**)** an. Auf dem Skontro wird zusätzlich neben der Buchung in Grund- und Hauptbuch der auf den jeweiligen Kunden entfallende Betrag erfasst. Auf dem Skontro, auf dem alle den jeweiligen Kunden betreffenden Beträge auf der gleichen Seite wie im Hauptbuchkonto „KKK“ vermerkt werden, ist jederzeit feststellbar, ob der Kunde gerade Debitor oder Kreditor ist. Inventur im Bereich KKK bedeutet, die einzelnen Skontrostände Soll bei den Debitoren und die einzelnen Skontrostände Haben bei den Kreditoren zu erfassen. Die Summen bilden dann die Schlussbestände, die in das Hauptbuchkonto „KKK" und in die Bilanz zu übernehmen sind.

Der getrennte Ausweis von Forderungen und Verbindlichkeiten in der Bilanz ist deshalb wichtig und vorgeschrieben, da die beiden Positionen für die Beurteilung der Bankbilanz eine unterschiedliche Qualität beinhalten.

Während die Kreditoren als Verbindlichkeiten des Kreditinstituts zu 100 % vom Kreditinstitut einzulösen sind, unterliegen die Forderungen gegenüber Kunden grundsätzlich einem gewissen Ausfallrisiko, denn nicht alle Kunden werden ihrer Verpflichtung nachkommen können. Würden Debitoren und Kreditoren in der Bilanz gegeneinander aufgerechnet, würden bestehende Risiken unzulässig verdeckt.

Praxisfall

Anfangsbestände

Kundendebitoren

Braun	1.500,00 €	
Frank	6.000,00 €	
Summe	7.500,00 €	

Kundenkreditoren

Asche		400,00 €
Dietrich		9.600,00 €
Summe		10.000,00 €

Geschäftsfälle

	Grundbuch/Journal/Prima Nota *Soll*	*Haben*
1. Bareinzahlung zugunsten Braun 2.100,00 €		
10 Kasse	2.100,00 €	
an 211 KKK		2.100,00 €
2. Überweisungseingang zugunsten Dietrich über die Bundesbank 1.500,00 €		
11 Bundesbank	1.500,00 €	
an 211 KKK		1.500,00 €
3. Barabhebung zulasten Asche 1.000,00 €		
211 KKK	1.000,00 €	
an 10 Kasse		1.000,00 €
4. Überweisungsauftrag zulasten Braun über die Bundesbank 250,00 €		
211 KKK	250,00 €	
an 11 Bundesbank		250,00 €

→

Praxisfall

Hauptbuch

Nebenbücher
– Personenskontren
(Kontoauszüge der einzelnen Kunden)

10 Kasse

S		H	
AB	...	❸ KKK	1.000,00 €
❶ KKK	2.100,00 €		

11 Bundesbank

S		H	
AB	...	❹ KKK	250,00 €
❷ KKK	1.500,00 €		

211 KKK

S		H	
AB Debit.	**7.500,00 €**	**AB Kred.**	**10.000,00 €**
❸ Kasse	1.000,00 €	❶ Kasse	2.100,00 €
❹ BuBa	250,00 €	❷ BuBa	1.500,00 €
SB Kreditoren	**11.450,00 €**	**SB Debitoren**	**6.600,00 €**
Summe	20.200,00 €	Summe	20.200,00 €

Abstimmung

Braun

S		H	
AB	1.500,00 €	Bareinz.	2.100,00 €
ÜW-Ausg.	250,00 €		
SB	**350,00 €**		

Frank

S		H	
AB	6.000,00 €	**SB**	**6.000,00 €**

Asche

S		H	
Barausz.	1.000,00 €	AB	400,00 €
		SB	**600,00 €**

Dietrich

S		H	
SB	**11.100,00 €**	AB	9.600,00 €
		ÜW-Eing.	1.500,00 €

Debitoren

S	H
6.000,00 €	
600,00 €	
6.600,00 €	

Kreditoren

S	H
	350,00 €
	11.100,00 €
	11.450,00 €

Abschluss des Kontos „KKK“ im Grundbuch:

Schlussbilanz bzw. Tagesbilanz	6.600,00 €	**an** 211 KKK	6.600,00 €
211 KKK	11.450,00 €	**an** Schlussbilanz bzw. Tagesbilanz	11.450,00 €

Erläuterungen:

- Das aktive Bestandskonto „Kundendebitoren“ und das passive Bestandskonto „Kundenkreditoren“ wird für die laufenden Buchungen im Hauptbuchkonto „Kontokorrent Kunden (KKK)“ zusammengefasst.
- KKK trägt den Anfangsbestand für Debitoren im Soll und den Anfangsbestand für Kreditoren im Haben.
- Mehrungen bei Debitoren und Minderungen bei Kreditoren werden auf KKK im Soll als „Belastung“ erfasst.
- Minderungen bei Kundendebitoren und Mehrungen bei Kundenkreditoren werden auf KKK im Haben als „Gutschrift“ erfasst.
- Buchungen im Hauptbuchkonto „KKK“ werden zusätzlich im jeweiligen Kundenskontro erfasst. Es handelt sich beim Kundenskontro lediglich um einen Konto„auszug“, daher gibt es hier keine Gegenbuchung.
- Für die Tagesbilanz beziehungsweise die Schlussbilanz werden die Endbestände auf den Skontren ermittelt (Inventur) und auf Kundendebitoren beziehungsweise Kundenkreditoren zusammengefasst. Die Beträge werden auf die jeweils gleiche Kontenseite übernommen.
- Die Summe der Kundendebitorenschlussbestände wird auf KKK ins Haben übernommen und in der Bilanz in Aktiva (Forderungen gegen Kunden) gegengebucht.
- Die Summe der Kundenkreditorenschlussbestände wird auf KKK ins Soll übernommen und in der Bilanz in Passiva (Verbindlichkeiten gegen Kunden) gegengebucht.
- Nach Übernahme der Kundendebitoren- und Kundenkreditorenendbestände in KKK muss KKK ausgeglichen sein (Abstimmung).

10.2 Bankenkontokorrentkonto

Praxisfall

Die Maschinenbauer Schneller AG Göppingen, Kunde der Handelsbank, hat eine dringende Zahlung in Höhe von 10.000,00 € an den Zulieferer Präzisa, Hersteller von Präzisionsfrästeilen, in Zürich zu leisten.

Verrechnungswege

Der nationale und internationale Zahlungsverkehr wird über verschiedene Verrechnungswege ausgeführt. Wenn Zahlungen von **Kunden des eigenen Kreditinstituts** an andere Kunden des eigenen Instituts geleistet werden, reicht ein **Kontoübertrag.** Zahlungen, die an Empfänger gehen, die Kunden anderer Kreditinstitute sind beziehungsweise die von **Kunden anderer Institute** an eigene Kunden gehen, müssen mit anderen Instituten über **Gironetze** verrechnet werden. Den **nationalen Zahlungsverkehr** wickeln die Kreditinstitute überwiegend über ihre **jeweiligen Zentralinstitute,** die wiederum gegenseitige Kontoverbindung haben, oder über die **Bundesbank** ab.

Internationale Zahlungen werden z.B. über **TARGET,** das Zahlungsverkehrssystem der Europäischen Zentralbank Frankfurt/Main (TARGET = Trans-European Automated Real-Time Gross Settlement Express Transfer System, zu Deutsch: „transeuropäisches automatisiertes Echtzeit Brutto Express Transfer System") oder im Auslandszahlungsverkehr über Korrespondenzbanken, mit denen eine Kontoverbindung besteht, abgewickelt. Die Verrechnung mit einer Korrespondenzbank ist möglich, wenn 1. das eigene Institut dort ein Konto unterhält, ein sogenanntes **Nostrokonto** = „unser Konto bei Ihnen", oder 2. die Korrespondenzbank beim eigenen Institut ein Konto unterhält, das eigene Institut also kontoführende Stelle ist. Im zweiten Fall heißt das Konto **Lorokonto** = „Ihr Konto bei uns".

Für Nostro- und Lorokonten werden Skontren geführt. Bei Lorokonten erstellt das eigene Institut Abrechnungen und Kontoauszüge und verschickt sie an die Korrespondenzbank. Für Nostrokonten übernimmt diese Aufgabe die Korrespondenzbank, zur Kontrolle führt das eigene Institut ein Gegenkonto, das sich spiegelbildlich zum Skontro bei der Korrespondenzbank darstellt.

Wie beim Kundenkontokorrent werden die Forderungen gegen Kreditinstitute (2011 Bankdebitoren) und die Verbindlichkeiten gegen Kreditinstitute (2012 Bankkreditoren) in einem gemeinsamen Hauptbuchkonto **„201 Bankenkontokorrentkonto (BKK)"** zusammengefasst. Die laufenden Buchungen werden auf dem BKK ausgeführt, und zwar unabhängig davon, ob das eigene Kreditinstitut (Lorokonto) oder das fremde Kreditinstitut (Nostrokonto) kontoführende Stelle ist.

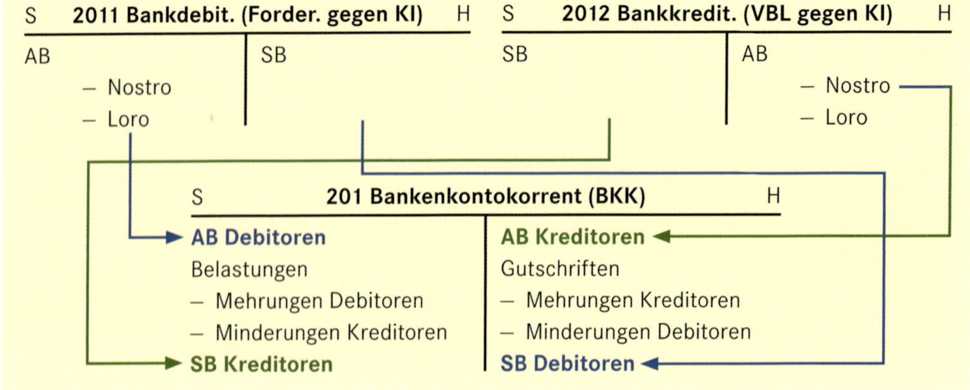

Praxisfälle

Da die Hausbank von Präzisa, die Züricher Bankgesellschaft, Korrespondenzbank der Handelsbank ist, kann die Überweisung sehr rasch auf direktem Verrechnungsweg abgewickelt werden. Gebucht wird über das Bankenkontokorrentkonto „201 BKK".

Grundbuch

211 KKK .... 10.000,00 € an 201 BKK .... 10.000,00 €

Wenn Schneller Debitor ist	Forderung gegen Schneller nimmt zu
Wenn Schneller Kreditor ist	Verbindlichkeit gegen Schneller nimmt ab

Wenn gegenüber der Bankgesellschaft VBL besteht (VBL gegen KI = kreditorisch)	Verbindlichkeit gegen Züricher Bankgesellschaft nimmt zu
Wenn gegenüber der Bankgesellschaft Forderung besteht (Ford gegen KI = debitorisch)	Forderung gegen Züricher Bankgesellschaft nimmt ab

Praxisfälle

Die Handelsbank führt für die Züricher Bankgesellschaft ein Lorokonto mit einem Anfangsbestand in Höhe von 10.000,00 € im Soll (Forderungen gegen Kreditinstitute). *Für die Züricher Bankgesellschaft ist dies ein Nostrokonto mit einer Verbindlichkeit gegen Kreditinstitute.*

Die Handelsbank ist ferner Kunde der North-Bank USA. Auf diesem Nostrokonto ist der Anfangsbestand 5.000,00 € im Haben (Verbindlichkeiten gegen Kreditinstitute). *Für die North-Bank ist dies ein Lorokonto mit einer Forderung gegen Kreditinstitute.*

Die Handelsbank führt weiterhin Kundenkontokorrentkonten (Skontren) für:

– Braun Anfangsbestand .... Haben 350,00 €
– Frank Anfangsbestand .... Soll 6.000,00 €

Geschäftsfälle Grundbuch/Journal/Prima Nota

1. Überweisung des Braun zugunsten eines Kunden der Züricher Bankgesellschaft über 12.000,00 €
   211 KKK .... 12.000,00 €
   an 201 BKK .... 12.000,00 €
2. Überweisungseingang zugunsten des Frank über 4.000,00 € von der North-Bank
   201 BKK .... 4.000,00 €
   an 211 KKK .... 4.000,00 €

→

Praxisfall

Hauptbuch	Nebenbücher – Personenskontren (Kontoauszüge der einzelnen Kunden) – Bankenskontren

S 211 KKK H

S		H	
AB Debit.	6.000,00 €	AB Kredit.	350,00 €
❶ BKK	12.000,00 €	❷ BKK	4.000,00 €
SB Kredit.	**0,00 €**	**SB Debit.**	**13.650,00 €**
Summe	18.000,00 €	Summe	18.000,00 €

Abstimmung

S Braun H

S		H	
❶ ÜW	12.000,00 €	AB	350,00 €
		SB	**11.650,00 €**

S Frank H

S		H	
AB	6.000,00 €	❷ ÜW-Eing.	4.000,00 €
		SB	**2.000,00 €**

S Kundendebitoren H

S	H
11.650,00 €	
2.000,00 €	
13.650,00 €	

S Kundenkreditoren H

S	H

S 201 BKK H

S		H	
AB Bankdebitoren	10.000,00 €	AB Bankkreditoren	5.000,00 €
❷ KKK	4.000,00 €	❶ KKK	12.000,00 €
SB Kredit.	**3.000,00 €**	**SB Debit.**	**0,00 €**
Summe	17.000,00 €	Summe	17.000,00 €

Abstimmung

S Züricher Bankgesellschaft H

S		H	
AB	10.000,00 €	❶ Braun	12.000,00 €
SB	**2.000,00 €**		

S North-Bank H

S		H	
❷ Frank	4.000,00 €	AB	5.000,00 €
SB	**1.000,00 €**		

S Bankdebitoren H

S	H

S Bankkreditoren H

S	H
	2.000,00 €
	1.000,00 €
	3.000,00 €

Abschluss des Kontos „KKK" im Grundbuch:

Schlussbilanz bzw. Tagesbilanz	13.650,00 €	**an**	211 KKK	13.650,00 €
211 KKK	0,00 €	**an**	Schlussbilanz bzw. Tagesbilanz	0,00 €

Abschluss des Kontos „BKK" im Grundbuch:

Schlussbilanz bzw. Tagesbilanz	0,00 €	**an**	201 BKK	0,00 €
201 BKK	3.000,00 €	**an**	Schlussbilanz bzw. Tagesbilanz	3.000,00 €

Zusammenfassung

- **Das Kundenkontokorrentkonto 211** erfasst die Lastschriften und Gutschriften für Debitoren und Kreditoren.
- **Das Bankenkontokorrentkonto 201** erfasst die Lastschriften und Gutschriften für Korrespondenzbanken, unabhängig davon, ob unser KI das Konto für das andere KI führt (Lorokonto = Ihr Konto bei uns) oder das andere KI das Konto für uns führt (Nostro = unser Konto bei Ihnen) und ferner unabhängig davon, ob der Bestand debitorisch oder kreditorisch ist.
- **Skontren** der einzelnen Debitoren und der einzelnen Kreditoren werden bei Rechnungsabschluss addiert und die Summen zur Abstimmung in das Kontokorrentkonto und in die Schlussbilanz übernommen (Saldierungsverbot).

S	**211 Kundenkontokorrent (KKK)** H
AB Debitoren	**AB Kreditoren**
Belastungen	Gutschriften
– Mehrungen Debitoren	– Mehrungen Kreditoren
– Minderungen Kreditoren	– Minderungen Debitoren
SB Kreditoren	**SB Debitoren**

S	**201 Bankenkontokorrent (BKK)** H
AB Debitoren	**AB Kreditoren**
Belastungen	Gutschriften
– Mehrungen Debitoren	– Mehrungen Kreditoren
– Minderungen Kreditoren	– Minderungen Debitoren
SB Kreditoren	**SB Debitoren**

Aufgaben

1. Übernehmen Sie für die Sparkasse die Anfangsbestände der Debitoren, der Kreditoren, der Forderungen gegen Kreditinstitute und der Verbindlichkeiten gegen Kreditinstitute in die entsprechenden Skontren und in die Hauptbuchkonten „KKK" und „BKK". Buchen Sie nachfolgende Geschäftsfälle im Grundbuch und auf den Hauptbuchkonten „KKK" und „BKK" (Verzicht auf Gegenbuchung auf anderen Konten). Führen Sie ferner im Nebenbuch die Skontren für die Kunden und die Korrespondenzbanken. Ermitteln Sie die Endsalden auf den Skontren und übernehmen Sie diese in die Konten „Debitoren"/„Kreditoren" und „Forderungen gegen KI"/„VBL gegen KI". Schließen Sie die Konten „KKK" und „BKK" durch Übernahme der Schlussbestände in Grund- und Hauptbuch ab.

a) Anfangsbestände:

Debitoren

– Schulz .... 4.500,00 €
– Sauer .... 32.800,00 €

Kreditoren

– Fendrich .... 1.400,00 €
– Krieg .... 3.200,00 €

Forderungen gegen Kreditinstitute

– Volksbank (Loroverbindung) .... 15.700,00 €

Verbindlichkeiten gegen Kreditinstitute

– Industriekreditbank AG (Nostroverbindung) .... 53.900,00 €

b) Geschäftsfälle

1. Überweisungsauftrag von Schulz zugunsten Sauer .... 4.800,00 €

→

2. Lastschrifteingang von der Volksbank zulasten Fendrich .... 3.200,00 €
3. Krieg hebt bar ab .... 1.000,00 €
4. Krieg überweist an einen Kunden der Industriekreditbank, direkte Verrechnung mit der Korrespondenzbank .... 4.500,00 €
5. Von der Industriekreditbank geht eine Überweisungsgutschrift zugunsten Sauer ein...... 35.000,00 €
6. Wir ziehen für Schulz einen Scheck auf die Industriekreditbank durch direkte Verrechnung mit der Korrespondenzbank ein .... 25.000,00 €
7. Belastung von Schulz, Sauer, Fendrich und Krieg mit Kontoführungsgebühren in Höhe von jeweils 100,00 € .... 400,00 €
8. Wir belasten der Volksbank Zinsen .... 500,00 €

c) Welches Kreditinstitut erstellt den Kontoauszug
   ca) in der Kontoverbindung Sparkasse/Volksbank?
   cb) in der Kontoverbindung Sparkasse/Industriekreditbank?

2. Übernehmen Sie für die Volksbank die Anfangsbestände der Debitoren, der Kreditoren, der Forderungen gegen Kreditinstitute und der Verbindlichkeiten gegen Kreditinstitute in die entsprechenden Skontren und in die Hauptbuchkonten „KKK“ und „BKK“. Buchen Sie nachfolgende Geschäftsfälle im Grundbuch und auf den Hauptbuchkonten „KKK“ und „BKK“ (Verzicht auf Gegenbuchung auf anderen Konten). Führen Sie ferner im Nebenbuch die Skontren für die Kunden und die Korrespondenzbanken. Ermitteln Sie die Endsalden auf den Skontren und übernehmen Sie diese in die Konten „Debitoren“/„Kreditoren“ und „Forderungen gegen KI“/„VBL gegen KI“. Schließen Sie die Konten „KKK“ und „BKK“ durch Übernahme der Schlussbestände in Grund- und Hauptbuch ab.

a) Anfangsbestände:

Debitoren
- Scharpf .... 94.500,00 €
- Stocker .... 2.500,00 €

Kreditoren
- Kluge....................... 15.400,00 €

Forderungen gegen Kreditinstitute
- Sparkasse ....28.700,00 €
  (Kontoführendes Institut: Sparkasse)

Verbindlichkeiten gegen Kreditinstitute
- Bankhaus Schöllkopf ..... 73.800,00 €
  (Kontoführendes Institut: Volksbank)

b) Geschäftsfälle
1. Überweisungsauftrag des Scharpf zugunsten Kluges .... 2.800,00 €
2. Lastschrifteingang vom Bankhaus Schöllkopf zulasten Kluges .... 10.200,00 €
3. Kluge hebt bar ab .... 500,00 €
4. Stocker überweist an einen Lieferanten, Verrechnung über Bundesbank .... 4.500,00 €
5. Von der Sparkasse geht eine Überweisungsgutschrift zugunsten Scharpfs ein ...... 5.000,00 €
6. Wir ziehen für Scharpf einen Scheck auf die Sparkasse durch direkte Verrechnung mit der Korrespondenzbank ein .... 2.500,00 €
7. Belastung von Scharpf mit Gebühren für sein Depotkonto auf seinem Kontokorrentkonto .. 250,00 €

c) Erläutern Sie, um welche Art von Kontoverbindung es sich bei der Verbindung zur Sparkasse handelt.

d) Erläutern Sie, um welche Art von Kontoverbindung es sich bei der Verbindung zum Bankhaus Schöllkopf handelt.

3. Beschreiben Sie, weshalb es sinnvoll ist, Geschäftsfälle im Bereich des Kundenzahlungsverkehrs auf dem zusammengefassten Hauptbuchkonto „KKK“ zu buchen statt auf den Konten „Debitoren“ beziehungsweise „Kreditoren“.

→

4. Begründen Sie, weshalb das Konto „KKK" zwei Anfangsbestände und zwei Schlussbestände aufnimmt.

5. a) Beschreiben Sie, wer bei einem Nostrokonto aus unserer Sicht Abrechnungen und Kontoauszüge erstellt.
   b) Begründen Sie, weshalb es notwendig ist, ein Gegenkonto zu führen.
   c) Erläutern Sie mit einem einfachen Beispiel, weshalb sich das Gegenbuch aus einer Nostroverbindung spiegelbildlich zum Kontoauszug darstellt.

6. Auf „KKK" wurde gebucht:
   - Anfangsbestand am 02.03.20.. Debitoren .... 120.000,00 €
   - Anfangsbestand am 02.03.20.. Kreditoren .... 185.000,00 €
   - Belastungen von Kunden am 02.03.20.. zusammengefasst .... 987.000,00 €
   - Gutschriften für Kunden am 02.03.20.. zusammengefasst .... 892.400,00 €

   a) Schließen Sie „KKK" auf die Tagesbilanz vom 02.03.20.. ab. Die Inventur bei den Skontren ergab in Übereinstimmung mit dem Buchbestand bei Sichteinlagen 450.000,00 €. Auch bei den täglich fälligen Forderungen gegen Kunden stimmte der Inventurbestand mit dem Buchbestand überein.
   b) Erläutern Sie, weshalb Sie „KKK" niemals ohne Kenntnis mindestens eines Inventurbestandes abschließen können.

7. Das Hauptbuchkonto „KKK" stellt sich zum Jahresultimo vor den Zinsbuchungen wie folgt dar:

S	211 KKK		H
AB	53.797.000,00 €	AB	23.248.500,00 €
Umsätze	744.378.000,00 €	Umsätze	952.387.000,00 €

Die Inventur ergibt bei den Debitoren vor den Zinsbuchungen eine Summe in Höhe von 83.795.000,00 €.

Der Inventurbestand bei den Kreditoren vor den Zinsbuchungen stimmt mit dem Buchbestand überein.

Folgende Zinsbuchungen sind noch vorzunehmen:
- Sollzins bei Debitoren .... 425.000,00 €
- Habenzins bei Debitoren .... 3.200,00 €
- Sollzins bei Kreditoren .... 392.000,00 €
- Habenzins bei Kreditoren .... 10.100,00 €

Führen Sie die Zinsbuchungen im Grundbuch und im Hauptbuchkonto „KKK" durch.
Ermitteln Sie die Schlussbestände für Debitoren und Kreditoren.

Schließen Sie „KKK" auf die Schlussbilanz in Grund- und Hauptbuch ab.

8. Begründen Sie mit Beispiel, wer eine Buchung auf einem Nostrokonto veranlassen und wer sie durchführen darf.

9. a) Ein Debitor mit einem aktuellen Kontostand von 5.000,00 € erhält über die Bundesbank eine Gutschrift in Höhe von 8.000,00 €. Erläutern Sie, welche Auswirkungen dieser Vorgang auf die Bilanzsumme des kontoführenden Instituts hat.
   b) Ein Kreditor mit einem aktuellen Kontostand von 3.000,00 € überweist 10.000,00 €, die wir über eine Korrespondenzbank buchen, bei der wir ein aktuelles Guthaben in Höhe von 8.000,00 € haben. Erläutern Sie, welche Auswirkungen dieser Vorgang auf unsere Bilanzsumme hat.

→

10. Begründen Sie, weshalb die Bestände der Debitoren und der Kreditoren nicht saldiert, also gegeneinander aufgerechnet werden dürfen.

11. Erkundigen Sie sich in Ihrem Ausbildungsbetrieb, über welche Zentralinstitute und Korrespondenzbanken Ihr Institut den nationalen und internationalen Zahlungsverkehr abwickelt.

12. Fragen Sie in Ihrem Ausbildungsbetrieb nach Ihren Korrespondenzbanken und erstellen Sie eine Liste mit mindestens je drei Nostro- und Lorokonten Ihres Kreditinstituts.

13. Das Hauptbuchkonto „Bankenkontokorrent (BKK)" der Filsbank weist am Ende des Geschäftsjahres folgende Summen auf (Umsätze einschließlich Anfangsbestände):

Soll .... 250.000.000,00 €
Haben .... 250.200.000,00 €

Die Filsbank versendet Kontoauszüge an

- die Schwarzwaldbank, Kontostand Soll .... 2.500.000,00 €
- die Remsbank, Kontostand Haben .... 3.000.000,00 €

Von den Korrespondenzbanken erhält die Filsbank folgende Kontoauszüge:

- Neckarbank, Kontostand Soll .... 1.500.000,00 €
- Donaubank, Kontostand Haben .... 1.800.000,00 €

Schließen Sie das Konto „BKK" der Filsbank im Hauptbuch ab und ordnen Sie die Schlussbestände den entsprechenden Bilanzpositionen zu.

14. Bei der Kundenbank weist das Hauptbuchkonto „KKK" einschließlich der Anfangsbestände und der jeweils addierten Umsätze einschließlich aufgelaufener Zinsen im Soll 348.000,00 € und im Haben 235.000,00 € auf.

a) Schließen Sie das Konto im Grundbuch und im Hauptbuch ab, wenn der Schlussbestand bei den Kreditoren 8.000,00 € aufweist.
b) Erläutern Sie, wie der Schlussbestand bei den Kreditoren ermittelt wurde.

15. Bei der Industriebank weist das Hauptbuchkonto „BKK" einschließlich der Anfangsbestände und der jeweils addierten Umsätze einschließlich aufgelaufener Zinsen, Provisionen und Gebühren im Soll 2.245.000,00 € und im Haben 1.935.000,00 € auf.

a) Schließen Sie das Konto im Grundbuch und im Hauptbuch ab, wenn der Schlussbestand bei den Bankdebitoren 355.000,00 € aufweist.
b) Erläutern Sie, wie der Schlussbestand bei den Bankkreditoren und den Bankdebitoren in der Bankenwirklichkeit ermittelt wird.

11 Personalaufwendungen

Praxisfall

Kai Rahn erhält die Abrechnung über seine Ausbildungsvergütung.

```
                                   Verdienstabrechnung
Firma 0022000                                                      Ein:01.09.09    Datum:09.08.10
Personalnr:33710                                                   Aus:
bis TTMMJJ:310810
   Kai Rahn, Uhlandstraße 44      SV:12111
   73092 Heiningen                Kirche: 20
   Geb:. 30.05.1992
*****************************************************************************************
   Lohnart                Betrag
   Azubivergütung         769,00
   VL-AG-Anteil            40,00
-----------------------------------------------------------------------------------------
   Gesamtbrutto           809,00                                                  809,00
   ST-Brutto              809,00                                                  809,00
   SV-Brutto              809,00                                                  809,00
-----------------------------------------------------------------------------------------
   KV AN-Anteil            63,91                        AG-Anteil                  56,63
   RV AN-Anteil            80,50                        AG-Anteil                  80,50
   ALV AN-Antei            11,33                        AG-Anteil                  11,33
   PV AN-Anteil             7,89                        AG-Anteil                   7,89
   Netto                  645,37
-----------------------------------------------------------------------------------------
   VL Abzug                40,00
-----------------------------------------------------------------------------------------
   Überweisung            605,37
-----------------------------------------------------------------------------------------
   Url.Rest                26,00 Tg
```

Für ihre Arbeitsleistung erhalten Mitarbeiter von Kreditinstituten Ausbildungsvergütung (Auszubildende), Lohn (Arbeiter) oder Gehalt (Angestellte). Für das Kreditinstitut sind diese Personalausgaben Aufwand und Kosten, die in die Preise für erbrachte Kundenleistungen kalkuliert werden müssen. Zur Berechnung des Nettoverdienstes werden vom Bruttoverdienst Steuern (für Einkünfte aus nichtselbstständiger Arbeit) und gesetzliche Sozialabgaben abgezogen. Dieser Nettoverdienst wird bis zum Auszahlungsbetrag gegebenenfalls noch weiter gekürzt, z. B. für Beiträge zur vermögenswirksamen Anlage.

Bruttoverdienst
– Lohnsteuer/Solidaritätszuschlag/ggf. Kirchensteuer
– Arbeitnehmeranteil an der Sozialversicherung
= Nettoverdienst
– Beiträge zur Anlage VL
= Auszahlung/ Gutschrift

Die Bundesrepublik Deutschland als hoch entwickelter Sozial- und Rechtsstaat versucht mit seinem Steuer- und Sozialsystem den unterschiedlichen Belangen der Bürger möglichst gerecht zu werden. Die Bürger tragen mit ihren Steuern zur Finanzierung der Staatsaufgaben wie Bildung, Infrastruktur, innere und äußere Sicherheit und vieler anderer bei. Zur Vorsorge für das Alter, bei Krankheit, Pflegebedürftigkeit und Arbeitslosigkeit erbringen sie und ihre Arbeitgeber Beiträge in Abhängigkeit von ihrem Einkommen.

11.1 Lohnsteuer und Kirchensteuer

Die allein verdienende Familienmutter beziehungsweise der allein verdienende Familienvater soll bei gleichem Bruttoeinkommen weniger Steuern bezahlen als Alleinstehende, die nur für sich selbst sorgen müssen. So hat der Alleinverdiener/die Alleinverdienerin mit zwei zum Haushalt gehörenden Kindern mit der Steuerklasse III/2 höhere Freibeträge und damit eine niedrigere Steuerlast als Alleinstehende ohne Kinder in Steuerklasse I.

11.1.1 Lohnsteuer

Das Lohn- und Einkommensteuersystem berücksichtigt mit dem **Steuertarif** die aufgrund verschiedener Einkunftshöhe unterschiedliche Fähigkeit der Steuerpflichtigen, Beiträge für das Gemeinwesen zu leisten. So sollen Spitzenverdiener mit einem höheren prozentualen Satz (Steuerprogression) besteuert werden als Normal- oder gar Geringverdiener.

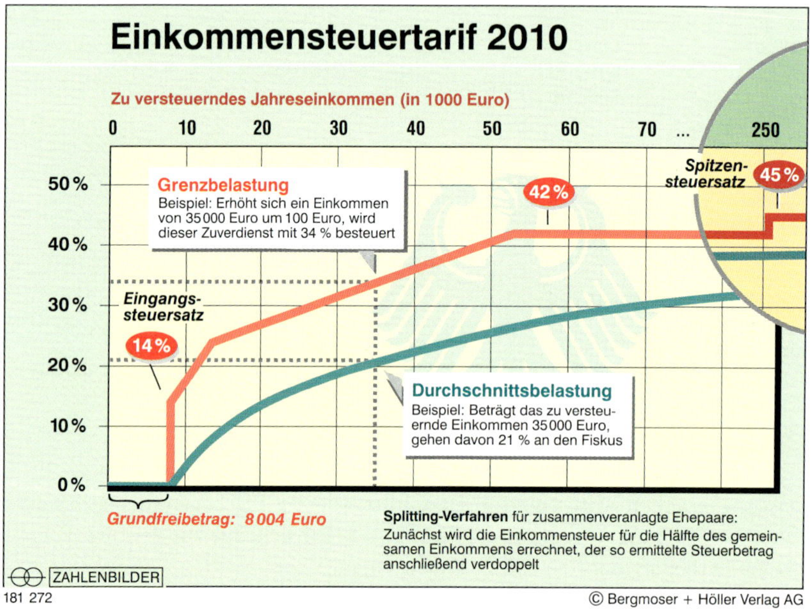

181 272 © Bergmoser + Höller Verlag AG

In die Lohnsteuertabellen für Arbeitnehmer sind folgende Freibeträge und Pauschalen eingearbeitet:

	2010
■ Grundfreibetrag	8.004,00 €
■ **Nur im Lohnabzugsverfahren:** **Vorsorgepauschale für die Arbeitnehmerbeiträge zur gesetzlichen Rentenversicherung:** 9,95 % aus dem Bruttolohn, davon 2010 40 % (der Anteil steigt bis 2024 jährlich um 4 %) **Vorsorgepauschale für die Beiträge zur gesetzlichen Kranken- und Pflegeversicherung:** Krankenversicherung 7,6 % aus dem Bruttolohn (Basis sind 14,6 % statt 14,9 %, um Kürzung für Krankengeld zu vermeiden), Pflegeversicherung 0,975 % aus dem Bruttolohn (bei Kinderlosen und in Sachsen höherer AN-Beitrag), Mindestpauschale 12 % (Obergrenze 1.900,00 €)	
■ Sonderausgabenpauschbetrag für alle Sonderausgaben mit Ausnahme der Vorsorgeaufwendungen	36,00 €
■ Werbungskostenpauschbetrag für Arbeitnehmer	920,00 €

Damit sind Arbeitnehmereinkommen bis etwa 11.000,00 € im Jahr steuerfrei.

Mit den Steuerklassen trägt das Lohn- und Einkommensteuersystem dem Umstand Rechnung, dass je nach persönlicher Situation mehr oder weniger Beitrag zum Gemeinwesen geleistet werden kann.

Steuerklassen I – VI gemäß § 38 b EStG in Kurzform:

Steuerklasse	gilt für:
I	alleinstehende Arbeitnehmer
II	alleinstehende Arbeitnehmer mit Kind, das zum Haushalt gehört
III	verheiratete Arbeitnehmer, bei denen entweder nur ein Partner Arbeitnehmer oder der andere in Steuerklasse V ist
IV	verheiratete Arbeitnehmer, wenn beide etwa gleich viel verdienen und und auch der Ehepartner in Klasse IV eingestuft ist
V	verheiratete Arbeitnehmer, bei denen der eine Partner in Klasse III ist
VI	Arbeitnehmer mit weiterem Arbeitsverhältnis und weiterer Steuerkarte beziehungsweise wenn keine Steuerkarte abgegeben wird

Praxisfall

Kai Rahn wird in Steuerklasse I wegen des Grundfreibetrages, der allen Steuerpflichtigen zusteht, der Arbeitnehmervorsorgepauschale, des Sonderausgabenpauschbetrages und des Arbeitnehmer-Pauschbetrages, der Werbungskosten berücksichtigen soll, erst ab einem Einkommen von über 11.000,00 € pro Jahr lohnsteuerpflichtig.

Alle Eintragungen in der Lohnsteuerkarte genau prüfen!

Ordnungsmerkmal des Arbeitgebers

Lohnsteuerkarte 2010

Identifikationsnummer
69403172438

Gemeinde
73092 Heiningen

AGS
07116941

Finanzamt und Nr.
73033 Gruningen NR3824

Geburtsdatum
30.05.1992

I. Allgemeine Besteuerungsmerkmale

Steuerklasse	Kinder unter 18 Jahren: Zahl der Kinderfreibeträge
Eins	–

Herrn
Kai Rahn
Uhlandstr. 44
73092 Heiningen

Kirchensteuerabzug
RK

(Datum)
20.09.2009

(Gemeindebehörde)
00413 Gemeinde Heiningen

II. Änderungen der Eintragungen im Abschnitt I

Steuerklasse/ Faktor	Zahl der Kinderfreibeträge	Kirchensteuerabzug	Diese Eintragung gilt, wenn sie nicht widerrufen wird:	Datum, Unterschrift und Stempel der Behörde
			vom 2010 an bis zum 2010	
			vom 2010 an bis zum 2010	

III. Für die Berechnung der Lohnsteuer sind vom Arbeitslohn als steuerfrei **abzuziehen:**

Jahresbetrag EUR	monatlich EUR	wöchentlich EUR	täglich EUR	Diese Eintragung gilt, wenn sie nicht widerrufen wird:	Datum, Unterschrift und Stempel der Behörde
				vom 2010 an	
in Buchstaben	-tausend		Zehner und Einer wie oben -hundert	bis zum 31.12.2010	
				vom 2010 an	
in Buchstaben	-tausend		Zehner und Einer wie oben -hundert	bis zum 31.12.2010	

IV. Für die Berechnung der Lohnsteuer sind dem Arbeitslohn **hinzuzurechnen:**

Jahresbetrag EUR	monatlich EUR	wöchentlich EUR	täglich EUR	Diese Eintragung gilt, wenn sie nicht widerrufen wird:	Datum, Unterschrift und Stempel der Behörde
				vom 2010 an	
in Buchstaben	-tausend		Zehner und Einer wie oben -hundert	bis zum 31.12.2010	

6.09

Der Einkommensteuer unterliegen sieben Einkunftsarten (§ 2 EStG), z.B. Einkünfte aus selbstständiger Arbeit, Einkünfte aus einem Gewerbebetrieb oder nicht selbstständiger Arbeit, also Lohn und Gehalt. Für die verschiedenen Einkünfte wird der Steuerpflichtige grundsätzlich (Ausnahme: Lohn- und Gehaltseinkünfte) im Nachhinein aufgrund seiner Steuererklärung zur Einkommensteuer veranlagt **(Veranlagungsverfahren).** Während des Jahres hat der Steuerpflichtige Abschlagszahlungen auf seine spätere Steuerschuld zu zahlen.

Einkünfte aus nicht selbstständiger Arbeit werden im **Lohnabzugsverfahren** direkt an der „Quelle" beim Arbeitgeber besteuert (Quellensteuer). Der Arbeitgeber ist verpflichtet, die Lohnsteuer des Arbeitnehmers einzubehalten und im Folgemonat an das Finanzamt abzuführen. Der Arbeitgeber berechnet aufgrund der Angaben in der **Lohnsteuerkarte,** die er vom Arbeitnehmer erhält (z.B. Steuerklasse III/1), die abzuführende Steuerlast. Zur Berechnung verwendet er eine **Lohnsteuertabelle** (Druck oder EDV).

11.1.2 Kirchensteuer

Neben der Lohnsteuer zieht das Finanzamt für die verschiedenen Kirchen von den Angehörigen der jeweiligen Konfession über den Arbeitgeber die Kirchensteuer ein. Die Kirchensteuer beträgt in Bayern und Baden-Württemberg 8 % und in den anderen Bundesländern 9 % der Lohnsteuer, abzüglich Kürzungsbeträgen für anrechenbare Kinder.

Die Kirchensteuerlast ist ebenfalls aus der Lohnsteuertabelle ablesbar.

11.1.3 Auszug aus der Lohnsteuertabelle

Lohn/Gehalt bis	Steuerklasse	Lohnsteuer	ohne Kinderfreibetrag			mit 1,0 Kinderfreibetrag			mit 2,0 Kinderfreibeträgen		
			SolZ 5,5 %	Kirchensteuer 8 %	9 %	SolZ 5,5 %	Kirchensteuer 8 %	9 %	SolZ 5,5 %	Kirchensteuer 8 %	9 %
809,00	V	**84,30**	0,65	6,74	7,55						
	VI	**95,47**	2,82	7,63	8,56						
1.000,00	IV/I	**14,25**	5,13	1,14	1,28						
	V	**106,66**	7,34	8,53	9,60						
	VI	**133,50**		10,68	12,01						
1.500,00	I/IV	**106,50**	5,10	8,52	9,58						
	II	**80,16**									
	III	**–**									
	V	**286,08**	15,73	22,88	25,74		3,28				
	VI	**315,33**	17,34	25,22	28,38		–				
2.000,00	I	**225,91**	12,42	18,07	20,33						
	II	**196,83**				8,22	6,22	7,00			
	III	**41,33**		3,30	3,72		4,31	4,85			
	IV	**225,91**	12,42	18,07	20,33					6,22	7,00
	V	**450,50**	24,77	36,04	40,54		11,96	13,45			
	VI	**479,66**	26,38	38,37	43,17						
2.300,00	I	**298,58**	16,42	23,88	26,87	7,81	11,36	12,78		1,16	1,31
	II	**267,91**				6,31	9,18	10,33			
	III	**92,66**		7,41	8,34						
	IV	**298,58**	16,42	23,88	26,87	11,99	17,44	19,62	7,81	11,36	12,78
	V	**549,00**	30,19	43,92	49,41						
	VI	**580,50**	31,92	46,44	52,24						
3.000,00	I	**483,33**	26,58	38,66	43,50	16,88	24,56	27,63	8,22	11,96	13,46
	II	**449,08**				15,19	22,10	24,86	6,72	9,78	11,00
	III	**246,33**	13,54	19,70	22,17		8,76	9,85		0,49	0,55
	IV	**483,33**	26,58	38,66	43,50	21,61	31,43	35,36	16,88	24,56	27,63
	V	**802,91**	44,16	64,23	72,26						
	VI	**836,33**	15,99	66,90	75,27						
4.000,00	I	**789,91**	43,44	63,19	71,09	32,17	46,79	52,64	21,92	31,89	35,88
	III	**479,33**	26,36	38,34	43,14	17,86	25,98	29,23	3,56	14,38	16,18
	IV	**789,91**	43,44	63,19	71,09	37,67	54,80	61,65	32,17	46,79	52,64
5.000,00	I	**1.167,25**	64,19	93,38	105,05	51,23	74,52	83,83	39,29	57,16	64,30
	III	**753,33**	41,43	60,26	67,80	32,09	46,68	52,51	23,26	33,84	38,07
	IV	**1.167,25**	64,19	93,38	105,05	57,58	83,76	94,23	51,23	74,52	83,83
6.000,00	I	**1.579,75**	86,88	126,38	142,17	73,39	106,75	120,90	59,95	87,21	98,11
	III	**1.060,16**	58,30	84,81	95,41	48,09	69,96	78,70	38,40	55,86	62,85
	IV	**1.579,75**	86,88	126,38	142,17	80,13	116,56	131,13	73,39	106,75	120,09

11.2 Sozialversicherung

Die gesetzliche Sozialversicherung soll mit ihren Leistungen Risiken wie Einkommensverlust im Alter, Krankheit, Arbeitslosigkeit, Pflegebedürftigkeit oder Arbeitsunfälle ausgleichen. Sie beinhaltet die:

- Rentenversicherung (RV)
- Krankenversicherung (KV)
- Arbeitslosenversicherung (ALV)
- Pflegeversicherung (PV)
- Unfallversicherung (UV)

Die **Beiträge zur Unfallversicherung** werden in Abhängigkeit vom Unfallrisiko im jeweiligen Betrieb (Gefahrenklasse) und von der Lohnsumme vom Arbeitgeber an die jeweilige Berufsgenossenschaft geleistet.

Die **Beiträge zur Rentenversicherung, Krankenversicherung, Arbeitslosenversicherung und Pflegeversicherung** richten sich nach dem Einkommen des Arbeitnehmers. Sie werden jeweils in etwa zur Hälfte vom Arbeitnehmer und Arbeitgeber geleistet.

Ausnahmen:

- bei Pflegeversicherung in Sachsen höherer AN-Anteil
- Pflegeversicherung bei über 23-Jährigen ohne anrechenbares Kind - AN-Anteil = AG-Anteil + 0,25 Prozentpunkte
- Krankenversicherung AN-Anteil + 0,9 Prozentpunkte auf den Satz des AG-Anteils

Der Arbeitgeber behält den Arbeitnehmeranteil vom Bruttolohn ein und führt ihn monatlich zusammen mit dem Arbeitgeberanteil an die Krankenkasse ab. Sie leitet die Beiträge zur Rentenversicherung, zur Arbeitslosenversicherung und zur Pflegeversicherung an die entsprechenden Träger weiter.

Die Beiträge zur Krankenversicherung betragen derzeit 14,9 %, wobei die einzelnen Krankenkassen noch Zusatzbeiträge erheben dürfen. Die Beitragssätze zur Rentenversicherung, zur Arbeitslosenversicherung und zur Pflegeversicherung sind gesetzlich festgelegt. Sie betragen derzeit 19,9 % für die RV, 2,8 % für die AV und 1,95 % für die PV (Sonderregelung Sachsen: AG-Anteil 0,475 %, AN-Anteil 1,475 % mit Kindern, 1,725 % ohne Kinder).

Sozialversicherungspflichtig sind Arbeitnehmer ab der „Geringfügigkeitsgrenze" von 400,00 € im Monat. Arbeitnehmer, deren Einkommen die Versicherungspflichtgrenze von 4.162,50 € übersteigt, sind nicht mehr krankversicherungspflichtig, können sich also in einer privaten Krankenkasse versichern und müssen dann dort einen Vertrag zur Pflegeversicherung abschließen. Arbeitnehmer, deren Einkommen diese **Versicherungspflichtgrenze** übersteigt, dürfen trotzdem in der gesetzlichen Krankenkasse, einer Betriebskrankenkasse oder einer Ersatzkasse versichert bleiben. Ihr Beitrag wird dann mit dem Höchstsatz entsprechend der Beitragsbemessungsgrenze in Höhe von 3.750,00 € pro Monat zur Krankenversicherung erhoben. Die Beiträge zur Rentenversicherung und zur Arbeitslosenversicherung müssen bei höheren Einkommen maximal aus der **Beitragsbemessungsgrenze** bezahlt werden. Die Versicherungspflicht endet aber nicht bei höheren Einkommen.

Bemessungsgrenzen Jahr 2010	**Alte Bundesländer**	**Neue Bundesländer**
Beitragsbemessungsgrenze zur Rentenversicherung und Arbeitslosenversicherung	66.000,00 € pro Jahr 5.500,00 € pro Monat	55.800,00 € 4.650,00 € pro Monat
Versicherungspflichtgrenze zur Krankenversicherung	4.162,50 € pro Monat	wie in den alten Bundesländern
Beitragsbemessungsgrenze zur Krankenversicherung und Pflegeversicherung	3.750,00 € pro Monat	wie in den alten Bundesländern

Sozialvers.	Beitragssatz	Beitragsleistung	Beitragszahlung
RV	19,9 %	½ vom AN, ½ vom AG	AG behält den AN-Anteil ein und überweist ihn zusammen mit dem AG-Anteil an die jeweilige Krankenkasse des AN.
KV	14 %	½ vom AN, ½ vom AG, AN + 0,9 Prozentpunkte (Zusatzbeitrag den nur der AN trägt) → AN 7,9 %, AG 7 %	AG behält den AN-Anteil ein und überweist ihn zusammen mit dem AG-Anteil an die jeweilige Krankenkasse des AN.
AV	2,8 %	½ vom AN, ½ vom AG	AG behält den AN-Anteil ein und überweist ihn zusammen mit dem AG-Anteil an die jeweilige Krankenkasse des AN.
PV	1,95 %	½ vom AN, ½ vom AG (Ausnahmen: 1. AN ab 23 Jahre ohne Kind zahlen + 0,25 %, 2. besondere Regelung in Sachsen)	AG behält den AN-Anteil ein und überweist ihn zusammen mit dem AG-Anteil an die jeweilige Krankenkasse des AN.
UV	je nach Gefahrenklasse des Betriebes	AG allein	AG überweist an die Berufsgenossenschaft.

11.3 Umlagefinanzierung und Kapitaldeckung bei der Rente

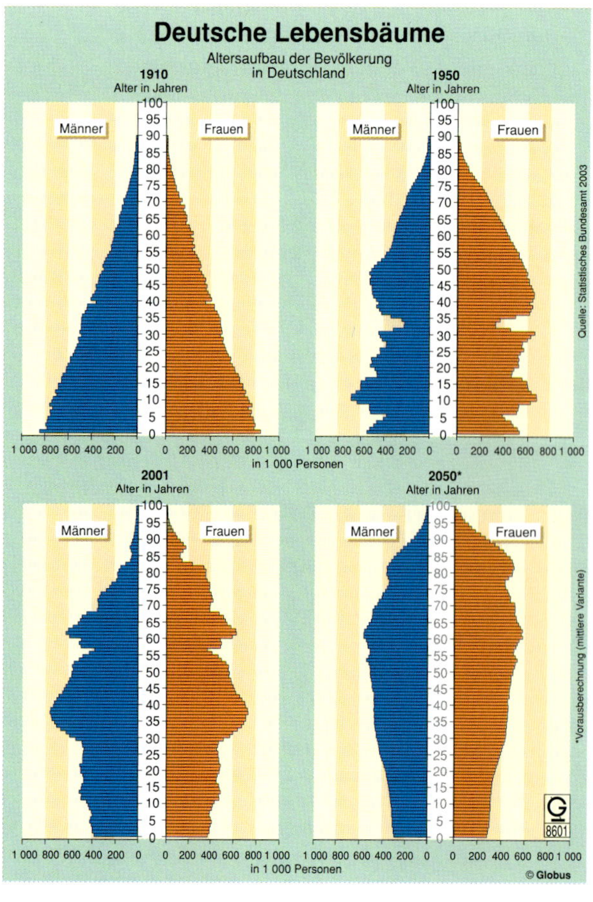

Die gesetzliche Sozialversicherung ist umlagefinanziert. Die Ansprüche aus der Rentenversicherung **(Sozialrente)** richten sich zwar nach den früheren Arbeitseinkünften und der Beitragsdauer. Da sie aber von der nachfolgenden Generation nach dem sogenannten **Generationenvertrag** und nicht aus einem **Kapitalstock** bezahlt werden, richten sie sich letztlich nach den Beiträgen der sozialversicherungspflichtigen Arbeitnehmer. Wenn aus der klassischen **„Bevölkerungspyramide“** eine **„Bevölkerungszwiebel“** wird, wie das in Deutschland seit Jahren erkennbar ist, wird sich für die nachfolgende Rentnergeneration eine **„Rentenlücke“** ergeben.

Um diese Lücke wenigstens teilweise zu schließen, hat im Jahr 2001 der damalige Bundesarbeitsminister Riester mit dem **Altersvermögensgesetz** eine staatlich unterstützte freiwillige Zusatzrente, die als **„Riester-Rente“** oder auch **„Förderrente“** bekannt wurde, durchgesetzt. Die spätere individuelle Rentenzahlung richtet sich bei dieser **kapitalgedeckten Rente** nach den im Laufe der Jahre eingezahlten Beiträgen und ihrer Verzinsung. Arbeitnehmer, die freiwillig Beiträge in ein „riesterfähiges“, zertifiziertes Anlageprodukt leisten, erhalten eine staatliche Förderung.

11.4 Vermögenswirksame Leistungen

Der Staat fördert in Deutschland Eigenvorsorge von Arbeitnehmern auch mit dem **Vermögensbildungsgesetz** durch **Arbeitnehmer-Sparzulage** auf **vermögenswirksame Leistungen** (VL). Arbeitnehmer können sich vom Bruttolohn VL durch den Arbeitgeber abziehen und auf einen VL-fähigen Vertrag einbezahlen lassen. Je nach Tarifvertrag oder freiwilliger Vereinbarung bezahlen Arbeitgeber häufig die VL teilweise oder auch ganz.

Wenn der Arbeitgeber sich an den VL beteiligt, erhöht er damit das Bruttoarbeitsentgelt. Für ihn ist dies sozialer Personalaufwand, für den Arbeitnehmer ist der Betrag damit steuer- und sozialversicherungspflichtiges Einkommen.

Sparzulage können Arbeitnehmer bis zur Einkommensgrenze von 17.900,00 € für Alleinstehende beziehungsweise 35.800,00 € für zusammen zur Einkommensteuer veranlagte Verheiratete beim Finanzamt zusammen mit der Einkommensteuererklärung beantragen. Sie erhalten dann am Ende der Bindungsfrist für den Anlagevertrag die Sparzulage auf den Vertrag gutgeschrieben.

Staatliche Förderung von vermögenswirksamen Leistungen durch Arbeitnehmer-Sparzulage:

Förderung aus Förderkorb 1

Anlageform	Förderfähige maximale VL-Leistung im Jahr in €	Förderfähige maximale VL-Leistung im Monat in €	Arbeitnehmer-Sparzulage in % der VL	Maximale Arbeitnehmer-Sparzulage in €
Bausparvertrag	470,00	39,17	9	42,30
Einkommensgrenzen für zu versteuerndes Jahreseinkommen:	17.900,00 € bei Alleinstehenden 35.800,00 € bei Verheirateten			

Förderung aus Förderkorb 2

Anlageform	Förderfähige max. VL-Leistung im Jahr in €	Förderfähige max. VL-Leistung im Monat in €	Arbeitnehmer-Sparzulage in % der VL	Maximale Arbeitnehmer-Sparzulage in €
■ Unternehmensbeteiligungen ■ Aktien ■ Wandelschuldverschreibungen ■ Genussscheine ■ Anteile mit mind. 60 % Aktien oder stillen Beteiligungen an: – Wertpapiersondervermögen – Beteiligungssondervermögen – Investmentfondsanteilsondervermögen – gemischten Wertpapier- und Grundstückssondervermögen	400,00	33,33	20 %	80,00
Einkommensgrenzen für zu versteuerndes Jahreseinkommen:	20.000,00 € bei Alleinstehenden 40.000,00 € bei Verheirateten			

Praxisfall

Kai erhält aufgrund des Tarifvertrages vom Arbeitgeber den aufgerundeten Höchstbetrag zu den förderfähigen VL aus Förderkorb 1. Um die staatliche Förderung aus Korb 2 und die Förderung gemäß Altersvermögensgesetz voll auszuschöpfen, müsste er weitere Beiträge leisten. Da es bei seinem Ausbildungsbetrieb hierüber noch keine tarifvertragliche Regelung gibt, müsste er sich den Betrag von seiner Ausbildungsvergütung abziehen und zum Beispiel auf einen Investmentsparvertrag überweisen lassen.

Erläuterung zur Gehaltsabrechnung Kai Rahn:

Bruttogehalt	**769,00 €**		
+ AG-Leistung VL	40,00 €		steuerpflichtiger Sozialer Aufwand des AG
= Steuerbrutto	**809,00 €**	**+ 809,00 €**	steuerpflichtiges Bruttoeinkommen, das aber in Steuerklasse I unter dem Freibetrag bleibt
- Lohnsteuer	- €		steuerfrei, da er unter dem Freibetrag bleibt
- Kirchensteuer	- €		steuerfrei, da er unter dem Freibetrag bleibt
- Solidaritätszuschlag	- €		steuerfrei, da er unter dem Freibetrag bleibt
Summe Steuerlast	- €		steuerfrei, da er unter dem Freibetrag bleibt
Sozialversicherungs-brutto	809,00 €		Der Beitrag zur Zusatzversorgungskasse ist zu einem Teil auch sozialversicherungspflichtig.
Rentenversicherung AN-Anteil	80,50 €		$\frac{1}{2}$ von 19,9 % vom Sozialversicherungsbrutto beziehungsweise Tabellenwert
Arbeitslosenversicherung AN-Anteil	11,33 €		$\frac{1}{2}$ von 2,8 % vom Sozialversicherungsbrutto beziehungsweise Tabellenwert
Pflegeversicherung AN-Anteil	7,89 €		$\frac{1}{2}$ von 1,95 % vom Sozialversicherungsbrutto beziehungsweise Tabellenwert
Krankenversicherung AN-Anteil	63,91 €		7,9 % vom Sozialversicherungsbrutto beziehungsweise Tabellenwert
- Summe Sozialversicherung AN-Anteil		**- 163,63 €**	
Summe Sozialversicherung AG-Anteil	156,35 €		Sozialversicherungsaufwand des Arbeitgebers (RV 9,95 %, KV 7,0 %, AV 1,4 %, PV 0,975 %)
Summe Gesamt VBL Sozialvers.	319,98 €		Zahlbetrag des Arbeitgebers an die Sozialversicherung
- VL1 Anlage	40,00 €	**- 40,00 €**	Abzug des Bausparbeitrags VL und Überweisung an Bausparkasse
- VL2 Anlage	-	-	Kai hat noch keinen Wertpapiersparvertrag.
Förderrente	-	-	Kai hat noch keinen „Riester"-Vertrag.
Nettogutschr. auf KKK		**= 605,37 €**	

11.5 Buchung der Personalaufwendungen

Personalaufwendungen sind bei Kreditinstituten neben dem Zinsaufwand in der Regel der zweitgrößte Aufwandsposten. Der Personalaufwand für die einzelnen Mitarbeiter übersteigt bei Kreditinstituten deren Bruttogehalt aufgrund gesetzlicher und tariflicher Lohnzusatzkosten um nahezu 100 %.

Beispiele für Zusatzaufwand:
- Sozialversicherung Arbeitgeberanteil
- Vermögensbildung (VL-Leistungen des Arbeitgebers)
- betriebliche Altersvorsorge (Zusatzversorgungskasse, Rürup-Rente)
- Lohnfortzahlung im Krankheitsfall und bei Urlaub
- bezahlte Feiertage
- Urlaubsgeld
- Freistellung für Fortbildungen
- usw.

Buchung von Gehaltsabrechnungen im Grundbuch

Soll	€	an	Haben	€
Gehaltsaufwand ■ Bruttolohn/683 Personalaufwand ■ Lohnzusatzleistungen – 6832 Personalaufwand SV (Arbeitgeber-Anteil an der RV/KV/AV/PV) – 6831 Personalaufwand VL (VL 1/VL 2/betriebliche Altersvorsorgebeiträge usw.)			■ 211 KKK (Nettoauszahlung an Mitarbeiter) ■ 271 Sonstige Verbindlichkeiten gegenüber Finanzamt (Lohnsteuer, Solidaritätszuschlag und Kirchensteuer) ■ 272 Sonstige Verbindlichkeiten gegenüber der Sozialversicherung (Arbeitgeber-Anteil und Arbeitnehmer-Anteil) ■ 273 Sonstige Verbindlichkeiten gegenüber Bausparkasse, Investmentfondsgesellschaft usw.	

Buchung der Überweisung an die Sozialversicherung im Grundbuch

Soll	€	an	Haben	€
272 Sonstige Verbindlichkeiten gegenüber der Sozialversicherung			Konto des Zahlungsverkehrs (zum Beispiel „11 Bundesbank“)	

Buchung der Überweisung an das Finanzamt im Grundbuch

Soll	€	an	Haben	€
271 Sonstige Verbindlichkeiten gegenüber dem Finanzamt			Konto des Zahlungsverkehrs (zum Beispiel „11 Bundesbank“)	

Buchung der Überweisung an die Vertragspartner aus VL-Verträgen usw. im Grundbuch

Soll	€	an	Haben	€
273 Sonstige Verbindlichkeiten gegenüber Bausparkasse usw.			Konto des Zahlungsverkehrs (zum Beispiel „11 Bundesbank“)	

Buchung der Überweisung für die allein vom Arbeitgeber zu leistenden Unfallversicherungsbeiträge an die Berufsgenossenschaft im Grundbuch

Soll	€	an	Haben	€
272 Personalaufwand Sozialversicherung (Unfallversicherung)			Konto des Zahlungsverkehrs (zum Beispiel „11 Bundesbank“)	

Praxisfall

Der Personalaufwand für Auszubildende wie Kai Rahn übersteigt die Bruttoausbildungsvergütung im Verhältnis noch deutlicher, als das bei fest angestellten Mitarbeitern für das Bruttogehalt der Fall ist.

- Die festen Zahlungen zu den VL wirken sich bei der kleineren Ausbildungsvergütung prozentual stärker aus.
- Die Berufsschulzeit ist bezahlte Arbeitszeit, die aber dem Ausbildungsbetrieb nicht zur Verfügung steht.

Praxisfall

Gehaltsabrechnung
Reiner Scholz, Steuerklasse III/2,0
RK 8 %, Krankenkassenbeitrag 14,9 %

Bruttogehalt	2.980,00 €	
+ AG-Leistung VL	20,00 €	
= Steuerbrutto	**3.000,00 €**	3.000,00 €
- Lohnsteuer	246,33 €	
- Kirchensteuer	0,49 €	
- Solidaritätszuschlag	– €	
Summe Steuerlast	**246,82€**	246,82 €
- Rentenversicherung AN-Anteil	298,50 €	
- Arbeitslosenversicherung AN-Anteil	42,00 €	
- Pflegeversicherung AN-Anteil	29,25 €	
- Krankenversicherung AN-Anteil	237,00 €	
Summe Sozialversicherung AN-Anteil	606,75 €	606,75 €
Summe Sozialversicherung AG-Anteil	579,75 €	
Summe Gesamt VBL Sozialvers.	**1.186,50 €**	
- VL1 Anlage	40,00 €	
- VL2 Anlage	34,00 €	
VBL VL Summe	**74,00 €**	74,00 €
VBL Förderrente	– €	
Nettogutschrift auf KKK	**2.072,43 €**	2.072,43 €

Buchung im Grundbuch:

	Soll	Haben
1. Bezahlung des Gehalts an Scholz	*Soll*	*Haben*
683 Personalaufwand	2.980,00	
6831 Personalaufwand VL	20,00	
6832 Personalaufwand Sozialversicherung	579,75	
an 211 KKK (Konto des Scholz)		2.072,43
an 271 Sonstige VBL gegenüber Finanzamt		246,82
an 272 Sonstige VBL gegenüber der Sozialversicherung		1.186,50
an 273 Sonstige VBL aus VL (Bausparkasse, Kapitalanlagegesellschaft ...)		74,00
	3.579,75	3.579,75
2. Überweisung der Beiträge zur Sozialversicherung an die Krankenkasse über die Bundesbank	*Soll*	*Haben*
272 Sonstige VBL gegenüber der Sozialversicherung	1.186,50	
an 11 Bundesbank		1.186,50

→

Praxisfall (Fortsetzung)

3. Überweisung der VL-Anlage an die Bausparkasse und die Kapitalanlagegesellschaft über BKK

	Soll	*Haben*
273 Sonstige VBL aus VL	74,00	
an 201 BKK		74,00

4. Überweisung der Steuerlast an das Finanzamt über die Bundesbank

	Soll	*Haben*
271 Sonstige VBL gegenüber Finanzamt	246,82	
an 11 Bundesbank		246,82

5. Überweisung des Quartalsbeitrags zur gesetzlichen Unfallversicherung in Höhe von 1.500,00 € aus der gesamten Lohnsumme für alle Arbeitnehmer dieses Kreditinstituts unter Berücksichtigung der Gefahrenklasse des Betriebes an die Berufsgenossenschaft, die beim eigenen Institut ein Kontokorrentkonto unterhält

	Soll	*Haben*
6832 Personalaufwand Sozialversicherung	1.500,00	
an 211 KKK		1.500,00

Erläuterungen:

- Scholz ist als Verheirateter Hauptverdiener in Steuerklasse III, er hat 2,0 anrechenbare Kinder. Er hat aus erster Ehe zwei Kinder, die ihm zusammen mit seiner ersten Frau je zur Hälfte mit Freibetrag angerechnet werden, und aus der jetzigen Ehe ebenfalls ein Kind, für das er die volle Anrechnung erhält, weil seine jetzige Ehefrau derzeit nicht berufstätig ist.
- Scholz ist römisch-katholisch und wird in einem Bundesland mit 8 % Kirchensteuer veranlagt.
- Scholz ist Mitglied einer gesetzlichen Krankenkasse mit einem Beitragssatz von 14 % + 0,9 % Prozentpunkte für AN.
- Der Arbeitgeber beteiligt sich aufgrund tariflicher Regelung oder freiwilliger Betriebsvereinbarung mit 20,00 € an den VL des Scholz.
- Scholz erbringt weitere eigene VL für die Förderung aus Förderkorb 1 in Höhe von 20,00 € auf einen Bausparvertrag.
- Scholz erbringt ferner für die Förderung aus Förderkorb 2 eigene VL in Höhe von 34,00 € auf einen Investmentsparvertrag.
- Die Steuerlast aus Lohnsteuer, Solidaritätszuschlag und Kirchensteuer ergibt sich aus der Steuerklasse III mit 2,0 anrechenbaren Kinderfreibeträgen und dem Steuertarif und ist in der Steuertabelle für das gesamte Steuerbrutto in Höhe von **3.000,00 €** ablesbar.
- Für die verschiedenen Sozialversicherungen ist jeweils der AN-Anteil, entweder gerechnet in % oder aus der Tabelle abgelesen:
  - Die Krankenversicherung wird mit 7,9 % aus 3.000,00 € gerechnet.
  - Die Rentenversicherung wird mit $^1/_2$ von 19,9 % aus 3.000,00 € gerechnet.
  - Die Arbeitslosenversicherung wird mit $^1/_2$ von 2,8 % aus 3.000,00 € gerechnet.
  - Die Pflegeversicherung wird mit $^1/_2$ von 1,95 % aus 3.000,00 € gerechnet.
- Der Arbeitgeberanteil an der Sozialversicherung ist seit 2005 etwas niedriger als der Arbeitnehmeranteil. Auf diese Weise sollen die Lohnzusatzkosten gesenkt werden. Arbeit soll so billiger und damit ein Anreiz geschaffen werden, Arbeitsplätze zu schaffen/zu erhalten.
- Für den Arbeitgeber stellt der Bruttolohn und die Arbeitgeberleistung zu den vermögenswirksamen Leistungen Personalaufwand dar.
- Der Arbeitgeberanteil an der Sozialversicherung ist aus Arbeitgebersicht ebenfalls Personalaufwand und bis zur Bezahlung an die Krankenkasse sonstige Verbindlichkeit gegenüber der Sozialversicherung.

- Der Arbeitnehmeranteil an der Sozialversicherung wird vom Arbeitgeber einbehalten und stellt bis zur Bezahlung an die Krankenkasse des Arbeitnehmers aus Arbeitgebersicht als „durchlaufender Posten“ eine sonstige Verbindlichkeit gegenüber der Sozialversicherung dar.
- Die Steuerlast des Arbeitnehmers wird vom Arbeitgeber ebenfalls einbehalten und stellt bis zur Bezahlung an das Finanzamt des Arbeitnehmers ebenfalls als „durchlaufender Posten“ eine sonstige Verbindlichkeit gegenüber dem Finanzamt dar.
- Die VL des Arbeitnehmers in Höhe von 40,00 € + 34,00 € mindern seine Nettoauszahlung.
- Die gesamten VL, also die vom Arbeitgeber erbrachten 20,00 € und die vom Arbeitnehmer einbehaltenen 54,00 €, stellen bis zur Bezahlung an die Bausparkasse beziehungsweise die Kapitalanlagegesellschaft (Investmentfonds) eine Sonstige Verbindlichkeit VL dar.
- Der Nettoauszahlungsbetrag an den Arbeitnehmer auf sein Kontokorrentkonto ergibt sich aus Bruttolohn + Arbeitgeberleistung zu VL - Steuerlast - AN- Anteil zur Sozialversicherung - gesamte VL-Anlage.
- Die Beiträge zur gesetzlichen Unfallversicherung, die vom Arbeitgeber allein zu tragen sind, werden nicht für einzelne Arbeitnehmer geleistet, sondern für die Gesamtheit der Beschäftigten. Sie werden aus der Lohnsumme der Mitarbeiter ermittelt und in größeren Zeitabständen an die Berufsgenossenschaft überwiesen. Aus Arbeitgebersicht stellen sie Personalaufwand dar.

Zusammenfassung

Lohnabrechnung für Arbeitnehmer

	Bruttolohn
+	VL - Arbeitgeberbeitrag
=	Steuer- und Sozialversicherungsbrutto
-	Lohnsteuer/Solidaritätszuschlag aus der Lohnsteuer/Kirchensteuer aus der Lohnsteuer
-	Sozialversicherung Arbeitnehmeranteil
-	VL - Anlage z. B. auf Bausparvertrag/Wertpapiersparvertrag
=	Nettoauszahlung

Lohnkosten für Arbeitgeber

	Bruttolohn
+	VL - Arbeitgeberbeitrag
=	Steuer- und Sozialversicherungsbrutto
+	Sozialversicherung Arbeitgeberanteil
=	Laufende monatliche Kosten
+	Lohnfortzahlung bei Krankheit und Urlaub
+	Weihnachtsgeld
+	...

Buchungen:
Buchung der Lohnzahlung

683 Personalaufwand	an	211 KKK (Gehaltsgirokonto des Mitarbeiters)
6831 Personalaufwand VL		271 Sonstige VBL Finanzbehörde
		272 Sonstige VBL Sozialversicherung
		273 Sonstige VBL Bausparkasse/Investmentgesellschaft usw.

Buchen der Überweisung an die Finanzbehörde, die Krankenkasse und die Bausparkasse/Investmentgesellschaft usw.

271 Sonstige VBL Finanzbehörde	an	Konto des Zahlungsverkehrs, z. B. 11 Bundesbank oder 211 BKK
272 Sonstige VBL Sozialversicherung		
273 Sonstige VBL Bausparkasse/Investmentgesellschaft usw.		

Buchung des Arbeitgeberanteils an der Sozialversicherung

6832 Personalaufwand SV	an	272 Sonstige VBL Sozialversicherung

Aufgaben

1. Buchen Sie im Grundbuch:
   a) Gehaltsabrechnung und Überweisung des letzten Gehaltes an die ausgeschiedene Petra Forster über die Bundesbank.
   Bruttogehalt .... 1.400,00 €
   Einbehaltene Lohn- und Kirchensteuer sowie Solidaritätszuschlag .... 200,00 €
   Arbeitnehmeranteil an der Sozialversicherung .... 310,00 €
   Arbeitgeberanteil an der Sozialversicherung .... 300,00 €
   VL Arbeitgeberleistung .... 20,00 €
   VL Anlage .... 40,00 €
   Nettoüberweisung .... ?
   b) Überweisung der Sozialversicherungsanteile Arbeitgeber und Arbeitnehmer an die Krankenkasse über BKK.
   c) Überweisung der Steuerlast an das Finanzamt, das Finanzamt unterhält bei „unserem“ Kreditinstitut ein Konto.
   d) Überweisung der VL-Anlage an die Bausparkasse, bei der wir ein Nostrokonto haben.

2. Buchen Sie im Grundbuch:
   a) Gehaltsabrechnung und Gutschrift des Gehaltes an Klaus Müller auf dessen Gehaltskonto
   Bruttogehalt .... 1.900,00 €
   Einbehaltene Lohn- und Kirchensteuer sowie Solidaritätszuschlag .... 130,00 €
   Arbeitnehmeranteil an der Sozialversicherung .... 420,00 €
   Arbeitgeberanteil an der Sozialversicherung .... 400,00 €
   VL Arbeitgeberleistung .... –
   VL 1 Anlage .... 40,00 €
   VL 2 Anlage .... 34,00 €
   Abzug für eine Anlage zur Altersvorsorge für „Riester-Rente“ und Überweisung durch Arbeitgeber über Bundesbank .... 30,00 €
   Nettoüberweisung .... ?
   b) Überweisung der Sozialversicherungsanteile Arbeitgeber und Arbeitnehmer an die Krankenkasse über Bundesbank.
   c) Überweisung der Steuerlast an das Finanzamt über Bundesbank.
   d) Überweisung der VL-Anlage an die Bausparkasse und die Kapitalanlagegesellschaft, die beide bei uns ein Lorokonto unterhalten.
   e) Überweisung der Anlage für das „Riester-Produkt“ über Bundesbank.

3. a) Erstellen Sie die Gehaltsabrechnungen für die Mitarbeiter der Filsbank unter Verwendung der aktuellen Lohnsteuertabellen und der aktuellen Sozialversicherungssätze. (Hilfsweise Tabellenauszüge 11.1.3 und 11.2)
   Auszug aus der Gehaltsliste der Filsbank:

Name	Brutto in €	Steuerklasse	VL Arbeitgeber in €	VL Anlage in €	Konfession/ Kirchensteuersatz
Peter Hahne, 30 Jahre, kein Kind	1.460,00	I	40,00	VL 1 40,00 VL 2 34,00	ohne
Klaus Heuer	2.960,00	III/2	40,00	VL 1 40,00	Rk 8 %
Karin Heusel, 20 Jahre	2.280,00	V	20,00	VL 1 20,00	Ev. 8 %
Volker Hirsch	2.300,00	II/1	–	VL 1 40,00	Ev. 8 %
Katrin Huber, 32 Jahre, kein Kind	2.960,00	IV	40,00	VL 1 40,00 VL 2 34,00 Altersvorsorge „Riester-Rente“ 20,00	Rk 8 %

→

b) Buchen Sie die Gehaltszahlungen und den Arbeitgeberanteil an der Sozialversicherung zum 15. des Monats im Grundbuch und auf den Hauptbuchkonten „Sonstige VBL Finanzamt", „Sonstige VBL Sozialversicherung", „Sonstige VBL VL" und „Sonstige VBL Altersvorsorge".

c) Buchen Sie die Überweisungen an das Finanzamt, die Krankenkassen und die Anlageinstitute für VL und die Altersvorsorge im Rahmen der Riester-Rente über die Bundesbank.

4. Erkundigen Sie sich in Ihrem Ausbildungsbetrieb, mit welchen Gesamtpersonalaufwendungen im Monat für einen Auszubildenden im ersten Lehrjahr im Durchschnitt gerechnet wird.

5. Erläutern Sie den Unterschied zwischen dem Einkommensteuerveranlagungsverfahren und dem Lohnsteuerabzugsverfahren.

6. Beurteilen Sie, warum der Gesetzgeber die Besteuerung von Arbeitnehmern im Abzugsverfahren und die Besteuerung von Selbstständigen im Veranlagungsverfahren vorsieht.

7. Beurteilen Sie, welche Auswirkungen nachstehende Vorgänge einerseits auf das Nettogehalt des Mitarbeiters, andererseits auf den Gewinn des Arbeitgebers haben:

Vorgang	Gewinn des Arbeitgebers	Nettolohn des Arbeitnehmers	Auszahlung
1. Der Lohnsteuertarif wird durch Gesetz gesenkt.			
2. Der Beitrag zur Arbeitslosenversicherung steigt aufgrund gesetzlicher Regelung um 0,2 %.			
3. Der bisherige Steuerfreibetrag, den der AN wegen einer Abschreibung auf eine vermietete Wohnung hatte, entfällt.			
4. Der AG entschließt sich, künftig auch zu den VL aus Förderkorb 2 freiwillig einen Anteil zu leisten.			

8. a) Erläutern Sie, wonach sich der Beitrag zur gesetzlichen Unfallversicherung richtet. Begründen Sie ferner die unterschiedliche Beitragshöhe für ein Kreditinstitut einerseits und eine Eisengießerei andererseits.

b) Beurteilen Sie, weshalb der Beitrag zur gesetzlichen Unfallversicherung allein vom Arbeitgeber zu erbringen ist.

9. Nehmen Sie Ihre eigene Gehaltsabrechnung zur Hand. Besorgen Sie sich eine aktuelle Lohnsteuertabelle. Ermitteln Sie durch Internetrecherche die aktuellen Beitragssätze zu den verschiedenen Zweigen der Sozialversicherung.

a) Prüfen Sie mithilfe der Tabelle und der aktuelle Sätze Ihre Gehaltsabrechnung nach.

b) Buchen Sie Ihre eigene Gehaltsabrechnung aus der Sicht Ihres Ausbildungsbetriebes im Grundbuch.

10. Erkundigen Sie sich in Ihrem Ausbildungsbetrieb nach den Aufwendungen, die durch die Gehaltsbuchungen verursacht werden.

11. Beurteilen Sie, welche Folgen Veränderungen der Sozialversicherungsbeitragssätze für die Unternehmen haben.

12. Beurteilen Sie die Aussage: „Die Lohnsteuer ist eine Quellensteuer."

5484112

12 Buchungen typischer Bankdienstleistungen

12.1 Buchungen im Kassenverkehr

12.1.1 Kassenabschluss

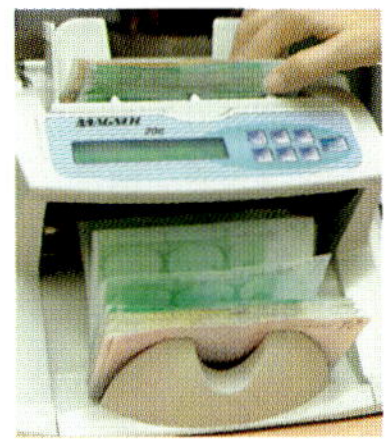

Praxisfall

Martina Mai, Mitarbeiterin im Schalterservice, nimmt nach Schalterschluss den Kassenbestand auf (Kassensturz/Kassenaufnahme). Sie ermittelt einen Fehlbetrag von 190,00 €.

Kassendifferenzen werden am Tagesende bei der Abstimmung des Kassenbestandes (Ist-Bestand) mit dem Buchbestand im Konto (Soll-Bestand) festgestellt. Die Ursache für Differenzen muss gesucht werden. Hierzu werden Belege und Buchungen verglichen und Zahlungsvorgänge in Erinnerung gerufen. Die möglichen Ursachen sind vielfältig, es kann zum Beispiel bei einer Einzahlung ein zu hoher Betrag gebucht worden sein. Dadurch entstünde ein **Kassenfehlbetrag** in der Kasse. Würde der gleiche Fehler bei einer Auszahlung vorkommen, entstünde ein **Kassenüberschuss.** Viele Kassendifferenzen lassen sich nach Überprüfen der Vorgänge rasch aufklären. Kassendifferenzen, die trotz intensiver Suche nicht geklärt werden können, stellen aus Sicht des Kreditinstituts eigentlich eine Forderung oder eine Verbindlichkeit gegenüber unbekannten Kunden dar **(CPD = Conto pro Diverse).** Da diese Differenzen, wenn sie bis zum Jahresschluss nicht geklärt werden, meist auch nicht mehr aufzuklären sind, buchen viele Kreditinstitute einen Fehlbetrag als Aufwand und einen Überschuss als Ertrag.

Geschäftsfälle

Grundbuch		*Soll €*	*Haben €*
1. Kunde Müller hebt 500,00 € bar vom Kontokorrentkonto ab.			
211 KKK		500,00	
an 10 Kasse			500,00
VBL gegen Kunden (Kreditoren) nehmen ab und/oder Forderungen gegen Kunden (Debitoren) nehmen zu/Kasse nimmt ab.			
2. Kunde Spörle zahlt auf sein Sparkonto 1.000,00 € bar ein.			
10 Kasse		1.000,00	
an 22 Spareinlagen			1.000,00
Kasse nimmt zu/VBL gegenüber Kunden (Spareinlagen) nehmen zu.			
3. Kassenabstimmung:			
Bestandsaufnahme bei Kassenschluss ergibt	7.370,00		
Buchbestand:			
Endbestand vom Vortag	10.500,00		
+ Zugänge (Einzahlungsbelege beziehungsweise am Terminal erfasste Einzahlungen)	50.820,00		
– Abgänge (erfasste Auszahlungen)	53.760,00		
= Buchbestand/Soll-Bestand	7.560,00		
– Ist-Bestand	7.370,00		
= Kassenfehlbetrag	190,00		
Der Buchbestand muss dem tatsächlichen Kassenbestand, der um 190,00 € geringer ist, angepasst werden. Der Fehlbetrag bedeutet einen Aufwand, der später über GuV abzuschließen ist.			
682 Kassenfehlbetrag		190,00	
an 10 Kasse			190,00
(denkbar ist auch die Buchung:			
CPD Kassendifferenzen = Forderung gegen unbekannte Kunden		190,00	
an 10 Kasse			190,00)

Geschäftsfälle (Fortsetzung)

10 Kasse

S			H
AB	10.500,00 €	Auszahlungen (enthalten 500,00 € von Müller)	53.760,00 €
Einzahlungen (enthalten 1.000,00 € von Spörle)	50.820,00 €	SB lt. Inventur	7.370,00 €
		Kassenfehlbetrag	190,00 €
	61.320,00 €		**61.320,00 €**

4. Kunde Ehrlich meldet sich nach einiger Zeit und gibt 100,00 €, die ihm versehentlich zu viel ausgezahlt wurden, zurück.
   a) Die Kasse nimmt wieder zu, der Fehlbetrag verringert sich also, wenn noch storniert (zurückgebucht) werden kann.
   10 Kasse 100,00
   an 682 Kassenfehlbetrag 100,00
   b) Ist eine Stornierung nicht mehr möglich, weil das Geschäftsjahr bereits abgeschlossen ist, so ist im neuen Jahr ein Ertrag zu buchen. Da er eigentlich noch das alte Jahr betrifft, handelt es sich um einen außerordentlichen Ertrag.
   10 Kasse 100,00
   an 564 a.o. Erträge 100,00
5. Bei der Kassenaufnahme ergibt sich bei der Abstimmung .... mit dem Buchbestand ein Überschuss in Höhe von 200,00 €. Es werden statt 7.560,00 € jetzt 7.760,00 € gezählt. Der Buchbestand muss dem tatsächlichen Kassenbestand, der um 200,00 € höher ist, angepasst werden. Der Überschuss bedeutet einen Ertrag, der später über GuV abzuschließen ist.
   10 Kasse 200,00
   an 562 Kassenüberschuss 200,00

10 Kasse

S			H
AB	10.500,00 €	Auszahlungen (enthalten 500,00 € von Müller)	53.760,00 €
Einzahlungen (enthalten 1.000,00 € von Spörle)	50.820,00 €	SB lt. Inventur	7.760,00 €
Kassenüberschuss	200,00 €		
	61.520,00 €		**61.520,00 €**

6. Kunde Klar beschwert sich, er habe 100,00 € zu wenig ausbezahlt bekommen. Da am fraglichen Tag tatsächlich ein Überschuss von sogar 200,00 € in der Kasse war, wird Klar gegenüber das Versehen richtiggestellt.
   a) Da sich der Kunde noch im gleichen Geschäftsjahr meldet, ist eine Stornierung des Überschusses möglich.
   562 Kassenüberschuss 100,00
   an 10 Kasse 100,00
   b) Würde er sich erst im neuen Geschäftsjahr melden, könnte der Ertrag des alten Jahres nicht mehr berichtigt werden. Es wäre dann im neuen Jahr ein außerordentlicher Aufwand zu buchen.
   684 a.o. Aufwand 100,00
   an 10 Kasse 100,00

5484114

12.1.2 Reiseschecks

12.1.2.1 Verkauf von Reiseschecks

Praxisfall

Kunde Lustig möchte für seine Weltreise Euro-Reiseschecks.

Reiseschecks sind wegen ihrer Sicherheitsmerkmale und ihrer hohen Akzeptanz für Auslandsreisen als Zahlungsmittel und als Mittel zur Bargeldbeschaffung gut geeignet. Sie können auch von Minderjährigen, die noch keine Schecks und Kreditkarten nutzen dürfen, verwendet werden.

Kreditinstitute verkaufen Reiseschecks von Reisescheckunternehmen wie American Express, Thomas Cook oder Visa.

Für den Verkauf von Schecks verlangt das Kreditinstitut vom Kunden eine Gebühr, die zu einem Teil an das Reisescheckunternehmen weitergegeben wird und zu einem Teil für das verkaufende Institut Ertrag für die Dienstleistung darstellt. Der Kunde zahlt den Scheckbetrag und die Gebühr entweder sofort bar an der Kasse ein oder sein Konto wird belastet. Dem Reisescheckunternehmen wird der Scheckbetrag zuzüglich der ihm zustehenden Gebühr gutgeschrieben.

Praxisfall

Kunde Lustig möchte für seine Weltreise Euro-Reiseschecks für 2.000,00 €.	Soll €	Haben €
10 Kasse	2.020,00	
an 201 BKK		2.000,00
an 52 PGE		20,00

Kasse nimmt zu. Für den Verkauf verlangen wir vom Kunden eine Gebühr von 1 %, die für uns Ertrag aus Provisionen und Gebühren darstellt. Gegenüber dem ausgebenden bezogenen Institut (Reisescheckunternehmen) verrechnen wir die Verbindlichkeit über ein Nostro- oder Lorokonto.

12.1.2.2 Einlösung von Reiseschecks

Praxisfall 1

Charles Brown aus Idaho, USA, braucht auf seiner Europareise, die ihn auch nach Heidelberg führt, Euro. Er legt bei der Kreditbank Heidelberg einen Reisescheck von Visa über 200,00 € zur Barauszahlung vor.

Schecks, mit denen sich vorlegende Reisende Bargeld beschaffen möchten, werden gebührenfrei angenommen. Zum Einzug werden sie an das Reisescheckunternehmen auf dem Verrechnungsweg, in der Regel unter zusätzlicher Belastung einer Gebühr, weitergereicht. Verkauf und Auszahlung von Reiseschecks sind Dienstleistungen auch für Kunden ohne Konto. Das Kreditinstitut erhält beim Einzug Provisions- und Gebührenertrag vom Reisescheckunternehmen beziehungsweise vom Kunden bei Ausgabe.

Praxisfall 2

	Soll €	Haben €
1. Ein Reisender legt an der Kasse zur Bargeldbeschaffung einen Reisescheck im Wert von 200,00 € vor.		
35 Reiseschecks	200,00	
an 10 Kasse		200,00

Dieser Reisescheck mindert den Kassenbestand, die Auszahlung ist gebührenfrei. Wir haben eine Forderung gegenüber dem Reisescheckunternehmen. Wir nehmen den Scheck zunächst in den Bestand und ziehen ihn später auf dem Verrechnungsweg bei dem Reisescheckunternehmen ein.

	Soll €	Haben €
2. Einzug des Schecks aus Fall 1 beim bezogenen Institut über die Zentralbank. Wir erhalten eine Provision von 1,00 €.		
11 Bundesbank	201,00	
an 35 Reisescheck		200,00
an 52 PGE		1,00

Über die Bundesbank erhalten wir eine Gutschrift für Scheck und Gebühr. Der Scheck geht aus dem Bestand heraus und wir buchen die Provision auf dem Ertragskonto „PGE“.

12.2 Buchung von Schecks und Lastschriften

12.2.1 Scheckeinreichung, Scheckeinzug, Gutschrift und Belastung

Praxisfälle

1. Kunde Mohr zieht mittels Lastschrift bei der Handelsbank eine Forderung aus einer Warenlieferung gegenüber Kluge über 250,00 € ein. Kluge ist ebenfalls Kunde der Handelsbank.
2. Kunde Schuler reicht bei der Handelsbank einen Scheck über 20.000,00 €, den er zahlungshalber von seinem Kunden Moll erhalten hat, zur Gutschrift auf seinem Kontokorrentkonto ein. Bezogenes Institut ist die Kreissparkasse Göppingen.

Obwohl Schecks und Lastschriften rechtlich und aus Kundensicht sehr unterschiedliche Mittel im Zahlungsverkehr sind, werden sie, da der Einzugsweg identisch ist, im Kreditinstitut buchhalterisch gleich behandelt.

5484116

Ablaufschema für einen Scheck- oder Lastschrifteinzug

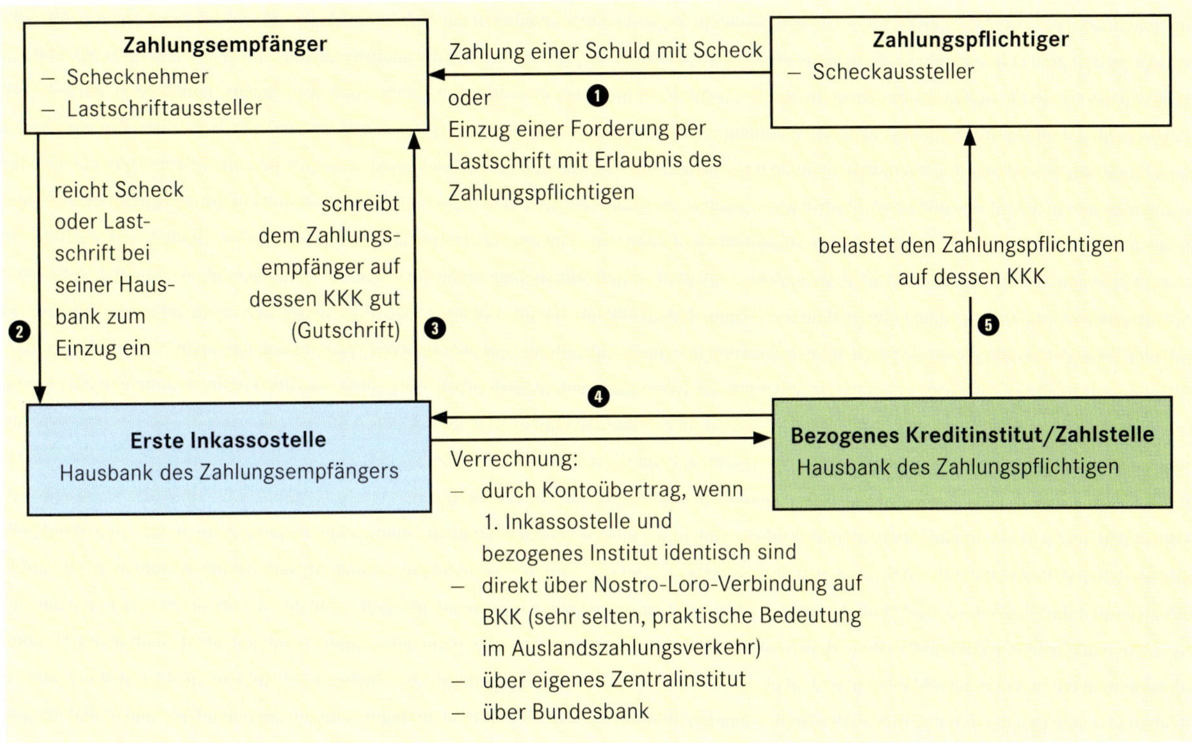

Einzug von Schecks und Lastschriften

Buchungen bei der Ersten Inkassostelle

I. Gutschrift von Schecks/Lastschriften E. v. (Eingang vorbehalten)

❷ und ❸: Einreichung und Gutschrift

Kunden (Einreicher) mit ausreichender Bonität erhalten für eingereichte Lastschriften oder Schecks sofort Gutschrift „Eingang vorbehalten", das heißt, wenn der Zahlungspflichtige nicht zahlt, wird der Betrag zurückbelastet.

Soll	an Haben
33 Schecks	**211 KKK**
Die Erste Inkassostelle hat eine Forderung gegenüber dem bezogenen Institut. Das Konto „Schecks" ist ein aktives Bestandskonto, dessen Endbestand am Jahresschluss auf die Schlussbilanz abzuschließen ist.	Der Kunde erhält sofortige Gutschrift auf seinem Konto, kann also über den Betrag verfügen. Mit dem Vermerk E. v. behält sich das Kreditinstitut vor, den Betrag zurückzubelasten. Eine Rückbelastung wird nur bei Kunden mit ausreichender Bonität problemlos möglich sein.

Buchungen beim Bezogenen Institut

❹ und ❺: Vorlage von Schecks und Lastschriften durch die 1. Inkassostelle, zum Beispiel über die Bundesbank als überleitendes Institut, und Belastung des Kunden

Schecks oder Lastschriften auf das Bezogene Institut werden bei Vorlage durch die 1. Inkassostelle dem zahlungspflichtigen Kunden bei Deckung sofort belastet.

Soll	an Haben
211 KKK	**11 Bundesbank**
Der Zahlungspflichtige wird sofort belastet. Ein Zwischenkonto ist nicht erforderlich. Bei ungenügender Bonität wird der Scheck oder die Lastschrift zurückgehen.	Die Inkassostelle erhält die Gutschrift über die Bundesbank.

→

❹: Einzug von E. v. Schecks und Lastschriften, zum Beispiel über die Bundesbank als überleitendes Institut, beim bezogenen Institut (Verrechnung)

Soll an	Haben
11 Bundesbank	**33 Schecks**
Gutschrift bei der Ersten Inkassostelle auf Bundesbankkonto	Der Scheck wird aus dem Bestand ausgebucht.

Dem bezogenen Kreditinstitut, das als Zahlstelle lediglich der Inkassostelle den Betrag gutschreiben und dem Scheckaussteller (Kunde des bezogenen Instituts) belasten muss, ist nicht bekannt, ob die Erste Inkassostelle E. v. oder n. E. gutschreibt. Deshalb wird beim bezogenen Institut nicht zwischen E. v.-Schecks und n. E.-Schecks differenziert.

II. Gutschrift von Schecks n. E. (nach Eingang)

❷: Einreichung

Kunden (Einreicher), die für den eingereichten Scheck keine ausreichende Bonität haben, erhalten die Gutschrift erst, nachdem der Betrag vom Bezogenen Institut eingegangen ist (nach Eingang). Bis zum Eingang wird der Betrag auf einem Zwischenkonto „34 CPD“ (Conto pro Diverse oder auch Scheckeinreicher) gutgeschrieben. Lastschriften dürfen Kunden nur im Rahmen ihrer Bonität einreichen.

Soll an	Haben
33 Schecks	**34 CPD/Scheckeinreicher**
	Da abgewartet werden soll, bis der Betrag vom Bezogenen Institut eingegangen ist, wird auf dem Zwischenkonto gebucht.

❹: Einzug von n. E. Schecks, zum Beispiel über die Bundesbank als überleitendes Institut, beim Bezogenen Institut (Verrechnung)

Soll an	Haben
11 Bundesbank	**33 Schecks**
Gutschrift auf Zentralbankkonto	Der Scheck wird aus dem aktiven Bestandskonto ausgebucht.

❸: Gutschrift auf dem Kundenkonto nach Eingang

Soll an	Haben
34 CPD/Scheckeinreicher	**211 KKK**
Der Betrag auf dem Zwischenkonto wird ausgebucht.	Der Kunde erhält die Gutschrift.

Praxisfälle

1. Kunde Mohr reicht eine Lastschrift über 250,00 €, gezogen auf Kluge, der ebenfalls Kunde der Handelsbank ist, ein. Die Handelsbank schreibt den Betrag E. v. gut, da Mohr Lastschriften im Rahmen einer Einzugsvereinbarung einreichen darf und für sie genügend Bonität hat. Der Zahlungspflichtige Kluge wird sofort belastet.

Buchungen bei der Handelsbank:

1.1 und 1.2 Einreichung und Gutschrift 33 Schecks .... 250,00 €	an	211 KKK (Mohr) .... 250,00 €
1.3 und 1.4 Da die Handelsbank sowohl Erste Inkassostelle als auch Bezogenes Institut ist, kann der Zahlungspflichtige unmittelbar belastet werden. 211 KKK (Kluge) .... 250,00 €	an	33 Schecks .... 250,00 €

2. Scheckeinreichung Schuler über 20.000,00 €. Die Handelsbank schreibt den Betrag erst nach Eingang gut, da Schuler für diese hohe Summe keine ausreichende Bonität hat. Die Kreissparkasse belastet ihren Kunden Moll und schreibt den Betrag der Handelsbank gut.

Buchungen bei der Handelsbank:

2.1 Einreichung 33 Schecks .... 20.000,00 €	an	34 CPD .... 20.000,00 €
2.3 Einzug über die Bundesbank 11 Bundesbank .... 20.000,00 €	an	33 Schecks .... 20.000,00 €
2.2 Gutschrift nach Eingang 34 CPD .... 20.000,00 €	an	211 KKK (Schuler) .... 20.000,00 €

Buchung bei der Kreissparkasse:

2.3 und 2.4 Vorlage durch Bundesbank und Belastung des Moll 211 KKK (Moll) .... 20.000,00 €	an	11 Bundesbank .... 20.000,00 €

12.2.2 Rückschecks und Rücklastschriften

Praxisfälle

1. Bei der Handelsbank kommt auf umgekehrtem Verrechnungsweg über die Zentralbank ein Scheck über 10.000,00 € mangels Deckung des Ausstellerkontos Klein bei der Kreissparkasse zurück. Der Scheck war dem Handelsbank-Kunden Markel E. v. gutgeschrieben worden.
2. Die Telefongesellschaft Modafon hat bei ihrer Hausbank, der Handelsbank, versehentlich eine Lastschrift doppelt auf den Telefonkunden Tell bei dessen Volksbank Urach gezogen. Da Tell eine Einzugsermächtigung unterschrieben hatte, wurde Tell zunächst belastet und bei Modafon wurde auch der zweite Lastschriftbetrag in Höhe von 50,00 € E. v. gutgeschrieben. Tell bemerkt die irrtümliche Belastung und widerspricht der Lastschrift.

Nicht alle Schecks und Lastschriften werden beim Bezogenen Institut eingelöst. Aus unterschiedlichen Gründen werden sie auf dem **umgekehrten Verrechnungsweg** der Ersten Inkassostelle zurückgegeben.

Buchungen bei der 1. Inkassostelle

Ein zum Einzug weitergeleiteter Scheck/eine weitergeleitete Lastschrift kommt mangels Deckung oder wegen Widerspruchs des Zahlungspflichtigen zuzüglich einer Gebührenbelastung für den Verwaltungsmehraufwand des fremden Kreditinstituts zurück. Für den Verwaltungsmehraufwand des eigenen Instituts wird dem Kunden eine zusätzliche Gebühr in Rechnung gestellt.

Soll	Haben
36 Rückscheck/Rücklastschrift	**11 Bundesbank**
Der Gesamtbetrag einschließlich Gebühr wird zunächst einem Zwischenkonto „Rückscheck/Rücklastschrift“ belastet.	Dem Bezogenen Institut wird der Gesamtbetrag über die Bundesbank einschließlich Gebühr wieder gutgeschrieben.
211 KKK	**36 Rückscheck/Rücklastschrift** **52 PGE**
Rückbelastung des Kunden einschließlich fremder Gebühren und eigener Gebühren	Der Betrag auf dem Zwischenkonto Rückscheck/Rücklastschrift wird ausgebucht, die eigenen Gebühren sind Ertrag, die fremden Gebühren durchlaufender Posten.

Buchungen beim Bezogenen Institut

Ein vorgelegter Scheck/eine vorgelegte Lastschrift kann dem Zahlungspflichtigen mangels Deckung nicht belastet werden. Für den Verwaltungsmehraufwand wird dem Kunden eine Gebühr in Rechnung gestellt, ferner der Inkassostelle durch Rückbelastung.

Soll	Haben
211 KKK	**52 PGE**
(nur Gebühr)	Die vom Kunden verlangte Gebühr ist für das Bezogene Institut Ertrag.
11 Bundesbank	**211 KKK**
(Scheck-/Lastschriftbetrag + Rückscheckgebühr)	(Scheck-/Lastschriftbetrag)
Dem Kunden wird nur die Gebühr belastet, Scheck/Lastschrift geht sofort zurück, die ursprüngliche Buchung „KKK an Bundesbank“ wird storniert, die Inkassostelle wird mit zusätzlicher Gebühr belastet.	**52 PGE** Die ursprüngliche Belastung von KKK wird storniert, das Bezogene Institut verlangt eine Rückscheckgebühr von der Inkassostelle.

Ein Kunde widerspricht einer Lastschrift nachträglich. Da der Kunde das Widerspruchsrecht hat, darf ihm keine Gebühr berechnet werden. Der Inkassostelle werden Gebühren belastet:

Soll	Haben
11 Bundesbank	**211 KKK**
(Lastschriftbetrag + Rücklastschriftgebühr)	(Lastschriftbetrag)
Lastschrift geht zurück, die ursprüngliche Buchung „KKK an Bundesbank“ wird storniert, zusätzlich zahlt die Inkassostelle Gebühr.	**52 PGE** (Rücklastschriftgebühr für die Inkassostelle) Die ursprüngliche Belastung von KKK wird storniert. Die der Inkassostelle in Rechnung gestellte Rücklastschriftgebühr ist für das Bezogene Institut Ertrag.

5484120

Praxisfälle

Buchungen bei der Handelsbank als Erster Inkassostelle

1. Ein zum Einzug weitergeleiteter Scheck über 10.000,00 € kommt mangels Deckung zuzüglich einer Gebührenbelastung in Höhe von 20,00 € zurück. Für den Verwaltungsmehraufwand der Handelsbank wird dem Kunden Markel eine zusätzliche Gebühr in Höhe von 10,00 € in Rechnung gestellt.

Soll	€		Haben	€
1.1 36 Rückscheck	10.020,00	an	11 Bundesbank	10.020,00
1.2 211 KKK (Markel)	10.030,00	an	36 Rückscheck	10.020,00
			52 PGE	10,00

2. Bei der Handelsbank kommt über die Zentralbank eine von Modafon eingereichte Lastschrift über 50,00 € zuzüglich einer Gebühr in Höhe von 5,00 € wegen Widerspruchs zurück. Die Handelsbank belastet Modafon weitere 3,00 € Gebühren für eigene Aufwendungen.

Soll	€		Haben	€
2.1 36 Rückscheck	55,00	an	11 Bundesbank	55,00
2.2 211 KKK (Modafon)	58,00	an	36 Rückscheck	55,00
			52 PGE	3,00

Buchungen bei der Kreissparkasse als Bezogenem Institut

1. Ein vorgelegter Scheck über 10.000,00 € kann dem Zahlungspflichtigen Klein mangels Deckung nicht belastet werden. Für den Verwaltungsmehraufwand wird Klein eine Gebühr in Höhe von 25,00 € in Rechnung gestellt, ferner der Ersten Inkassostelle eine Gebühr in Höhe von 20,00 € durch Rückbelastung. Die ursprüngliche Belastung auf KKK wird storniert.

Soll	€		Haben	€
1.1 211 KKK (Klein)	25,00	an	52 PGE	25,00
1.2 11 Bundesbank	10.020,00	an	211 KKK	10.000,00
			52 PGE	20,00

2. Kunde Tell widerspricht einer Lastschrift von Modafon über 50,00 € nachträglich. Tell darf keine Gebühr berechnet werden. Der Inkassostelle werden Gebühren in Höhe von 5,00 € belastet.

Soll	€		Haben	€
11 Bundesbank	55,00	an	211 KKK (Tell)	50,00
			52 PGE	5,00

12.3 Buchungen beim Kauf und Verkauf von Effekten

Praxisfall 1

Andreas Findig, der von seinem verstorbenen Onkel ein Wertpapierdepot geerbt hat, erscheint am Donnerstag, dem 2. Februar, zu einem Beratungsgespräch in der Handelsbank. Nach kundenorientierter Bedarfsanalyse und Besprechung der Marktlage sowie Aufklärung und Dokumentation nach den europäischen MiFID-Anforderungen unterbreitet der Privatkundenberater Ehrlich einen Vorschlag zur Umschichtung des Findig-Depots. Findig entschließt sich unter anderem zum Verkauf seiner Mexo-Aktien und zum Kauf einer Silux-Industrieanleihe mit 5 % Nominalzins. Der Berater erläutert Findig die Kundenabrechnungen.

Handelsbank Glückstadt
Marktstraße 12
73033 Glückstadt

Wertpapierservice

Herrn
Andreas Findig
Stuifenstraße 32
73033 Glückstadt

Glückstadt, 2. Februar 20..

Ihr Berater
Uli Ehrlich
07351 8042-13

Wertpapierabrechnung Verkauf

100 Stück	Mexo AG Stammaktien	ISIN 510310881703DE
Kurs	54,00 €/variabel	Depotnummer 8831070
Börse	Frankfurt	Ordernummer 6185613
Schlusstag	2. Februar 20..	
Depotbelastung	Girosammel (Depot B/Kundenbestände)	

Kurswert		5.400,00 €
Courtage	0,8 ‰	4,32 €
Clearinggebühr (Börsenspesen)		3,00 €
Provision	1 ‰	54,00 €
Gutschrift Kontokorrentkonto 188937	Wert 6. Februar 20..	5.338,68 €

Mit freundlichen Grüßen
Handelsbank Glückstadt

Diese Mitteilung gilt ohne Unterschrift.

Kapitalerträge sind einkommensteuerpflichtig. Bewahren Sie diese Mitteilung bitte auf, sie kann aus steuerlichen Gründen Bedeutung haben.

Irrtum vorbehalten.
Mögliche Einwendungen gegen diese Mitteilung erheben Sie bitte unverzüglich.
Der Verzicht auf unverzügliche Einwendung gilt als Genehmigung.

5484122

Handelsbank Glückstadt
Marktstraße 12
73033 Glückstadt

Wertpapierservice

Herrn
Andreas Findig
Stuifenstraße 32
73033 Glückstadt

Glückstadt, 2. Februar 20..

Ihr Berater
Uli Ehrlich
07351 8042-13

Wertpapierabrechnung Kauf

5.000,00 € nominal Silux Industrieanleihe 02/12 Zins 1. Juli gzj.
ISIN 710810831020DE

Kurs	98 %/variabel	Depotnummer	8831070
Börse	Frankfurt	Ordernummer	6185614
Schlusstag	2. Februar 20..		
Depotgutschrift	Girosammel (Depot B/Kundenbestände)		

Kurswert		4.900,00 €
Stückzinsen 220 Tage	5 %	150,68 €
Ausmachender Betrag		5.050,68 €
Courtage	0,75 ‰ vom Nennwert	3,75 €
Clearinggebühr (Börsenspesen)		1,50 €
Provision	0,5 % vom Kurswert, mind. vom Nennwert	25,00 €

Lastschrift Kontokorrentkonto 188937 Wert 6. Februar 20.. 5.080,93 €

Mit freundlichen Grüßen
Handelsbank Glückstadt

Diese Mitteilung gilt ohne Unterschrift.

Kapitalerträge sind einkommensteuerpflichtig. Bewahren Sie diese Mitteilung bitte auf, sie kann aus steuerlichen Gründen Bedeutung haben.

Irrtum vorbehalten.
Mögliche Einwendungen gegen diese Mitteilung erheben Sie bitte unverzüglich.
Der Verzicht auf unverzügliche Einwendung gilt als Genehmigung.

12.3.1 Buchung beim Verkauf von Effekten im Kundenauftrag

Wertpapiere der Kunden werden durch die Kreditinstitute in Kundendepots verwaltet. Da dieses Wertpapiervermögen keinen Vermögenswert des Kreditinstituts darstellt, wird es streng getrennt als **Depot B** (Kundendepot) geführt und erscheint nicht im Hauptbuch und in der Bilanz des Kreditinstituts. Bei Effektengeschäften im Kundenauftrag gelangt das Wertpapiervermögen nicht in den Eigentumsbereich des Kreditinstituts. Solche Effektengeschäfte werden vom Kreditinstitut als **Effektenkommissionsgeschäft** im eigenen Namen für Rechnung des Kunden ausgeführt.

Effektengeschäfte werden zwischen den verschiedenen Handelspartnern (meist Banken) in der Regel über die Börse abgewickelt. Den Kurswert der verkauften Effekten schreibt die Kundenbank dem Konto des Kunden gut. Für das Kreditinstitut ist das ein durchlaufender Posten. Für die Weitergabe der Effekten aus dem Kundendepot wird ein **Effektenkommissionskonto (25 EKK)** eingerichtet, das als Durchlaufkonto nach Geschäftsabwicklung ausgeglichen ist. Alle entstehenden Gebühren wie **Courtage** (Maklergebühr) **oder Clearinggebühr** (Abwicklungsvergütung für die Börse) gehen zulasten des Kunden. Sie werden über das Konto **„274 Sonstige Verbindlichkeiten"** als durchlaufender Posten gebucht. Zur Deckung der eigenen Bearbeitungskosten für Beratung und Abwicklung wird dem Kunden ferner **Provision** belastet und auf dem Konto **„52 Provisions- und Gebührenerträge** (PGE)" gebucht.

Praxisfall

Verkaufsabrechnung für Effekten, Schlusstag Donnerstag, 2. Februar

100 Stück Mexo AG Kurs 54,00	5.400,00 €
– Maklergebühr 0,8 ‰	4,32 €
– Clearinggebühr	3,00 €
– Provision 1 %	54,00 €
Gutschrift Valuta 6. Februar (Wert 2 Börsentage nach Schlusstag)	5.338,68 €

Buchung im Grundbuch:

1. Abrechnung des Kundenauftrags:

Soll	€	an	Haben	€
25 EKK-Effektenkommissionskonto (hier Geldforderung gegenüber der Börse aus Effektenverkauf)	5.400,00	an	211 KKK (Gutschrift für den verkaufenden Kunden)	5.338,68
			274 Sonstige VBL (Maklergebühr 4,32, Clearinggebühr 3,00)	7,32
			52 PGE (Provisionsertrag)	54,00
	5.400,00			5.400,00

2. Abrechnung mit der Börse über Nostrokonto:

Soll	€	an	Haben	€
201 BKK (Nostrokonto bei der Börse)	5.392,68	an	25 EKK-Effektenkommissionskonto	5.400,00
274 Sonstige VBL (Maklergebühr 4,32, Clearinggebühr 3,00)	7,32			
	5.400,00			5.400,00

→

Praxisfall (Fortsetzung)

Der Kunde erhält für seinen Verkauf auf KKK eine Gutschrift in Höhe von 5.338,68 €. Das beauftragte Kreditinstitut erhält von der Börse auf einem Nostrokonto über BKK eine Gutschrift in Höhe von 5.392,68 € für den Verkauf abzüglich Courtage und Clearinggebühr. Die Differenz in Höhe von 54,00 € entspricht dem Provisionsertrag, der bei dem Kreditinstitut als Kommissionär in die GuV-Rechnung eingeht.

12.3.2 Buchung beim Kauf von Effekten im Kundenauftrag

Der **Käufer von Effekten** muss an den Verkäufer den ausmachenden Betrag bezahlen. Der **ausmachende Betrag** ist bei Aktien der Kurswert, bei Rentenpapieren ist es der Kurswert + **Stückzinsen.** Der Käufer hat zusätzlich **Courtage** und **Clearinggebühr** sowie **Provision** an das beauftragte Kreditinstitut zu zahlen. Dem **Verkäufer** steht der **ausmachende Betrag abzüglich Verkaufsspesen** zu. Der **Käufer** muss den **ausmachenden Betrag zuzüglich Kaufspesen** leisten.

Praxisfall

Kaufabrechnung für Effekten, Schlusstag Donnerstag, 2. Februar

5.000,00 € nominal Silux Industrieanleihe Kurs 98 %	4.900,00 €
+ Stückzins 5 % aus 5.000,00 € für 220 Tage	150,68 €
= Ausmachender Betrag	**5.050,68 €**
+ Maklergebühr 0,75 ‰ aus dem Nennwert	3,75 €
+ Clearinggebühr	1,50 €
+ Provision 0,5 % vom Kurswert, mindestens vom Nennwert	25,00 €
Lastschrift Valuta 6. Februar	**5.080,93 €**

Buchung im Grundbuch:

1. Abrechnung des Kundenauftrags:

Soll	€	an	Haben	€
211 KKK (Lastschrift für den kaufenden Kunden)	5.080,93	an	25 EKK-Effektenkommissionskonto	5.050,68
			274 Sonstige VBL (Maklergebühr 3,75, Clearinggebühr 1,50)	5,25
			52 PGE (Provisionsertrag)	25,00
	5.080,93			5.080,93

2. Abrechnung mit der Börse über Nostrokonto:

Soll	€	an	Haben	€
25 EKK-Effektenkommissionskonto	5.050,68	an	201 BKK (Nostrokonto bei der Börse)	5.055,93
274 Sonstige VBL (Maklergebühr 3,75, Clearinggebühr 1,50)	5,25			
	5.055,93			5.055,93

→

Praxisfall (Fortsetzung)

Die Industrieanleihe notiert unter 100, da der Marktzins für vergleichbare Anleihen derzeit über den von Silux gezahlten 5 % liegt. So ergibt sich für den Nominalwert von 5.000,00 € ein aktueller Kurswert von 4.900,00 €. Zinstermin ist der 1. Juli, das bedeutet, der Käufer der Anleihe erhält am kommenden 1. Juli Zins für das ganze Jahr, obwohl ihm eigentlich nur der Zins ab Kauf zusteht. Der Käufer zahlt folglich an den Verkäufer den Zins, der bis zum Kauf aufgelaufen, aber noch nicht ausbezahlt ist.

Der Kunde erhält für seinen Kaufauftrag auf seinem KKK eine Belastung von 5.080,93 €. Das Kreditinstitut wird von der Börse mit 5.055,93 € für den ausmachenden Betrag zuzüglich Courtage und Clearinggebühr belastet. Die Differenz in Höhe von 25,00 € entspricht dem Provisionsertrag, der bei dem Kreditinstitut als Kommissionär in die GuV-Rechnung eingeht. Die Gebühren der Börse und des Maklers stellen für den Kommissionär ebenso einen durchlaufenden Posten dar wie die Beträge auf dem Effektenkommissionskonto.

12.3.3 Stückzinsberechnung bei Rentenpapieren

Praxisfall

Handelsbankkunde Andreas Findig will genau wissen, wie die Stückzinsen für den Kauf der Industrieanleihe berechnet werden.

Das Erfüllungsgeschäft über die Börse erfolgt wertmäßig **(Valuta/Wertstellungstag)** zwei Börsentage nach der Ausführung des Geschäfts **(Schlusstag),** das heißt, der Verkäufer erhält die Gutschrift auf seinem Kontokorrentkonto und der Käufer die Belastung. Zum gleichen Zeitpunkt werden die Effekten bei der Verwahrstelle umgebucht. Bei Zinspapieren steht dem Käufer der Zins ab diesem Tag zu. Der Käufer muss dem Verkäufer Stückzins bis einschließlich Vortag des Wertstellungstages vergüten. Die **Zinsvaluta** ist somit einen Kalendertag vor dem Wertstellungstag.

- Schlusstag: Tag der Ausführung an der Börse, auch Tag des Vertragsschlusses
- Valuta/Wertstellungstag (Erfüllungsgeschäft): Schlusstag + zwei Börsentage
- Zinsvaluta: Wertstellungstag – ein Kalendertag

Praxisfall

Für Findig wird der Kauf der 5 % Industrieanleihe mit Zinstermin 1. Juli ganzjährig mit Schlusstag Donnerstag, 2. Februar, an der Börse ausgeführt.

Donnerstag	Freitag	Samstag	Sonntag	Montag
2. Februar	3. Februar	4. Februar	5. Februar	6. Februar
Schlusstag	1. Börsentag nach Ausführung			2. Börsentag nach Ausführung
				Wertstellungstag
			Zinsvaluta = Wertstellungstag - 1 Kalendertag	

1. Juli 10 — 5. Februar 11 — 30. Juni 11

Zins, der dem Verkäufer zusteht (Stückzins)	Zins, der dem Käufer zusteht

Findig muss dem Verkäufer Stückzins für die Zeit vom 1. Juli 2010 (Wertstellungstag minus ein Kalendertag = 30.6. Zinsvaluta) bis zum 5. Februar 2011 erstatten. (Beim Zinstermin 1. Juli gilt grundsätzlich: Zinszahlung am 30. Juni für die Zeit vom 1. Juli Vorjahr bis 30. Juni d. J.)

Zinstageberechnung nach der bei Rentenpapieren üblichen **actual/actual-Methode,** bei der kalendergenau gerechnet wird:

Monat	Tage
Juli	31
August	31
September	30
Oktober	31
November	30
Dezember	31
Januar	31
Februar	5
Summe	**220**

Zinsberechnung nach der Zinsformel:

$$Z = \frac{K \cdot P \cdot T}{100 \cdot 365 \text{ (im Normaljahr)} \;/\; 366 \text{ (im Schaltjahr)}}$$

$$\text{Zins} = \frac{\text{Kapital} \cdot \text{Prozentsatz} \cdot \text{Tage}}{100 \cdot 365 \text{ (im Normaljahr)} \;/\; 366 \text{ (im Schaltjahr)}}$$

$$\text{Zins} = \frac{5.000,00 \cdot 5 \cdot 220 \text{ Tage}}{100 \cdot 365 \text{ Tage}} = 150,68 \text{ €}$$

Die kalendergenaue Zinstageberechnung setzt sich zunehmend durch, da sie mit EDV genauso schnell möglich ist wie die in verschiedenen Bereichen noch übliche deutsche kaufmännische Methode oder die Eurozinsmethode, bei denen für die Berechnung ohne moderne Hilfsmittel vereinfachend, aber leicht ungenau gerechnet wird.

Methoden zur Zinstageberechnung:

actual/actual:
Kalendergenau, das heißt, der Monat wird exakt mit 28, 29, 30 oder 31 Tagen gerechnet und das Jahr mit 365 Tagen im Normaljahr und 366 Tagen im Schaltjahr (üblich im Effektengeschäft).

Eurozinsmethode:
Der Monat wird kalendergenau gerechnet, das Jahr mit 360 Tagen, gleichgültig ob Normal- oder Schaltjahr (üblich im Interbankengeschäft).

Kaufmännische Methode:
Der Monat wird unabhängig von seiner tatsächlichen Dauer mit 30 Tagen und das Jahr mit 360 Tagen gerechnet (üblich im Einlagen- und Kreditgeschäft).

12.3.4 Buchung von Eigengeschäften des Kreditinstituts

Praxisfälle

1. Die Handelsbank kauft für den Eigenbestand Media Aktien, sie erwartet für dieses Papier auf mittlere Sicht Kurssteigerungen.

Kaufabrechnung für Effekten, Schlusstag Montag, 3. Mai, Abrechnung über Nostrokonto	
10 000 Stück Media Aktien Kurs 143	1.430.000,00 €
+ Maklergebühr 0,8 ‰ aus dem Kurswert	1.144,00 €
+ Clearinggebühr	3,00 €
Lastschrift Valuta 5. Mai (3. Mai + 2 Börsentage)	1.431.147,00 €

2. Um Liquidität für Aktienkäufe zu schaffen, verkauft die Handelsbank aus eigenen Wertpapierbeständen eine Industrieobligation.

Verkaufsabrechnung für Effekten, Schlusstag Dienstag, 20. Juli, Abrechnung über Nostrokonto	
5 Mio. € 6 % Industrieobligation Zinszahlung 1. Juli (Zinsvaluta 30.6.) ganzjährig Kurs 101	5.050.000,00 €
+ Stückzins 21 Tage (20. Juli + 2 Börsentage – 1 Zinstag = 21. Juli)	14.383,56 €
ausmachender Betrag	5.064.383,56 €
– Maklergebühr 0,75 ‰ aus dem Nennwert	3.787,50 €
– Clearinggebühr	1,50 €
Gutschrift Valuta 22. Juli (20. Juli + 2 Börsentage)	5.060.594,56 €

- Kreditinstitute beteiligen sich an anderen Unternehmen, zum Beispiel durch Kauf von Aktien. Dadurch nehmen sie Einfluss auf das entsprechende Unternehmen und haben durch Dividendenzahlung Anteil am Ertrag, der dann in die GuV-Rechnung einfließt. Solche eher längerfristigen Anlagen finden sich in der Bankbilanz als Vermögensteile unter den Aktivapositionen 7 und 8 (siehe Anhang Bilanz).
- Kreditinstitute nutzen die Ertragschancen der Börse aktiv. Sie kaufen Wertpapiere in den eigenen Bestand und erhalten Ertrag durch Zinsen und Dividenden sowie durch Kursgewinne. Kursverluste, die sich bei aktivem **Trading** nicht vermeiden lassen werden, stellen einen Gewinn mindernden Aufwand dar. Diese eher kürzerfristigen Anlagen, die zu einem Teil auch zur kurzfristigen Liquiditätsbeschaffung genutzt werden, finden sich in der Bankbilanz als Vermögensteile in den Aktivapositionen 2, 5 und 6.

Eigene Effekten stellen **Vermögen** des Kreditinstituts dar. Sie werden auf der Aktivseite bilanziert (Depot A). Käufe und Verkäufe werden im Konto „Eigene Effekten (121 EE)" gebucht.

Kursgewinne und Kursverluste aus dem Effekteneigenhandel sind **erfolgswirksam.** Sie fließen als Effektenerträge (Kto 511) bzw. als Kursverluste aus Wertpapieren (Kto 62) in die **GuV-Rechnung** ein.

Zinsen und Dividenden sind ebenso **erfolgswirksam** wie **Spesen** für Makler und Börse, die beim Effekteneigenhandel anfallen. Auch sie beeinflussen den Gewinn oder den Verlust des Kreditinstituts.

Buchung beim Kauf eigener Effekten:

Soll		Haben
121 EE Eigene Effekten 61 PGA	an	201 BKK oder 11 Bundesbank

Buchung beim Verkauf eigener Effekten:

Soll		Haben
201 BKK 61 PGA	an	121 EE Eigene Effekten

Praxisfälle

1. Kauf der Aktien
Buchung im Grundbuch:

Soll	€	an	Haben	€
121 EE Eigene Effekten	1.430.000,00		201 BKK	1.431.147,00
61 PGA	1.147,00			

2. Verkauf der Anleihe
Buchung im Grundbuch:

Soll	€	an	Haben	€
201 BKK	5.060.594,56		121 EE Eigene Effekten	50.000,00
61 PGA	3.789,00		51 Zinserträge	14.383,56

Erläuterung zur Stückzinsberechnung:

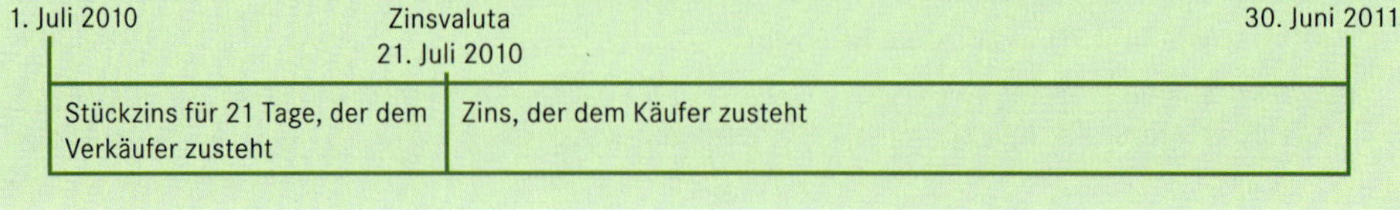

5484128

12.4 Buchungen von Zinsen und Gebühren

12.4.1 Abrechnung von Kontokorrentkonten

Praxisfall

Nadine Möller erscheint etwas aufgebracht am Serviceschalter der Handelsbank. Sie legt ihren Kontoauszug vor und beklagt sich über die ihrer Meinung nach ungerechtfertigten Gebühren in Höhe von 7,84 €.

Kontoauszug

Handelsbank Glückstadt
Bic: GENODEF1G...

Auszug für Ihr Girokonto
Auszugnummer 27 Blatt 1

Datum	Verwendungszweck	Wert	Belastungen	Gutschriften
	alter Kontostand vom 24. Juni			1.380,37 €
25. Juni	Bar	25. Juni	500,00 €	
26. Juni	POS Abbuchung	26. Juni	125,00 €	
26. Juni	Scheckeinreichung	28. Juni		250,00 €
30. Juni	Gehaltszahlung	30. Juni		2.100,00 €
30. Juni	Kontoabrechnung	30. Juni	8,84 €	

Sollzins genehmigte Überziehung 10,5 %	2,18 €	
Sollzins geduldete Überziehung 14,5 %		
Habenzins 0,5 %		1,18 €
Kontoauszugsgebühr 14 · 0,56 €	7,84 €	

Kreditlinie 6.000,00 €

neuer Kontostand .... 3.096,53 €

Nadine Möller
Paulinenstraße 30
73033 Glückstadt

IBAN: DE716...

Bei der Buchung von Abrechnungen von Kontokorrentkonten mit Zinsen und Gebühren ist zu beachten, dass Zinsaufwand und Zinsertrag nicht gegeneinander aufgerechnet werden dürfen (Kompensationsverbot). Aus Gründen der Klarheit der Buchführung muss in der GuV-Rechnung erkennbar sein, welche Aufwendungen und Erträge anfielen. Gebührenerträge sind ebenso gesondert zu buchen.

Buchung von Kontokorrentabrechnungen im Grundbuch:

Soll		Haben
60 Zinsaufwendungen 211 KKK	an	52 PGE 50 Zinserträge

Praxisfall

Buchung der Kontokorrentabrechnung auf KKK		
Sollzins	2,18 €	
Habenzins		1,18 €
Kontoauszugsgebühren	7,84 €	

Buchung im Grundbuch:

Soll	€	an	Haben	€
60 Zinsaufwendungen	1,18		52 PGE	7,84
211 KKK	8,84		50 Zinserträge	2,18

Frau Möller erhält wöchentlich Kontoauszüge per Post, was sich an den Kontoauszugsgebühren zeigt. Diese Gebühren decken das Porto. Frau Möller kann zum Beispiel auf die Möglichkeit, den für sie kostengünstigeren Kontoauszugsdrucker zu nutzen, hingewiesen werden. Sie zahlt keine

Praxisfall (Fortsetzung)

Kontoführungsgebühr und keine Buchungspostengebühr für ihre Zahlungsverkehrsvorgänge. Die Habenzinsen sind tatsächlich gering, die Kundin sollte auf Angebote des Kreditinstituts wie zum Beispiel Abbuchungsdauerauftrag auf eine Sparanlage aufmerksam gemacht werden. Die Sollzinsen stellen aus Banksicht Ertrag dar. Frau Möller bezahlt diese Zinsen für eine für sie sehr bequeme Leistung des Kreditinstituts, das ihr kurzfristig und unbürokratisch Kredit einräumt.

12.4.2 Abrechnung von Sparkonten

Praxisfälle

- Katrin Spahr erhält auf ihrem Sparkonto die Jahreszinsen in Höhe von 100,00 € gutgeschrieben. Da sie keinen **Freistellungsauftrag** erteilt hat und der Bank keine **Nichtveranlagungsbescheinigung** (NV-Bescheinigung) vorliegt, ist die Handelsbank verpflichtet, vom Zins die **Abgeltungssteuer** abzuziehen. Frau Spahr hat der Handelsbank mitgeteilt, sie sei Mitglied der katholischen Kirche in Baden-Württemberg (Kirchensteuer 8 %).
- Gunter Clever hat der Handelsbank eine Nichtveranlagungsbescheinigung vorgelegt. Er erhält auf seinem Sparkonto die Jahreszinsen in Höhe von 120,00 € ohne Abzug gutgeschrieben.
- Reiner Mannel hat der Handelsbank einen Freistellungsauftrag über 400,00 € erteilt. Bei der Gutschrift der Zinsen in Höhe von 500,00 € auf seinem Sparkonto muss für den überschießenden Betrag die Abgeltungssteuer abgezogen werden. Er hat seiner Bank keine Weisung über die Kirchensteuer erteilt.

Der Bank-Auszubildende Rahn überlegt, wie die Zinsgutschriften für diese Sparer zu buchen sind.

Zinserträge unterliegen als Einkünfte aus Kapitalvermögen der Einkommensteuer. Seit 01.01.2009 sind inländische Kreditinstitute, bei denen Kapitalanlagen gehalten werden, verpflichtet, Steuerpflichtigen die Abgeltungssteuer von Kapitalerträgen abzuziehen und an die Finanzverwaltung abzuführen. Die grundsätzliche Verpflichtung, Zinserträge aus Kapitalvermögen in der Einkommenssteuererklärung anzugeben, entfällt damit für den Privatanleger als Steuerpflichtigen. Seine Steuerpflicht für diese Kapitalerträge ist somit „abgegolten". Steuerpflichtige Privatpersonen können allerdings steuerpflichtige Einkünfte, für die die Abgeltungssteuer bereits einbehalten und abgeführt wurde, in ihrer Steuererklärung angeben. Der Steuerpflichtige wird dann mit seinem persönlichen Steuersatz für diese Erträge besteuert. Dies hat zum Beispiel dann Sinn, wenn der persönliche Grenzsteuersatz für die übrigen Einkünfte unter dem Satz der Abgeltungssteuer liegt. Der Steuerpflichtige erhält dann die zu viel abgezogene Abgeltungssteuer von der Finanzbehörde zurückerstattet.

Der einheitliche Steuersatz für die Abgeltungssteuer beträgt 25 %, hinzu kommt der Solidaritätszuschlag (5,5 % der Abgeltungssteuer) und Kirchensteuer (8 % oder 9 % der Abgeltungssteuer), wenn der Steuerpflichtige dem Kreditinstitut mitteilt, dass er kirchensteuerpflichtig ist.

Die Gesamtbelastung für die Abgeltungssteuer ohne Kirchensteuer beträgt somit 26,375 %. Da die Kirchensteuer bei zusätzlicher Kirchensteuerpflicht als Sonderausgaben abgesetzt werden kann, beträgt sie inklusive der Kirchensteuer rund 27,8 % bei 8%-iger und rund 28 % bei 9%-iger Kirchensteuer.

Der Sparer-Pauschbetrag (in dem dann auch alle Werbungskosten enthalten sind) in Höhe von 801,00 € (Ehegatten 1.602,00 €) bleibt steuerfrei. Wenn der Anleger im Rahmen dieses Pauschbetrages einen Freistellungsauftrag erteilt, so erhält er Zinsen bis zur angegebenen Betragshöhe ohne Abzug der Abgeltungssteuer. Wenn er eine Nichtveranlagungsbescheinigung (NV-Bescheinigung) vorlegt, so erhält er alle Kapitalerträge ohne Abzug der Abgeltungssteuer.

Buchung von Zinsgutschriften auf Sparkonten ohne und unter Abzug der Abgeltungssteuer.

Soll		Haben
Buchung ohne Abzug von Abgeltungssteuer, bei Vorlage eines Freistellungsauftrags mit einer Höhe, die ausreichend ist für die Zinszahlung oder einer NV-Bescheinigung		
60 Zinsaufwendungen	an	22 Spareinlagen
Buchung unter Abzug von Abgeltungssteuer, wenn weder Freistellungsauftrag noch NV-Bescheinigung vorliegen		
60 Zinsaufwendungen	an	22 Spareinlagen 271 Sonst. VBL FA

Praxisfall

Buchung für Katrin Spahr:
Spahr wird auf den Zins Abgeltungssteuer, Solidaritätszuschlag und um den Sonderausgabenabzug ermäßigte Kirchensteuer, zusammen rund 27,8 %, abgezogen.

Soll	€	an	Haben	€
60 Zinsaufwendungen	100,00		22 Spareinlagen	72,20
			271 Sonst. VBL FA	27,80

Buchung für Gunter Clever:
Clever erhält die Zinsgutschrift ohne Abzug.

Soll	€	an	Haben	€
60 Zinsaufwendungen	100,00		22 Spareinlagen	100,00

Buchung für Reiner Mannel:
Mannel wird auf den über dem Freistellungsauftrag liegenden Zins in Höhe von 100,00 € Abgeltungssteuer und Solidaritätszuschlag (zusammen 26,375 %) abgezogen.

Soll	€	an	Haben	€
60 Zinsaufwendungen	500,00		22 Spareinlagen	473,62
			271 Sonst. VBL FA	26,38

12.4.3 Buchungen im Kreditgeschäft

Praxisfall

Die Eheleute Semmeling haben zur Finanzierung eines Anbaus an ihr Einfamilienhaus ein Darlehen über 45.000,00 € beantragt. Die Handelsbank gewährt das Darlehen.

Im Kreditbereich erzielen Kreditinstitute **Erträge** in Form von **Zinsen** und **Gebühren.**

Diesen Erträgen stehen **Zinsaufwendungen** für die Kapitalbeschaffung, **Personalaufwand** und **Abschreibungsaufwand für Kredite,** die nicht zurückbezahlt werden, gegenüber.

1. Der Kreditantrag wird nicht gebucht. Das Kreditinstitut geht hierbei noch keinerlei Pflichten ein.
2. Die Kreditzusage wird noch nicht gebucht.
3. Die Auszahlung eines Darlehens zugunsten KKK erhöht auf der Passivseite die Verbind-

lichkeiten, täglich fällig, gegenüber Kunden. Das Darlehen ist auf der Aktivseite als Forderung gegenüber Kunden bei Bilanzierung unter Position 4 (siehe Anhang Bilanz) aufzuführen. Verrechnete Bearbeitungsgebühren werden unter PGE gebucht. Ein vom Kunden verlangtes **Disagio** ist als vorab bezahlter Zinsertrag zu buchen.

4. Tilgungsleistungen des Kunden vermindern die Darlehenshöhe. Zinszahlungen werden als Ertrag gebucht.

Praxisfall

Geschäftsfälle	Buchung im Grundbuch	
	Soll €	**Haben €**
1. Das Ehepaar Semmeling beantragt ein Darlehen über 45.000,00 €.	keine Buchung	
2. Dem Ehepaar Semmeling wird das Darlehen zugesagt.	keine Buchung	
3. Das Darlehen über 45.000,00 € wird abzüglich Disagio mit 98 % und abzüglich einer Bearbeitungsgebühr in Höhe von 100,00 € auf dem Kontokorrentkonto der Semmelings bereitgestellt.	**2112 Darlehen 45.000,00**	211 KKK 44.000,00 52 PGE 100,00 50 Zinsertrag 900,00
4. Die Semmelings zahlen monatlich 500,00 € für Zins und Tilgung durch Dauerauftrag vom Kontokorrentkonto. Die erste Annuität (monatlicher, vierteljährlicher oder jährlicher Betrag aus Zins und Tilgung) soll gebucht werden, sie enthält Zins in Höhe von 225,00 € und Tilgung in Höhe von 275,00 €.	211 KKK 500,00	**2112 Darlehensf. 275,00** 50 Zinsertrag 225,00

Zusammenfassung

Buchen eines Kassenüberschusses:

10 Kasse	an	562 Kassenüberschuss (Ertragskonto, das über GuV abgeschlossen wird) Oder: CPD-Kassendifferenzen (Verbindlichkeit an unbekannte Kunden, Ertragswirksamkeit wird ggf. zum Jahresende gebucht)

Buchen eines Kassenfehlbetrages:

682 Kassenfehlbetrag (Aufwandskonto, das über GuV abgeschlossen wird) Oder: CPD-Kassendifferenzen (Ford. an unbekannte Kunden, Ertragswirksamkeit wird ggf. zum Jahresende gebucht)	an	10 Kasse

→

5484132

Zusammenfassung (Fortsetzung)

Buchen beim Verkauf von Reiseschecks:

10 Kasse	**an**	**35 Reisescheck** (Minderung des Bestandes an Reiseschecks, die von dem Reisescheckinstitut vorher erworben wurden) 52 PGE

Buchen bei Einlösung von Reiseschecks an der Kasse

35 Reisescheck (Scheckforderung gegenüber dem ausgebenden Reisescheckinstitut)	**an**	**10 Kasse**

Buchen einer Scheckeinreichung bei der 1. Inkassostelle:

33 Scheck (Scheckforderung gegenüber dem bezogenen KI)	**an**	211 KKK (wenn der Scheck wegen guter Bonität des Einreichers E. v. gutgeschrieben wird) Oder: **34 CPD/Scheckeinreicher** (wenn der Scheck dem Einreicher erst n. E. gutgeschrieben wird)

Wenn n. E. gutgeschrieben wurde, wird der Eingang vom Bezogenen Institut abgewartet. Nach Eingang wird dann gebucht:

34 CPD/Scheckeinreicher	**an**	211 KKK

Buchen des Scheckeinzugs bei der 1. Inkassostelle:

11 Bundesbank (Clearing und Belastung des bezogenen Instituts)	**an**	**33 Scheck** (Ausbuchen aus dem Scheckbestand)

Buchen der Scheckbelastung beim bezogenen Institut:

211 KKK (Belastung des Ausstellers)	**an**	**11 Bundesbank** (Clearing und Gutschrift für die 1. Inkassostelle)

Buchen beim Verkauf von Effekten im Kundenauftrag:

25 EKK Effektenkommissionskonto	**an**	211 KKK (Gutschrift für Verkäufer) **274 Sonstige VBL** (Spesen der Börse) 52 PGE (Verkaufsprovision für eigenes KI)

Buchen beim Kauf von Effekten im Kundenauftrag:

211 KKK (Belastung für Käufer)	**an**	25 EKK Effektenkommissionskonto **274 Sonstige VBL** (Spesen der Börse) 52 PGE (Kaufprovision für eigenes KI)

Buchen beim Kauf von Effekten im Eigengeschäft zum Trading:

121 EE Eigene Effekten (Wertpapiere des Umlaufvermögens/Pos. 2, 5, 6 der Bilanz, siehe Anhang) 61 PGA (selbst zu tragende Spesen der Börse)	**an**	201 BKK

→

Zusammenfassung (Fortsetzung)

Buchen beim Kauf von Effekten im Eigenschäft zur längerfristigen Beteiligung:

121 EE Eigene Effekten (Wertpapiere des Anlagevermögens/Pos. 7, 8 der Bilanz, siehe Anhang) **61 PGA** (selbst zu tragende Spesen der Börse)	**an**	201 BKK

Buchen beim Verkauf von Effekten im Eigenschäft zum Trading:

201 BKK **61 PGA** (selbst zu tragende Spesen der Börse)	**an**	**121 EE Eigene Effekten** (Wertpapiere des Umlaufvermögens/Pos. 2, 5, 6 der Bilanz, siehe Anhang)

Buchen beim Verkauf von Effekten im Eigenschäft zur längerfristigen Beteiligung:

201 BKK **61 PGA** (selbst zu tragende Spesen der Börse)	**an**	**121 EE Eigene Effekten** (Wertpapiere des Anlagevermögens/Pos. 7, 8 der Bilanz, siehe Anhang)

Stückzinsen beim Kauf/Verkauf von Rentenpapieren:
Zinsen, die bis zum Kauftermin bereits aufgelaufen, jedoch erst zum Zinstermin fällig sind, muss der Käufer dem Verkäufer erstatten, denn der Käufer hat nur Anspruch auf die Zinsen ab Kauftermin, erhält zum Zinstermin jedoch auch den Zins, der bis zum Kauftermin aufgelaufen ist.

Zinstermin 1	**Kauftermin** ■ Wertstellungstag = Schlusstag (Vertragsschluss) + 2 Börsentage ■ Zinsvaluta = Wertstellungstag – 1 Kalendertag	**Zinstermin 2** Zinszahlung am Zinstermin erhält der Käufer
Zins, der dem Verkäufer zusteht (Stückzins) und den er vom Käufer erstattet bekommt	Zins, der dem Käufer zusteht	

Buchung von Zinsgutschriften auf Sparkonten.
Buchung ohne Abzug von Abgeltungssteuer, bei Vorlage eines Freistellungsauftrags mit einer Höhe, die ausreichend ist für die Zinszahlung, oder einer NV-Bescheinigung

60 Zinsaufwendungen	**an**	**22 Spareinlagen**

Buchung unter Abzug von Abgeltungssteuer, wenn weder Freistellungsauftrag noch NV-Bescheinigung vorliegen (Abzug 26,375 % ohne Kirchensteuerpflicht, rund 28 % mit Kirchensteuerpflicht)

60 Zinsaufwendungen	**an**	**22 Spareinlagen** **271 Sonst. VBL FA**

Buchen von Zinsen und Gebühren im Kreditgeschäft:
Gutschrift von Habenzinsen an den Kunden

60 Zinsaufwendungen	**an**	211 KKK

Belastung von Sollzinsen gegenüber Kunden

211 KKK	**an**	**50 Zinserträge**

Belastung von Gebühren gegenüber Kunden

211 KKK	**an**	**52 PGE**

Aufgaben

1. Buchen Sie die Geschäftsfälle im Grundbuch:
   a) Bei der Kassenaufnahme werden 21.350,00 € gezählt, Buchbestand 21.250,00 €.
   b) Bei der Kassenaufnahme werden 11.280,00 € gezählt, Buchbestand 11.290,00 €.
   c) Kunde Reis möchte für seinen Afrika-Aufenthalt Euro-Reiseschecks für 500,00 €. Wir berechnen Reis die Schecks zuzüglich 1 % Gebühr auf KKK und rechnen mit dem Reisescheckunternehmen über die Bundesbank ab.
   d) Wir zahlen einem Touristen gegen Vorlage seines Reisepasses für einen Euro-Reisescheck auf American Express 1.000,00 € aus.
   e) Wir ziehen einen Reisescheck über 1.000,00 € bei American Express über Nostrokonto ein und erhalten von American Express 1 % Provision.
   f) Kunde Klar reicht acht Schecks im Gesamtwert von 13.000,00 € zur Gutschrift auf seinem Kontokorrentkonto ein. Da Klar für den Betrag gut ist, schreiben wir E. v. gut.
   g) Wir ziehen Schecks im Gesamtwert von 8.000,00 € auf dem Verrechnungsweg über ein Lorokonto ein.
   h) Kunde Mall reicht einen Scheck über 15.000,00 € zur Gutschrift ein. Wir schreiben den Betrag n. E. gut.
   i) Wir ziehen einen unserem Kunden Mall zunächst nur n. E. gutgeschriebenen Scheck über 15.000,00 € von einer Korrespondenzbank ein und erhalten die Gutschrift auf dem direkten Verrechnungsweg.
   j) Ein Scheck über 1.000,00 €, den wir unserem Kunden Müßig E. v. gutgeschrieben und über die Bundesbank zum Einzug beim bezogenen KI weitergereicht hatten, kommt von der Bundesbank mangels Deckung zuzüglich 10,00 € Gebühr zurück. Wir belasten Müßig zurück zuzüglich Fremdgebühr und Eigengebühr in Höhe von 5,00 €.
   k) Kunde Karg widerspricht einer Lastschrift über 250,00 €, die wir über die Bundesbank erhalten hatten und ihm auf KKK belasteten.
   l) Kunde Rasch reicht Lastschriften im Gesamtwert von 10.000,00 € zum Einzug ein. Rasch erhält eine Gutschrift E. v., Einzug über die Bundesbank.
   m) Eine Lastschrift über 100,00 €, die uns Kunde Rasch eingereicht hat und die wir über die Bundesbank zum Einzug weitergeleitet haben, kommt wegen Widerspruchs des Zahlungspflichtigen mit Rücklastschriftgebühr in Höhe von 5,00 € zurück. Wir belasten Rasch zusätzlich mit eigener Gebühr in Höhe von 3,00 €.
   n) Wir erhalten über die Bundesbank Schecks und Lastschriften im Gesamtwert von 50.000,00 €, die wir verschiedenen Kunden auf KKK belasten.
   o) Wir kaufen Effekten zum Trading für den Eigenbestand:
   Aktien Kurswert 50.000,00 € + Courtage 0,4 ‰ + Clearinggebühr 5,00 €. Sofortige Verrechnung des Gesamtbetrages über Nostrokonto.
   p) Wir verkaufen im Kundenauftrag Rentenpapiere:
   Kurswert 5.000,00 € + Stückzins 200,00 €. Für Courtage und Clearinggebühr werden 10,00 €, für Provision 25,00 € in Rechnung gestellt. Erträgniskonto ist das Kontokorrentkonto des Kunden. Der ausmachende Betrag wird Valuta zwei Börsentage nach Schlusstag über BKK verrechnet, die Gebühren mit Zeitverzug nach einer Woche.
   q) Wir kaufen im Kundenauftrag eine Anleihe im Nennwert von 10.000,00 €. Kurs 102 %, Zinssatz 5 %, Zinstermin 1. Juli, Schlusstag Donnerstag, 2. August, act./act. Normaljahr, Courtage 0,75 ‰ vom Nennwert, Clearinggebühr 5,00 €, Provision 0,5 % vom Kurswert, mindestens vom Nennwert. Verrechnung des Kundenauftrags über KKK, Verrechnung des Börsenauftrags über BKK.
   r) Wir legen zur längerfristigen Finanzierung eine eigene Inhaberschuldverschreibung über 10 Mio. € auf, die wir ohne Spesen zu 50 % sofort an Kontokorrentkunden verkaufen. Die weiteren 5 Mio. € wollen wir später sukzessive unseren Kunden anbieten.

→

s) Wir belasten einem Kontokorrentkunden die Quartalskontoabrechnung:
Sollzins 28,50 €, Habenzins 2,70 €, Kontoführungsgebühr 10,00 €.

t) Kunde Schulig wird auf KKK mit 750,00 € für Darlehenstilgung i. H. von 200,00 € und Zins in Höhe von 550,00 € belastet.

2. Beschreiben Sie die erforderlichen Arbeitsschritte, wenn bei der Kassenaufnahme am Ende des Geschäftstages eine Kassendifferenz auftritt.

3. Erläutern Sie, weshalb die sofortige Buchung einer Kassendifferenz auf einem Erfolgskonto „Kassendifferenzen" sachlich eigentlich unrichtig, aber dennoch in der Bankpraxis sinnvoll ist.

4. Erkundigen Sie sich in Ihrem Ausbildungsbetrieb, wie ein von einem Deutschlandreisenden angekaufter Euro-Reisescheck, der noch nicht eingezogen wurde, bilanziert wird.

5. Erläutern Sie, weshalb Lastschriften wie Schecks gebucht werden, obwohl sie rechtlich und aus Kundensicht unterschiedliche Zahlungsmittel sind.

6. Begründen Sie, weshalb der vom Kunden Lässig zur Gutschrift auf KKK eingereichte Verrechnungsscheck über 35.000,00 € n. E. gutgeschrieben wird. Lässig hat ein Monatseinkommen in Höhe von 3.000,00 €.

7. Begründen Sie, weshalb Wertpapiere, die wir im Kundenauftrag gekauft haben und die wir in Kundendepotkonten führen, nicht bilanziert werden.

8. Begründen Sie, weshalb eigene Effekten des Kreditinstituts in verschiedenen Bilanzpositionen auftauchen.

9. Begründen Sie, weshalb die deutsche kaufmännische Methode zur Berechnung der Zinstage im Wertpapierbereich und auch zunehmend in anderen Bereichen in der Bankpraxis an Bedeutung verliert.

10. Erläutern Sie, an welchen Stellen der Bankbilanz eine Bank-Inhaberschuldverschreibung auftaucht, die zur Finanzierung des Kreditinstituts emittiert und den Kunden zum Kauf angeboten wurde, wenn bisher nur ein Teil der Gesamtemission verkauft wurde.

11. Bei der Elektronikgroßhandlung Schmidt GmbH geht ein Scheck über 1.687,80 € ein. Mit dem Scheck wurde eine Rechnung unter Abzug von 3 % Skonto bezahlt.

a) Ermitteln Sie den Rechnungsbetrag.

b) Mit welcher Buchung wurde die Ausgangsrechnung (einschließlich 19 % Umsatzsteuer) bei der Schmidt GmbH erfasst?

c) Der Scheck wird bei der Hausbank, der Filsbank, zum Inkasso über das Gironetz eingereicht. Buchen Sie die Scheckeinreichung aus Sicht der Filsbank.

12. Eine Kundin löst ihr rechtzeitig gekündigtes Sparkonto bei der Filsbank auf: Sparguthaben 12.000,00 €, noch zu kapitalisierende Zinsen 180,00 €. Der Betrag wird bar ausbezahlt.
Buchen Sie im Grundbuch wenn:

a) Weder Freistellungsauftrag, NV-Bescheinigung noch Weisung zur Kirchensteuer vorliegen.

b) Kein Freistellungsauftrag und keine NV-Bescheinigung vorliegen und die Kundin Weisung gegeben hat, Kirchensteuer zugunsten der evangelischen Kirche zu berücksichtigen.

c) Die Kundin eine NV-Bescheinigung vorgelegt hat.

d) Die Kundin einen Freistellungsauftrag über 100,00 € erteilt, zur Kirchensteuer aber keine Anweisung gegeben hat.

13. Berechnen Sie für nachfolgende Käufe von Rentenpapieren den Valutatag, den Zinsvalutatag, die Zinstage für die Stückzinsen, die Stückzinsen (act./act.) und den ausmachenden Betrag:

Nominalbetrag	Zinssatz	Zinstermin	Kurs	Schlusstag
a) 3.500,00 €	2,5 %	1.7.	98	Montag 01.09.20.. Normaljahre
b) 11.000,00 €	4,5 %	1.3.	103	Donnerstag 30.04.20.. NJ
c) 5.000,00 €	5 %	1.1.	104	Freitag 29.02.20.. SJ
d) 2.500,00 €	3,5 %	1.1./1.7.	101	Donnerstag 12.05.20.. NJ

14. Die Filsbank verkauft 10 gebrauchte Computer aus der Kreditabteilung zum Buchwert von je 200,00 € gegen Barzahlung an ihre Mitarbeiter. Buchen Sie den Geschäftsfall und erläutern Sie dessen Erfolgswirksamkeit.

13 Jahresabschluss der Kreditinstitute

13.1 Jahresabschlüsse und ihre Bestandteile

Praxisfall

Mit Abschluss des Geschäftsjahres schließen Sie als Buchhalter der Genobank e. G. die gesamten Konten ab. Sie haben dabei das Schlussbilanzkonto verwendet und sollen nun eine formgerechte Bilanz erstellen.

Für Sie ist wichtig: Wer hat Interesse an Ihrer Bilanzveröffentlichung und welche rechtlichen Vorschriften sind zu beachten?

13.1.1 Aufgaben des Jahresabschlusses

§ 264. Pflicht zur Aufstellung.

(1) Die gesetzlichen Vertreter einer Kapitalgesellschaft haben den Jahresabschluss (§ 242) um einen Anhang zu erweitern, der mit der Bilanz und der Gewinn- und Verlustrechnung eine Einheit bildet, sowie einen Lagebericht aufzustellen. [...]

(2) Der Jahresabschluss der Kapitalgesellschaft hat unter Beachtung der Grundsätze ordnungsmäßiger Buchführung ein den tatsächlichen Verhältnissen entsprechendes Bild der Vermögens-, Finanz- und Ertragslage der Kapitalgesellschaft zu vermitteln. Führen besondere Umstände dazu, dass der Jahresabschluss ein den tatsächlichen Verhältnissen entsprechendes Bild im Sinne des Satzes 1 nicht vermittelt, so sind im Anhang zusätzliche Angaben zu machen. [...]

HGB
Handelsgesetzbuch
§ 264

Wie bei jedem Kaufmann haben auch bei einem Kreditinstitut unterschiedliche Gruppierungen aus verschiedenen Gründen berechtigte Interessen, über die Geschäftslage informiert zu werden. Dazu gehören besonders:

- Eigentümer
- Geschäftsleitung
- Gläubiger
- Öffentlichkeit
- Mitarbeiter
- Finanzbehörde
- Kunden

Um die Interessen der Bilanzadressaten zu schützen, unterliegt der Geschäftsabschluss einer Bank einerseits dem **Steuerrecht**, andererseits dem **Handelsrecht** mit seinen Bilanzierungsvorschriften (§§ 238 bis 339 HGB). Aufgrund des speziellen Geschäftsbereichs der Kreditinstitute und der herausragenden Schutzbedürftigkeit ihrer Gläubiger gelten für sie weitere **besondere Vorschriften** (§ 340 HGB, Rechnungslegungsverordnung für Kreditinstitute [RechKredV] und §§ 26 bis 29 KWG). So ist umfangreiche Berichterstattung und Offenlegungspflicht vorgeschrieben:

§ 340 a. Anzuwendende Vorschriften.

(1) Kreditinstitute, auch wenn sie nicht in der Rechtsform einer Kapitalgesellschaft betrieben werden, haben auf ihren Jahresabschluss die für große Kapitalgesellschaften geltenden Vorschriften [...] anzuwenden, soweit [...] nichts anderes bestimmt ist; Kreditinstitute haben außerdem einen Lagebericht nach § 289 aufzustellen. [...]

HGB
Handelsgesetzbuch
§ 340 a

Genobank e. G.

Jahresbilanz zum 31. Dezember 2009

Aktivseite

	€	€	€	Geschäftsjahr €	Vorjahr T€
1. Barreserve					
a) Kassenbestand			200.197,12		220
b) Guthaben bei Zentralnotenbanken			110.999,47		111
darunter: bei der Deutschen Bundesbank	110.999,47				(111)
c) Guthaben bei Postgiroämtern			0,00	311.196,59	0
2. Schuldtitel öffentlicher Stellen und Wechsel, die zur Refinanzierung bei Zentralnotenbanken zugelassen sind					
a) Schatzwechsel und unverzinsliche Schatzanweisungen sowie ähnliche Schuldtitel öffentlicher Stellen			0,00		0
darunter: bei der Deutschen Bundesbank refinanzierbar	0,00				(0)
b) Wechsel			0,00	0,00	0
darunter: bei der Deutschen Bundesbank refinanzierbar	0,00				(0)
3. Forderungen an Kreditinstitute					
a) täglich fällig			425.255,96		509
b) andere Forderungen			168.464,50	593.720,46	370
4. Forderungen an Kunden				17.740.303,15	(16.297)
darunter: durch Grundpfandrechte gesichert	10.590.506,79				(9.371)
Kommunalkredite	0,00				(0)
Warenforderungen	30.464,82				(18)
5. Schuldverschreibungen und andere festverzinsliche Wertpapiere					
a) Geldmarktpapiere					
aa) von öffentlichen Emittenten		0,00			0
darunter: beleihbar bei der Deutschen Bundesbank	0,00				(0)
ab) von anderen Emittenten		0,00	0,00		0
darunter: beleihbar bei der Deutschen Bundesbank	0,00				(0)
b) Anleihen und Schuldverschreibungen					
ba) von öffentlichen Emittenten		2.187.269,93			2.695
darunter: beleihbar bei der Deutschen Bundesbank	2.187.269,93				(2.695)
bb) von anderen Emittenten		1.022.408,25	3.209.678,18		2.279
darunter: beleihbar bei der Deutschen Bundesbank	1.022.408,22				(1.366)
c) eigene Schuldverschreibungen			0,00	3.209.678,18	0
Nennbetrag	0,00				(0)
6. Aktien und andere nicht festverzinsliche Wertpapiere				20.000,00	20
6.a Handelsbestand				8.292,70	7
7. Beteiligung und Geschäftsguthaben bei Genossenschaften					
a) Beteiligungen			258.622,65		260
darunter: an Kreditinstituten	177.350,00				(177)
an Finanzdienstleistungsinstituten	0,00				(0)
b) Geschäftsguthaben bei Genossenschaften			15.867,49	274.490,14	14
darunter: bei Kreditgenossenschaften	10.000,00				(10)
bei Finanzdienstleistungsinstituten	0,00				(0)
8. Anteile an verbundenen Unternehmen				0,00	0
darunter: an Kreditinstituten	0,00				(0)
an Finanzleistungsinstituten	0,00				(0)
9. Treuhandvermögen				281.055,13	300
darunter: Treuhandkredite	281.055,13				(300)
10. Ausgleichsforderungen gegen die öffentliche Hand einschließlich Schuldverschreibungen aus deren Umtausch			0,00		0
11. Immaterielle Anlagewerte				0,00	0
12. Sachanlagen				373.613,00	408
13. Sonstige Vermögensgegenstände				134.620,42	46
14. Rechnungsabgrenzungsposten				0,00	0
Summe der Aktiva				**22.946.969,77**	**23.536**

Passivseite

	€	€	€	Geschäftsjahr €	Vorjahr T€
1. Verbindlichkeiten gegenüber Kreditinstituten					
a) täglich fällig			4.650,00		7
b) mit vereinbarter Laufzeit oder Kündigungsfrist			1.192.669,00	1.197.319,00	1.820
2. Verbindlichkeiten gegenüber Kunden					
a) Spareinlagen					
aa) mit vereinbarter Kündigungsfrist von 3 Monaten		11.747.374,09			11.417
ab) mit vereinbarter Kündigungsfrist von mehr als 3 Monaten		1.546.799,30	13.294.173,39		1.632
b) andere Verbindlichkeiten					
ba) täglich fällig		2.601.233,47			2.386
bb) mit vereinbarter Laufzeit oder Kündigungsfrist		3.521.160,54	6.122.394,01	19.416.567,40	4.050
2 a. Verpflichtungen aus Warengeschäften und aufgenommenen Warenkrediten				22.997,16	11
3. Verbriefte Verbindlichkeiten					
a) begebene Schuldverschreibungen			0,00		0
b) andere verbriefte Verbindlichkeiten			0,00	0,00	0
darunter:					
Geldmarktpapiere	0,00				(0)
eigene Akzepte und Solawechsel im Umlauf	0,00				(0)
3. a Handelsbestand					
4. Treuhandverbindlichkeiten				281.055,13	300
darunter: Treuhandkredite	281.055,13				(300)
5. Sonstige Verbindlichkeiten				169.245,65	41
6. Rechnungsabgrenzungsposten				44.450,00	57
7. Rückstellungen					
a) Rückstellungen für Pensionen und ähnliche Verpflichtungen			0,00		0
b) Steuerrückstellungen			0,00		0
c) andere Rückstellungen			168.419,64	168.419,64	174
8. Sonderposten mit Rücklageanteil				45.090,00	81
9. Nachrangige Verbindlichkeiten				0,00	0
10. Genussrechtskapital				0,00	0
darunter: vor Ablauf von 2 Jahren fällig	0,00				(0)
11. Fonds für allgemeine Bankrisiken				0,00	0
darunter: aus Handelsbestand	0,00				(0)
12. Eigenkapital					
a) gezeichnetes Kapital			557.386,69		543
b) Kapitalrücklage			0,00		0
c) Gewinnrücklagen					
ca) gesetzliche Rücklage		440.000,00			430
cb) andere Rücklagen		550.601,06	990.601,06		533
d) Bilanzgewinn			53.838,04	1.601.825,79	54
		Summe der Passiva		**22.946.969,77**	**23.536**

1. Eventualverbindlichkeiten					
a) Eventualverbindlichkeiten aus weitergegebenen abgerechneten Wechseln		0,00			0
b) Verbindlichkeiten aus Bürgschaften und Gewährleistungsverträgen		288.922,68			230
c) Haftung aus der Bestellung von Sicherheiten für fremde Verbindlichkeiten		0,00	288.922,88		0
2. Andere Verpflichtungen					
a) Rücknahmeverpflichtungen aus unechten Pensionsgeschäften		0,00			0
b) Platzierungs- und Übernahmeverpflichtungen		0,00			0
c) unwiderrufliche Kreditzusagen		1.010.000,00	1.010.000,00		1.146
darunter: Lieferverpflichtungen aus zinsbezogenen Termingeschäften	0,00				(0)

13.1.2 Bestandteile des Jahresabschlusses

Der Jahresabschluss besteht lt. HGB aus **Bilanz, Gewinn- und Verlustrechnung, Anhang** und **Lagebericht.**

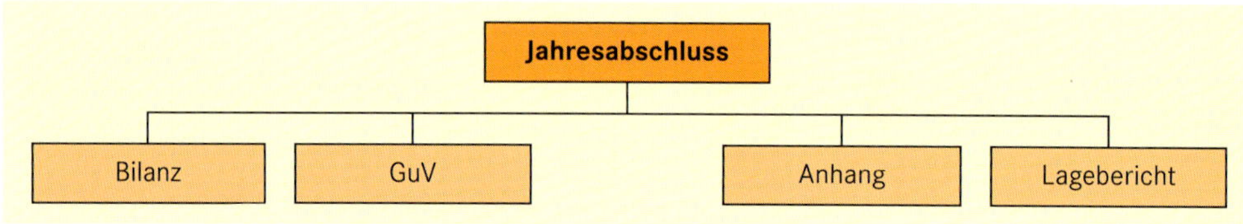

Abweichend von der Regelung des HGB haben Kreditinstitute ihre **Bilanz** und **GuV** nach RechKredV zu gliedern (vgl. Abbildung Seite 138/139). Die sogenannte Formblattbilanz und GuV-Gliederung entspricht mit ihrer Darstellung dem Geschäftsschwerpunkt der Kreditinstitute und soll eine Vergleichbarkeit in der Branche gewährleisten. Bilanz und GuV spiegeln beide mit zeitlicher Verzögerung übersichtlich die Vergangenheit des Unternehmens wider. Die Bilanz zeigt die Vermögens- und Schuldenlage zum Stich**tag,** während die GuV die Ertragssituation für den Zeitraum des gesamten Geschäfts**jahres** widerspiegelt.

Der **Anhang** hat nach § 284 HGB einzelne Positionen der Bilanz und GuV zu erläutern und muss u. a. auf Bilanzierungs- und Bewertungsmethoden besonders eingehen, Änderungen sind zu begründen.

Der **Lagebericht** soll nach § 289 HGB dem Leser ein Bild von den tatsächlichen gegenwärtigen Verhältnissen des Unternehmens vermitteln. Im Gegensatz zum Stichtagsbezug der Bilanz muss hier auf Entwicklungen nach Ende des Geschäftsjahres und auf die Zukunftsaussichten des Unternehmens eingegangen werden. Das ist besonders wichtig, da aufgrund der Abschlussarbeiten oft Monate bis zur Veröffentlichung des Jahresabschlusses vergehen. Die Aussagekraft des letzten Geschäftsjahres ist deshalb immer im Zusammenhang mit dem zum Veröffentlichungszeitpunkt aktuellen Lagebericht zu sehen.

13.1.3 Bilanzierungsgrundsätze

Zum Schutz der Bilanzadressaten unterliegt die Rechnungslegung aller Unternehmen verschiedenen Bilanzierungsgrundsätzen:

Bilanzwahrheit	Bilanzklarheit	Bilanzkontinuität
Probleme: Ihr Kreditinstitut hat Forderungen aus Kreditvergaben, weiß jedoch, dass ein Kunde bereits zahlungsunfähig ist.	Um die Konkurrenz zu täuschen, möchte der Buchhalter die KK-Konten nicht auf Aktiv- und Passivseite ausweisen, sondern saldiert nur auf einer Bilanzseite.	Während vor zwei Jahren bei hohem Gewinn zur Steuerersparnis degressiv abgeschrieben wurde, wechselte man im letzten Jahr wegen schlechter Ergebnisse auf lineare Abschreibung. Jetzt will man bereits wieder wechseln.
Grundsatzbeachtung: Die Bilanz soll wahrheitsgemäß die tatsächliche Rückzahlungserwartung darstellen.	Die Bilanz muss klar Auskunft über die Sachverhalte liefern und darf sie nicht verschleiern.	Zur Bilanzkontinuität dürfen Bewertungsgrundsätze nur ausnahmsweise begründet geändert werden.

Praxisfall

„Der Jahresabschluss der Genobank e. G. wird nach den Vorschriften des Handelsgesetzbuches sowie der Verordnung über die Rechnungslegung der Kreditinstitute aufgestellt. [...]"

aus: Jahresabschluss und Lagebericht der Genobank e. G.

Zusammenfassung

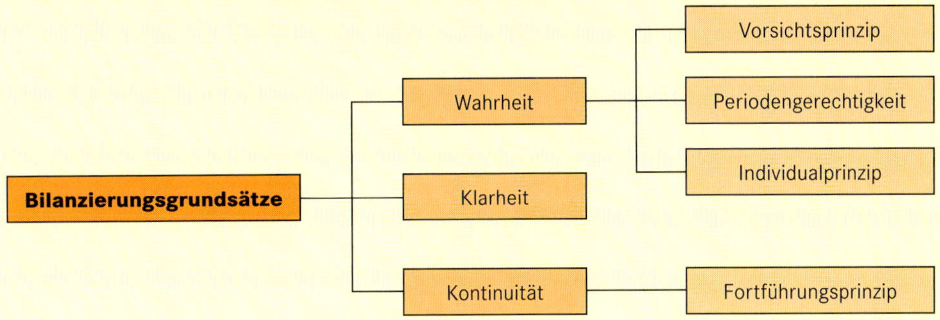

Aufgabe

Erstellen Sie aus der unten abgebildeten Schlussbilanz (aus Kapitel 6, Aufgabe 5 g, Seite 64) eine Formblattbilanz gemäß RechKredV.

Nutzen Sie dazu eine Kopie des Blanko-Formblattes einer Bilanz am Ende des Buches.

- Von den Debitoren sind 200.000,00 € durch Grundpfandrechte gesichert.
- Bei den Eigenen Wertpapieren handelt es sich um 30.000,00 € Bundesanleihen und 20.000,00 € Geldmarktpapiere von industriellen Emittenten.
- Bei den Spareinlagen handelt es sich um 100.000,00 € Einlagen mit Kündigungsfristen von sechs Monaten und länger, der Rest besteht aus „Standard"-Sparkonten.
- Das Eigenkapital besteht aus 50 000 Aktien im Nennwert von 1,00 €.
  - Die Aktien wurden zu 1,05 € emittiert (Kapitalrücklage für den Betrag über Nennwert).
  - Die vorgeschriebene gesetzliche Rücklage auf den Nennwert ist mit 2.500,00 € voll eingestellt (gesetzliche Rücklage).
  - Andere Ergebnisrücklagen von 18.500,00 € wurden aus Gewinnen der Vergangenheit zurückgelegt.
  - Der noch nicht verteilte Bilanzgewinn beträgt 7.100,00 €.
- Als Eventualverbindlichkeit wurde
  - eine Mietbürgschaft für unseren Kunden Hans Meister in Höhe von 900,00 € gegenüber dessen Vermieter übernommen und
  - eine Baufinanzierung für unsere Kundin Bettina Wohlgemuth in Höhe von 180.000,00 € zugesagt, aber noch nicht valutiert.

Schlussbilanz

Aktiva		Passiva	
Kasse	17.800,00 €	VBL gegen Kunden	
Zentralbank	122.700,00 €	– Spareinlagen	601.800,00 €
Debitoren	980.500,00 €	– Kreditoren	548.600,00 €
Eigene Wertpapiere	50.000,00 €	Eigenkapital	80.600,00 €
Sonstige Vermögensgegenstände	60.000,00 €		
	1.231.000,00 €		1.231.000,00 €

13.2 Bewertung von Gütern des Anlagevermögens

Praxisfall

Für den Vorstand wurde am 4. Januar ein Fahrzeug mit der abgebildeten Rechnung angeschafft. Mit dem Fahrzeug wurden bis zum Jahresende ca. 20 000 km gefahren und es befindet sich in altersentsprechendem Zustand. Das Fahrzeug ist für die Bilanz zum Jahresende mit einem Vermögenswert anzusetzen und deshalb zu bewerten.

Rechnung		**€ inkl. MWSt.**	**€ inkl. MWSt.**
Personenkraftwagen	Listenpreis	40.450,00	
Zubehör	Klimapaket, Multi-Media-Paket	2.000,00	
Überführungskosten		450,00	
Zulassung		100,00	43.000,00
Tankfüllung		80,00	
Versicherung		400,00	480,00
– Rabatt			1.000,00
			42.480,00

Die Aufnahme eines Vermögenswertes in die Bilanz ergibt sich aus der Inventuraufnahme. Auf der Basis dieser Bestandsaufnahme ist jeder Vermögensgegenstand unter Beachtung allgemeiner Bewertungsgrundsätze einzeln zu beurteilen und ein Wertansatz festzulegen. Dabei sind allgemeine und spezielle Bewertungsgrundsätze je nach den anzuwendenden Bilanzierungsrichtlinien für die Handels- und Steuerbilanz (HGB und EStG) oder für kapitalmarktorientierte Unternehmen nach IAS/IFRS zugrunde zu legen. Wir stellen im Folgenden die Bilanzierungsgrundlagen nach HGB dar und gehen auf grundlegende steuerrechtliche Besonderheiten ein. Die IAS/IFRS-Regelungen werden in ihren grundlegenden Zielsetzungen und exemplarischen Bewertungsunterscheidungen im Vergleich zum HGB in Kapitel 13.10 überblickartig dargestellt.

13.2.1 Rechtsgrundlagen für die Bewertung

Für alle Vermögensgegenstände gelten die Allgemeinen Bewertungsgrundsätze nach HGB:

HGB
Handelsgesetzbuch
§ 252

§ 252. Allgemeine Bewertungsgrundsätze.

(1) Bei der Bewertung der im Jahresabschluss ausgewiesenen Vermögensgegenstände und Schulden gilt insbesondere Folgendes:

1. Die Wertansätze in der Eröffnungsbilanz des Geschäftsjahres müssen mit denen der Schlussbilanz des vorhergehenden Geschäftsjahres übereinstimmen. *(Bilanzkontinuität)*
2. Bei der Bewertung ist von der Fortführung der Unternehmenstätigkeit auszugehen, sofern dem nicht tatsächliche oder rechtliche Gegebenheiten entgegenstehen. *(Fortführungsprinzip)*
3. Die Vermögensgegenstände und Schulden sind zum Abschlussstichtag einzeln zu bewerten. *(Individualprinzip)*
4. Es ist vorsichtig zu bewerten, namentlich sind alle vorhersehbaren Risiken und Verluste, die bis zum Abschlussstichtag entstanden sind, zu berücksichtigen, selbst wenn diese erst zwischen dem Abschlussstichtag und dem Tag der Aufstellung des Jahresabschlusses bekannt geworden sind; Gewinne sind nur zu berücksichtigen, wenn sie am Abschlussstichtag realisiert sind. *(Vorsichtsprinzip)*
5. Aufwendungen und Erträge des Geschäftsjahres sind unabhängig von den Zeitpunkten der entsprechenden Zahlungen im Jahresabschluss zu berücksichtigen. *(Periodengerechtigkeit)*
6. Die auf den vorhergehenden Jahresabschluss angewandten Bewertungsmethoden sind beizubehalten. *(Bilanzkontinuität)*

5484142

Vermögensgegenstände können nach HGB höchstens mit ihren Anschaffungs- oder Herstellungskosten (Obergrenze) bewertet werden.[1] Aufgrund der begrenzten Nutzungsdauer ist der Wert jedoch entsprechend dem planbaren Werteverlust auf die Nutzungsdauer aufzuteilen und entsprechend abzuschreiben. Für die steuerliche Geltendmachung sind die Nutzungszeiten der AfA- Tabellen des Bundesministeriums der Finanzen zu beachten.

Außerplanmäßige Abschreibungen werden dann vorgenommen, wenn darüber hinausgehende dauerhafte Wertminderungen eintreten. Sollte der Grund für eine außerplanmäßige Abschreibung später wegfallen, ist der Differenzbetrag wieder zuzuschreiben (siehe Kapitel 13.2.7).

Aufgrund des relativ hohen Aufwands für die Einzelbewertung und Abschreibung jedes einzelnen Wirtschaftsgutes ist nach § 6 EStG eine vereinfachte Behandlung von Geringwertigen Wirtschaftsgütern bis zu Anschaffungs- und Herstellungskosten von 1.000,00 € vorgesehen (siehe Kapitel 13.2.5).

13.2.2 Anschaffungskosten und Betriebskosten

Laut § 6 EStG sind „Wirtschaftsgüter des Anlagevermögens, die der Abnutzung unterliegen, mit den Anschaffungs- oder Herstellungskosten [...] vermindert um die Absetzungen für Abnutzung, [...] anzusetzen". Zu den **Anschaffungs- und Herstellungskosten** zählen der Kaufpreis, bzw. bei Eigenerstellung die Herstellungskosten. Weiterhin sind auch die **Anschaffungsnebenkosten,** also alle Kosten, die zur Beschaffung und zur Erweiterung und Inbetriebnahme des Anlagegutes, nicht aber zum laufenden Betrieb zählen, zu berücksichtigen. Es zählen also Zubehör, die notwendige Überführung zum Betriebsort, Kosten der Aufstellung und Genehmigungen zu den Anschaffungskosten. Bei einer Immobilie gehören auch Notarkosten, Maklergebühren und Grunderwerbsteuer zu den Anschaffungskosten. Preisnachlässe sind zu berücksichtigen.

Die gezahlte Vorsteuer gehört im umsatzsteuerbefreiten Bereich (Bankgeschäfte) auch zu den aktivierungspflichtigen Anschaffungskosten, da sie nicht vom Finanzamt zurückgefordert werden kann. Sie kann in diesem Fall über die Abschreibung als Aufwand auf die Nutzungsdauer verteilt abgesetzt werden. Im umsatzsteuerpflichtigen Bereich (z. B. Immobilienabteilung) ist eine Aktivierung und Abschreibung nicht möglich, da die Vorsteuer sofort nach Rechnungsbuchung vom Finanzamt zurückgefordert wird.

Umsatzsteuerbefreiter Bankbereich	Umsatzsteuerpflichtiger Bereich
Anschaffungspreis	Anschaffungspreis
+ Anschaffungsnebenkosten	+ Anschaffungsnebenkosten
- Anschaffungspreisminderungen	- Anschaffungspreisminderungen
+ Umsatzsteuer	ohne Umsatzsteuer
= Anschaffungskosten	= Anschaffungskosten
(Bemessungsgrundlage für die Abschreibung)	

Während die Anschaffungskosten als Vermögenswert in der Bilanz aufgeführt werden, sind die **Betriebskosten** im Nutzungsjahr als Aufwand zu buchen. Die Kosten des Betreibens stellen Betriebsausgaben dar, die von der Betriebsdauer oder Nutzungsintensität abhängen. Hierzu zählen bei einem Kfz beispielsweise Versicherungsbeiträge, Kfz-Steuer und Kraftstoff. Bei einer Immobilie fällt laufender Aufwand z. B. in Form von Grundsteuer, Finanzierungskosten und Instandhaltung an.

1 Als Ausnahme ist der Handelsbestand von Kreditinstituten anzusehen, der zum bereinigten Marktwert anzusetzen ist. Vergleiche dazu Kapitel 13.5.1.

Praxisfall

Zu den Anschaffungskosten zählen im Fall der Pkw-Beschaffung auch die Anschaffungsnebenkosten, also alle Kosten, die zur Beschaffung und zur Herstellung der Fahrbereitschaft, nicht aber zum laufenden Betrieb des Fahrzeugs anfallen. Es zählen also Zubehör, die notwendige Überführung zum Betriebsort und die Zulassung zu den Anschaffungskosten (42.000,00 €). Die Tankfüllung und die Versicherung stellen Betriebsausgaben dar, die von der Betriebszeit oder Betriebsstrecke abhängen (480,00 €). Da es sich um ein Fahrzeug für das umsatzsteuerbefreite Bankgeschäft handelt, können die Beträge einschließlich Umsatzsteuer als Anschaffungskosten angesehen werden. Preisminderungen sind abzuziehen.

Kaufpreis	40.450,00 €
+ Zubehör	2.000,00 €
+ Anschaffungsnebenkosten (Überführung)	450,00 €
+ Anschaffungsnebenkosten (Zulassung)	100,00 €
− Anschaffungspreisminderungen (Rabatte)	1.000,00 €
= Anschaffungskosten (inkl. USt für den Geschäftswagen der Bank-Geschäftsleitung)	**42.000,00 €**

13.2.3 Lineare Abschreibung

Bewertung

Da der Wert eines Anlagegutes zum Ende des Wirtschaftsjahres nicht mehr den Anschaffungskosten zum Kaufdatum entspricht, wird nach Vorsichtsprinzip ein niedrigerer Wert angesetzt. Gemäß Fortführungsprinzip ist dabei nicht der Marktwert des Anlagegutes anzusetzen, sondern es ist ein aktualisierter Buchwert zu ermitteln, der von einer Weiternutzung des Anlagegutes ausgeht. Dabei steht die Überlegung an, wie lange das Gut für den Betrieb zu nutzen ist. Der Gesamtwert des Anlagegutes wird innerhalb der Nutzungsdauer verbraucht und vermindert sich entsprechend jährlich durch Abschreibung auf den jeweiligen Restbuchwert.

Nach HGB sind Abschreibungen unter Beachtung des Vorsichtsprinzips „im Rahmen vernünftiger kaufmännischer Beurteilung zulässig“. Da eine erhöhte Abschreibung den Gewinn mindert und dadurch die Höhe der Steuerlast beeinflussen würde, ist für die Steuerbilanz eine Begrenzung erforderlich. Haushalts- und wirtschaftspolitische Überlegungen führen immer wieder zu steuerpolitischen Veränderungen der Abschreibungsmöglichkeiten.

Um den Werteverzehr eines Anlagegutes richtig zu erfassen, ist die Kenntnis der Nutzungsdauer bereits im Voraus erforderlich. Naturgemäß bestehen bei den verschiedenen Investoren – auch im Konflikt mit steuerlichen Interessen – unterschiedliche Vorstellungen über den nutzbaren Zeitraum eines Anlagegutes. Zur Wahrung der Steuergerechtigkeit ist es deshalb erforderlich, mit einheitlichen Nutzungszeiträumen für gleichartige Anlagegüter zu arbeiten. Dazu sind Abschreibungstabellen für die anerkannte betriebsgewöhnliche Nutzungsdauer der Anlagegüter vorgegeben (vergleiche Abbildung). Nur mit besonderer Begründung (z. B. Mehrschichtbetrieb) darf von diesen Vorgaben abgewichen werden.

Wirtschaftsgut	anerkannte Nutzungsdauer/Jahre	Wirtschaftsgut	anerkannte Nutzungsdauer/Jahre
Aktenvernichter	8	Büromöbel	13
Belüftungsgeräte	10	Druckmaschinen	13
Bepflanzung im Gebäude	10	EC- und Kreditkartenleser	8

→

Wirtschaftsgut	anerkannte Nutzungsdauer/Jahre	Wirtschaftsgut	anerkannte Nutzungsdauer/Jahre
Fahrstühle	15	Lichtreklamen	9
Faxgeräte	6	Lkws	9
Fernsprechanlagen	10	Monitore	7
Frankiermaschinen	8	Panzerschränke/Tresore	23
Funktelefone/Handys	5	Personal Computer/Laptops/Drucker	3
Geldprüfgeräte/Sortiergeräte/Zahlgeräte	7	Pkws	6
gewerbliche Hallen	14	Radios/Fernseher	7
Großrechenanlagen	7	Scanner	3
Kassen	6	Segeljachten	20
Klimageräte	11	Tresoranlagen	25
Kopierer	7	Verkaufstheken	10
Lagereinrichtungen	8		

Praxisbezug

„Vermögensgegenstände des Anlagevermögens bewerten wir zu Anschaffungskosten, vermindert um planmäßige Abschreibungen entsprechend der voraussichtlichen Nutzungsdauer. Hierbei orientieren wir uns an den von der Finanzverwaltung veröffentlichten Abschreibungstabellen. [...]"

Handelsbank e.G., Auszug aus Jahresabschluss und Lagebericht

Nach § 7 Abs. 1 EStG ist zur Bewertung von Anlagegütern in der Steuerbilanz die Abschreibung (**A**bsetzung **f**ür **A**bnutzung) in gleichen Jahresbeträgen **(lineare Abschreibung)** vorzunehmen. Lineare Abschreibung führt zu einer gleichmäßigen Verteilung der Anschaffungs- und Herstellungskosten auf die betriebsgewöhnliche Nutzungsdauer.

Die wichtigsten Jahresgrößen berechnet man wie folgt:

$$\text{gleichbleibender Abschreibungsbetrag} = \frac{\text{Anschaffungswert}}{\text{Nutzungsdauer}}$$

oder

$$\text{Abschreibungssatz in \%} = \frac{100}{\text{Nutzungsdauer}}$$

Praxisfall

Rechnerisch bedeutet das für die jährliche Abschreibung bei 6-jähriger Nutzungsdauer:

$$\text{gleichbleibender Abschreibungsbetrag} = \frac{\text{Anschaffungswert}}{\text{Nutzungsdauer}} = \frac{42.000{,}00\ €}{6\ \text{J.}} = \mathbf{7.000{,}00\ €}$$

oder

$$\text{Abschreibungssatz in \%} = \frac{100}{\text{Nutzungsdauer}} = \frac{100}{6\ \text{J.}} = \mathbf{16\ ^2/_3\ \%}$$

Der Wert des Anlagegutes vermindert sich in jedem Jahr um die Abschreibung auf einen Restbuchwert, der in die Bilanz zu übernehmen ist. Bleibt das Anlagegut am Ende der betriebsgewöhnlichen Nutzungsdauer zur weiteren Nutzung im Betrieb, steht es weiterhin mit einem **„Erinnerungswert"** von 1,00 € in den Büchern. Die letzte Abschreibung wird also in diesem Fall um 1,00 € vermindert. Bei der Anschaffung kann der Abschreibungsplan für die Wertentwicklung des Anlagegutes im Voraus erstellt werden.

Praxisfall

Abschreibungsplan linear

	Jahr	€
Anschaffungswert	04.01.01	42.000,00
Abschreibung	31.12.01	7.000,00
Restbuchwert	31.12.01	35.000,00
Abschreibung	31.12.02	7.000,00
Restbuchwert	31.12.02	28.000,00
Abschreibung	31.12.03	7.000,00
Restbuchwert	31.12.03	21.000,00
Abschreibung	31.12.04	7.000,00
Restbuchwert	31.12.04	14.000,00
Abschreibung	31.12.05	7.000,00
Restbuchwert	31.12.05	7.000,00
Abschreibung	31.12.06	6.999,00
Restbuchwert	31.12.06	1,00

Jahr	Buchung	€			€
04.01.01	30 BGA	42.000,00	an	211 KKK	42.000,00
31.12.01	65 Abschreibung	7.000,00	an	30 BGA	7.000,00
31.12.01	SB	35.000,00	an	30 BGA	35.000,00
31.12.02	65 Abschreibung	7.000,00	an	30 BGA	7.000,00
31.12.02	SB	28.000,00	an	30 BGA	28.000,00
31.12.03	65 Abschreibung	7.000,00	an	30 BGA	7.000,00
31.12.03	SB	21.000,00	an	30 BGA	21.000,00
31.12.04	65 Abschreibung	7.000,00	an	30 BGA	7.000,00
31.12.04	SB	14.000,00	an	30 BGA	14.000,00
31.12.05	65 Abschreibung	7.000,00	an	30 BGA	7.000,00
31.12.05	SB	7.000,00	an	30 BGA	7.000,00
31.12.06	65 Abschreibung	6.999,00	an	30 BGA	6.999,00
31.12.06	SB	1,00	an	30 BGA	1,00

S — 30 BGA 01 — H

S		H	
Kauf 04.01.	42.000,00	Abschr. 01	7.000,00
		SB	35.000,00
	42.000,00		42.000,00

S — 65 Abschreibungen auf Sachanlagen 01 — H

S		H	
BGA	7.000,00	GuV	7.000,00
	7.000,00		7.000,00

S — 30 BGA 02 — H

S		H	
AB	35.000,00	Abschr. 02	7.000,00
		SB	28.000,00
	35.000,00		35.000,00

S — 65 Abschreibungen auf Sachanlagen 02 — H

S		H	
BGA	7.000,00	GuV	7.000,00
	7.000,00		7.000,00

[...]

S — 30 BGA 06 — H

S		H	
AB	7.000,00	Abschr. 06	6.999,00
		SB	1,00
	7.000,00		7.000,00

S — 65 Abschreibungen auf Sachanlagen 06 — H

S		H	
BGA	6.999,00	GuV	6.999,00
	6.999,00		6.999,00

Die jeweilige Abschreibung stellt im betroffenen Geschäftsjahr einen Aufwand durch den Verbrauch des Vermögenswertes dar, der den Gewinn des Unternehmens schmälert und die gewinnabhängige Steuerlast im jeweiligen Jahr senkt.

Beispiel

Das Unternehmen weist ohne die Investition einen Gewinn in Höhe von 200.000,00 € aus. Bei einem angenommenen Steuersatz von 25 % sind davon 50.000,00 € Steuer abzuführen. Durch die Investition wird eine Abschreibung von 7.000,00 € möglich, die den Gewinn auf 193.000,00 € senkt und die Steuerlast um 1.750,00 € auf 48.250,00 € senkt.

S — vorläufige GuV in € — H

S		H	
Aufwand	800.000,00	Erträge	1.000.000,00
Gewinn	200.000,00		

Steuerlast 25 % = 50.000,00 €

S — GuV bei linearer Abschreibung in € — H

S		H	
Allg. Aufwand	800.000,00	Erträge	1.000.000,00
Abschreibung ↗	7.000,00		
Gewinn ↙	193.000,00		

Steuerlast 25 % = 48.250,00 €

Der um die Abschreibung verminderte Buchwert erscheint als Vermögenswert in der Bilanz. Ob die in der Bilanz dargestellten Vermögenswerte den tatsächlichen Verhältnissen entsprechen, hängt also von der Übereinstimmung des Abschreibungsbetrages mit der tatsächlichen Wertminderung des Anlagegutes ab. Es ergeben sich drei mögliche Situationen:

Abschreibung < Wertminderung	Abschreibung = Wertminderung	Abschreibung > Wertminderung
Überbewertung des Vermögens	„richtige" Vermögensdarstellung	Unterbewertung des Vermögens

Wird ein bewegliches Anlagegut während des ersten Monats (Januar) des Geschäftsjahres angeschafft und in Betrieb genommen, akzeptiert die Finanzbehörde zz. die gesamte Jahresabschreibung. Fällt die Anschaffung bzw. Inbetriebnahme in einen der Folgemonate, darf nach § 7 Abs. 1 EStG die auf einen Monat genau gerundete Abschreibung im Anschaffungsjahr abgesetzt werden. Die Nutzungszeit endet dann wieder mit einem zeitanteiligen Abschreibungsbetrag.

Beispiel

Beispiel eines Abschreibungsverlaufes, wenn das Fahrzeug erst im Februar des Jahres 01 angeschafft worden wäre:

	Jahr	linear	Buchung	€			€
Anschaffungswert	01	42.000,00	30 BGA	42.000,00	an	211 KKK	42.000,00
11 Monate Abschreibung	01	6.417,00	65 Abschreibung	6.417,00	an	30 BGA	6.417,00
Restbuchwert 31.12.	01	35.583,00	SB	35.583,00	an	30 BGA	35.583,00
Abschreibung	02	7.000,00	65 Abschreibung	7.000,00	an	30 BGA	7.000,00
Restbuchwert 31.12.	02	28.583,00	SB	28.583,00	an	30 BGA	28.583,00
Abschreibung	03	7.000,00	65 Abschreibung	7.000,00	an	30 BGA	7.000,00
Restbuchwert 31.12.	03	21.583,00	SB	21.583,00	an	30 BGA	21.583,00
Abschreibung	04	7.000,00	65 Abschreibung	7.000,00	an	30 BGA	7.000,00
Restbuchwert 31.12.	04	14.583,00	SB	14.583,00	an	30 BGA	14.583,00
Abschreibung	05	7.000,00	65 Abschreibung	7.000,00	an	30 BGA	7.000,00
Restbuchwert 31.12.	05	7.583,00	SB	7.583,00	an	30 BGA	7.583,00
Abschreibung	06	7.000,00	65 Abschreibung	7.000,00	an	30 BGA	7.000,00
Restbuchwert 31.12.	06	583,00	SB	583,00	an	30 BGA	583,00
1 Monat Abschreibung	07	582,00	65 Abschreibung	582,00	an	30 BGA	582,00
Restbuchwert 31.12.	07	1,00	SB	1,00	an	30 BGA	1,00

Wirkung der Mehrwertsteuer für die nicht von der Umsatzsteuer befreiten Betriebsteile

Da in allen Banken einzelne Betriebsteile nicht der Umatzsteuerbefreiung unterliegen, (z. B. Wertpapierverwaltung, Schließfachverwahrung, Immobilienabteilung), darf für die in diesen Bereichen angeschafften Anlagegüter die Vorsteuer von der Finanzverwaltung zurückgefordert werden. Aus diesem Grund können die Steuern nicht als Anschaffungskosten aktiviert und auch nicht abgeschrieben werden. Für diese Bereiche ist die Bank den anderen Wirtschaftsunternehmen (z. B. Industrie, Handel) gleichgestellt.

Beispiel

Beispiel eines Abschreibungsverlaufes, wenn das erst im Februar des Jahres 01 angeschaffte Fahrzeug für die Immobilienabteilung gekauft worden wäre:

Die Anschaffungskosten für den Geschäftswagen der Immobilienabteilung belaufen sich auf 42.000,00 € inkl. MWSt. Darin sind 19 % Umsatzsteuer (42.000,00 / 119 · 19 = 6.705,88) enthalten, die wir als Vorsteuer von der Finanzverwaltung zurückfordern können. Die Anschaffungskosten reduzieren sich dadurch auf 35.294,12 €. Nur dieser Betrag ist auf die Nutzungsdauer abzuschreiben. Der Abschreibungsplan verläuft (kaufmännisch auf ganze €) gerundet wie folgt:

	Jahr	linear	Buchung	€			€
			41 Vorsteuer	6.705,88			
Anschaffungswert	01	35.294,12	+ 30 BGA	35.294,12	an	211 KKK	42.000,00
11 Monate Abschreibung	01	5.392,12	65 Abschreibung	5.392,12	an	30 BGA	5.392,12
Restbuchwert 31.12.	01	29.902,00	SB	29.902,00	an	30 BGA	29.902,00
Abschreibung	02	5.882,00	65 Abschreibung	5.882,00	an	30 BGA	5.882,00
Restbuchwert 31.12.	02	24.020,00	SB	24.020,00	an	30 BGA	24.020,00
Abschreibung	03	5.882,00	65 Abschreibung	5.882,00	an	30 BGA	5.882,00
Restbuchwert 31.12.	03	18.138,00	SB	18.138,00	an	30 BGA	18.138,00
Abschreibung	04	5.882,00	65 Abschreibung	5.882,00	an	30 BGA	5.882,00
Restbuchwert 31.12.	04	12.256,00	SB	12.256,00	an	30 BGA	12.256,00
Abschreibung	05	5.882,00	65 Abschreibung	5.882,00	an	30 BGA	5.882,00
Restbuchwert 31.12.	05	6.374,00	SB	6.374,00	an	30 BGA	6.374,00
Abschreibung	06	5.882,00	65 Abschreibung	5.882,00	an	30 BGA	5.882,00
Restbuchwert 31.12.	06	492,00	SB	492,00	an	30 BGA	492,00
1 Monat Abschreibung	07	491,00	65 Abschreibung	491,00	an	30 BGA	491,00
Restbuchwert 31.12.	07	1,00	SB	1,00	an	30 BGA	1,00

Verkauf

Praxisfall

Mit dem Ausscheiden unseres Vorstandsmitglieds wird auch dessen Pkw am 8. Juli des 4. Jahres abgegeben. Wir verkaufen das Fahrzeug bar zum Preis von 19.000,00 €, obwohl es noch mit 21.000,00 € Buchwert erfasst ist.

Beim Verkauf von Anlagegütern ist der im Konto enthaltene Buchwert komplett auszubuchen. Durch die Vereinbarung eines Verkaufspreises entstehen drei mögliche Fälle:

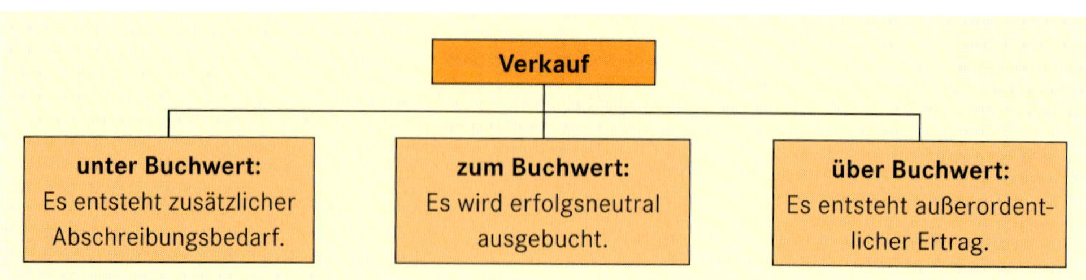

Bei einem Verkauf zum Buchwert wird das Anlagegut erfolgsneutral ausgebucht, ohne dass Gewinn oder Verlust entsteht. Wird hingegen unter Buchwert verkauft, ist die Differenz außerordentlich abzuschreiben, was zu einer gewinnmindernden Wirkung führt. Sobald ein Preis über dem Buchwert erzielt wird, entsteht ein außerordentlicher Ertrag, der eine bisher

5484148

„stille Reserve" freisetzt. Der „zu hohe" Aufwand der Vergangenheit ist nun als Ertrag ggf. nachträglich zu versteuern. Das Anlagegut ist in jedem Fall zum vollen Buchwert auszubuchen.

Der Verkauf von Anlagegütern im umsatzsteuerbefreiten Bankbereich ist nicht umsatzsteuerpflichtig, beim Verkauf aus dem umsatzsteuerpflichtigen Bereich ist die gesetzliche Umsatzsteuer an das Finanzamt abzuführen.

Praxisfall

10 Kasse .... 19.000,00 an 30 BGA 21.000,00
+ 65 Abschreibungen auf Sachanlagen 2.000,00

13.2.4 Degressive Abschreibung

Praxisfall

Da das Fahrzeug mit seiner Sonderausstattung im 1. Nutzungsjahr besonders an Wert verliert, beruft sich die Geschäftsleitung auf das Vorsichtsprinzip und will einen höheren Abschreibungsbetrag als 7.000,00 € an Wertminderung geltend machen.

Das bilanzierende Unternehmen steht im Konflikt zwischen handelsrechtlichen Möglichkeiten und steuerrechtlichen Beschränkungen. Um dem Vorsichtsprinzip gerecht zu werden, ermöglichte das EStG bei Anschaffungen bis 2007 die degressive Abschreibungsform. Sie war ab 2008 für die Steuerbilanz nicht mehr zulässig, ebenso wenig wie für eine Bilanzierung nach IAS/IFRS.

Aufgrund eines in den ersten Nutzungsjahren stärkeren Werteverbrauchs ist es möglich, statt linear (gleiche Beträge) alternativ degressiv (anfangs hohe, später niedrige Teilwerte) abzuschreiben. Hierzu gibt es handels- und steuerrechtlich unterschiedliche Regelungen. Während sich das Handelsrecht am erwarteten Werteverzehr orientiert, setzt das Steuerrecht die Abschreibungsregeln konjunktur- und haushaltspolitisch ein. Dabei gelten für die Steuerbilanz zur degressiven Abschreibung folgende Regelungen:

in 2006 und 2007 angeschafft	ab 2008 angeschafft (und voraussichtlich ab 2011)	in 2009 und 2010 angeschafft
3-fache lineare AfA, maximal 30 %	keine degressive AfA	2,5-fache lineare AfA, maximal 25 %

Bis 2009 waren steuerlich genutzte Wahlmöglichkeiten grundsätzlich in die Handelsbilanz zu übernehmen. Dies ist ab 2010 aufgrund der Regelungen des **Bilanzmodernisierungsgesetzes (BilMoG)** nicht mehr möglich. Die handelsrechtliche Abschreibung richtet sich grundsätzlich nicht mehr nach steuerlichen Regelungen. Wird eine degressive Abschreibung gewählt, so ist sie mit einem erwarteten Werteverlauf zu begründen. Damit weicht der Wertansatz in der Handelsbilanz ab 2010 von dem der Steuerbilanz möglicherweise ab. Die Darstellung der degressiven Abschreibung in diesem Buch lehnt sich an die steuerlichen Regelungen im Jahr 2010 an.

Abschreibung vom Restwert

Die degressive Abschreibung wird nicht wie die lineare vom Anschaffungswert, sondern **vom jeweiligen Buchwert (Restwert)** vorgenommen. Das führt zu fallenden Abschreibungsbeträgen.

Durch die fallenden Abschreibungsbeträge wäre eine Höherbewertung des Wirtschaftsgutes über die betriebsgewöhnliche Nutzungsdauer hinaus möglich, deshalb ist nach § 7 Abs. 3 EStG der **Übergang von der degressiven zur linearen Abschreibung zulässig.**

Die weitere lineare Abschreibung ist dann auf die Restnutzungsdauer vorzunehmen.

Praxisfall

	Jahr	linear 16 ⅔ %	degressiv 25 %	Wechsel zu linear	Rest-ND	linearer AfA-Satz auf die Rest-ND beim Wechsel
Anschaffungswert	2010	42.000,00	42.000,00		6 J.	
Abschreibung	2010	7.000,00	10.500,00			
Restbuchwert 31.12.	2010	35.000,00	31.500,00		5 J.	20 %
Abschreibung	2011	7.000,00	7.875,00			
❶ Restbuchwert 31.12.	2011	28.000,00	23.625,00		4 J.	25 %
Abschreibung	2012	7.000,00	5.906,25			
❷ Restbuchwert 31.12.	2012	21.000,00	17.718,75	17.718,75	3 J.	33 ⅓ %
Abschreibung	2013	7.000,00	4.429,69	5.906,25		
Restbuchwert 31.12.	2013	14.000,00	13.289,06	11.812,50	2 J.	
Abschreibung	2014	7.000,00	3.322,27	5.906,25		
Restbuchwert 31.12.	2014	7.000,00	9.966,79	5.906,25	1 J.	
Abschreibung	2015	6.999,00	2.491,70	5.905,25		
Restbuchwert 31.12.	2015	1,00	7.475,09	1,00	0 J.	

❶ Im Jahr 2012 liegt die degressive Abschreibung bereits unter dem linearen Abschreibungsbetrag auf den Anschaffungswert. Bei einem Wechsel dürften jedoch nur noch auf eine Restnutzungsdauer (ND) von vier Jahren 25 % auf 23.625,00 €, also 5.906,25 € abgeschrieben werden. Ein Wechsel bringt noch keinen Vorteil.

❷ Im Jahr 2013 dürfen bei einer Restnutzungsdauer von drei Jahren 33 ⅓ % (höher als 25 % bei der degressiven) auf 17.718,75 €, also 5.906,25 €, abgeschrieben werden. Das Unternehmen wird hier einen Wechsel vornehmen. Für die Restnutzungsdauer ist dann weiter linear auf 17.718,75 € abzuschreiben.

S	30 BGA 2010		H
Kauf 4.1.	42.000,00	Abschr. 2010	10.500,00
		SB	31.500,00
	42.000,00		42.000,00

S	65 Abschreibungen auf Sachanlagen 2010		H
BGA	10.500,00	GuV	10.500,00
	10.500,00		10.500,00

S	30 BGA 2011		H
AB	31.500,00	Abschr. 2011	7.875,00
		SB	23.625,00
	31.500,00		31.500,00

S	65 Abschreibungen auf Sachanlagen 2011		H
BGA	7.875,00	GuV	7.875,00
	7.875,00		7.875,00

[...]

S	30 BGA 2013		H
AB	17.718,75	Abschr. 2013	5.906,25
		SB	11.812,15
	17.718,75		17.718,75

S	65 Abschreibungen auf Sachanlagen 2013		H
BGA	5.906,25	GuV	5.906,25
	5.906,25		5.906,25

13.2.5 Geringwertige Wirtschaftsgüter (GWG)

Praxisfall

Die Handelsbank beschafft am 5. Juni für die Poststelle bei einem Kunden einen Taschenrechner für 50,00 € und zwei Schreibtische für 1.728,00 € sowie am 8. Juli einen Bürostuhl für 375,00 € (alle Beträge inkl. MWSt). Der Buchhalter will für diese „Kleinbeträge" keinen Abschreibungsplan erstellen.

Gemäß § 6 Abs. 2 EStG können nach Steuerrecht bewegliche Anlagegüter, die einen Anschaffungswert von **410,00 €** nicht übersteigen, sofort im Jahr der Anschaffung als Betriebsausgaben abgesetzt werden. Wir verwenden das Aufwandskonto „Abschreibung auf GWG", das sofort beim Kauf steuerwirksam gewinnmindernd gebucht werden kann. Über 410,00 € liegende Wirtschaftsgüter sind dann gemäß ihrer gewöhnlichen Nutzungsdauer monatsgenau abzuschreiben.

Alternativ kann nach § 6 Abs. 2 a EStG aber auch eine andere Staffelung für die Abschreibung geringwertiger Wirtschaftsgüter gewählt werden: Bei Anschaffungswerten bis 150,00 € kann dann sofort abgeschrieben werden. Darüber hinausgehende Anschaffungswerte **bis 1.000,00 €** sind im jeweiligen Anschaffungsjahr in einem Sammelposten zusammenzufassen.

Wir verwenden das Aktivkonto „Sammelposten Geringwertige Wirtschaftsgüter (GWG)". Der Sammelposten wird auf 5 Jahre verteilt mit jeweils 20 % zum Jahresende linear abgeschrieben.

Die Abschreibung erfolgt als Sammelbuchung für alle Geringwertigen Wirtschaftsgüter des Geschäftsjahres gemeinsam, unabhängig in welchem Monat die Güter angeschafft wurden. Da keine Trennung der GWG mehr vorliegt, werden auch keine Erinnerungswerte gebildet. Beim Verkauf eines einzelnen Geringwertigen Wirtschaftsgutes ist eine Auflösung des Restbuchwertes nicht vorgesehen.

Diese Regelung betrifft nur Güter, die einer selbstständigen Nutzung fähig sind. Ist das nicht der Fall, wie z. B. bei einem Drucker, der nur durch einen zugehörigen PC zu betreiben ist, ist dieses Anlagegut im Zusammenhang mit dem dominanten Anlagegut abzuschreiben.

Für die Bemessungsgrenzen wird grundsätzlich der Betrag jedes einzelnen selbstständig nutzbaren Wirtschaftsgutes ohne Umsatzsteuer zugrunde gelegt, sodass es keinen Unterschied macht, ob die Anschaffung den umsatzsteuerbefreiten Bankbereich oder den umsatzsteuerpflichtigen Bereich betrifft.

Praxisfall

Die Handelsbank hat für die Steuerbilanz[1] die Wahl der Behandlung nach § 6 Abs. 2 **oder** Abs. 2 a EStG.

Bei der Behandlung nach § 6 Abs. 2 handelt es sich nur teilweise um „Geringwertige Wirtschaftsgüter", es ist wie folgt zu buchen: (Es handelt sich jeweils um Güter des umsatzsteuerfreien Bereichs.)	**Bei der Behandlung nach § 6 Abs. 2 a** handelt es sich um „Geringwertige Wirtschaftsgüter" unterschiedlicher Kategorien, die wie folgt gebucht werden:
Am 05.06.: Die Anschaffungskosten des Taschenrechners liegen netto unter 410,00 €, **64 Abschreibungen auf GWG** **50,00** an 211 KKK 50,00 Die Anschaffungskosten eines einzelnen Schreibtischs liegen über 410,00 €. **30 Betriebs- und Geschäftsausstattung (BGA)** **1.728,00** an 211 KKK 1.728,00 Am 08.07.: Die Anschaffungskosten des Bürostuhls liegen netto unter 410,00 €, **64 Abschreibungen auf GWG** **375,00** an 211 KKK 375,00	Am 05.06.: Die Anschaffungskosten des Taschenrechners liegen netto unter 150,00 €, **64 Abschreibungen auf GWG** **50,00** an 211 KKK 50,00 Die Anschaffungskosten eines einzelnen Schreibtischs liegen netto unter 1.000,00 €. **32 Sammelposten GWG** **1.728,00** an 211 KKK 1.728,00 Am 08.07.: Die Anschaffungskosten des Bürostuhls liegen netto unter 1.000,00 €, **32 Sammelposten GWG** **375,00** an 211 KKK 375,00
Am 31.12. muss nur noch auf Betriebs- und Geschäftsausstattung monatsgenau abgeschrieben werden. (1.728,00/13 Jahre · $^7/_{12}$ Monate = 78,00 €, auf ganze € gerundet):	Am 31.12. muss noch auf den Sammelposten des Geschäftsjahres abgeschrieben werden. (1.728,00 + 375,00/5 Jahre = 421,00 €, auf ganze € gerundet):

→

1 vergleiche dazu Kapitel 13.10 Richtlinien für die Bilanzerstellung nach HGB/nach IAS/IFRS)

Praxisfall (Fortsetzung)

65 Abschreibungen auf Sachanlagen 78,00 an **30 Betriebs- und Geschäftsausstattung (BGA) 78,00**		**64 Abschreibungen auf GWG 421,00** an **32 Sammelposten GWG 421,00**	

Die Aktivierung des Vermögenswertes im Konto „Betriebs- und Geschäftsausstattung“:

SB 1.650,00 an **30 Betriebs- und Geschäftsausstattung (BGA) 1.650,00**

Die Aktivierung des Vermögenswertes im Sammelposten:

SB 1.682,00 an **32 Sammelposten GWG 1.682,00**

S 64 Abschreibungen auf GWG H

S		H	
05.06. Kauf	50,00	GuV	425,00
08.07. Kauf	375,00		
	425,00		425,00

S 64 Abschreibungen auf GWG H

S		H	
05.06. Kauf	50,00	GuV	471,00
31.12. Abschr. a. GWG	421,00		
	471,00		471,00

S 65 Abschreibung auf Sachanlagen H

S		H	
31.12. Abschr. a. Sachanlagen	78,00	GuV	78,00
	78,00		78,00

S 30 Betriebs- und Geschäftsausstattung (BGA) H

S		H	
05.06. Kauf	1.728,00	Abschr. a. Sachanlagen	78,00
		SB	1.650,00
	1.728,00		1.728,00

S 32 Sammelposten GWG H

S		H	
05.06. Kauf	1.728,00	Abschr. a. GWG	421,00
08.07. Kauf	375,00	SB	1.682,00
	2.103,00		2.103,00

Geringwertige Wirtschaftsgüter		
entweder	oder	
Beträge bis 410,00 €	**Beträge bis 150,00 €**	**Beträge bis 1.000,00 €**
■ Buchung sofort als Aufwand ■ keine Buchung zum Jahresende mehr erforderlich	■ Buchung sofort als Aufwand ■ keine Buchung zum Jahresende mehr erforderlich	■ Buchung bei Anschaffung in das GWG Sammelkonto des jeweiligen Geschäftsjahres ■ zum Jahresende Abschreibung des gesamten Sammelpostens mit 20 % jahresgenau
Beträge über 410,00 €		
■ normale Abschreibung auf Sachanlagen monatsgenau		

13.2.6 Immobilien

Praxisfall

Die Handelsbank e. G. kauft am 25.07. ein Bankgebäude im Stadtzentrum für 2 Mio. € zuzüglich 150.000,00 € Nebenkosten. Die Nutzungsdauer des gebrauchten Gebäudes wird noch auf 20 Jahre geschätzt. Der Grundstücksanteil am Kaufpreis beträgt 200.000,00 €.

Grundstücke gelten grundsätzlich nicht als abnutzbare Gegenstände und sind deshalb nicht für regelmäßige Abnutzung abschreibbar. Bei Gebäuden ist eine Abschreibung erforderlich.

Beim Kauf von Immobilien fallen Anschaffungsnebenkosten z. B. in Form von Makler-, Notar-, Grundbuchgebühren und Grunderwerbsteuer an, die den aktivierungspflichtigen Anschaffungswert erhöhen. Bei bebauten Immobilien sind deshalb die dem Gebäude zuzuordnenden Anschaffungsnebenkosten abzuschreiben, die Kosten, die das Grundstück betreffen, können nicht abgeschrieben werden. Eine Aufteilung der Anschaffungsnebenkosten ist erforderlich und richtet sich nach dem Wert der Teilbereiche.

5484152

Praxisfall

Der Kaufpreis und die Nebenkosten sind anteilig aufzuteilen in

Gebäude		**Grundstück**	
Kaufpreisanteil (90 %)	1.800.000,00 €	Kaufpreisanteil (10 %)	200.000,00 €
Nebenkostenanteil (90 % von 150 T€)	135.000,00 €	Nebenkostenanteil (10 % von 150 T€)	15.000,00 €
Anschaffungskosten	1.935.000,00 €	Anschaffungskosten	215.000,00 €
Abschreibung 5 %/6 Monate	48.375,00 €	Keine Abschreibung	
Buchwert 31.12.	1.886.625,00 €	Buchwert 31.12.	215.000,00 €

S	31 Grundstücke und Gebäude		H
25.07. Kauf	2.150.000,00	31.12. Abschr.	48.375,00
		SB	2.101.625,00
		(1.886.625,00 + 215.000,00)	
	2.150.000,00		2.150.000,00

S	65 Abschreibungen auf Sachanlagen		H
31.12. G. u. G.	48.375,00	GuV	48.375,00
	48.375,00		48.375,00

A	Bilanz		P
G. u. G.	2.101.625,00		...

S	78 GuV		H
Abschreibung	48.375,00		

13.2.7 Außerplanmäßige Abschreibung

Praxisfall

Unser Beleglesegerät, das noch mit 35.000,00 € in den Büchern steht, bringt nach Einführung neuer Überweisungsbelege nur noch die halbe Leistung. Wir müssen ein Neugerät anschaffen und halten das alte Gerät vorübergehend noch für Notfälle. Der Wert liegt aufgrund der neuen Situation nur bei 1.000,00 €.

In vielen Praxisfällen kann das Wirtschaftsgut nicht über die volle betriebsgewöhnliche Nutzungsdauer wie geplant genutzt werden. Es liegt dann eine voraussichtlich dauerhafte Wertminderung vor. Die Abschreibung nach Abschreibungsplan kann deshalb nicht weitergeführt werden und es muss außerplanmäßig abgeschrieben werden, um den ungeplanten Aufwand zu erfassen. Der ggf. noch vorhandene Restwert ist wiederum auf die Restnutzungsdauer abzuschreiben.

Praxisfall (Fortsetzung)

Der Wert des Beleglesegerätes muss berichtigt werden, wir schreiben deshalb die Differenz zum aktuellen Wert außerplanmäßig ab. Den derzeitigen Wert von 1.000,00 € schreiben wir in den restlichen Jahren der betriebsgewöhnlichen Nutzungsdauer ab.

65 Abschreibungen auf Sachanlagen .... 34.000,00 € an **30 BGA .... 34.000,00 €**

S	30 Betriebs- und Geschäftsausstattung (BGA)		H
AB	35.000,00	Abschr.	34.000,00
		SB	1.000,00
	35.000,00		35.000,00

S	65 Abschreibungen auf Sachanlagen		H
BGA	34.000,00	GuV	34.000,00
	34.000,00		34.000,00

Wertzuschreibung

Praxisfall (Fortsetzung)

Aufgrund erneuter technischer Änderungen stellt sich im Folgejahr unerwartet heraus, dass das Beleglesegerät erneut nutzbar ist. Es steht jetzt mit 1.000,00 € in den Büchern, hätte nach ursprünglichem Abschreibungsplan aber noch einen Buchwert von 25.000,00 €.

Sobald der Grund für die dauerhafte Wertminderung wider Erwarten wegfällt, ist wieder auf den tatsächlichen Wert zuzuschreiben, dabei wird erneut von der betriebsgewöhnlichen Nutzungsdauer ausgegangen. Mit der Zuschreibung entsteht ein außerordentlicher (periodenfremder) Ertrag, der zu einer Nachversteuerung des vorher zu hoch geltend gemachten Aufwands führt.

Praxisfall (Fortsetzung)

Der angemessene Buchwert von 25.000,00 € wird durch Zuschreibung wieder aufgeholt.

Zuschreibung	**30 Betriebs- und Geschäftsausstattung 24.000,00**	**an**	**56 sonstige betriebliche Erträge 24.000,00**

S	30 Betriebs- und Geschäftsausstattung (BGA)		H
AB	1.000,00	SB	25.000,00
Zuschreibung a.o. Erträge	24.000,00		
	25.000,00		25.000,00

S	56 Sonstige betriebliche Erträge		H
GuV	24.000,00	BGA	24.000,00
	24.000,00		24.000,00

13.2.8 Auswirkung von Falschbewertungen

Praxisfälle

- Die Handelsbank hat in ihrem Anlagevermögen ein Geldwechselgerät im Anschaffungswert von 70.000,00 € gekauft und über mehrere Jahre linear auf einen Buchwert von 40.000,00 € abgeschrieben. Aufgrund technischer Probleme ist ein sicheres Arbeiten mit dem Gerät nur eingeschränkt sinnvoll. Der Buchwert von 40.000,00 € wird trotzdem in der Bilanz beibehalten.
- Ein Gebäude, das vor 15 Jahren für 500.000,00 € angeschafft und auf 30 Jahre abgeschrieben wird, hat einen Marktwert von 600.000,00 €, wurde aber auf 250.000,00 € abgeschrieben.

Der tatsächliche Marktwert von Anlagegütern weicht trotz gesetzlicher Rahmenbedingungen oft vom Buchwert, der in der Bilanz angesetzt wird, erheblich ab. Das liegt an erhöhter Abnutzung, unrealistischer Abschreibungszeit oder an technischen Veränderungen.

Ist der tatsächliche Wert des Anlagegutes geringer als der Bilanzansatz, liegt eine Überbewertung von Vermögensgegenständen vor. Die Bilanz beschönigt die finanziellen Verhältnisse des Unternehmens. Durch zu geringe Abschreibung werden erhöhte Gewinne ausgewiesen. Als Folge wird durch überhöhte Gewinnausschüttung dem Unternehmen Substanz entzogen.

Ist der tatsächliche Wert des Anlagegutes höher als der Bilanzansatz, liegt eine Unterbewertung von Vermögensgegenständen vor. Die Bilanz verschweigt die besseren finanziellen Verhältnisse des Unternehmens. Durch zu hohe Abschreibung werden geringere Gewinne ausgewiesen und Steuerlasten auf einen späteren Zeitpunkt verschoben. Als Folge wird den Eigentümern ein versteckter Gewinn vorenthalten, es entstehen stille Reserven, die die Substanz des Unternehmens festigen, ohne nach außen sichtbar zu werden.

Praxisfälle

- Das Geldwechselgerät der Handelsbank ist mit 40.000,00 € überbewertet, da es kaum noch nutzbar ist. Die Vermögensseite der Bilanz wird besser dargestellt, als sie tatsächlich ist. Zum Ausgleich wäre eine außerordentliche Abschreibung erforderlich. Unterbleibt die Abschreibung, weist die Handelsbank einen ungerechtfertigt hohen Gewinn aus, der ggf. an die Eigentümer ausgeschüttet wird.
- Das Immobilienvermögen der Handelsbank ist aufgrund des Vorsichtsprinzips unterbewertet. Nicht realisierte Wertsteigerungen dürfen nicht als Ertrag erfasst werden. In diesem Bereich entstanden für die Handelsbank in den letzten 15 Jahren stille Reserven in Höhe von geschätzten 350.000,00 €, die in der Bilanz nicht erkennbar sind, aber die Substanz der Handelsbank verbessern.

5484154

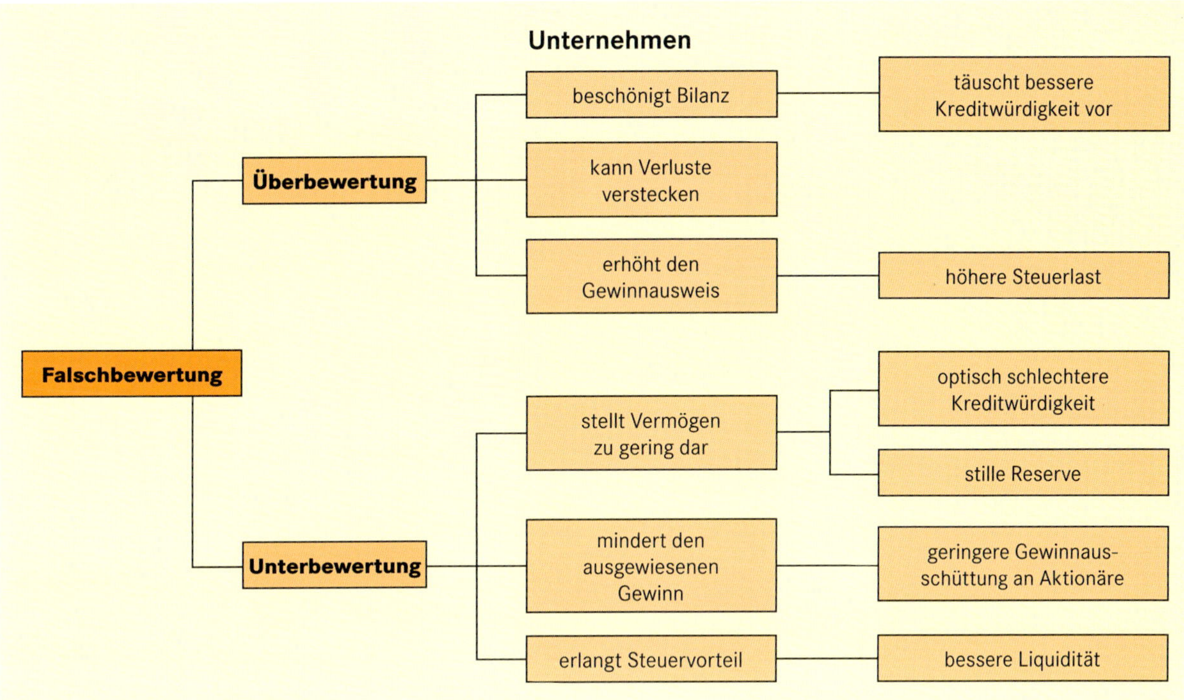

Gerade wenn Bankkunden insolvent werden, stellen Kreditinstitute immer wieder fest, dass die Bewertung von Vermögensteilen trotz gesetzlicher Rahmenbedingungen und sorgfältiger Prüfung durch die Kreditabteilung nur selten den tatsächlichen Marktwerten entspricht. Sind Sicherheiten aufgrund von Insolvenz zu verwerten, wird nur selten der Wert, der nach dem Fortführungsprinzip angesetzt wurde, erzielt. Immobilien können oft aufgrund ihrer speziellen Verwendbarkeit oder durch eine aktuell schwierige Marktlage nur erheblich unter den ursprünglich geschätzten Werten gehandelt werden. Der Glaube an stille Reserven kehrt sich um in eine nachträglich festgestellte Überbewertung.

Zusammenfassung

	steuerliche Möglichkeit	**Abschreibungsform**
GWG bis 410,00 € bzw. 150,00 €	sofort Aufwand bei Anschaffung	volle Abschreibung
Buchung:	Abschreibung auf GWG an z. B. KKK	
GWG 151,00 € bis 1.000,00 €	jahresgenaue Abschreibung auf 5 Jahre	linear
Grundstücke	keine	keine Abschreibung
Gebäude	monatsgenaue Abschreibung	linear
Mobile Anlagegüter	monatsgenaue Abschreibung	linear oder degressiv
Buchung immer:	Abschreibung an Aktivkonto	
Verkauf über Buchwert	Sonstiger betrieblicher Ertrag	Auflösung stiller Reserven
Verkauf unter Buchwert	Sonstiger betrieblicher Aufwand	Erfassen eines Verlustes

→

Zusammenfassung (Fortsetzung)

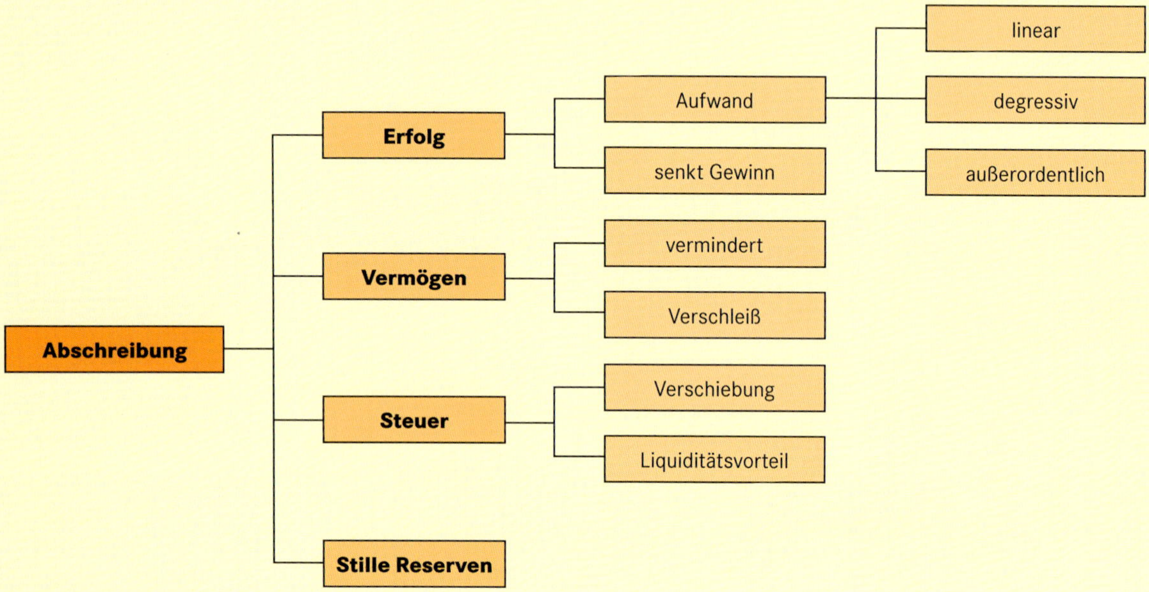

Aufgaben

1. Berechnen Sie die linearen Abschreibungssätze für folgende Wirtschaftsgüter (vgl. Abschreibungstabelle auf Seite 144/145); Geldprüfgerät, EC- und Kreditkartenleser, Lichtreklame, Büromöbel, Segeljacht, Tresoranlage.

2. a) Erstellen Sie den linearen Abschreibungsplan für folgende Anschaffung am 03.02.: Geldsortiergerät 3.000,00 € + Lieferung 250,00 € - Rabatt 450,00 €, Beträge inkl. MWSt.
   b) Führen Sie die Abschlussbuchungen am Ende des Anschaffungsjahres durch.

3. a) Buchen Sie den Kauf für folgende Anschaffung für die Immobilienabteilung am 05.04. bei einem Kunden:
   Computer 2.030,00 € + Lieferung 50,00 € - Rabatt 80,00 €, Beträge zuzüglich MWSt.
   b) Erstellen Sie den linearen Abschreibungsplan, Nutzungsdauer 3 Jahre.
   c) Führen Sie die Abschlussbuchungen am Ende des Anschaffungsjahres durch.

4. Der Computer aus Aufgabe 3 wird am 06.08. des Folgejahres zu 1.190,00 € inkl. MWSt. an einen Kunden verkauft. Führen Sie die erforderliche Buchung durch.

5. Der Computer aus Aufgabe 3 wird am 06.08. des Folgejahres zu 1.650,00 € zzgl. MWSt. an einen Kunden verkauft. Führen Sie die erforderliche Buchung durch.

6. Buchen Sie die Aufgaben 3 bis 5 unter der Annahme, dass die Anschaffung für die Kreditabteilung vorgenommen wurde.

7. a) Buchen Sie am 23.11. den Kauf einer Kasseneinrichtung für 5.000,00 € zzgl. MWSt. bei einem Kunden.
   b) Führen Sie die Bewertung für die Steuerbilanz mit den erforderlichen Buchungen zum 31.12. durch.
   c) Am 05.08. des Folgejahres tauschen wir die Einrichtung zum Rücknahmepreis von 4.000,00 € inkl. MWSt. beim Händler gegen ein neues Gerät (7.000,00 € inkl. MWSt.) aus. Wir schreiben dem Händler, der unser Kunde ist, den Differenzbetrag gut.

8. Wir verkaufen einen bereits abgeschriebenen PC der Immobilienabteilung für 50,00 € bar an einen Mitarbeiter.

9. Berechnen Sie die degressiven Abschreibungssätze für die Wirtschaftsgüter aus Aufgabe 1.
   Die Anschaffung lag im Jahr 2010. →

10. a) Erstellen Sie den degressiven Abschreibungsplan mit Wechsel zur linearen Abschreibung zu Aufgabe 2.
Die Anschaffung lag im Jahr 2010.
b) Führen Sie die Abschlussbuchungen am Ende des Anschaffungsjahres und am Ende des Jahres 2015 durch.

11. Das Geldsortiergerät aus Aufgabe 2 und 10 hat am Ende des zweiten Jahres nach Anschaffung einen Wert von 1.500,00 €. Begründen Sie die Bewertungsdifferenz und erläutern Sie die Auswirkungen.

12. a) Unsere Handelsbank kauft am 18.07.2010 bei einem Kunden eine neue Lichtreklame für 17.800,00 € zuzüglich Montagekosten von 700,00 €. Wir handeln noch einen Rabatt von 500,00 € (alle Beträge inkl. MWSt.) aus. Buchen Sie im Grundbuch.
b) Erstellen Sie den degressiven Abschreibungsplan mit Wechsel zur linearen Abschreibung. Entnehmen Sie die Nutzungsdauer aus der Abschreibungstabelle Seite 144/145.
c) Buchen Sie die Abschreibung zum Geschäftsjahresende 2010 und 2017.
d) Die Lichtreklame wird am 01.08.2012 abgebaut. Wir erhalten von einem Kunden noch einen Schrottwert von 80,00 €.

13. a) Wir kaufen bei einem Kunden für die Zahlungsverkehrsabteilung am 17.08.:
1. Eine Schreibtischlampe für 135,00 € netto bar inkl. MWSt. und
2. sieben Bürostühle auf Rechnung zu je 350,00 € = 2.450,00 € zzgl. 50,00 € Verpackung, abzüglich 3 % Skonto, zzgl. 19 % MWSt.

Buchen Sie am 17.08. und 31.12. nach § 6 Abs. 2 und § 6 Abs. 2 a HGB.
b) Wir verkaufen im Folgejahr wegen Umbau zwei der Bürostühle bar an einen Mitarbeiter zu jeweils 50,00 €. Buchen Sie im Grundbuch.

14. Auf einem Grundstück, das wir für 450.000,00 € gekauft hatten, wurde aufgrund eines früheren Tankstellenbetriebes grundwasserbelastende Erde festgestellt. Der Wert des Grundstücks wird deshalb nur noch mit 250.000,00 € angesetzt.

15. a) Wir kaufen am 15.03. eine Geschäftsimmobilie in der Innenstadt für 1,8 Mio. € von einem Kunden. Zusätzlich entstehen Anschaffungsnebenkosten in Höhe von 180.000,00 €, die wir über Zentralbank zahlen.
b) Die Nutzungsdauer des Gebäudes liegt noch bei 13 Jahren, der Grundstücksanteil beträgt 500.000,00 €. Führen Sie die Abschlussbuchungen zum Ende des Anschaffungsjahres durch.

16. Wir haben einen Kreditkartenleser am 05.07. für 1.500,00 € von einem Kunden gekauft. Nach zweimaliger linearer Abschreibung geben wir das Gerät beim Hersteller für 600,00 € in Zahlung, um ein aktuelles Modell für 1.400,00 € zu erwerben. Buchen Sie die Rückgabe und die Neuanschaffung mit der Gutschrift des Differenzbetrages. (Beträge inkl. MWSt.)

17. Ein Geldprüfgerät, angeschafft am 13.01. im Anschaffungswert von 1.400,00 €, fällt nach dreimaliger linearer Abschreibung aus und wird verschrottet, obwohl wir bei der Anschaffung mit einer betriebsgewöhnlichen Nutzungsdauer von 7 Jahren rechneten.
a) Ermitteln Sie den jährlichen linearen Abschreibungsbetrag und den Restbuchwert zum Verschrottungszeitpunkt.
b) Buchen Sie die Verschrottung.
c) Welche Änderungen ergäben sich, wenn das Gerät bei der Anschaffung nur 1.000,00 € gekostet hätte und als GWG nach § 6 Abs. 2 a behandelt wurde?

18. Erläutern Sie, wodurch ein Unternehmen in seinem Anlagevermögen „stille Reserven“ bilden kann.

19. Ein Unternehmer bewertet seine Fabrikhalle aufgrund eines erhöhten Gutachtens mit 1 Mio. €, obwohl er es für nur 600.000,00 € erworben hatte. Dem Unternehmen geht es wirtschaftlich schlecht, der Immobilienmarkt ist zz. ein „Käufermarkt“. Wie beurteilen Sie die Situation aus Sicht der Kredit gebenden Bank?

20. Ein Unternehmer weist bei schwierigen Kreditverhandlungen aufgrund von mehrjähriger Verlustlage auf erhebliche stille Reserven im Anlagevermögen hin. Prüfen Sie die Situation aus Sicht der Kredit gebenden Bank auf Plausibilität. →

21. Ein Firmenkunde schreibt eine Maschine, angeschafft im Januar zu 10.000,00 €, aufgrund ihrer Fertigung im Mehrschichtbetrieb auf eine Nutzungsdauer von 4 Jahren statt normalerweise 6 Jahren ab. Aufgrund schlechter Konjunkturlage wird Kurzarbeit angeordnet und ab dem 2. Betriebsjahr fällt der Mehrschichtbetrieb weg. Die Abschreibung wird weiterhin nach dem ursprünglich erstellten Abschreibungsplan fortgeführt.

a) Welcher Tatbestand liegt vor?
b) Wer hat Vorteile durch die unterlassene Änderung in der Abschreibungsdauer?
c) Wann wird der Fehler spätestens auffallen?
d) Mit welchen Konsequenzen ist zu rechnen?
e) Stellen Sie den Werteverlauf im Rahmen der 6-jährigen Nutzungsdauer dar, wenn eine Zuschreibung zum Ende des 4. Nutzungsjahres erfolgt.
f) Buchen Sie die Zuschreibung im Grundbuch.

13.2.9 Bewertungsvorschriften anhand eines Praxisfalls

Im Geschäftsbericht der WMF AG wird zum Anlagevermögen auf folgende Bilanzierungs- und Bewertungsmethoden hingewiesen:

Bilanzierungs- und Bewertungsgrundsätze
[...]

Anlagevermögen
Die Sachanlagen und immateriellen Vermögensgegenstände werden mit Anschaffungs- bzw. Herstellungskosten abzüglich planmäßiger und außerplanmäßiger Abschreibungen bewertet.
Immaterielle Anlagewerte werden nach der linearen Methode abgeschrieben.
Das abnutzbare bewegliche Sachanlagevermögen wurde für Zugänge bis zum 31.12.2007 in der Regel nach der degressiven Methode abgeschrieben. Auf die lineare Abschreibungsmethode wird übergegangen, sobald sie zu höheren Abschreibungsbeträgen im Geschäftsjahr führt.
Zugänge nach dem 01.01.2008 werden ausschließlich linear abgeschrieben.
Für Anlagenzugänge, die nach dem 31.12.2007 erfolgen, wird, sofern diese steuerliche Methode die Vermögens- und Ertragslage nicht wesentlich beeinflusst, ein Sammelposten gebildet, wenn die Anschaffungs- oder Herstellungskosten für das einzelne Anlagegut mehr als 150,00 €, aber nicht mehr als 1.000,00 € betragen. Dieser Sammelposten wird über fünf Jahre abgeschrieben. [...]

Umlaufvermögen
Forderungen und sonstige Vermögensgegenstände werden grundsätzlich mit dem Nennwert angesetzt. Für Zins- und Ausfallrisiken werden angemessene Einzel- und Pauschalwertberichtigungen gebildet. [...]

Quelle: Geschäftsbericht der WMF AG 2008

Aufgaben

1. Kommentieren Sie im oben dargestellten Geschäftsbericht die Anmerkungen mit dem zugrunde liegenden Gesetzesbezug und erläutern Sie die Ausnutzung der Wahlmöglichkeiten, die durch die WMF AG genutzt werden.
2. Welche Bewertungsregelungen weichen aktuell von der dargestellten Praxis in 2008 ab?

5484158

13.3 Periodengerechte Ergebnisabgrenzung

Praxisfall

Mit der Einrichtung unserer neuen Bankfiliale in der Fußgängerzone waren erhebliche Kosten verbunden, sodass das Ergebnis in diesem Jahr sehr schwach ausfallen wird. Wir konnten u. a. das Geschäftslokal nur unter der Bedingung anmieten, dass die Miete von 30.000,00 € bereits zum 1. November für ein Jahr im Voraus bezahlt wurde.

Rechtsgrundlagen

§ 252. Allgemeine Bewertungsgrundsätze.

(1) Bei der Bewertung der im Jahresabschluss ausgewiesenen Vermögensgegenstände und Schulden gilt insbesondere Folgendes: [...]

(5) Aufwendungen und Erträge des Geschäftsjahres sind unabhängig von den Zeitpunkten der entsprechenden Zahlungen im Jahresabschluss zu berücksichtigen.

HGB
Handelsgesetzbuch
§ 252

Nach HGB ist der Aufwand periodengerecht „unabhängig von den Zeitpunkten der entsprechenden Zahlungen im Jahresabschluss zu berücksichtigen". Das bedeutet, dass jeder Aufwand in dem Jahr erfasst wird, in dem er für die Leistungserstellung eingesetzt wird. Jeder Ertrag wird in dem Jahr gebucht, in dem die Leistung erbracht wird. Zeitliche Überlagerungen in ein anderes Geschäftsjahr sind betraglich abzugrenzen und über den Geschäftsjahreswechsel als Vermögens- oder Schuldenwerte in der Bilanz zu erfassen.

Transitorische Posten

Wurde ein Aufwand des Folgejahres bereits im Voraus bezahlt, darf im alten Geschäftsjahr noch kein Aufwand gewinnmindernd gebucht werden. Bis zum Beginn des neuen Geschäftsjahres besteht ein Vermögenswert durch den Anspruch auf Leistung. Dieser Vermögenswert ist als **transitorischer (hinüberreichender) Posten** in der Bilanz als Position **Aktiver Rechnungsabgrenzungsposten** zu erfassen.

Wurde ein Ertrag für eine Leistung im Folgejahr bereits im Vorhinein vom Kunden bezahlt, darf im alten Geschäftsjahr noch kein Ertrag gewinnsteigernd gebucht werden. Bis zum Beginn des neuen Geschäftsjahres besteht neben dem Liquiditätszugang eine Verbindlichkeit durch die Verpflichtung zur Leistung. Dieser Schuldenwert ist als **Passiver Rechnungsabgrenzungsposten** in der Bilanz zu erfassen.

Antizipative Posten

Ist ein Aufwand des alten Geschäftsjahres bereits bekannt, jedoch noch nicht gezahlt, ist auch dieser Aufwand, unabhängig davon, ob er bereits fällig ist oder nicht, gewinnmindernd zu erfassen. Die Zahlungsverpflichtung wird als **antizipativer (vorgezogener) Posten** in der Position **Sonstige Verbindlichkeit** in der Bilanz ausgewiesen.

Sofern dem Unternehmen ein Ertrag bereits im alten Geschäftsjahr zusteht, der Liquiditätsfluss aber erst im Folgejahr erwartet wird, ist mit dem notwendigen Erfassen der **Sonstigen Forderung** auch der Ertrag gewinnsteigernd bereits im alten Geschäftsjahr zu buchen.

Praxisfall

Der Mietaufwand wurde am 01.11. an den eigenen Kunden überwiesen (Mietaufwand 30 T€ an KKK 30 T€). Zum Jahresende finden wir in unserem Hauptbuch einen Aufwand von 30 T€, der sich gewinnmindernd auswirkt.

S	**681 Mietaufwand** in T€		H
KKK	30	GuV	30

Der Mietanteil für die zehn Monate Januar bis Ende Oktober (25 T€) ist im alten Geschäftsjahr zu viel erfasst und ist ins neue Jahr zu übertragen.

→

Praxisfall

Hier liegt ein sogenannter transitorischer (hinüberreichender) Posten vor, da der Geldfluss zwei unterschiedliche Geschäftsjahre betrifft, die Zahlung aber im Voraus geleistet wird. Auszahlung und Aufwand stimmen in den Geschäftsjahren nicht überein.

Mit der Zahlung der Gesamtmiete haben wir im alten Jahr

– 5 T€ erfolgswirksam ausgegeben (Aufwand) und
– 25 T€ Mietanspruch für das nächste Geschäftsjahr aufgebaut (Vermögenswert zum 31.12., Aufwand erst im Folgejahr).

S	**vorläufige GuV** in T€		H
sonst. Aufw.	80	Ertrag	100
Mietaufw.	30	Verlust	10

A	**vorläufige Bilanz** in T€		P
UV	2.000	FK	2.200
AV	500	EK	300

Dieser Mietanspruch von 25 T€ ist als Vermögensanteil anzusehen, wird auf dem Konto „Aktive Rechnungsabgrenzung“ (ARA) erfasst und in der Bilanz auf der Aktivseite ausgewiesen. Die Vorauszahlung der Miete für das nächste Geschäftsjahr wirkt sich somit als reiner Aktivtausch (Bankguthaben gegen Mietanspruch-ARA) aus.

01.11. – 31.12.	31.12. – 31.10.
Aufwand altes Jahr	Aufwand erst im neuen Jahr
5 T€	**25 T€**

30 T€ Zahlung Abgrenzung

Verhältnisse **nach** Korrekturbuchung:

S	**GuV** in T€		H
sonst. Aufwand	80	Ertrag	100
Mietaufw.	5		
Gewinn	15		

A	**Bilanz** in T€		P
UV	2.000	FK	2.200
AV	500	EK	325
ARA	25		

13.3.1 Buchung der Aktiven Rechnungsabgrenzung (ARA)

Buchung bei Zahlung am 01.11.:

Die Zahlung der Miete erfolgt am **01.11.** im laufenden Geschäftsjahr und wird wie üblich gebucht:

Buchungssätze	Soll	an Haben
1. Zahlung der Miete über KKK	681 Mietaufwand ...... 30 T€	211 KKK .... 30 T€

Buchung am 31.12.:

Am **31.12.** wird bei der **Abschlussvorbereitung** festgestellt, dass im Konto „Mietaufwand“ ein Aufwand erfasst ist, der erst das Folgejahr betrifft. Der Betrag von 25 T€ ist wieder auszubuchen (Abgang auf dem Aufwandskonto). Der Betrag stellt einen Vermögenswert zum 31.12. dar, da wir in diesem Wert einen Mietanspruch haben. Der Vermögenswert ist im Konto „Aktive Rechnungsabgrenzung“ (Aktivkonto) zu erfassen. Anschließend werden die Konten abgeschlossen.

Buchungssätze	Soll	an Haben
2. Ausbuchung des zu viel erfassten Aufwands	28 ARA .... 25 T€	681 Mietaufwand ...... 25 T€
3. Abschluss des Aufwandskontos	78 GuV .... 5 T€	681 Mietaufwand .... 5 T€
4. Abschluss des Abgrenzungskontos	Schlussbilanz .... 25 T€	28 ARA .... 25 T€

S	681 Mietaufwand in T€		H
1. KKK	30	2. ARA	25
		3. GuV	5

S	78 GuV in T€		H
sonst. Aufw.	80	Ertrag	100
3. Mietaufw.	5		
Gewinn	15		

S	28 ARA in T€		H
2. Mietaufw.	25	4. SB	25

A	Bilanz in T€		P
UV	2.000	FK	2.200
AV	500	EK	325
4. ARA	25		

Buchung am 01.01. des Folgejahres:

Am **01.01. des Folgejahres** werden die Konten neu eröffnet und es wird der Aufwand im betroffenen Geschäftsjahr erfasst:

Buchungssätze	Soll	an Haben
5. Eröffnung des Kontos ARA	**28 ARA .... 25 T€**	EBK .... 25 T€
6. Umbuchung des Aufwands im neuen Geschäftsjahr	**681 Mietaufwand ...... 25 T€**	**28 ARA .... 25 T€**

S	28 ARA in T€		H
5. AB	25	6. Mietaufw.	25

S	681 Mietaufwand in T€		H
6. ARA	25		

Steuerliche Auswirkung von Falschbuchungen:

Wird die geforderte Abgrenzung unterlassen, weist das Unternehmen einen falschen Gewinn in der GuV-Rechnung aus. Statt der zu buchenden aktiven Rechnungsabgrenzung ist ein zu hoher Aufwand erfasst, der Gewinn liegt in diesem Geschäftsjahr zu niedrig, es entsteht in diesem Jahr eine zu geringe Steuerlast.

13.3.2 Buchung der Passiven Rechnungsabgrenzung (PRA)

Im selben Fall wie oben liegt aus der Sicht des Vermieters mit dem Zahlungseingang ebenfalls ein sogenannter **transitorischer (hinüberreichender) Posten** vor, da der Geldeingang zwei unterschiedliche Geschäftsjahre betrifft, die Zahlung aber im Voraus geleistet wird. Die Zahlung im alten Jahr führt noch nicht in voller Höhe zu einem steuerpflichtigen Ertrag, sondern ist auch hier auf die beiden Geschäftsjahre zu verteilen.

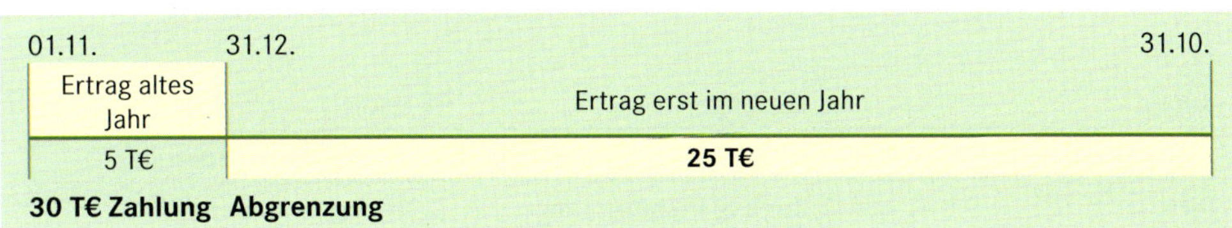

Buchung am 01.11.:

Die Zahlung erfolgt am **01.11.** im laufenden Geschäftsjahr und wird wie üblich gebucht:

Buchungssätze	Soll	an Haben
1. Zahlungseingang der Miete über KKK	211 KKK .... 30 T€	**561 Mieterträge .... 30 T€**

Buchung am 31.12.:

Am **31.12.** wird bei der Abschlussvorbereitung festgestellt, dass im Konto „Mieterträge" ein Ertrag erfasst ist, der erst das Folgejahr betrifft. Der Betrag von 25 T€ ist wieder auszubuchen (Abgang auf dem Ertragskonto). Der Betrag stellt einen Schuldenwert zum 31.12. dar, da wir in diesem Wert eine Vermietungsverpflichtung haben. Der Schuldenwert ist im Konto „Passive Rechnungsabgrenzung" (Passivkonto) zu erfassen. Anschließend werden die Konten abgeschlossen.

Buchungssätze	Soll	an Haben
2. Ausbuchung des zu viel erfassten Ertrages	**561 Mietertrag .... 25 T€**	**29 PRA .... 25 T€**
3. Abschluss des Ertragskontos	**561 Mietertrag .... 5 T€**	78 GuV .... 5 T€
4. Abschluss des Abgrenzungskontos	**29 PRA .... 25 T€**	SB ....25 T€

S	**561 Mietertrag** in T€		H
2. PRA	25	1. KKK	30
3. GuV	5		

S	**78 GuV** in T€		H
Aufwand	40	sonst. Ertrag	50
Gewinn	15	3. Mietertr.	5

S	**29 PRA** in T€		H
4. SB	25	2. Mietertr.	25

A	**Bilanz** in T€		P
UV	50	EK	115
AV	90	4. PRA	25

Buchung am 01.01. des Folgejahres:

Am **01.01.** des Folgejahres werden die Konten neu eröffnet und der Ertrag wird im betroffenen Geschäftsjahr erfasst:

Buchungssätze	Soll	an Haben
5. Eröffnung des Abgrenzungskontos	EB ....25 T€	**29 PRA .... 25 T€**
6. Umbuchung des Ertrages im neuen Geschäftsjahr	**29 PRA .... 25 T€**	**561 Mietertrag .... 25 T€**

S	**29 PRA** in T€		H
6. Mietertr.	25	5. AB	25

S	**561 Mietertrag** in T€		H
		6. PRA	25

Konto	Zahlung	Erfolg
ARA	**Abgang im alten Jahr**	**Aufwand im neuen Jahr**
PRA	**Zugang im alten Jahr**	**Ertrag im neuen Jahr**

Steuerliche Auswirkung von Falschbuchungen:

Bei unterlassener passiver Rechnungsabgrenzung ist ein zu großer Ertrag erfasst, der Gewinn liegt in diesem Geschäftsjahr zu hoch, es entsteht in diesem Jahr eine unnötig hohe Steuerlast. Wir stellen uns nach außen bilanziell besser dar, als wir sind. Kreditgeber werden getäuscht, indem wir durch erhöhten Gewinn mehr Eigenkapital ausweisen, als bei periodengerechter Erfassung entstünde.

5484162

13.3.3 Buchung der sonstigen Verbindlichkeiten

Praxisfall

Unsere Korrespondenzbank hat bei uns ein Termingeld über 1 Mio. € vom 15.12. bis 30.01. zu 3 % angelegt. Die Zinsgutschrift erfolgt nachträglich auf dem Termingeldkonto.

Buchung am 31.12.:

Bis zum 31.12. haben wir noch keinen Aufwand gebucht. Obwohl bisher keine Kundengutschrift erfolgte, müssen wir bereits zum Geschäftsjahresende den Aufwand erfassen und haben damit die Möglichkeit, unseren steuerpflichtigen Gewinn zu reduzieren, ohne bereits eine Auszahlung vorgenommen zu haben. Die erste Buchung fällt am 31.12. zum Bilanzstichtag an. Dazu ist der Zinsaufwand für 15 Tage des alten Geschäftsjahres mit 1.250,00 € zu ermitteln und zu erfassen. Gleichzeitig wird die Schuld als **„sonstige Verbindlichkeit“** erfasst.

15.12.	31.12.	30.01.
15 Tage	30 Tage	
1.250,00 €	2.500,00 €	
	Abgrenzung	**Zahlung**

Auch hier liegt der Gesamterfolg nicht im selben Geschäftsjahr wie die Zahlung, sondern teilweise früher. Man spricht in diesem Fall von „antizipativen (vorgezogenen) Posten“. Die Zahlung erfolgt erst im Folgejahr.

Buchungssätze	Soll	an Haben
1. Abgrenzung	**60 Zinsaufwendungen .... 1.250,00 €**	**27 Sonstige Verbindlichk. ..... 1.250,00 €**
2. Abschluss des Erfolgskontos	78 GuV .... 1.250,00 €	**60 Zinsaufwendungen .... 1.250,00 €**
3. Abschluss des Abgrenzungskontos	**27 Sonstige Verbindlichk. ..... 1.250,00 €**	SB .... 1.250,00 €

S	60 Zinsaufwendungen		H
1. So. Verb.	1.250,00 €	2. GuV	1.250,00 €

S	78 GuV		H
2. Zinsaufw.	1.250,00 €	EK	...

S	27 Sonstige Verbindlichkeiten		H
3. SB	1.250,00 €	1. Zinsaufw.	1.250,00 €

A	Bilanz		P
...		3. So. Verb.	1.250,00 €

Buchung im nächsten Jahr:

Bei der Zahlung im Folgejahr wird die sonstige Verbindlichkeit aufgelöst und der Anteil des neuen Jahres erfasst:

Buchungssätze	Soll	an Haben
1. Eröffnung	EB .... 1.250,00 €	**27 Sonstige Verbindlichk. ..... 1.250,00 €**
2. Zinsgutschrift	**60 Zinsaufwendungen .... 2.500,00 €** **+ 27 Sonstige Verbindlichk. ..... 1.250,00 €**	**23 Termineinlagen .... 3.750,00 €**

S	60 Zinsaufwendungen		H
2. Termineinl.	2.500,00 €	...	

S	27 Sonstige Verbindlichkeiten		H
2. Termineinl.	1.250,00 €	1. EB	1.250,00 €

S	23 Termineinlagen		H
...		2. Zinsaufw. + So. Verb.	3.750,00 €

Auswirkung von Falschbuchungen:

Mit einer nicht erfassten sonstigen Verbindlichkeit würde vergessen werden, den Aufwand in diesem Jahr zu buchen. Der Gewinn läge in diesem Geschäftsjahr zu hoch, es entstünde in diesem Jahr eine unnötig hohe Steuerlast. Gleichzeitig würden durch unsere vergessene Verbindlichkeit unsere Gläubiger und Aktionäre getäuscht.

13.3.4 Buchung der sonstigen Forderungen

Praxisfall

Unser Kreditinstitut hat bei einer Korrespondenzbank ein Termingeld über 1 Mio. € vom 15.12. bis 30.01. zu 3 % angelegt. Die Zinszahlung erfolgt nachträglich auf dem Nostrokonto.

Buchung am 31.12.:

Bis zum 31.12. haben wir noch keinen Zins gebucht. Obwohl noch keine Gutschrift erfolgte, müssen wir bereits zum Geschäftsjahresende den Ertrag erfassen und haben damit die Pflicht, unseren Gewinn zu versteuern, ohne bereits eine Gutschrift erhalten zu haben. Die erste Buchung fällt am 31.12. zum Bilanzstichtag an. Dazu ist der Zinsertrag für 15 Tage des alten Geschäftsjahres mit 1.250,00 € zu ermitteln und zu erfassen. Gleichzeitig wird der Anspruch als **„sonstige Forderung"** erfasst.

15.12.	31.12.	30.01.
15 Tage	30 Tage	
1.250,00 €	2.500,00 €	
	Abgrenzung	**Zahlung**

Buchungssätze	Soll		an Haben	
1. Abgrenzung	**26 Sonstige Forderungen**	**1.250,00 €**	50 Zinserträge	1.250,00 €
2. Abschluss des Erfolgskontos	50 Zinserträge	1.250,00 €	78 GuV	1.250,00 €
3. Abschluss des Abgrenzungskontos	SB	1.250,00 €	**26 Sonstige Forderungen**	**1.250,00 €**

S	50 Zinserträge		H
2. GuV	1.250,00 €	1. So. Ford.	1.250,00 €

S	78 GuV		H
EK	...	2. Zinsertr.	1.250,00 €

S	26 Sonstige Forderungen		H
1. Zinsertr.	1.250,00 €	3. SB	1.250,00 €

A	Bilanz		P
3. So. Ford.	1.250,00 €		

5484164

Buchungen im neuen Jahr:

Bei der Zahlung im Folgejahr wird die sonstige Forderung aufgelöst und der Restanteil als Ertrag des neuen Jahres erfasst:

Buchungssätze	Soll	an Haben
1. Eröffnung	**26 Sonstige Forderungen** ...... **1.250,00 €**	EB .... 1.250,00 €
2. Zinsgutschrift	201 BKK .... 3.750,00 €	**50 Zinserträge 2.500,00 €** **+ 26 Sonstige Forderungen ..... 1.250,00 €**

S 50 Zinserträge H

S		H	
		2. BKK	2.500,00 €

S 26 Sonstige Forderungen H

S		H	
1. EB	1.250,00 €	2. BKK	1.250,00 €

S 201 BKK H

S		H	
2. Zinserträge + So. Ford.	3.750,00 €		

Auswirkung von Falschbuchungen:

Mit einer nicht erfassten sonstigen Forderung würde gleichzeitig der Ertrag für dieses Jahr nicht gebucht. Der Gewinn läge in diesem Geschäftsjahr zu niedrig, es entstünde der Vorwurf der Steuerhinterziehung. Gleichzeitig würde durch unsere vergessene Forderung unser Vermögen zu gering bewertet.

Zusammenfassung

Konto	Zahlung	Erfolg
ARA	**im alten Jahr**	**Aufwand im neuen Jahr**
PRA	**im alten Jahr**	**Ertrag im neuen Jahr**
Sonstige Verbindlichkeiten	**im neuen Jahr**	**Aufwand im alten Jahr**
Sonstige Forderungen	**im neuen Jahr**	**Ertrag im alten Jahr**

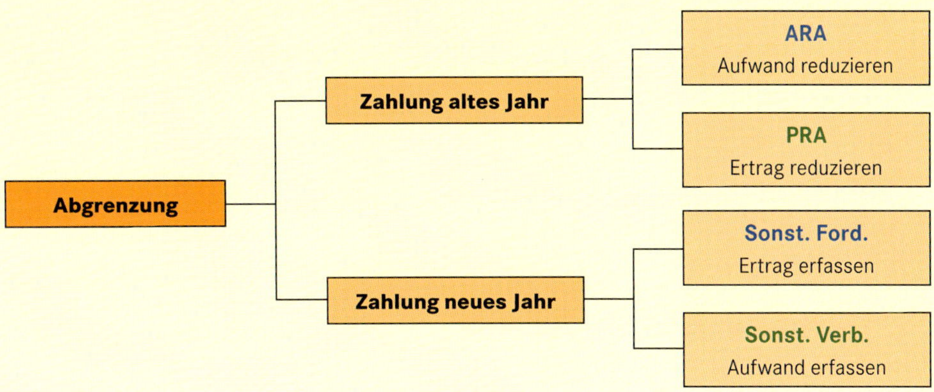

Aufgaben

1. Wir legen bei einer Korrespondenzbank 10 Mio. € Festgeld zu 3 % p. a. am 01.12. bis 30.01. n. J. an. Buchen Sie die Abgrenzung zum 31.12. im Grundbuch.
2. Wir zahlen 12.000,00 € Miete für bei einem Kunden gemietete Geschäftsräume am 01.11. für ein halbes Jahr im Voraus. Buchen Sie Zahlung und Abgrenzung.
3. Bei der Vergabe eines Privatkredites am 01.07. über 50.000,00 €, Laufzeit 4 Jahre, belasten wir den Kunden mit einer Bearbeitungsgebühr von 1 % auf seinem Girokonto.
   a) Grenzen Sie sofort auf die Laufzeit verteilt ab.
   b) Führen Sie die Eröffnungsbuchungen am 01.01. des Folgejahres durch.
4. Für die Gebäudeversicherung unseres Kreditinstituts zahlen wir am 01.09. im Voraus die Prämie für die nächsten 12 Monate über die Zentralbank 12.000,00 €. Buchen Sie am 01.09. und am 31.12.
5. Erläutern Sie in kurzen Worten den Sinn der Rechnungsabgrenzung.
6. Welcher Vorgang liegt der Buchung zugrunde?

S	an	H
27 Sonstige Verbindlichkeiten 250,00 €	23 Termineinlagen	750,00 €
+ 60 Zinsaufwendungen 500,00 €		

7. Unser Kreditinstitut zahlt die 3-Monatsmiete über 24.000,00 € an unseren Kunden am 01.12. im Voraus. Buchen Sie Zahlung und Abgrenzung mit Angabe der Buchungstage über Girokonto
   a) aus Sicht Ihres Kreditinstituts,
   b) aus Sicht des Immobilienbesitzers.
8. Am 15.12. begleichen wir vertragsgemäß 120.000,00 € als Leasinggebühr für unser geleastes Bankgebäude für das erste Quartal des Folgejahres an unsere Konzern-Leasinggesellschaft. Buchen Sie Zahlung und Abgrenzung mit Angabe der Buchungstage.
9. Wir schreiben unserem Kreditvermittler am 13.03. die Vermittlungsprovisionen für das Vorjahr mit 6.000,00 € und für das laufende Jahr mit 4.000,00 € gut. Buchen Sie Zahlung und Abgrenzung mit Angabe der Buchungstage über Girokonto.
10. Wir erhalten die Vermittlungsprovisionen für abgeschlossene Bausparverträge im Dezember 12.000,00 € und im Januar 5.000,00 € erst am 12.02. auf das Verrechnungskonto bei unserer Zentrale gutgeschrieben. Buchen Sie Zahlung und Abgrenzung mit Angabe der Buchungstage
    a) aus Sicht Ihres Kreditinstituts,
    b) aus Sicht der Bausparkasse.
11. Wir erhalten für die vermieteten Büroräume die Januarmiete in Höhe von 930,00 € bereits am 28.12. über die Zentralbank. Buchen Sie Zahlung, Abgrenzung und alle Abschluss- und Eröffnungsbuchungen mit Angabe der Buchungstage.
12. Wir geben einen 4-jährigen abgezinsten Sparbrief über 1.000,00 € am 01.01.01 bei 5%iger Verzinsung zu 822,70 € heraus.
    a) Buchen Sie die Ausgabe über Kundenkonto ohne Zinsabgrenzung zum 01.01.01.
    b) Grenzen Sie zum 31.12.01 ab.
    c) Erfassen Sie am 01.01.02 den Zinsaufwand des Jahres.
    d) Stellen Sie die Entwicklung des Abgrenzungskontos dar.
    e) Buchen Sie die Rückzahlung bei Fälligkeit.
13. Zu Refinanzierungszwecken emittiert die Ostseebank am 01.01. nominal 100 Mio. 4-jährige 5%ige Schuldverschreibungen zum Kurs von 95 %.
    a) Buchen Sie die Emission am 01.01. sowie Zinszahlung und Abschlussbuchungen am 31.12. im Grundbuch.
    b) Aufgrund des Zinsanstiegs am Kapitalmarkt sinkt das Kursniveau im Folgejahr auf 92 %. Die Ostseebank entschließt sich, die gesamte Tranche gemäß Anlagebedingungen vorzeitig zurückzukaufen und die Anleihe aufzulösen. Buchen Sie den Vorgang im Grundbuch.
14. Die Schweriner Bank vergibt am 01.01. ein Darlehen über 10.000,00 € zu 6 %, 4 Jahre Laufzeit, Auszahlung 92 %. Zins und Tilgung erfolgt in Jahresraten zum 31.12. über das Girokonto. Buchen Sie am 01.01. und 31.12. im Grundbuch.

5484166

13.4 Rückstellungen

Praxisfall

Bei einem Sturm wurde das Dach unserer Bankfiliale beschädigt. Wegen des Schneefalls ist eine vollständige Reparatur bis zum Jahresende nicht mehr möglich. Wir rechnen mit Handwerkerkosten in Höhe von ca. 5.000,00 €.

13.4.1 Rechtsgrundlagen

§ 249. Rückstellungen.

(1) Rückstellungen sind für **ungewisse Verbindlichkeiten** und für drohende Verluste aus **schwebenden** Geschäften zu bilden. [...]

HGB
Handelsgesetzbuch
§ 249

Sobald ein Aufwand im alten Jahr entstanden und bekannt geworden ist, ist er auch im selben Geschäftsjahr zu erfassen, obwohl die Zahlung erst in eine andere Periode fällt. Sie wird sogar erweitert für im alten Jahr unterlassene Instandhaltungen, die innerhalb der ersten drei Monate des neuen Jahres vorgenommen werden. Auch hier muss der Aufwand für das alte Geschäftsjahr erfasst werden. Der Vorgang ist vergleichbar mit den **sonstigen Verbindlichkeiten,** unterscheidet sich jedoch besonders dadurch, dass ein Aufwand zwar entstanden ist, seine exakte **Betragshöhe und Fälligkeit** zum Jahresende jedoch **noch nicht feststeht.** Die Rechnung wird erst im Laufe der nächsten Monate erwartet und weicht häufig von vorherigen Einschätzungen ab.
Zur Beurteilung eines Aufwands wird der Bilanzersteller den Wertansatz zum Jahresabschluss realistisch und nachvollziehbar gemäß Vorsichtsprinzip festlegen. Je nach Betragshöhe und Schwierigkeit wird dazu ein Gutachten oder Kostenvoranschlag erforderlich sein.

Praxisfall

Neues Konto: **Rückstellungen** ⟶ Passivkonto, Inhalt gemäß § 249 HGB

Buchungssätze	Soll		an Haben	
1. Bildung der Rückstellung	**685 Reparaturaufwand**	**5.000,00 €**	**74 Rückstellungen**	**5.000,00 €**
2. Abschluss des Aufwandskontos	78 GuV	5.000,00 €	**685 Reparaturaufwand**	**5.000,00 €**
3. Abschluss des Rückstellungskontos	**74 Rückstellungen**	**5.000,00 €**	SB	5.000,00 €

S	685 Reparaturaufwand		H
1. Rückst.	5.000,00 €	2. GuV	5.000,00 €

S	74 Rückstellungen		H
3. SB	5.000,00 €	1. Rep.-Aufw	5.000,00 €

S	78 GuV		H
2. Rep.-Aufw. ↑	**5.000,00 €**	Ertrag	...
Gewinn ↓			

A	SB		P
Vermögen	...	3. Rückst. ↑	**5.000,00 €**
		EK ↓	

Je höher der Aufwand durch Rückstellung, desto geringer ist der Gewinn. Der Gewinn des Geschäftsjahres sinkt, wodurch statt einer Eigenkapitalerhöhung auf der Passivseite der Bilanz die Rückstellung als steuerbefreite Reserve erscheint. Die Rückstellung bindet die Finanzierungsmittel für den Liquiditätsabfluss in einem Folgejahr.
Im **neuen Geschäftjahr** wird das Rückstellungskonto wieder eröffnet. Bei Fälligkeit der Zahlung wird der zurückgestellte Betrag dem Konto entnommen und die Rückstellung aufgelöst.

Praxisfall

Beim Rechnungseingang im Folgejahr ergeben sich drei Möglichkeiten:

Rechnung lautet über:

einen **zurückgestellten Betrag** 5.000,00 €	einen **niedrigeren Betrag** 4.500,00 €	einen **höheren Betrag** 5.600,00 €
Fall 1	**Fall 2**	**Fall 3**
Die Rückstellung wird im Folgejahr erfolgsneutral aufgelöst.	Mit der Auflösung der Rückstellung entsteht ein sonstiger betrieblicher Ertrag.	Mit der Auflösung der Rückstellung entsteht ein periodenfremder Reparaturaufwand.

Fall 1

S	74 Rückstellungen	H
1. KKK 5.000,00 €		AB 5.000,00 €

S	211 KKK	H
		1. Rück. 5.000,00 €

Fall 2

S	74 Rückstellungen	H
2. KKK + So. betr. Ertr. 5.000,00 €		AB 5.000,00 €

S	56 So. betr. Erträge	H
		2. Rückst. 500,00 €

S	211 KKK	H
		2. Rück 4.500,00 €

Fall 3

S	74 Rückstellungen	H
3. KKK 5.000,00 €		AB 5.000,00 €

S	685 Reparaturaufwand	H
3. KKK 600,00 €		

S	211 KKK	H
		3. Rück + Aufw. 5.600,00 €

Buchungssätze	Soll	an Haben
Fall 1	**74 Rückstellungen .... 5.000,00 €**	211 KKK .... 5.000,00 €
Fall 2	**74 Rückstellungen .... 5.000,00 €**	211 KKK .... 4.500,00 € **+ 56 Sonst. betr. Erträge .... 5.500,00 €**
Fall 3	**74 Rückstellungen .... 5.000,00 €** **+ 685 Reparaturaufwand .... 5.600,00 €**	211 KKK .... 5.600,00 €

Da das Wesen der Rückstellungen in der Ungewissheit der Betragshöhe liegt, ist häufig mit einer Abweichung zu rechnen. Dabei ist aufgrund des **Vorsichtsprinzips** und der Interessen des steuerzahlenden Unternehmens eher von einer zu hoch angesetzten Rückstellung auszugehen (Fall 2). Dies führt zu einer **Gewinn- und damit Steuerverschiebung** in die Folgejahre. Der niedrige Rechnungsbetrag lässt einen Ertrag im Folgejahr entstehen, der jetzt verspätet den Gewinn steuerwirksam erhöht. Die Grenzen der hohen Risikobewertung sind in der Forderung nach realistischer und nachvollziehbarer Bewertung gesetzt und fallen **ggf. nachträglich** bei Steuerprüfungen auf.

Praxisfall

Steuerliche Auswirkungen bei z. B. 25 % Steuerlast:

Fall 1	Fall 2	Fall 3
	Jahr der Rückstellung:	
Gewinnminderung .... 5.000,00 €	Gewinnminderung .... 5.000,00 €	Gewinnminderung .... 5.000,00 €
Steuerminderung .... 1.250,00 €	Steuerminderung .... 1.250,00 €	Steuerminderung .... 1.250,00 €
	Jahr der Auflösung:	
Gewinnerhöhung .... 0,00 €	Gewinnerhöhung .... 500,00 €	Gewinnsenkung .... 600,00 €
Steuerlast.............................. 0,00 €	Steuerlast .... 125,00 €	Steuerminderung .... 150,00 €

13.4.2 Anlässe für die Bildung von Rückstellungen

Weitere Anlässe für die Bildung von Rückstellungen liegen z. B. vor bei:

- Verpflichtungen aus betrieblichen Pensionszusagen,
- Urlaubs- und Zeitüberhängen sowie Altersteilzeitverbindlichkeiten gegenüber Mitarbeitern,
- Garantie- und Haftungsverpflichtungen,
- Risiken aus laufenden Gerichtsprozessen,
- unterlassenen Instandhaltungsaufwendungen, die in den nächsten drei Monaten erbracht werden,
- Kosten des Jahresabschlusses und der Hauptversammlung zum abzuschließenden Geschäftsjahr.

In den meisten Unternehmensbilanzen werden erhebliche Rückstellungsbeträge ausgewiesen, die betraglich oft sogar das Eigenkapital des Unternehmens übersteigen. Rückstellungen mit einer Laufzeit ab einem Jahr werden mit einem laufzeitabhängigen vergangenheitsbezogenen durchschnittlichen Marktzins abgezinst.

Rückstellungen sind nicht nur aus steuerlichen Aspekten für die Unternehmen interessant, sondern bilden auch **Finanzierungsmittel,** wenn sie dem Unternehmen in gleichbleibender Höhe langfristig zur Verfügung stehen. Das ist besonders bei **Pensionsrückstellungen** der Fall, solange das Unternehmen eine stabile oder wachsende Unternehmensgröße und eine günstige Altersstruktur der Mitarbeiter aufweist. In diesem Fall werden die Rückstellungen selten aufgelöst, sondern es werden wegen steigender Mitarbeiterzahlen höhere Rückstellungen gebildet, als im laufenden Jahr für Pensionszahlungen entnommen werden. Die Mittel bleiben dem Unternehmen so lange für Investitionszwecke erhalten, bis das Unternehmen liquiditätswirksam höhere Pensionslasten zu tragen hat, als neue Pensionsverpflichtungen eingegangen werden.

Rückstellungen sind, da sie kurz- oder langfristige Verbindlichkeiten darstellen, dem **Fremdkapital** zuzuordnen. Die dargestellten Pensionsrückstellungen stehen dem Unternehmen aus oben genannten Gründen jedoch so langfristig zur Verfügung, dass man sie in der Bilanzanalyse wirtschaftlich dem Eigenkapital als sehr nahe zuordnen kann.

Zu unterscheiden sind die Rückstellungen von den **Rücklagen,** die rechtlich Teil des **Eigenkapitals** sind. Rücklagen entstehen unter anderem aus bereits versteuerten Gewinnen, die nicht an die Eigentümer ausgeschüttet werden, sondern zur Verbesserung der Kapitalbasis im Unternehmen verbleiben.

Aufgaben

1. a) Aufgrund eines Hochwasserschadens am 15.11. an unserem Bankgebäude rechnen wir mit Reparaturkosten von 20.000,00 € inkl. MWSt Eine Handwerkerrechnung von unserem KK-Kunden liegt zum Jahresende nicht vor. Buchen Sie mit Angabe der Termine einschließlich Jahresabschluss- und Eröffnungsbuchungen.
   b) Buchen Sie die Zahlung bei einem Rechnungsbetrag von 20.000,00 € inkl. MWSt im Grundbuch.
   c) Buchen Sie die Zahlung bei einem Rechnungsbetrag von 18.000,00 € inkl. MWSt im Grundbuch.
   d) Buchen Sie die Zahlung bei einem Rechnungsbetrag von 21.000,00 € inkl. MWSt im Grundbuch.

2. Wie würden sich die Buchungen der obigen Aufgabe verändern, wenn der Hochwasserschaden unsere Immobilienabteilung betroffen hätte?

3. Die nächste Hauptversammlung im Mai, auf der der jetzt aufzustellende Jahresabschluss vorgestellt und die Gewinnverwendung beschlossen wird, findet wieder in gleichem Umfang wie in diesem Jahr statt. Es entstehen uns voraussichtliche Kosten von 76.000,00 €.
   a) Buchen Sie mit Angabe der Termine einschließlich Jahresabschluss- und Eröffnungsbuchungen.
   b) Buchen Sie die Zahlung bei einem Rechnungsbetrag von 76.000,00 € inkl. MWSt an unseren Kunden im Grundbuch.
   c) Buchen Sie die Zahlung bei einem Rechnungsbetrag von 79.000,00 € inkl. MWSt an unseren Kunden im Grundbuch.
   d) Buchen Sie die Zahlung bei einem Rechnungsbetrag von 75.000,00 € inkl. MWSt an unseren Kunden im Grundbuch.

4. Aufgrund unserer Risiken aus der Beraterhaftung rechnen wir bei ungeklärten Rechtsfällen mit Risiken in Höhe von 22.000,00 €. Buchen Sie im Grundbuch.

5. Die Pensionsverpflichtungen gegenüber unseren Mitarbeitern haben sich aufgrund unserer Geschäftsausweitung und des gestiegenen Alters von 34,7 Mio. € (Restbestand im Konto „Rückstellungen") auf 38,9 Mio. € erhöht. Buchen Sie im Grundbuch.

6. Ihr Kreditinstitut beschäftigt aufgrund einer Strukturveränderung 600 Mitarbeiter weniger als im vergangenen Jahr, gleichzeitig hat sich die Altersstruktur der Mitarbeiter günstig verändert. Durch diese Veränderung besteht nur noch ein Rückstellungsbedarf für Pensionen in Höhe von 37,7 Mio. € (VJ 38,9 Mio. €).

7. a) Die Raiffeisenbank Kornach e. G. erhöht am 31.12. ihre Rückstellungen für künftige Jubiläumszahlungen um 700,00 € auf 13.000,00 €. Buchen Sie im Grundbuch.
   b) Durch den vorzeitigen Ruhestand eines Mitarbeiters wird die Jubiläumszahlung von 2.000,00 € nicht ausgezahlt. Am 31.12. ist nur noch eine Rückstellung für die anderen Mitarbeiter von 11.000,00 € erforderlich. Buchen Sie im Grundbuch.

8. a) Welche langfristigen Rückstellungen sind Ihnen bekannt?
   b) Welche Finanzierungsgründe sprechen für die Bildung langfristiger Rückstellungen?
   c) Welche Vorteile zieht eine Bank aus dem Steueraufschiebungseffekt?

9. Grenzen Sie die Begriffe „Rückstellungen" und „Rücklagen" gegeneinander ab. Vergleichen Sie dazu die Positionen der Formblattbilanz.

10. Erläutern Sie, wodurch sich Rückstellungen von sonstigen Verbindlichkeiten unterscheiden.

11. Die Rheinbank hat folgende Maßnahme zur Risikovorsorge getroffen: Im abgelaufenen Geschäftsjahr wurde eine Rückstellung in Höhe von 20.000,00 € für einen laufenden Prozess gebildet. Erfreulicherweise werden wir im laufenden Geschäftsjahr nach Abschluss des Prozesses nur mit 16.800,00 € in Anspruch genommen.

    Erläutern Sie die Auswirkungen dieses Sachverhaltes auf die entsprechenden Bestands- und Erfolgskonten des laufenden Geschäftsjahres.

13.4.3 Rückstellungen anhand eines Praxisfalls

Praxisfall

Die Handelsbank gibt in ihrem Geschäftsbericht 09 nach IAS (vgl. Kapitel 13.10.) folgende Informationen zu den gebildeten Rückstellungen:

Die Rückstellungen gliedern sich wie folgt:

	31.12.09 Mio. €	**31.12.08** Mio. €	**Veränderung** in %
Rückstellungen für Pensionen und ähnliche Verpflichtungen	1.499	1.432	4,7
Sonstige Rückstellungen	1.857	1.432	29,7
Gesamt	**3.356**	**2.864**	**17,2**

Entwicklung der Pensionsrückstellungen:

Mio. €	Stand **01.01.09**	Pensionszahlungen (-)	Zuführung (+)	Umbuchungen/ Änderung Konsolidierungskreis	Stand **31.12.09**
Anwartschaften der aktiven und ausgeschiedenen Mitarbeiter	796	-	97	- 72	821
Pensionäre	573	62	37	64	612
Vorruhestandsregelung	38	17	12	-	33
Altersteilzeit	25	11	19	-	33
Gesamt	**1.432**	**90**	**165**	**- 8**	**1.499**

Entwicklung der Sonstigen Rückstellungen:

Mio. €	Stand **01.01.09**	Verbrauch (-)	Auflösung (-)	Zuführung/ Änderung Konsolidierungskreis	Stand **31.12.09**
Personalbereich	755	572	41	534	676
Restrukturierungsmaßnahmen	-	-	-	203	203
Risiken aus dem Kreditgeschäft	264	15	65	114	298
Bonifikation für Sondersparformen	160	54	-	9	115
Prozesse und Regresse	105	12	33	48	108
Übrige	148	106	11	426	457
Gesamt	**1.432**	**759**	**150**	**1.334**	**1.857**

Aufgaben

1. Erläutern Sie, wie sich eine Vorruhestandsregelung der Handelsbank 09 in den Rückstellungen für Pensionen auswirkte.

2. Begründen Sie, warum Bonifikationen für Sondersparformen unter der Position „Sonstige Rückstellungen“ zu finden sind.

3. Vergleichen Sie die Pensionsrückstellungen der Handelsbank 09 mit dem gezeichneten Kapital in Höhe von 1.394 Mio. € unter folgenden Aspekten:
   a) Eigentum
   b) Liquidität
   c) Fristigkeit
   d) Mitbestimmungsrechte

13.5 Bewertung von Wertpapieren nach HGB

Praxisfall

Unser Kreditinstitut hat freie Mittel kurz- und langfristig in verschiedenen börsennotierten Wertpapieren angelegt. Der Wert der Anleihen und Aktien schwankt täglich und muss zum Geschäftsjahresende für die Bilanz bewertet werden.

HGB
Handelsgesetzbuch
§ 240

§ 240. Inventar.

[...] (4) Gleichartige Vermögensgegenstände des Vorratsvermögens sowie andere gleichartige oder annähernd gleichwertige bewegliche Vermögensgegenstände und Schulden können jeweils **zu einer Gruppe zusammengefasst** und mit dem gewogenen Durchschnittswert angesetzt werden.

Jeder einzelne Wertpapierbesitz ist in einem **eigenen Skontro** (Nebenbuch) zu führen und zu bewerten. Unterschiedliche Skontren sind deshalb bei verschiedenen Emittenten, unterschiedlichen Laufzeiten und unterschiedlichen Wertpapierarten zu führen. Gleichartige Effekten können in einem Skontro zusammengefasst werden. Der Kauf von z. B. Handelsbank-Aktien und Nordbank-Aktien muss in getrennten Skontren (Nebenbuchkonten) gebucht werden, während mehrere Käufe von Nordbank-Aktien zu unterschiedlichen Zeitpunkten im selben Skontro erfasst werden. Im Hauptbuch werden die verschiedenen Wertpapiergattungen unter „Eigene Effekten“ zusammengefasst (vgl. Praxisfall in Kapitel 13.5.1.).

In der Formblattbilanz erscheinen die Wertpapiere auf der Aktivseite unter den Positionen

- 5. Schuldverschreibungen und andere festverzinsliche Wertpapiere
- 6. Aktien und andere nicht festverzinsliche Wertpapiere
- 7. Beteiligungen
- 8. Anteile an verbundenen Unternehmen

sowie auf der Passivseite unter

- 3. Verbriefte Verbindlichkeiten

Bewertungsvorschriften

Für die Bewertung von Wertpapiervermögen wird für Kreditinstitute nach HGB (vgl. Kapitel 13.10) nach der Investitionsabsicht zum Zeitpunkt der Anschaffung unterschieden in:

Wertpapiere des Anlagevermögens	Wertpapiere des Liquiditätsbestandes	Wertpapiere des Handelsbestandes
Anlagevermögen	Umlaufvermögen	
§ 253 Abs. 3 HGB	§ 253 Abs. 4 HGB	§ 340 e HGB
Ziel ist die langfristige Anlage, z. B. ■ Beteiligungen ■ Anteile an verbundenen Unternehmen ■ [...] es sei denn, dass sie nicht dazu bestimmt sind, dauernd dem Geschäftsbetrieb zu dienen	Ziel ist die vorübergehende Anlage, z. B. ■ Forderungen und ■ Wertpapiere, ■ [...] außer sie sind dazu bestimmt, dauernd dem Geschäftsbetrieb zu dienen z. B. Geld- und Kapitalmarktpapiere	Zum Anschaffungszeitpunkt besteht das Ziel, durch Preisschwankungen Gewinne zu erzielen z. B. über die Börse handelbare Aktien, Renten und Derivate

Im Gegensatz zu anderen Unternehmen werden bei Kreditinstituten für die Bewertung von Vermögensgegenständen die Begriffe „Anlagevermögen“ und „Umlaufvermögen“ enger gefasst. Für die Zuordnung zum **Anlagevermögen** ist nicht die Fristigkeit, sondern das Ziel zum Anschaffungszeitpunkt maßgeblich, dauerhaft dem Geschäftsbetrieb zu dienen. Liegt dieses Ziel nicht vor, gehört die Anlage zum **Umlaufvermögen.** Die Bewertung ist in § 253 HGB nach gemildertem oder strengem Niederstwertprinzip geregelt. Eine Ausnahme stellt der **Handelsbestand** von Kreditinstituten dar. Hier ist lt. § 340 e Abs. 3 HGB ab 2010 in Anlehnung an internationale Rechnungslegungen (vgl. Kapitel 13.10 Richtlinien für die Bilanzerstellung nach IAS/IFRS) erstmals eine Bewertung zum jeweils aktuellen Zeitwert (fair value) abzüglich eines Risikoabschlages vorgeschrieben. Für die Zuordnung zur jeweiligen Bewertungsregel ist die Investitionsabsicht zum jeweiligen Beschaffungszeitpunkt verbindlich zugrunde zu legen und kann nicht geändert werden. Als Ausnahme ist eine Situation der Finanzkrise zu sehen, wo die Handelbarkeit von Wertpapieren durch Zusammenbruch von Märkten zu einer erzwungenen Änderung der Investitionsabsicht führen muss.

§ 253. Zugangs- und Folgebewertung.

(1) Vermögensgegenstände sind **höchstens** mit den Anschaffungs- oder Herstellungskosten, vermindert um die Abschreibungen nach den Absätzen 3 bis 5, anzusetzen. [...]

(3) [Es ...] **sind** bei Vermögensgegenständen des **Anlagevermögens** bei voraussichtlich dauernder Wertminderung außerplanmäßige **Abschreibungen vorzunehmen,** um diese mit dem niedrigeren Wert anzusetzen, der ihnen am Abschlussstichtag beizulegen ist. **Bei Finanzanlagen können** außerplanmäßige Abschreibungen auch bei voraussichtlich nicht dauernder Wertminderung vorgenommen werden.

(4) Bei Vermögensgegenständen des **Umlaufvermögens sind Abschreibungen vorzunehmen,** um diese mit einem niedrigeren Wert anzusetzen, der sich aus einem Börsen- oder Marktpreis am Abschlussstichtag ergibt. [...]

(5) Ein **niedrigerer Wertansatz [...] darf nicht beibehalten werden,** wenn die Gründe dafür nicht mehr bestehen. [...]

HGB
Handelsgesetzbuch
§ 253

§ 340 e. Bewertung von Vermögensgegenständen.

(3) Finanzinstrumente des Handelsbestandes sind zum beizulegenden Zeitwert abzüglich eines Risikoabschlags zu bewerten. [...]

HGB
Handelsgesetzbuch
§ 340 e

gemildertes Niederstwertprinzip	strenges Niederstwertprinzip	Zeitwertprinzip
bei Anlagevermögen	**bei WP der Liquiditätsreserve**	**bei Handelsbestand**
Eine Abschreibung ist bei dauerhafter Wertminderung vorzunehmen. Bei **Finanzanlagen kann** auch bei vorübergehender Wertminderung eine Abschreibung vorgenommen werden.	Eine Abschreibung auf den verminderten Wert muss vorgenommen werden. Dadurch **muss** bei Anlagen aus Liquiditätsreserven auf einen gesunkenen Börsenkurs abgeschrieben werden.	Es wird grundsätzlich der aktuelle **Zeitwert** abzüglich eines Risikoabschlags für die Bewertung zugrunde gelegt. Gleichzeitig wird ein „Fonds für allgemeine Bankrisiken" gebildet.
Wertaufholungsgebot Ist auf einen niedrigeren Wert abgeschrieben worden, so ist bei einer späteren Wertsteigerung wieder bis zur Höhe des Anschaffungswertes zuzuschreiben.		

Anschaffungswert

Für die Bewertung in der Bilanz wird grundsätzlich zwischen dem aktuellen Börsen- oder Marktpreis am Abschlussstichtag und dem Anschaffungswert[1] verglichen. Sind die Wertpapiere zu unterschiedlichen Zeitpunkten angeschafft worden, kann nach § 240 HGB der gewogene Durchschnitt der Anschaffungskosten herangezogen werden. Der **gewogene Durchschnitt** gewichtet beim Kauf zu unterschiedlichen Börsenkursen die größere Handelsmenge entsprechend stärker. Dieses Verfahren wird von Kreditinstituten in der Regel gewählt.

$$\text{gewogener durchschnittlicher Anschaffungskurs} = \frac{\text{Summe der Anschaffungswerte}}{\text{Anschaffungsmenge}}$$

1 Anschaffungsnebenkosten können als Vermögenswert mitbilanziert und als Teilwert den jeweiligen Stichtagsbewertungen zugeschlagen werden. Auf eine genauere Darstellung wird hier verzichtet. In diesem Buch wird aus Vereinfachungsgründen von einem Kauf zum jeweiligen Nettokurs ausgegangen.

Nach § 256 HGB kann auch die sogenannte **F**irst **i**n – **F**irst **o**ut (FiFo)-Methode gewählt werden. Hier wird davon ausgegangen, dass die zuerst angeschafften Wertpapiere auch zuerst wieder verkauft werden. Für Privatpersonen wird dieses Verfahren steuerlich verpflichtend für die Erfolgsermittlung verwendet.

Die verschiedenen Methoden führen fallabhängig zu zeitlich unterschiedlichen Handelserfolgen und Wertansätzen in der Bilanz. Der Bilanzierende muss sich aufgrund des Grundsatzes der Bilanzkontinuität auf eine Methode festlegen.

Beispiel

gewogener Durchschnitt

Kauf	*121 Eigene Effekten an 201 BKK*		
A Aktie	Stück	Kurs	Kurswert
01.05.	10	12,00	120,00
01.06.	20	15,00	300,00
	30		420,00

Gew. Durchschnittskurs = 420,00/30 = 14,00

Verkauf	*201 BKK an 121 Eigene Effekten*		
	Stück	Kurs	Kurswert
01.07.	10	18,00	180,00
01.09.	10	20,00	200,00
	20		380,00

Gew. Durchschnittskurs = 380,00/20 = 19,00

Der realisierte Handelserfolg liegt bei
19,00 € – 14,00 € = 5,00 €
5,00 € · 20 verkaufte Aktien = **100,00 €**

121 Eigene Effekten an 53 Kursgewinne aus Wertpapieren

Der Schlussbestand wird bewertet zu
14,00 € · 10 verbleibende Aktien = **140,00 €** oder ggf. ein abweichender Börsenkurs zum Stichtag.

Liegt der Stichtagskurs bei 12,00 €, werden bilanziert:
SB an 121 Eigene Effekten 120,00 €,

werden Bestände abgeschrieben:
66 Abschreibung auf EE an 121 Eigene Effekten 20,00 €

realisierter Kursgewinn	100,00 €
– Abschreibung auf Bestand	20,00 €
= Gesamterfolg im Jahr:	80,00 €

FiFo-Methode

Kauf	*121 Eigene Effekten an 201 BKK*		
A Aktie	Stück	Kurs	Kurswert
01.05.	10	12,00	120,00
01.06.	20	15,00	300,00
	30		420,00

Verkauf	*201 BKK an 121 Eigene Effekten*		
	Stück	Kurs	Kurswert
01.07.	10	18,00	180,00
01.09.	10	20,00	200,00
	20		380,00

Der realisierte Handelserfolg liegt bei

(je 10 Stück)	Kauf	Verkauf	Erfolg
01.07.	120,00	180,00	60,00
01.09.	150,00	200,00	50,00
			110,00 €

121 Eigene Effekten an 53 Kursgewinne aus Wertpapieren

Der Schlussbestand wird bewertet zu
15,00 € · 10 verbleibende Aktien = **150,00 €** oder ggf. ein abweichender Börsenkurs zum Stichtag.

Liegt der Stichtagskurs bei 12,00 €, werden bilanziert:
SB an 121 Eigene Effekten 120,00 €,

werden Bestände abgeschrieben:
66 Abschreibung auf EE an 121 Eigene Effekten 30,00 €.

realisierter Kursgewinn	110,00 €
– Abschreibung auf Bestand	30,00 €
= Gesamterfolg im Jahr:	80,00 €

Eine vorgenommene Abschreibung ist bei Wegfall des Wertminderungsgrundes wieder zuzuschreiben.

13.5.1 Bewertung von Wertpapieren des Handelsbestandes

13.5.1.1 Handelsbestand Aktien

Praxisfall

Die Handelsabteilung unserer Bank hat kurz vor Geschäftsjahresschluss je 1 000 Stück Nordbau AG zum Kurs 100,00 € und Südkauf AG zum Kurs von 80,00 € getätigt. Die Bilanzstichtagskurse liegen bei 110,00 € bzw. 70,00 €. Wir haben die Bilanzbewertung nach HGB vorzunehmen.

Seit 01.01.2010 ist für die Bewertung von Handelsbeständen das Vorsichtsprinzip aufgeweicht worden. Die Bewertung orientiert sich jetzt in Angleichung an internationale Standards grundsätzlich an dem aktuellen Zeitwert (z.B. der Börsenkurs). Erstmals werden damit für alle Finanzinstrumente und Edelmetalle im Handelsbestand möglicherweise auch nicht realisierte Gewinne erfolgswirksam erfasst. Um trotzdem dem Vorsichtsprinzip gerecht zu werden, wird durch einen Abschlag auf den Zeitwert in Höhe eines „Wertes im Risiko" (**V**alue **a**t **R**isk [VaR]) versucht, einen „realisierbaren" Vermögenswert zu ermitteln. Der Abschlag ist aufgrund Vorgaben der Bankenaufsicht zu machen und könnte 30 % vom nicht realisierten Kursgewinn betragen.[1]

Liegt der aktuelle Kurs über dem Anschaffungskurs, wird auf den um den VaR verminderten aktuellen Kurs zugeschrieben. Liegt der aktuelle Kurs unter dem Anschaffungskurs, wird auf den niedrigeren Kurs abgeschrieben.

Praxisfall

Bei den **Nordbau AG**-Aktien liegt ein unrealisierter Kursgewinn von 10,00 € vor. Wenn man von einem 30%igen Wert im Risiko (VaR) ausgeht, muss ein Abschlag von 3,00 € auf den aktuellen Börsenkurs vorgenommen werden.

Kauf	1 000 Stück	100,00 €/Aktie	100.000,00 €	❶
Aktueller Kurs		110,00 €/Aktie	110.000,00 €	
VaR-Abschlag		3,00 €/Aktie	3.000,00 €	
Zuschreibung		7,00 €/Aktie	7.000,00 €	❷
Bewertung			107.000,00 €	❸
Stille Reserve			3.000,00 €	(Keine Buchung)

❶ Kauf	**121 Eigene Effekten . 100.000,00**	**an**	201 BKK 100.000,00
❷ Zuschreibung	**121 Eigene Effekten 7.000,00**		**54 Erträge aus Zuschreibungen zu Wertpapieren 7.000,00**
❸ Bewertung	SB 107.000,00		**121 Eigene Effekten . 107.000,00**

Bei der **Südkauf AG** ist der Kurs um 10,00 € zurückgegangen. Der Buchwert ist auf den aktuellen Kurs abzuschreiben.

Kauf	1 000 Stück	80,00 €/Aktie	80.000,00 €	❹
Aktueller Kurs		70,00 €/Aktie	70.000,00 €	
Abschreibung		10,00 €/Aktie	10.000,00 €	❺
Bewertung			70.000,00 €	❻

❹ Kauf	**121 Eigene Effekten ... 80.000,00**	**an**	211 BKK 80.000,00
❺ Abschreibung	**66 Abschreibung auf Wertpapiere 10.000,00**		**121 Eigene Effekten ... 10.000,00**
❻ Bewertung	SB 70.000,00		**121 Eigene Effekten ... 70.000,00**

→

1 Gleichzeitig wird ein Fonds für allgemeine Bankrisiken gebildet. Vergleiche dazu Kapitel 13.7.1. Die Darstellung des Bewertungsabschlags wurde anhand erster kommentierender Literatur zum BilMoG und Gesprächen mit Praktikern ausgearbeitet. Eine Umsetzungsrichtlinie zur einheitlichen Handhabung des Bewertungsabschlags auf Buchgewinne oder einen möglicherweise zusätzlichen Abschlag bei Buchverlusten des Handelsbestandes lag bei Redaktionsschluss noch nicht vor.

Praxisfall (Fortsetzung)

S	Nordbau AG (Skontro)		H
❶ BKK	100.000,00	❸ SB	107.000,00
❷ Ertr. a. Zuschr.	7.000,00		
	107.000,00		107.000,00

S	Südkauf AG (Skontro)		H
❹ BKK	80.000,00	❺ Abschr. a. Eff.	10.000,00
		SB	70.000,00
	80.000,00		80.000,00

S	121 Eigene Effekten (Hauptbuch)		H
Käufe	180.000,00	SB	177.000,00
Ertr. a. Zuschr.	7.000,00	Ab. a. Eff.	10.000,00
	187.000,00		187.000,00

S	54 Erträge aus Zuschreibungen zu Wertpapieren		H
GuV	7.000,00	❷ EE	7.000,00
	7.000,00		7.000,00

S	66 Abschreibungen auf Wertpapiere		H
❺ Eigene Effekten	10.000,00	GuV	10.000,00
	10.000,00		10.000,00

S	78 GuV		H
Abschreibungen auf Effekten	10.000,00	Erträge aus Zuschreibungen zu Wertpapieren	7.000,00

S	Bilanz		H
Eigene Effekten	177.000,00		...

Darstellung der Bewertung und Buchung im Nebenbuch bei Aktien

Wir führen im Handelsbestand das folgende Skontro:

Stichtagskurs: 73,00 €/Stück

Soll — **Konter Bräu AG**-Skontro — Haben

Datum	Stück	Kurs	Kurswert	Datum	Stück	Kurs	Kurswert
05.10.	500	75,00	37.500,00	10.10.	200	76,20	15.240,00
06.10.	150	74,50	11.175,00	11.10.	400	77,00	30.800,00
07.10.	200	74,20	14.840,00	15.10.	650	77,50	50.375,00
20.10.	500	74,80	37.400,00	15.12.	500	76,50	38.250,00
03.11.	900	74,30	66.870,00				
Zwischensumme	***2 250***		***167.785,00***	*Zwischensumme*	***1 750***		***134.665,00***
gewogener Durchschnitt		❶ ***74,57***		**SB** nach § 340 e HGB	500	❷ 73,00	❸ 36.500,00
				Bewertungsverluste: **Abschr. auf WP**	500	1,57	❹ 785,00
Kursgewinne			❺ 4.165,00				
			171.950,00				**171.950,00**

Kursiv Gesetztes ist reine Anmerkung und stellt keine Buchung dar.

Für den Jahresabschluss gehen wir in folgenden Schritten vor:

❶ Wir ermitteln den gewogenen Durchschnitt unserer Einstandskurse, indem wir die Summe der Kauf-Kurswerte (167.785,00 €) durch die Summe der Kauf-Stückzahl (2 250) teilen, und erhalten 74,57 €.

❷ Die 74,57 € werden zur Bewertung mit dem Börsenkurs zum Bilanzstichtag von 73,00 € verglichen. Da es sich um Handelsbestand handelt, ist mit dem in diesem Fall niedrigeren Zeitwert von 73,00 € zu bewerten.[1]

1 Die Bewertung zum höheren Zeitwert im Nebenbuch ist auf Seite 179 dargestellt.

❸ Der Schlussbestand wird aus dem Saldo der Einkaufs- und Verkaufsstücke (2 250 – 1 750) mit 500 Stück ermittelt, mit 73,00 € bewertet und mit 36.500,00 € in die Schlussbilanz übernommen.
Buchung: SB 36.500,00 € an 121 Eigene Effekten 36.500,00 €

❹ Die Differenz von 1,57 € zwischen 73,00 € und 74,57 € stellt einen Bewertungsverlust je Bestandsstück dar und ist daher abzuschreiben.
Buchung: 66 Abschreibung auf Wertpapiere 785,00 € an 121 Eigene Effekten 785,00 €

❺ Vergleicht man die Summen der Soll- und der Haben-Seite, ergibt sich ein Saldo von 4.165,00 € auf der Soll-Seite. Wir haben also teurer verkauft als eingekauft, was zu einem Kursgewinn geführt hat. Der realisierte Kursgewinn wurde bisher noch nicht erfasst, da beim Verkauf immer zum jeweiligen Börsenkurswert ausgebucht wurde. Der Kursgewinn von 4.165,00 € entspricht für die verkauften 1 750 Aktien einem durchschnittlichen Gewinn von 2,38 €/Aktie oder in anderer Rechnung der Differenz zwischen durchschnittlichem Anschaffungskurs (74,57 €) und dem durchschnittlichen Verkaufskurs (134.665,00 €/1 750 Aktien = 76,95 €). Leichte Rundungsdifferenzen können hier vorkommen.
Buchung: 121 Eigene Effekten 4.165,00 € an 53 Kursgewinne aus WP 4.165,00 € (Ertragskonto)

Bei Aktien steht der Dividendenertrag des letzten Geschäftsjahres immer dem Aktionär zu, der das Wertpapier am Dividendenzahltag (im Folgejahr) in seinem Depotbesitz hat. Dadurch ist zum Bilanzstichtag in der Regel keine Erfassung eines Wertes für den Dividendenschein erforderlich. Er ist im Kurswert der Aktie enthalten. Ein Effektenertrag fällt erst bei Dividendenzahlung an.

Aufgaben

1. Erläutern Sie praktische Gründe, wann Ihr KI Eigene Effekten ins Anlagevermögen und ins Umlaufvermögen bucht. Klären Sie die Frage ggf. anhand des letzten Geschäftsberichts Ihres Kreditinstituts.

2. Ihr KI kauft im Rahmen des Konsortialvertrages einer Aktienemission zur Stützung des Kurses 2 000 Stück Technologie AG-Aktien zum Kurs von 35,00 €. Dabei fallen Maklergebühren in Höhe von 60,00 € an.
   a) Buchen Sie den Kauf.
   b) Begründen Sie, ob es sich bei dem Kauf um Anlage- oder welche Art von Umlaufvermögen handelt.

3. Die Süd-Bank AG kaufte am 23. März 3 000 Stück A-Aktien zu 11,30 € und am 10. Juni weitere 1 000 Stück zu 12,80 € für den Handelsbestand.
   a) Ermitteln Sie den Durchschnittserwerbskurs.
   b) Am 31. Dez. d. J. beträgt der Börsenkurs 11,60 €. Zu welchem Kurs ist der Bestand zu bewerten?
   c) Wie ist am 31. Dez. d. J. zu buchen?
   d) Wie wäre die Bewertung, wenn am 31.12. d. J. der Börsenkurs 12,40 € wäre?

4. Ermitteln Sie den durchschnittlichen Anschaffungskurs für folgende Aktienkäufe (gewogener Durchschnitt):

Soll **Internet AG**

Datum	Stück	Kurs	Kurswert
10.01.	100	27,00	
12.01.	350	30,00	
03.02.	250	33,00	
05.04.	400	34,00	
10.04.	100	36,00	

5. Erläutern Sie Gründe für das Zeitwertprinzip aus Sicht der Gläubiger, der Aktionäre und des Steuer zahlenden Unternehmens.

6. Schließen Sie folgendes Nebenkonto des Handelsbestandes ab:
   a) Der Stichtagskurs liegt bei 20,50 €.
   b) Wie würde die Abschlussbuchung sich verändern, wenn der Stichtagskurs bei 24,50 € läge?

→

Soll — **Maschinenbau AG**-Skontro — **Haben**

Datum	Stück	Kurs	Kurswert	Datum	Stück	Kurs	Kurswert
04.08.	100	20,30		12.08.	80	21,50	
15.08.	150	21,00		16.08.	150	21,60	
03.10.	200	24,20		15.10.	220	24,80	
08.10.	300	22,60		27.10.	250	17,00	
25.10.	100	20,00					

7. Schließen Sie folgendes Nebenkonto des Handelsbestandes ab:
a) Stichtagskurs: 232,00 € b) Stichtagskurs: 218,00 €

Soll — **Neckarwerke AG**-Skontro — **Haben**

Datum	Stück	Kurs	Kurswert	Datum	Stück	Kurs	Kurswert
02.07.	50	220,00		12.08.	50	226,00	
15.08.	120	223,00		16.09.	100	225,00	
13.10.	150	227,00		17.10.	120	223,00	
20.10.	100	221,00		29.11.	150	222,00	
28.11.	50	220,00					

13.5.1.2 Handelsbestand Rentenpapiere

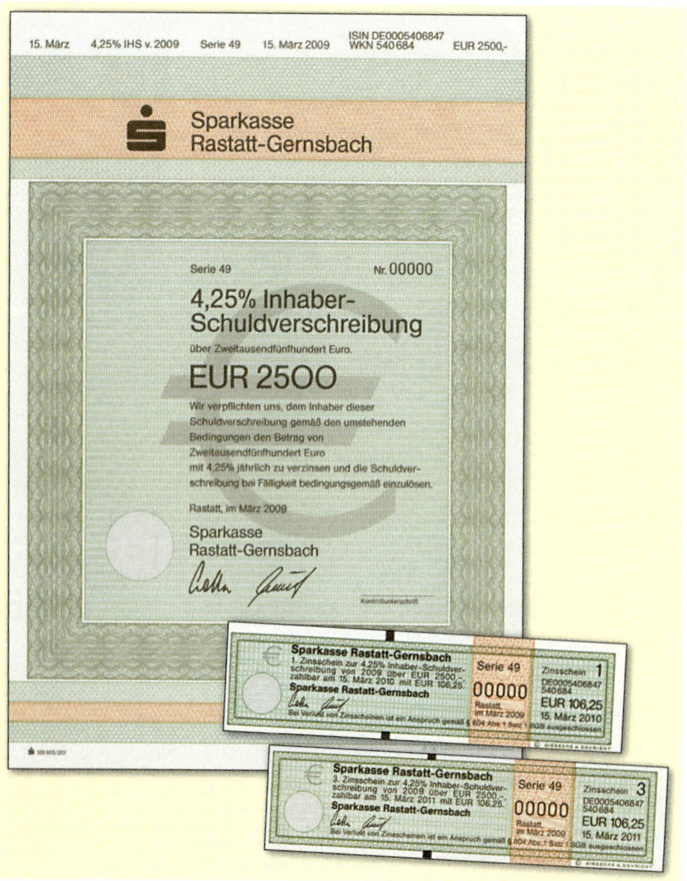

Praxisfall

Wir halten in unserem Handelsbuch zum 31.12. noch für 44.000,00 € Pfandbriefe, 6 % J/D. Der Stichtagskurs beträgt 96,8 %. Außerdem befinden sich auch die zugehörigen Zinsscheine in unserem Depot, die den Zinsanspruch seit 30.11. verbriefen.

Der Unterschied zur Abschlussbewertung zwischen Renten und Aktien liegt für den **Mantel** des Wertpapiers nur in der Prozentnotierung – gegenüber der Stücknotierung. Das Zeitwertprinzip nach HGB bleibt in gleicher Weise gültig.

Bei der Bewertung des **Bogens** ergeben sich größere Unterschiede.

Bei Aktien steht der Dividendenertrag des letzten Geschäftsjahres immer dem Aktionär zu, der das Wertpapier am Dividendenzahltag in seinem Depotbesitz hat. Dadurch ist zum Bilanzstichtag in der Regel keine Erfassung eines Wertes für den Dividendenschein erforderlich. Ein Effektenertrag fällt erst bei Dividendenzahlung meist im Folgejahr an.

Bei Rentenpapieren stellt der Bogen grundsätzlich zum Bilanzstichtag einen werthaltigen Wertpapierbesitz dar, da er einen durch die

Stückzinsberechnung ermittelbaren täglich steigenden Wert hat. Der Vermögenswert ist in der Bilanz auszuweisen. Gleichzeitig handelt es sich bei diesem Vermögen aber auch um einen Ertrag, der uns für die Laufzeit zwischen letzter Zinszahlung und Abschlussstichtag steuerlich zugeflossen ist. Der Ertrag ist wie ein antizipativer Posten zu erfassen, hier jedoch nicht auf dem Konto „Sonstige Forderungen", sondern, da es sich um eine Wertpapierforderung handelt, über das Konto „Eigene Effekten".

Die Buchung lautet am 31.12. für die Erfassung des Bogens:

121 Eigene Effekten (Zunahme Vermögen)	**an**	**511 Effektenerträge** (Zunahme Ertrag)

Der Wert des Zinsscheins errechnet sich aus der Zeit zwischen der Valuta der letzten Zinszahlung und dem Bilanzstichtag[1] mit der act./act.-Methode.

Praxisfall

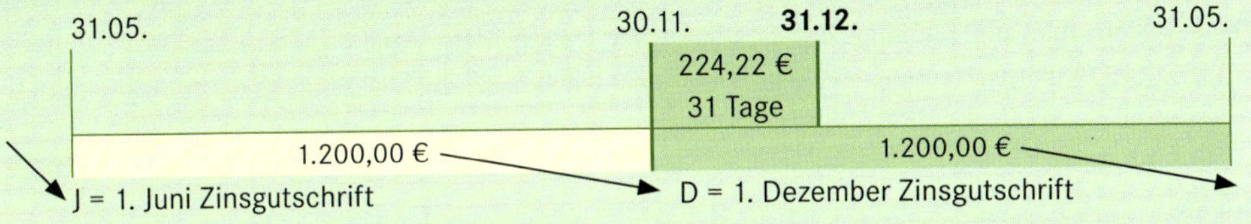

Der Stückzinsbetrag berechnet sich nach der act./act.-Zinsmethode mit der Laufzeit von 31 Tagen zwischen 30.11. und 31.12. bei 365 Tagen pro Jahr auf 224,22 €.

Darstellung der Bewertung und Buchung im Nebenbuch bei Rentenpapieren

Wir führen in unserem Handelsbuch das folgende Skontro:

Stichtagskurs: 97,79 %

Soll — **Pfandbriefe 6 % J/D**-Skontro — Haben

Datum	**Nennwert**	**Kurs**	**Kurswert**	**Datum**	**Nennwert**	**Kurs**	**Kurswert**
05.01.	110.000,00	96,00	105.600,00	02.02.	75.000,00	96,30	72.225,00
02.08.	50.000,00	97,50	48.750,00	10.09.	70.000,00	96,20	67.340,00
18.09.	50.000,00	98,40	49.200,00	15.11.	65.000,00	96,80	62.920,00
08.11.	44.000,00	97,30	42.812,00				
Zwischensumme	***254.000,00***		***246.362,00***	*Zwischensumme*	***210.000,00***		***202.485,00***
gewogener Durchschnitt		❶ ***96,99***		**SB** nach § 340 e HGB	44.000,00	❷ **97,55**	❸ 42.922,00
Erträge aus Zuschreibung	***44.000,00***	❹ ***0,56***	***246,40***	**Kursverluste**			❺ 1.201,40
Effektenerträge	31 Tage		❻ 224,22	**SB** Wert der Zinsscheine			❼ 224,22
			246.832,62				**246.832,62**

Kursiv Gesetztes ist reine Anmerkung und stellt keine Buchung dar.

1 Die Stückzinsmethode wurde in Kapitel 12.3.3 erläutert

Für den Jahresabschluss gehen wir grundsätzlich wie bei Aktien vor:

Mantel:

❶ Wir ermitteln den gewogenen Durchschnitt unserer Einstandskurse, indem wir die Summe der Kauf-Kurswerte (246.362,00 €) durch die Summe der Kauf-Nennwerte (254.000,00 €) teilen und erhalten 96,99 %.

❷ Die Bewertung erfolgt nach dem Zeitwertprinzip zum Stichtagskurs von 97,79 € unter Abzug von 30 % VaR (Wert im Risiko) auf den Kursgewinn von 0,8 %, sodass die Bilanzierung zum Kurs von 97,55 % erfolgt (97,79 % - 0,24 % = 97,55 %).

❸ Der Schlussbestand wird aus dem Saldo der Einkaufs- und Verkaufsnennwerte (254.000,00 € - 210.000,00 €) mit 44.000,00 € ermittelt, mit 97,55 % bewertet und mit 42.922,00 € in die Schlussbilanz übernommen.
Buchung: SB 42.922,00 € an 121 Eigene Effekten 42.922,00 €

❹ Die Differenz von 0,56 % zwischen 96,99 % und 97,55 % stellt einen Bewertungsgewinn auf den Bestand dar und ist daher zuzuschreiben (44.000,00 € · 0,56 %).
Buchung: 121 Eigene Effekten 246,40 € an 54 Erträge aus Zuschreibungen zu Wertpapieren 246,40 €

❺ Vergleicht man die Summen der Soll- und der Haben-Seite, ergibt sich ein Saldo in Höhe von 1.201,40 € auf der Haben-Seite. Wir haben also billiger verkauft als eingekauft, was zu einem realisierten Kursverlust geführt hat.
Buchung: 62 Kursverluste (Aufwandskonto) 1.201,40 € an 121 Eigene Effekten 1.201,40 €

Bogen:

❻ Als wichtiger Unterschied zum Abschluss von Aktien kommt nun die Buchung des Zinsscheins hinzu: Der Wert des Zinsscheins wird nach der Stückzinsmethode zum Abschlussstichtag vom 30.10. bis 31.12. ermittelt und wird im Konto „Eigene Effekten" als Zugang erfasst. (44.000,00 € · 6 % · 31 Tage : 365 Tage = 224,22 €)
Buchung: 121 Eigene Effekten 224,22 € an 511 Effektenerträge 224,22 €

❼ Für die Erfassung der Effekten in der Schlussbilanz ist nun neben dem bereits unter 3. erfassten Mantel auch noch der Wert des Zinsscheins (Bogen) in die Bilanz zu übertragen.
Buchung: SB 224,22 € an 121 Eigene Effekten 224,22 €

Aufgaben

1. Buchen Sie den Zinsanspruch zum Jahresende für folgende Rentenpapiere:
a) nom. 10.000,00 € 2,5 % Bundesanleihe 01.04. gzj.,
b) nom. 17.000,00 € 2,5 % Optionsanleihe 01.07. gzj.,
c) nom. 23.000,00 € 3,5 % Bankanleihe A/O.

2. In unserem Handelsbuch befinden sich 80.000,00 € 7%ige Industrieanleihen, Zinstermin 15.12., durchschnittlicher Anschaffungskurs 102,3 %, Stichtagskurs 103,2 %.
a) Bewerten Sie Mantel und Bogen zum Stichtag.
b) Buchen Sie die noch nicht erfassten Erträge des Geschäftsjahres am 31.12.
c) Schließen Sie in die Schlussbilanz ab.

3. In unserem Handelsbuch befinden sich 35.000,00 € 5,5%ige Industrieanleihen F/A, durchschnittlicher Anschaffungskurs 100,8 %, Fall I Stichtagskurs 101,8 %, Fall II Stichtagskurs 100,3 %.
a) Bewerten Sie Mantel und Bogen zum Stichtag.
b) Buchen Sie die noch nicht erfassten Erträge des Geschäftsjahres am 31.12.
c) Schließen Sie in die Schlussbilanz ab.

4. Schließen Sie das folgende Nebenbuchkonto im Handelsbestand per 31.12. ab.
a) Der Jahresschlusskurs liegt bei 101,5 %, letzte Zinsvaluta 30.09.
b) Wie verändert sich der Abschluss, wenn der Jahresabschlusskurs bei 103,0 % liegt?

→

5484180

Soll		**2,5 % Pfandbrief**-Skontro (Umlaufvermögen)					Haben
Datum	**Nennwert**	**Kurs**	**Kurswert**	**Datum**	**Nennwert**	**Kurs**	**Kurswert**
06.03.	35.000,00	99,80	34.930,00	08.05.	40.000,00	100,20	
07.04.	15.000,00	99,90		16.07.	35.000,00	100,10	
09.06.	48.000,00	100,30		15.09.	58.000,00	101,10	
12.08.	52.000,00	101,00					

5. Schließen Sie das folgende Nebenbuchkonto im Handelsbestand per 31.12. ab. Der Jahresschlusskurs liegt bei 99,3 %, letzte Zinsvaluta 15.8.

Soll		**6,5 % Industrieanleihe**-Skontro (Umlaufvermögen)					Haben
Datum	**Nennwert**	**Kurs**	**Kurswert**	**Datum**	**Nennwert**	**Kurs**	**Kurswert**
09.02.	12.000,00	102,30		12.02.	10.000,00	102,60	
12.03.	15.000,00	102,60		19.04.	17.000,00	102,80	
15.06.	28.000,00	101,90		30.06.	24.000,00	102,30	
13.08.	18.000,00	102,10					

13.5.2 Bewertung von Wertpapieren der Liquiditätsreserve

Praxisfall

Unsere Bank hat 100.000,00 € überschüssige Liquidität in 6-%ige Inhaberschuldverschreibungen (31.12. gzj.) zum Kurs von 101 % angelegt, um Zinserträge zu erwirtschaften. Zum ersten Bilanzstichtag war der Kurs aufgrund der Emittentenbonität auf 94 % gefallen, dann auf 97 % gestiegen und beim aktuellen Bilanzstichtag liegt er bei 104 %. Wir haben die Bilanzbewertung nach HGB vorzunehmen.

Bei Vermögenswerten außerhalb des Handelsbestandes gilt die Sonderregelung des § 340 e HGB für Banken zur Zeitwertbewertung nicht. Banken müssen sich hier wie alle anderen Unternehmen nach dem Niederstwertprinzip richten.

Wertpapiere der Liquiditätsreserve werden nach § 253 Abs. 4 HGB als Umlaufvermögen nach dem **strengen Niederstwertprinzip** bilanziert. Hier ist jede Wertminderung – auch die vorübergehende – durch Abschreibung zu berücksichtigen. Nimmt der Wert später wieder zu, ist auf einen höheren Wert wieder zuzuschreiben. Als Obergrenze gelten jedoch die Anschaffungskosten.

Praxisfall (Fortsetzung)

Der Mantel der Inhaberschuldverschreibung ist wie folgt zu bewerten:

		Kurs	Bewertung		
Kauf Jahr 01	100.000,00	101 %	101 %	101.000,00	❶
Abschreibung auf Effekten 01			7 %	7.000,00	❷
Bilanzierung 01		94 %	94 %	94.000,00	❸
Zuschreibung auf Effekten 02			3 %	3.000,00	❹
Bilanzierung 02		97 %	97 %	97.000,00	❺
Zuschreibung auf Effekten 03 maximal auf den Anschaffungswert			4 %	4.000,00	❻
Bilanzierung 03		104 %	101 %	101.000,00	❼
Stille Reserve			3 %	3.000,00	Ohne Buchung

→

Praxisfall (Fortsetzung)

	Soll		Haben
❶ Kauf	121 Eigene Effekten .. 101.000,00	an	201 BKK 101.000,00
❷ Abschreibung	66 Abschreibung auf Wertpapiere 7.000,00		121 Eigene Effekten 7.000,00
❸ Bewertung	SB 94.000,00		121 Eigene Effekten ... 94.000,00
❹ Zuschreibung	121 Eigene Effekten 3.000,00		54 Erträge aus Zuschreibungen zu Wertpapieren 3.000,00
❺ Bewertung	SB 97.000,00		121 Eigene Effekten 97.000,00
❻ Zuschreibung	121 Eigene Effekten 4.000,00		54 Erträge aus Zuschreibungen zu Wertpapieren 4.000,00
❼ Bewertung	SB 101.000,00		121 Eigene Effekten .. 101.000,00

13.5.3 Bewertung von Wertpapieren des Anlagevermögens

Praxisfall

Unser Kreditinstitut hat sich an der Bausparkasse Ost AG beteiligt, um eine langfristige strategische Zusammenarbeit zu sichern. Es wurden 500 000 Aktien zum Kurs von 25,00 €/Stück erworben. Die Ertragslage ist momentan durch Umstrukturierungen belastet. Die Börse reagiert auch aufgrund konjunktureller Rahmenbedingungen mit Kurseinbrüchen. Der Stichtagskurs liegt bei 15,00 €/Stück. Die Beteiligung ist für die Bilanz zu bewerten.

Wertpapiere werden bei Kreditinstituten nur dann dem Anlagevermögen zugeordnet, wenn sie dazu bestimmt sind, dauernd dem Geschäftsbetrieb zu dienen. Dies ist in der Regel dann der Fall, wenn es sich um Beteiligungen bzw. beteiligte Unternehmen handelt. Beteiligungen werden unter geschäftspolitisch langfristigen Zielen eingegangen. Meist handelt es sich dabei um große Aktien- oder Beteiligungspakete, die außerhalb der Börse zu vom Börsenkurs abweichenden Preisen gehandelt werden. Die Wertentwicklung für das bilanzierende Unternehmen lässt sich daher nicht unbedingt aus den Schwankungen der Börsenkurse ableiten. Aus diesem Grund hat der Gesetzgeber bei Finanzanlagen im **gemilderten Niederstwertprinzip** ein Wahlrecht gelassen: Während bei dauerhafter Wertminderung auf einen aktuellen Zeitwert abgeschrieben werden muss, ist das bei nicht dauerhafter Wertminderung freiwillig möglich. Der Beurteilung der Dauerhaftigkeit einer Wertminderung kommt daher zentrale Bedeutung zu. Es ist grundsätzlich auch eine Teilung der Wertminderung in einen dauerhaften und einen voraussichtlich vorübergehenden Teil denkbar.

Steigt der Wert in späteren Zeiten wieder an, ist auch hier eine erfolgswirksame Wertaufholung vorzunehmen.

Praxisfall (Fortsetzung)

Je nach Einschätzung der Sachlage sind mehrere Bewertungsmöglichkeiten denkbar:

Dauerhafte Wertminderung	Teilweise dauerhafte Wertminderung
Da die Ertragsschwäche noch länger dauern kann und die Umstrukturierung zu Problemen in der Zusammenarbeit führt, sind wir nicht sicher, ob wir an der Beteiligung dauerhaft festhalten werden. Wir müssen deshalb davon ausgehen, dass der niedrige aktuelle Börsenkurs den realistischen Marktwert widerspiegelt.	Aufgrund der Ertragsprobleme bewerten wir die Beteiligung statt mit 25,00 € nur mit 20,00 €. Die weitergehenden Kursverluste stufen wir auch aufgrund der Entwicklung nach dem Bilanzstichtag als nicht dauerhaft ein. Es besteht keine Verkaufsabsicht für die Beteiligung.

→

Praxisfall (Fortsetzung)

Anschaffungswert	500000 · 25,00 € = 12,5 Mio. €		Anschaffungswert	500000 · 25,00 € = 12,5 Mio. €	
Aktueller Wert	500000 · 15,00 € = 7,5 Mio. €		Aktueller Wert	500000 · 20,00 € = 10,0 Mio. €	
Abschreibung	500000 · 10,00 € = 5,0 Mio. €		Abschreibung	500000 · 5,00 € = 2,5 Mio. €	

Zusammenfassung

Gemildertes Niederstwertprinzip	Strenges Niederstwertprinzip	Zeitwertprinzip
§ 253 Abs. 3 HGB	§ 253 Abs. 4 HGB	§ 340 e HGB
WP Anlagevermögen	**WP der Liquiditätsreserve**	**Handelsbestand**
Eine Abschreibung ist bei dauerhafter Wertminderung vorzunehmen. Bei **Finanzanlagen kann** auch bei vorübergehender Wertminderung eine Abschreibung vorgenommen werden.	Eine Abschreibung auf den verminderten Wert muss vorgenommen werden. Dadurch **muss** bei Anlagen aus Liquiditätsreserven auf einen gesunkenen Börsenkurs abgeschrieben werden.	Es wird grundsätzlich der aktuelle **Zeitwert** abzüglich eines Risikoabschlags für die Bewertung zugrunde gelegt. Gleichzeitig wird ein „Fonds für allgemeine Bankrisiken" gebildet.
■ **Wertaufholungsgebot** ■ **bis zur Höhe des Anschaffungswertes**		

Mögliche Buchungen:

Kauf von Aktien	**121 Eigene Effekten**	**an**	201 BKK
Kauf von Renten	**121 Eigene Effekten** + 511 Effektenerträge	**an**	201 BKK
Verkauf von Aktien	201 BKK	**an**	**121 Eigene Effekten**
Verkauf von Renten	201 BKK	**an**	**121 Eigene Effekten** + 511 Effektenerträge
Abschreibung	**66 Abschreibungen auf Wertpapiere**	**an**	**121 Eigene Effekten**
Zuschreibung Bewertung	121 Eigene Effekten	**an**	54 Erträge aus Zuschreibungen zu Wertpapieren
Erfassen des Zinsscheins	SB	**an**	**121 Eigene Effekten**
	121 Eigene Effekten	**an**	511 Effektenerträge

Aufgaben

1. Die Handelsbank kauft:
   - für 3 Mio. Aktien der Secur Versicherung AG, um die Kooperation langfristig zu festigen,
   - für 200.000 € Inhaber-Schuldverschreibungen, um sie aus dem eigenen Bestand an Kunden weiterzuverkaufen, und
   - 500.000 € Investmentfonds-Anteile, um die eigene Passivlastigkeit mittelfristig ertragreich auszugleichen.

   a) Beurteilen Sie, welchen Bewertungsprinzipien die Geschäfte beim Kauf zuzuordnen sind und

   b) wie eine Bewertung zum Jahresende bei steigenden bzw.

   c) bei fallenden Börsen- bzw. Rücknahmekursen zu erfolgen hat. →

2. Die Elbebank e.G. kauft zum 10.04. für 3 Mio. € Aktien der Rheininvest AG als langfristige Beteiligung. Die Elbebank hat das Interesse, die Beteiligung möglichst hoch zu bewerten. Beurteilen Sie die Möglichkeiten bei folgenden Situationen:
   a) Zum Bilanzstichtag steht der Kurswert nach normalen Börsenschwankungen bei 2,9 Mio. €.
   b) Zum Bilanzstichtag steht der Kurswert nach nachhaltig verbesserter Ertragslage bei 3,6 Mio. €.

3. Die Ostseebank führt im Rahmen ihrer Liquiditätssteuerung folgendes Skontro. Führen Sie die Abschlussbewertung für Mantel und Bogen durch und ermitteln Sie die Erfolge im Geschäftsjahr.

Soll	4,0 %	**IHS 31.03. gzj.**	**Jahresschlusskurs 101,5 %**				**Haben**
Datum	**Nennwert**	**Kurs**	**Kurswert**	**Datum**	**Nennwert**	**Kurs**	**Kurswert**
03.04.	120.000,00	102,00		03.09.	100.000,00	101,80	

4. Die Sachsenbank kauft 800 Aktien der Chemie AG zu 50,00 € zum 01.03. unter dem Anlageziel Liquiditätsreserve. Sie bezieht am 08.05. Dividendenzahlungen von 1,80 € je Aktie. Am 13.12. verkauft sie 500 Stück zu 52,00 €.
   a) Wie ist jeweils im Grundbuch zu buchen?
   b) Bewerten Sie den Restbestand zu Jahresschluss bei einem Stichtagskurs von 49,00 €.
   c) Ermitteln Sie den Gesamterfolg im Geschäftsjahr.
   d) Ermitteln Sie vereinfacht die Rendite für die investierten 40.000,00 € unter Berücksichtigung des Anlagezeitraums von 10 Monaten.
   e) Bewerten Sie den unveränderten Bestand im Folgejahr wenn der Börsenkurs auf 54,00 € gestiegen ist.

5. Die Handelsbank kauft 100.000 € IHS zum Kurs von 100 %. Beurteilen Sie die möglichen Bilanzierungsansätze unter der Annahme unterschiedlicher Anlageziele:

Bilanzwerte				
	Bewertungsprinzip			
Jahr	Stichtagskurs	Langfristiges Anlageziel	Liquiditätssteuerung	Handelsbestand
01	100,5			
02	96			
03	98,5			
04	102			

6. Aus einer Unternehmenssanierung halten Sie noch 10 % der 5 000 000 Aktien der Heller Bau AG. Die Aktien wurden zum Kurs von 3,00 € übernommen. Zum Jahresende notieren die Aktien an der Börse mit:
   a) 4,50 €
   b) 2,30 €
   - Stellen Sie Überlegungen zur Zuordnung an.
   - Begründen Sie den Wertansatz in der Bilanz und erläutern Sie ggf. Erfolgsanteil oder Reservebildung durch die Buchung.
   - Nennen Sie die Buchungssätze.

7. Die Elbebank e. G. hat im letzten Jahr eine 80-%ige Beteiligung an einer Bausparkasse zu einem Kurs von 56,00 € erworben. Bei der aktuellen Börsenlage sind die Kurse zum Jahresende auf 43,00 € gefallen. Erläutern Sie die Überlegungen, die bei der Bilanzierung anzustellen sind.

5484184

13.6 Bewertung von Forderungen

Praxisfall

Unsere Kundin, die Heller Bau AG, führt ihr Konto seit Jahren mit bis zu 7 Mio. € auf Kreditbasis. Im letzten Jahr traten finanzielle Schwierigkeiten bei der Fertigstellung der Bauprojekte auf und das Unternehmen musste vor dem Amtsgericht im Insolvenzverfahren Vergleichsantrag stellen.

In unserer Bilanz sind seit Jahren die Forderungen mit der Kreditinanspruchnahme von ca. 7 Mio. € als Forderungen gegenüber Kunden ausgewiesen. Unsere Forderungen belaufen sich auch in diesem Jahr auf die gleiche Höhe.

13.6.1 Bewertungsgrundsätze nach HGB

§ 252. Allgemeine Bewertungsgrundsätze.

(1) Bei der Bewertung der im Jahresabschluss ausgewiesenen Vermögensgegenstände und Schulden gilt insbesondere Folgendes: [...]

3. Die Vermögensgegenstände und Schulden sind zum Abschlussstichtag **einzeln zu bewerten.**
4. Es ist vorsichtig zu bewerten, namentlich sind alle vorhersehbaren **Risiken** und Verluste, die zum Bilanzstichtag entstanden sind, **zu berücksichtigen.** [...]

HGB
Handelsgesetzbuch
§ 252

Nach HGB ist die veränderte Risikolage unserer Vermögenswerte aktuell zu berücksichtigen. Bei den unverbrieften Forderungen der Kreditinstitute handelt es sich in erster Linie um Forderungen aus dem Bankgeschäft mit Kunden und Kreditinstituten. Diese können im In- oder Ausland liegen. Alle Risiken sollen bei der Bewertung berücksichtigt werden, sie lassen sich unterteilen in:

- Ausfallrisiko (Ausfall der Zins- und Tilgungsleistung aufgrund sinkender Bonität),
- Einziehungsrisiko (Kosten für Mahnung, gerichtliche Verfolgung usw.),
- Zinsänderungsrisiko (bezogen auf einen sich ändernden Marktpreis),
- Länderrisiko (politisches Risiko, Transfer- und Konvertierungsrisiko bei ausländischem Schuldner) und
- Währungsrisiko bei Rückzahlungsanspruch in Fremdwährung.

Das Währungsrisiko ist nach § 256 a HGB vorab gesondert in der Form geregelt, dass sowohl Forderungen als auch Verbindlichkeiten bis zur Laufzeit von einem Jahr zum Devisenkassamittelkurs des Bilanzstichtages umzurechnen sind (Zeitwertprinzip ohne VaR-Abschlag). Kursänderungen führen damit zu Zu- bzw. Abschreibungen. In der Praxis sind Länder-, Währungs- oder Zinsänderungsrisiken auf ganze Forderungsgruppen anwendbar, werden jedoch vielfach durch Gegengeschäfte (z. B. Zins- oder Währungsswap) abgesichert. In diesem Fall können nach § 254 HGB Bewertungseinheiten gebildet werden, sodass Risiken und gegenläufige Chancen bei entsprechendem Ausgleich verrechnet werden dürfen und in der Bewertung keinen Ansatz finden. Eine tiefer gehende Betrachtung soll hier nicht vorgenommen werden.

Die weitere Risikobehandlung wird beispielhaft am Ausfallrisiko für Forderungen an Kunden erläutert.

Strenges Niederstwertprinzip

Forderungen unterliegen als **Umlaufvermögen** dem **strengen Niederstwertprinzip** nach § 252 HGB.

Für die Bewertung von Forderungen ist es wichtig, die Risikostruktur des Forderungsbestands zu kennen. Die Qualität der Rückzahlungsansprüche ist grundsätzlich sehr unterschiedlich und lässt sich entsprechend der folgenden Übersicht veranschaulichen:

13.6.2 Forderungsarten

	Forderungen an den Staat oder speziell gesichert	*ohne Risiken*	100 % Bewertung
Forderungen	normale Forderungen an Kunden	*unerkannte latente Risiken*	Pauschalwertberichtigung und ggf. Bildung eines Fonds für allgemeine Bankrisiken
	zweifelhafte Forderungen	*erkannte Risiken*	Einzelwertberichtigung zum Jahresende
	uneinbringliche Forderungen	*feststehende Ausfälle*	sofortige Abschreibung

Jede einzelne Forderung ist im Rahmen der Bilanzierungsvorbereitung zu überprüfen und nach Risikolage einzuteilen in:

- **Einwandfreie Forderungen,** die ohne bewertbare Risiken bestehen, wie Guthaben bei Zentralnotenbanken, Schuldtitel öffentlicher Stellen oder liquide gesicherte Forderungen. Sie werden mit ihrem vollen Forderungswert bilanziert.
- **Normale Forderungen** an Kunden, für die wir keine Risiken erkennen, aber bei denen wir aufgrund von Erfahrungen mit statistischer Wahrscheinlichkeit mit Ausfällen rechnen müssen.
- **Zweifelhafte Forderungen**
  - Die Forderungen lassen zum Abschlussstichtag Risiken erkennen, die zu bewerten sind. Der Vermögenswert des Kreditinstituts ist damit netto gesunken, obwohl die volle Forderung rechtlich weiter besteht. Bilanziell wird deshalb ein Berichtigungsposten zu den Forderungen (Aktiv) auf der Passivseite der Bilanz mit der Position „Einzelwertberichtigung" gebildet.
  - Der zu erwartende, zu diesem Zeitpunkt noch nicht realisierte Verlust ist als Aufwand zu erfassen und wirkt sich in der GuV gewinn- und steuermindernd aus.
- **Uneinbringliche Forderungen** werden nicht erst bei den Bilanzierungsvorbereitungen buchhalterisch erfasst, sondern sofort bei Bekanntwerden des Ausfalls. Es handelt sich hier um als endgültig eingestufte Forderungsverluste.
  - Die bestehende Forderung wird ausgebucht und besteht als Vermögenswert in der Bilanz nicht mehr.
  - Der uneinbringliche Forderungsteil wird abgeschrieben (Aufwand) und wirkt sich in der GuV gewinn- und steuermindernd aus.

13.6.3 Einzelwertberichtigung auf zweifelhafte Forderungen

Zum jeweiligen Bilanzstichtag ist im Rahmen der Kreditbeurteilung jede Forderung auf ihre Werthaltigkeit zu untersuchen. Besondere Merkmale für erhöhte Risiken können unter anderem aufgrund folgender Merkmale vermutet werden:

- häufige ungenehmigte Kontoüberziehungen
- bilanzielle Verluste
- negative Auskünfte
- Scheck- und Lastschriftrückgaben
- Wertverlust von Sicherheiten
- Erkennen von persönlicher Unzuverlässigkeit
- eintretende Arbeitslosigkeit
- krankheitsbedingte Erwerbsprobleme
- Insolvenzhinweise

Da jede Forderung einzeln zu bewerten ist, ist für jede ein individuelles Risiko anzusetzen. Die Forderung (Aktiv) erhält durch eine Einzelwertberichtigung (EWB) einen buchhalterischen Gegenposten (Passiv). Der befürchtete Ausfall darf steuermindernd abgeschrieben werden.

Praxisfall

(1) Da die Rückzahlung unseres Kredites an die Peer Stuck GmbH nicht gesichert erscheint, ist die Forderung individuell zu bewerten. Nach Einschätzung der Bonität und der Sicherheitenlage kommen wir bei dem Kunden zu dem Schluss, dass wir nach vorsichtiger Einschätzung nur mit einer anteiligen Rückzahlung von 50 % rechnen können. Wir werden eine interne Wertberichtigung von 3,5 Mio. € vornehmen, die für den Kunden nicht ersichtlich ist. Das KK-Konto ist deshalb in der Buchung nicht berücksichtigt. Die Einzelwertberichtigung (EWB) führt in der Bilanz zu einem passiven Gegengewicht zur aktiven Forderung. In der extern veröffentlichten Bilanz muss die EWB nicht dargestellt werden, sie wird mit den Forderungen verrechnet.

Gesamtforderung (extern) 7 Mio. €	
Rückzahlungserwartung 3,5 Mio. €	**erwartetes Risiko 50 % (Wertberichtigung)**

Eine Zusammenarbeit und auch ein Geschäftsausbau mit dem als risikoreich erkannten Kunden ist in der Praxis weiterhin möglich und durchaus üblich. Sie kann zu Sanierungszwecken erforderlich sein und kann dem Kreditinstitut weiterhin Erträge aus dem Volumen des Gesamtgeschäftsumfanges ermöglichen.

Buchungssätze	**Soll**	**an**	**Haben**
1. Wertberichtigung	**67 Abschreibung auf Forderungen .. 3.500 T€**		**75 Einzelwertberichtigung (EWB) 3.500 T€**
2. Abschluss Abschreibung	78 GuV .... 3.500 T€		**67 Abschreibung auf Forderungen ... 3.500 T€**
3. Abschluss EWB	**75 EWB .... 3.500 T€**		SB .... 3.500 T€

S — 67 Abschreibung auf Forderungen — H

S		H	
1. EWB	**3.500 T€**	2. GuV	3.500 T€

S — 75 Einzelwertberichtigung (EWB) — H

S		H	
3. SB	3.500 T€	**1. Ab. a. Fo.**	**3.500 T€**

S — 78 GuV — H

S		H	
⋮		⋮	
2. Ab. a. Fo.	3.500 T€	Verlust	3.500 T€

A — vorläufige Bilanz — P

A		P	
Ford.	7.000 T€	Eigenk.	7.000 T€

A — berichtigte interne Bilanz — P

A		P	
Ford.	7.000 T€	3. EWB	3.500 T€
		Eigenk.	3.500 T€

A — externe Bilanz — P

A		P	
Ford.	3.500 T€	Eigenk.	3.500 T€

Auswirkung auf Gewinn und Steuerlast

Die Abschreibung führt bereits in diesem Jahr zu einem Aufwand, der den Gewinn und die Steuerlast senkt. Der Forderungsausfall tritt aber ungewiss erst in einem späteren Geschäftsjahr ein. Es liegt eine zeitliche Differenz zwischen Erfolg und rechtlichem Forderungsverzicht. Des Weiteren kann das Kreditinstitut mit dem bereits wertberichtigten Kunden weitere Geschäfte abwickeln und weitere Erträge tätigen.

13.6.4 Uneinbringliche Forderungen

> (1) s. S. 187

Praxisfall

(2) Durch das Insolvenzverfahren ihres Großkunden musste unsere Kundin, die Stahlbau GmbH, erhebliche Forderungsverluste und Umsatzeinbußen hinnehmen. Nachdem wir im Mai verschiedene Schecks mangels Deckung zurückgaben, stellt das Unternehmen am 7. Juni selbst Insolvenzantrag. Das Insolvenzverfahren wird mangels Masse eingestellt. Die Stahlbau GmbH steht mit ihrem Kontokorrentkonto mit 0,5 Mio. € im Soll.

Der Ausfall unserer gesamten Forderung steht bereits während des Jahres fest, sodass wir mit der festgestellten Insolvenz unserer Kundin die Forderung endgültig verlieren (uneinbringliche Forderung). Wir haben den Forderungsverlust als Aufwand zu erfassen und gleichzeitig die Kontokorrentforderung auszubuchen. Im Jahresabschluss erscheint nur der Aufwand (→ Verlust). Die Buchung wird in der Regel auch für den Kunden im Kundenskontro sichtbar.

Buchungssätze	Soll	an Haben
1. am 7. Juni Abschreiben der Forderung	**67 Abschreibung auf Forderungen .... 500 T€**	211 KKK .... 500 T€
2. Abschluss Aufwandskonto	78 GuV .... 500 T€	**67 Abschreibung auf Forderungen ..... 500 T€**

S 211 KKK H

S		H	
Ford.-Best.	500 T€	1. Ab a. Fo	500 T€

S 67 Abschreibung a. Ford. H

S		H	
1. KKK	500 T€	2. GuV	500 T€

S 78 GuV H

S		H	
⋮		⋮	
2. Abschr.	500 T€	Verlust	500 T€

Zahlungseingang auf bereits einzelwertberichtigte Forderungen

> (1) s. S. 187
> (2) s. o.

Praxisfall

(3) Wir hatten eine Forderung (Fall 1) an die Peer Stuck GmbH in Höhe von 7 Mio. € mit 3,5 Mio. € im letzten Jahr einzelwertberichtigt. Bei der Vergleichsabwicklung erhalten wir nur noch 3 Mio. € über die Zentralbank, auf den Rest müssen wir verzichten. Das Kundenkonto wird mit dieser Abwicklung gleichzeitig geschlossen.

Trotz der Erfassung der bekannten Risiken im Vorjahr kommt es bei der späteren Abwicklung oft zu weiteren Abweichungen, sodass weitere Forderungsausfälle eintreten können. In diesem Fall tritt ein zusätzlicher Verlust (0,5 Mio. €) auf, der jedoch erst bei Zahlungseingang erkannt wird und erst in diesem Jahr erfolgswirksam in die GuV-Rechnung eingehen kann. Sobald der Ausfall feststeht, und nicht erst mit der Bewertung zum Jahresende, wird der notwendige Verzicht auf die **uneinbringliche** Restforderung erfasst.

Der Zahlungseingang und der Zusatzverlust werden erfasst, die gebildete Einzelwertberichtigung wird abschließend aufgelöst. Das Kundenkonto wird mit der bisher offiziell bestehenden Gesamtforderung von 7 Mio. € ausgeglichen.

Buchungssätze	Soll	an	Haben
1. Zahlungseingang mit Erfassung des zusätzl. Abschreibungsbedarfs	**75 EWB .... 3.500 T€** **11 Bundesbank ..... 3.000 T€** **67 Abschr. a. Ford. . 500 T€**	211 KKK .... 7.000 T€	

S	211 KKK		H
AB	7.000 T€	**1. EWB**	**7.000 T€**

S	75 EWB		H
1. KKK	**3.500 T€**	AB	3.500 T€

S	11 Bundesbank		H
AB	10.000 T€		
1. KKK	**3.000 T€**		

S	67 Abschreibung a. Ford.		H
1. KKK	**500 T€**		

Praxisfall

(4) Da die Insolvenz der Peer Struck GmbH unter verbesserten Bedingungen abgewickelt werden konnte, erhalten wir im Gegensatz zu Fall 3 nicht 3 Mio. €, sondern 4 Mio €. Zum Erhalt des Unternehmens wird auf die Restforderung verzichtet. Das Vergleichsabwicklungskonto wird geschlossen, die Geschäftsverbindung zu unserer Kundin kann nach dem Vergleich bestehen bleiben.

In diesem Fall tritt unvorhergesehen eine positive Entwicklung ein. Die Auswirkung ist einerseits ein höherer Geldeingang, andererseits müssen wir feststellen, dass wir im vergangenen Jahr zu viel abgeschrieben haben, also zu wenig Gewinn ausgewiesen und versteuert haben. Der Gewinn ist in diesem Geschäftsjahr mit dem Zahlungseingang durch Buchung eines „sonstigen betrieblichen Ertrages" zu erfassen und zu versteuern.

Buchungssätze	Soll	an	Haben
1. Zahlungseingang mit Erfassung des nicht erwarteten Ertrages	**75 EWB .... 3.500 T€** **11 Bundesbank .... 4.000 T€**	211 KKK .... 7.000 T€ **56 Sonst. betr. Erträge .... 500 T€**	

S	211 KK		H
AB	7.000 T€	**1. EWB + ZB**	**7.000 T€**

S	75 EWB		H
1. KKK	**3.500 T€**	AB	3.500 T€

S	11 Bundesbank		H
AB	10.000 T€		
1. KKK	**4.000 T€**		

S	56 Sonst. betr. Erträge		H
		1. EWB + ZB	**500 T€**

Aufgaben

1. Die Elbebank e.G. hat eine Darlehensforderung vom 01.09. in Höhe von 10.000,00 USD zum Kurs von 1,40 an die Simbabwe Import Corp. Die Forderung ist öffentlich gesichert, zahlbar am 01.04. nächsten Jahres, allerdings veränderte sich der USD-Kurs auf 1,30.
   a) Buchen Sie am 01.09.,
   b) bewerten Sie die Forderung im Grundbuch am 31.12. und
   c) buchen Sie die Rückzahlung am 01.04. bei einem Kurs von 1,35.

2. Unsere Kundin Handy Fix GmbH beantragt am 23.12. das Insolvenzverfahren. Unsere Forderung beträgt 13.478,00 €. Wir rechnen noch mit einer Rückzahlung von 50 %.
   Am 06.01. erfahren wir, dass das Insolvenzverfahren mangels Masse abgelehnt wurde.
   a) Buchen Sie zu den erforderlichen Terminen im Grundbuch.
   b) Begründen Sie die Notwendigkeit einer buchhalterischen Trennung zwischen unterschiedlichen Forderungsqualitäten aus unterschiedlicher Sicht. →

3. Wir verkaufen an einen Nichtkunden einen Gebrauchtwagen der Immobilienabteilung für 11.900,00 € inkl. MWSt.
Zwei Wochen später erfahren wir von der Insolvenz des Käufers, das Verfahren wurde sofort mangels Masse eingestellt. Buchen Sie im Grundbuch
   a) den Verkauf des Fahrzeugs und
   b) die Berichtigung der Forderung.

4. Die Elbebank e. G. erfährt, dass über ihre Kundin das Insolvenzverfahren eröffnet wurde.
Die gesamte Forderung beträgt zz. 250.000,00 €. Als Sicherheit liegt ein verpfändetes Festgeld über 100.000,00 € vor.
Die Insolvenzquote wird mit 30 % erwartet.
   a) Welche Art und Höhe von Wertberichtigung ist vorzunehmen (mit Begründung)?
   b) Buchen Sie zur Abschlussvorbereitung.
   c) Wie wirkt sich die Veränderung auf die Schlussbilanz aus?
   d) Die Sicherheiten werden verwertet.
   ea) Mit Abwicklung des Insolvenzverfahrens erhalten wir vom Insolvenzverwalter 40.000,00 € über die Zentralbank.
   eb) Mit Abwicklung des Insolvenzverfahrens erhalten wir vom Insolvenzverwalter 50.000,00 € über die Zentralbank.

5. Ihr Kunde Özdemir steht seit dem 05.02. mit 3.000,00 € „im Soll“. Wiederholte Versuche, ihn zu erreichen und zu finden, blieben erfolglos. Mit der letzten Nachforschung am 14.12. vermuten wir eine Abwanderung in die Türkei. Weitere Nachforschungen betreiben wir aufgrund der geringen Erfolgsaussichten nicht und „buchen die Forderung aus“.
Buchen Sie im Grundbuch.

6. Ihr Kunde Özdemir (Aufgabe 5) kommt drei Jahre später wieder in Ihre Bank. Er hat ein Reiseunternehmen gegründet und eröffnet bei Ihnen bar ein Konto, um seine Ersparnisse von 20.000,00 € anzulegen. Da er sein Konto bei Ihnen vor drei Jahren nur vergessen hatte, zahlt er selbstverständlich die Restschuld zuzüglich Verzugszinsen in Höhe von 4.250,00 € aus seinen Ersparnissen zurück.

7. Bei den Jahresabschlussarbeiten werden folgende Kontokorrentforderungen besonders behandelt:

Forderung	T€	Ausfallrisiko
Althaus	50	40 %
Brinkmann	100	30 %
Clauss	20	ist uneinbringlich

   a) Schreiben Sie die erkennbaren Risiken ab.
   b) Im Laufe des Folgejahres gehen folgende Beträge über BKK ein, auf die Restbeträge müssen wir verzichten: Althaus Totalausfall; Brinkmann 80 T€; Clauss 5 T€.

8. Expertenaufgabe:
Ihre Kundin, die Intorf GmbH, erhält von Ihnen ein Gründungsdarlehen über 150.000,00 €, zwei Jahre tilgungsfrei, sowie einen Kontokorrentkredit über 20.000,00 €. Als Sicherheit erhalten wir eine erstrangige Grundschuld über 130.000,00 €, die wir mit 80 % als Sicherheit bewerten.
   a) Buchen Sie die Kreditvergabe.
   b) Ihre Kundin muss am 06.05. des Folgejahres bereits ein Insolvenzverfahren beantragen. Der Stand des Kontokorrentkontos liegt bei 75.000,00 € (S). Der Insolvenzverwalter versucht das Unternehmen zu retten und bietet eine Vergleichsquote in Höhe von 60 % an, die die Gläubigerversammlung am 08.09. akzeptiert.
   ba) Ermitteln Sie die Gesamtforderung.
   bb) Ermitteln Sie die ungesicherte Forderung.
   bc) Ermitteln Sie den Wertberichtigungsbedarf.
   bd) Buchen Sie die Wertberichtigung im Grundbuch.
   c) Am 05.04. des nächsten Jahres meldet der Insolvenzverwalter eine erfolgreiche Übernahme durch ein Großunternehmen und erfüllt die Vergleichsvereinbarung über BKK. Die Grundschuld wird zu 100 % vom neuen Gesellschafter gegen eine Zentralbank-Überweisung übernommen. Buchen Sie im Grundbuch.
   d) Für das neue Unternehmen stellen wir einen neuen KK-Kredit über 50.000,00 € gegen Bürgschaftserklärung der Muttergesellschaft zur Verfügung. Wie ist zu buchen?

9. Aus dem letzten Jahr wurde ein Einzelwertberichtigungsbestand (EWB) auf Forderungen in Höhe von 2.340.000,00 € übernommen. Dieser Bestand wurde im laufenden Jahr durch abgeschlossene Verfahren bereits einzelwertberichtigter Forderungen um 740.000,00 € vermindert. Das Ausfallrisiko für die Forderung gegenüber der Kundin Mühl OHG wurde noch nicht berücksichtigt. Der ausstehende Kreditbetrag liegt bei 450.000,00 €, geschätzter Ausfall 75 %.
   a) Buchen Sie die Wertberichtigung für den Kredit der Mühl OHG zum Jahresende.
   b) Führen Sie das Konto „EWB“ im Hauptbuch und erklären Sie die Behandlung für die externe Bilanz.

5484190

13.6.5 Pauschale Wertberichtigung

Praxisfall

Nachdem unsere Forderungen einzeln bewertet wurden, sind wir überzeugt, dass bei der Vielzahl von Restforderungen weitere noch nicht erkannte Risiken vorhanden sind (latente Risiken). Das Kreditvolumen im abzuschließenden Geschäftsjahr betrug 396 Mio. €, davon 2 Mio. € mit Bankbürgschaft gesichert, sowie 40 Mio. € Forderungen, die mit durchschnittlich 20 % einzelwertberichtigt sind. Der Bestand des Kontos „Pauschalwertberichtigung" liegt aktuell bei 1,2 Mio. € und reicht für die Abdeckung der bestehenden latenten Risiken voraussichtlich nicht aus. Das Kreditinstitut wies in den letzten fünf Jahren durchschnittlich 476 Mio. € Forderungen aus. Dabei waren durchschnittlich 10 Mio. € Forderungen an staatliche Stellen enthalten. Die durchschnittlichen Forderungsausfälle lagen bei 17,4 Mio. €.

Wir führen die steuerlich möglichen Pauschalwertberichtigungen durch.

Neben der individuellen Risikoanalyse jeder einzelnen Forderung hat sich in der Vergangenheit aller Unternehmen - insbesondere der Kreditinstitute - gezeigt, dass trotz der Betrachtung jedes einzelnen Kreditengagements über die gebildeten Einzelwertberichtigungen hinaus **weitere Forderungsausfälle** überraschend eintreten können. Diese Ausfälle treten auch bei Forderungen ein, die bisher nicht als zweifelhaft erkannt wurden. Diese Erfahrungen gaben den Anlass, weitere Wertberichtigungen zu bilden, ohne sie auf speziell erkannte Risiken zu beziehen. Man nennt sie deshalb **pauschale Wertberichtigungen (PWB).**

13.6.5.1 Ermittlung des risikobehafteten Kreditvolumens

Um keine doppelte Wertberichtigung vorzunehmen, dürfen nur die noch **nicht einzelwertberichtigten Risiken** berücksichtigt werden. Für die Schadensvorsorge ist es besonders wichtig zu wissen, wie die Risikostruktur der Vermögenswerte zusammengesetzt ist. Grundsätzlich sind risikolose Forderungen, wie Forderungen an Zentralbanken und versicherte Forderungen, von einer Wertberichtigung ebenso ausgenommen wie bereits einzelwertberichtigte oder abgeschriebene Forderungen (vgl. Schaubild Seite 186).

Praxisfall

Ermittlung des aktuellen risikobehafteten Kreditvolumens per 31.12.

Forderungen an Kunden	396 Mio. €
- Forderungen ohne Risiken (Staat, versichert, ...)	- 2 Mio. €
= risikobehaftetes Kreditvolumen	394 Mio. €
- Gesamtbetrag der einzelwertberichtigten Forderungen	- 40 Mio. €
= verbleibendes risikobehaftetes Kreditvolumen mit latentem Risiko	**354 Mio. €**

13.6.5.2 Ermittlung des Pauschalwertberichtigungssatzes

Die Höhe der pauschalen Wertberichtigung richtet sich nach den durchschnittlichen Forderungsausfällen der letzten fünf Jahre. Es wird ein Risiko-Prozentsatz für die pauschal verbleibenden Risiken ermittelt und auf die aktuellen Forderungen mit latenten Risiken berechnet. Das so festgelegte Risiko darf steuerwirksam abgeschrieben werden.

Praxisfall

Berechnung der bisherigen Kredite und Forderungsausfälle zur Ermittlung des künftigen latenten Kreditausfallrisikos für die noch nicht einzelwertberichtigten Forderungen

Durchschnittlicher Kreditbestand der letzten Jahre		476,00 Mio. €
– „risikolose Ausleihungen“		10,00 Mio. €
= **risikobehaftetes Kreditvolumen der Vergangenheit**		**466,00 Mio. €**
Durchschnittlicher tatsächlicher Forderungsausfall der letzten Jahre		17,40 Mio. €
– pauschal 40 % Abschlag für einzelwertberichtigte Risiken	6,96 Mio. € →	– 6,96 Mio. €
maximal Einzelwertberichtigungen des laufenden Geschäftsjahres	max. 8,00 Mio. €	
= **für pauschale Wertberichtigung maßgeblicher Forderungsausfall**		**10,44 Mio. €**

$$\text{Pauschalwertberichtigungssatz} = \frac{\text{maßgebl. Forderungsausfall} \cdot 100}{\text{risikobehaftetes Kreditvolumen}} \qquad \frac{10{,}44 \text{ Mio. €} \cdot 100}{466 \text{ Mio. €}} = \mathbf{2{,}24\ \%}$$

Das Risiko aufgrund der Vergangenheitsanalyse für pauschale – bisher nicht erkennbare – Forderungsausfälle wird mit 2,24 % eingeschätzt.

Die Wertberichtigung kann mit dem pauschalen Wertberichtigungssatz 2,24 % steuerbegünstigt abgeschrieben werden. 354 Mio. € · 2,24 % = 7.929.600,00 €
Bestehende Rest-Pauschalwertberichtigungen aus dem Vorjahr sind zu verrechnen. – 1.200.000,00 €

Die Buchung wird als indirekte Abschreibung wie bei der Einzelwertberichtigung vorgenommen.

Die Differenz kann im laufenden Jahr aufgefüllt werden. **= 6.729.600,00 €**

Buchung: **67 Abschreibungen auf Forderungen** an **76 PWB (Pauschalwertberichtigung)**

In jedem Jahr wird der Wertberichtigungsbedarf neu geprüft und auf den erforderlichen Wertberichtigungssatz aufgefüllt. War die Vorsorge des vergangenen Jahres nicht hoch, ist die Wertberichtigung des Vorjahres auf den jetzigen Bedarf aufzufüllen. Nimmt unser Vorsorgebedarf ab, ist die Wertberichtigung für die Bilanz erfolgswirksam herabzusetzen.

Die erforderlichen Buchungen werden im Hauptbuch vorgenommen, sind aber **für den externen Bilanzleser nicht sichtbar,** da sie in der Formblatt-Bilanz/GuV mit anderen Erfolgspositionen verrechnet werden dürfen. Der Gesamterfolg als Saldo erscheint unter

- Position 7 „Abschreibungen und Wertberichtigungen auf Forderungen und bestimmte Wertpapiere sowie Zuführungen zu Rückstellungen im Kreditgeschäft“ oder unter
- Position 6 „Erträge aus Zuschreibungen zu Forderungen und bestimmten Wertpapieren sowie der Auflösung von Rückstellungen im Kreditgeschäft“.

Zusammenfassung

Steuerbegünstigte Pauschalwertberichtigung

- mit maximal den Schadenssätzen der Vergangenheit nach Steuerrecht
  - bei höherer Reservenbildung ist dies aus versteuertem Gewinn möglich (vgl. Kapitel 13.7 Vorsorge gegen allgemeine Bankrisiken)
- ohne detaillierten Ausweis in GuV/Bilanz

Konto: **76 Pauschalwertberichtigungen auf Forderungen (PWB)** (Passiv)
Buchung: **67 Abschreibungen auf Forderungen** **an** **76 PWB**

Zu praxisnahen Wertberichtigungsvolumen vgl. Kapitel 13.7.2.

Aufgaben

1. Ihr risikobehafteter Forderungsbestand liegt bei 250 Mio. €, es liegt bisher kein Wertberichtigungsbestand vor. Ihre Risiken werden aufgrund der letzten Jahre mit 3 % eingeschätzt. Bilden Sie die erforderliche Wertberichtigung.

2. Ihr risikobehafteter Forderungsbestand liegt bei 700 Mio. €, es liegt bisher kein Wertberichtigungsbestand vor. Ihre Risiken aufgrund der letzten Jahre lagen bei 2,6 %. Bilden Sie die erforderliche Wertberichtigung.

3. Die Raiffeisenbank Malzbichel e. G. weist in ihren vorläufigen Abschlusszahlen folgende Werte aus:

Forderungsbestand	730 Mio. €
davon sind mit durchschnittlich 30 % einzelwertberichtigt	24 Mio. €
und Forderungen gegen öffentliche Stellen	12 Mio. €

Für das verbleibende risikobehaftete Forderungsvolumen soll eine Pauschalwertberichtigung von 1,5 % gebildet werden.

a) Wie hoch ist das verbleibende risikobehaftete Forderungsvolumen der Raiffeisenbank?
b) In welcher Höhe soll eine Pauschalwertberichtigung gebildet werden?
c) Buchen Sie unter der Annahme, dass bisher bereits ein PWB-Bestand von 9 Mio. € bestand.
d) Zu welchem Wert werden die Forderungen in der Bilanz ausgewiesen?

4. In den vergangenen Jahren hatte die Volksbank e. G. große Schwierigkeiten bei ihren Immobilienkrediten, die Kreditausfälle lagen bei 6 %. Der PWB-Bestand liegt bei 15 Mio. €. Aufgrund der erfolgreichen Konsolidierung schrumpfte das Geschäftsvolumen und das KI rechnet nur noch mit 3,5 % Ausfällen auf ein Kreditvolumen von 200 Mio. €. Passen Sie den PWB-Bestand an.

5. Zum Forderungsbestand der Südbank AG von 645.500 T€ zählen u. a. Forderungen der Gut Bau AG und der TMA GmbH.
Die Gesamtsumme der Einzelwertberichtigungen beträgt 1.400 T€.
Über das Vermögen der Gut Bau AG ist das Insolvenzverfahren eröffnet worden. Die Forderung über 200 T€ wird mit 15 % bewertet.
Die Forderung der TMA GmbH über 80 T€ wurde im Vorjahr mit 70 % wertberichtigt.
Über die Zentralbank sind am 29.11. des Jahres 25.300,00 € zugunsten der TMA GmbH eingegangen. Weitere Gutschriften für die TMA GmbH sind nicht zu erwarten.

a) Führen Sie die notwendige Buchung für die Gut Bau AG durch.
b) Buchen Sie den Geldeingang für die TMA GmbH und schließen Sie das Konto des Debitors und der entsprechenden Wertberichtigung ab.
c) Mit welchem Betrag werden die Forderungen an Kunden nach den vorgenommenen Buchungen in der externen Bilanz ausgewiesen?

13.7 Vorsorge für allgemeine Bankrisiken

Praxisfall

Die Handelsbank hat am 31.12. des Jahres folgende Bestände nach dem strengen Niederstwertprinzip (nach Abschreibung) ermittelt:

eigene Wertpapiere der Liquiditätsreserve	13,5 Mio. €
Forderungen an Kreditinstitute	17,0 Mio. €
Forderungen an Kunden	389,0 Mio. €

Das Kreditinstitut hat bisher eine stille Reserve in Höhe von 15,1 Mio. € und keine offenen Reserven gebildet.

13.7.1 Allgemeine Bankrisiken

HGB
Handelsgesetzbuch
§ 340 f

§ 340 f. Vorsorge für allgemeine Bankrisiken.

(1) Kreditinstitute dürfen **Forderungen an Kreditinstitute und Kunden, Schuldverschreibungen und andere festverzinsliche Wertpapiere sowie Aktien und andere nicht festverzinsliche Wertpapiere, die weder wie Anlagevermögen behandelt werden noch Teil des Handelsbestandes sind, mit einem niedrigeren** als dem nach **§ 253** Abs. 1 Satz 1, Abs. 3 vorgeschriebenen oder zugelassenen **Wert ansetzen, soweit dies** nach vernünftiger kaufmännischer Beurteilung **zur Sicherung gegen die besonderen Risiken des Geschäftszweigs der Kreditinstitute notwendig ist.** Der Betrag der auf diese Weise gebildeten Vorsorgereserven **darf vier vom Hundert** des Gesamtbetrags der in Satz 1 bezeichneten Vermögensgegenstände, der sich bei deren Bewertung nach **§ 253** Abs. 1 Satz 1, Abs. 3 ergibt, **nicht übersteigen.** Ein niedrigerer Wertansatz darf beibehalten werden. [...]

(4) Angaben über die Bildung und Auflösung von Vorsorgereserven nach Absatz 1 sowie über vorgenommene Verrechnungen nach Absatz 3 brauchen im Jahresabschluss, Lagebericht, Konzernabschluss und Konzernlagebericht nicht gemacht zu werden.

Im Bankgeschäft ergeben sich neben den durch Einzelwertberichtigungen und Pauschalwertberichtigungen abgesicherten Kreditrisiken **allgemeine Bankrisiken.** Sie bestehen in

- Liquiditätsrisiken,
- Zinsänderungsrisiken,
- Kursrisiken,
- Währungsrisiken,
- Risiken aus Options-, Termin- und Sachgeschäften.

Vorsorge für allgemeine Bankrisiken (§ 340 f HGB)

Zur Absicherung der allgemeinen Bankrisiken dürfen Kreditinstitute nach **§ 340 f HGB zusätzlich zu der bereits nach dem Vorsichtsprinzip vollzogenen Bewertung bis zu 4 % der Forderungen an Kunden und Kreditinstitute und der Wertpapiere der Liquiditätsreserve** als **stille Reserven** bilden. Die Wertpapiere der Liquiditätsreserve kann das Kreditinstitut selbst aus dem Bestand der eigenen Wertpapiere festlegen, die es für Liquiditätszwecke benötigt.

Die stillen Reserven entstehen dadurch, dass Zuweisungen und Auflösungen zu dieser Reserve mit anderen Aufwendungen (Abschreibungen, Zuführungen zu Rückstellungen usw.) und Erträgen (Auflösungen von Abschreibungen und Rückstellungen usw.) als **Überkreuzkompensation** verrechnet werden dürfen. Diese Vorsorge darf allerdings nur aus dem versteuerten Gewinn **(versteuerte Risikovorsorge)** gebildet werden.

Sonderposten für allgemeine Bankrisiken (§ 340 g HGB)

Weiter dürfen Kreditinstitute zur Sicherung der allgemeinen Bankrisiken sogenannte Sonderposten für allgemeine Bankrisiken **(§ 340 g HGB)** bilden. Für diese Risikovorsorge gibt es **keine Betragsbegrenzung.** Allerdings ist dieser Fonds für allgemeine Bankrisiken **offen** auf der **Passivseite** der Bilanz und in der Gewinn- und Verlustrechnung auszuweisen. Auch dieser Posten ist als **versteuerte Risikovorsorge** zu bilden.

5484194

Risikovorsorge für Handelsbestand (§ 340 e HGB)

Der Sonderposten wurde ursprünglich als freiwillige Vorsorgeposition eingeführt. Mit den neuen Bilanzierungsregeln ab 2010 wurde jedoch nach § 340 e Abs. 4 HGB die Zuführung zum Fonds für allgemeine Bankrisiken aus Erträgen des Handelbestandes im Gegenzug zur Einführung des Markwertprinzips verpflichtend eingeführt. Somit sind jährlich mindestens 10 % der Nettoerträge des Handelsbestandes in den Fonds einzustellen, bis 50 % der durchschnittlichen Nettoerträge der letzten fünf Jahre erreicht sind. Der Bestand ist gesondert auszuweisen.

Praxisfall

Aufgrund der in diesem Geschäftsjahr guten Ertragslage und der erwarteten zukünftig steigenden Risiken plant der Vorstand in diesem Jahr die gesetzlich zulässige Höchstgrenze für Rücklagen nach § 340 f HGB und zusätzlich 3 Mio. € nach § 340 g und e HGB zu bilden.

Eigene Wertpapiere der Liquiditätsreserve	13,50 Mio. €
Forderungen an Kreditinstitute	17,00 Mio. €
Forderungen an Kunden	389,00 Mio. €
Summe der Bemessungsgrundlage (§ 340 f HGB)	419,50 Mio. €
davon maximal 4 %	16,78 Mio. €
bestehende Versteuerte Pauschalwertberichtigung	15,10 Mio. €
Zuweisung zur Versteuerten Pauschalwertberichtigung	1,68 Mio. €

Buchungssätze:

69 Versteuerte Abschreibung	**1,68 Mio. €**	**an**	**761 Versteuerte PWB**	**1,68 Mio. €**
64 Einstellung i. d. F. f. allg. BR	**3,00 Mio. €**	**an**	**77 Fonds f. allg. BR**	**3,00 Mio. €**

Bilanzierung:

Der Bestand der Versteuerten Pauschalwertberichtigung nach § 340 f HGB wird in der Bilanz von den Positionen „Eigene Wertpapiere" oder „Forderungen an Kreditinstitute" oder „Forderungen an Kunden" abgesetzt.

Die offene Rücklage nach § 340 g HGB erscheint auf der Passivseite der Bilanz im Fonds für allgemeine Bankrisiken in Höhe von 3 Mio. €. Davon wird für die Risikovorsorge des Handelsbestandes ein entsprechender Teilbetrag (z. B. 1 Mio. €) abgesetzt.

A — **Interne Bilanz** in T€ — **P**

A		P		
Eigene WP der Liquiditätsreserve	13.500	EWB		z. B. 20.000
		PWB		z. B. 7.000
Forderungen an KI	17.000	Versteuerte PWB		16.780
Forderungen an Kunden	389.000	Fonds für allgemeine Bankrisiken		3.000
(...)		– davon aus Handelsbestand	1.000	
				(...)

→

Praxisfall (Fortsetzung)

externe Bilanz in T€

A						P
Eigene WP der		13.500		Fonds für allgemeine Bankrisiken		3.000
Liquiditätsreserve	- 4 %	540		– davon aus Handels-		
		=	12.960	bestand	1.000	
Forderungen an KI		17.000				
	- 4 %	680				
		=	16.320			
Forderungen an		389.000				
Kunden	- 4 %	15.560				
	- EWB	20.000				
	- PWB	7.000				
		=	346.440			
		(...)				(...)

Die Vorsorgereserven nach § 340 f HGB zählen zum Ergänzungskapital, die Sonderposten im Fonds für allgemeine Bankrisiken nach § 340 g HGB zum Kernkapital bei der Berechnung des haftenden Eigenkapitals nach KWG. Die Reservenbildung erhöht die Befugnis zur Gewinnverwendung durch Vorstand und Aufsichtsrat und führt zugunsten der Untemehmenssubstanz zu einem verringerten Ausschüttungsanspruch durch die Eigentümer des Kreditinstituts. Das ist besonders wichtig als antizyklischer Sicherheitsposten für nicht realisierte (und damit liquide nicht vorhandene) Kursgewinne aus dem Marktwertprinzip im Handelsbestand.

Zusammenfassung

Risikovorsorge für allgemeine Bankrisiken (versteuerte Risikovorsorge)

Stille Reservenbildung

Vorsorge für allgemeine Bankrisiken (§ 340 f HGB)

- bis maximal 4 % der Forderungen an Kreditinstitute und Kunden sowie Wertpapiere der Liquiditätsreserve
- aus der Bilanz und GuV nicht ersichtlich (Überkreuzkompensation)

Konten:

761 Versteuerte Pauschalwertberichtigung (Passiv)

69 Versteuerte Abschreibung (Aufwand)

571 Erträge aus der Auflösung versteuerter PWB

Buchung:

69 Versteuerte Abschreibung

an 761 Versteuerte Pauschalwertberichtigung

Offene Reservenbildung

Sonderposten „Fonds für allgemeine Bankrisiken (§ 340 g und e HGB)"

- keine betragsmäßige Begrenzung
- Ausweis in der Bilanz: Fonds für allgemeine Bankrisiken (Pos. 11 Formblattbilanz)
- verpflichtend für 10 % der jährlichen Erträge aus Handelsbestand, Auffüllung auf 50 % der Durchschnittserträge

Konten:

77 Fonds für allgemeine Bankrisiken (Passiv)

64 Einstellung in den Fonds für allgemeine Bankrisiken (Aufwand)

572 Erträge aus der Auflösung aus dem Fonds für allgemeine Bankrisiken (Ertrag)

Buchung:

64 Einstellung in den Fonds für allgemeine Bankrisiken

an 77 Fonds für allgemeine Bankrisiken

→

Zusammenfassung (Fortsetzung)

Auflösung		
761 Versteuerte PWB	an	571 Erträge aus der Auflösung versteuerter PWB
77 Fonds für allg. Bankrisiken	an	572 Erträge aus der Auflösung des Fonds für allgemeine Bankrisiken

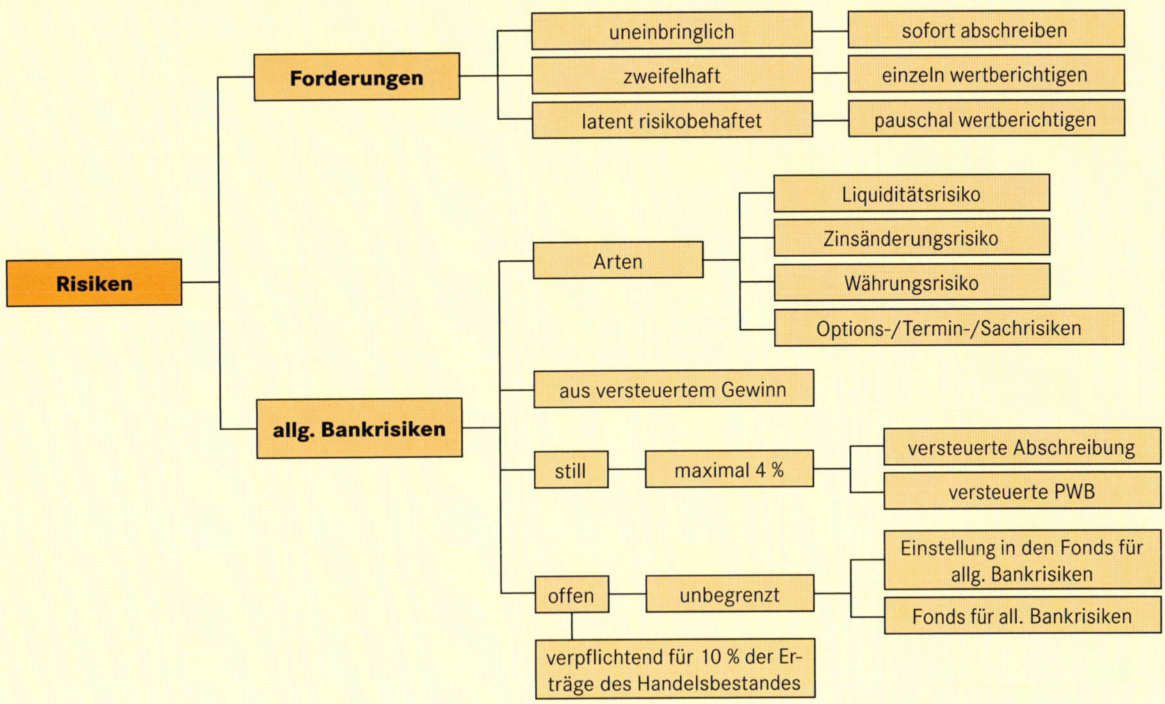

Aufgaben

1. Die Filsbank hält nach Abschreibung folgende Bestände:

Effekten der Liquiditätsreserve	970.000,00 €
Forderungen an Kunden	18.320.000,00 €
Forderungen an Kreditinstitute	3.410.000,00 €
Beteiligungen	800.000,00 €

   a) Ermitteln Sie die allgemeinen Bankrisiken.
   b) Bilden Sie eine Risikovorsorge über 5 % der allgemeinen Bankrisiken mit dem Interesse, den geringsten Teil nach außen sichtbar werden zu lassen. Die Filsbank hat bisher noch keine stille Rücklage gebildet.
   c) In diesem Jahr wurden Nettoerträge von 2 Mio. € aus Handelsgeschäften gemacht. Im Durchschnitt der letzten Jahre lag der Nettoertrag bei 1,5 Mio. Der Bestand des Fonds für allgemeine Bankrisiken liegt bei 300.000,00 €. Füllen Sie den Fonds, soweit erforderlich, auf. Buchen Sie im Grundbuch.

2. Der Forderungsbestand Ihrer Bank besteht nach verschiedenen Abschreibungen auf uneinbringliche Forderungen von 200 T€ per 31.12. mit 10 Mio. €. Darin sind Forderungen an den Landkreis mit 1 Mio. € und einzelwertberichtigte Forderungen im Volumen von 2 Mio. € enthalten.
   a) Führen Sie die pauschale Wertberichtigung durch, wenn in der Vergangenheit ein durchschnittlicher Forderungsausfall von 1,8 % vorlag und noch ein Wertberichtigungsbestand von 100 T€ besteht.
   b) Führen Sie zusätzlich eine 2%ige Wertberichtigung auf Ihre allgemeinen Bankrisiken aus, wenn die Bemessungsgrundlage 18 Mio. € beträgt und bisher keine Vorsorge gebildet wurde.

3. Ihr Kreditinstitut wies in den letzten fünf Jahren laut Bilanz folgende Forderungen aus: (in Mio. €) 820; 790; 810; 830; 850. Dabei waren durchschnittlich 2 Mio. €

→

durch Bankbürgschaften abgesicherte Forderungen enthalten. In diesem Zeitraum lagen folgende Netto-Forderungsausfälle vor (in Mio. €): je Geschäftsjahr 35; 32; 29; 28; 26. Das risikobehaftete Kreditvolumen lag im abzuschließenden Geschäftsjahr bei 880 Mio. €. 20 Mio. € Forderungen wurden mit 50 % einzelwertberichtigt. Der Bestand des Kontos „Pauschalwertberichtigung" liegt bei 8 Mio €. Eine versteuerte Risikovorsorge besteht bisher nur in dieser Höhe von 8,5 Mio. € für den Handelsbestand.

a) Führen Sie die steuerlich möglichen Pauschalwertberichtigungen durch.
b) Ihr Kreditinstitut hat weiterhin insgesamt Forderungen an Kunden und KI sowie WP der Liquiditätsreserve von 150 Mio. €, auf die Sie 5 Mio. € Vorsorge bilden sollen. Buchen Sie im Grundbuch.
c) In diesem Jahr wurden Nettoerträge von 20 Mio. € aus Handelsgeschäften erwirtschaftet. Im Durchschnitt der letzten Jahre lag der Nettoertrag bei 18 Mio. €. Füllen Sie den Fonds, soweit erforderlich, auf. Buchen Sie im Grundbuch.
d) Wie ist die steuerliche Behandlung der Wertberichtigungen zu beurteilen?
e) Wie wird bilanziert?

4. Bestände des Vorjahres: Pauschalwertberichtigung 1 Mio. €, Fonds für allgemeine Bankrisiken 2 Mio. €, davon 1 Mio. € für den Handelsbestand, unsere aktuellen Forderungen betragen 120 Mio. €.

- Für den Kunden A wird eine Forderung von 8 Mio. € mit 40 % zweifelhaft (60 % Vergleichsangebot).
- Für den Kunden B besteht eine Forderung in Höhe von 2 Mio. €, die Geschäftsverbindung wurde wegen Bonitätsproblemen gekündigt, Sicherheiten sind mit 500 T€ bewertet, für den Rest wird mit einem Ausfall von 50 % gerechnet.
- Die pauschale Wertberichtigung soll 2 % betragen.

Buchen Sie zum 31.12.:

a) die Einzelwertberichtigungen
b) die Pauschalwertberichtigung
c) Bilden Sie zur weiteren Risikoabsicherung eine offene Rücklage, sodass insgesamt 2 % der Forderungen an Kunden und KI sowie der WP der Liquiditätsreserve von 180 Mio. € gedeckt sind (bisher 1,5 Mio. € nach § 340 f HGB).
d) In diesem Jahr wurden Nettoerträge von 5,5 Mio. € aus Handelsgeschäften erwirtschaftet. Im Durchschnitt der letzten Jahre lag der Nettoertrag bei 3 Mio. €. Füllen Sie den Fonds soweit erforderlich auf. Buchen Sie im Grundbuch.

5. Zu Aufgabe 4:

a) Im folgenden Geschäftsjahr wird bei Kunde A die Vergleichsquote nicht erfüllt, wir erhalten aus der Sicherheitenverwertung über die Zentralbank 4,5 Mio. €, auf den Rest wird verzichtet.
b) Bei Kunde B werden die Sicherheiten verwertet, wir erlösen 550 T€, die Restforderung fällt wie erwartet mit 50 % aus. Zahlungseingang erfolgt über die Zentralbank.
c) Die Bank hat einen Bestand „Fonds für allgemeine Bankrisiken aus Handelsbestand" mit 1,5 Mio. €. Ein Teil des Fonds wird zur Abdeckung von Nettoaufwendungen des Handelsbestandes in Höhe von 1 Mio. € entnommen.

6. Die Raiffeisenbank Korntal e. G. weist in ihren vorläufigen Abschlusszahlen folgende Werte aus:

Forderungsbestand	430 Mio. €
davon sind mit 50 % einzelwertberichtigt	16 Mio. €
und Forderungen gegen öffentliche Stellen	12 Mio. €

Für das verbleibende risikobehaftete Forderungsvolumen soll eine Pauschalwertberichtigung von 1 % gebildet werden.

a) Wie hoch ist das verbleibende risikobehaftete Forderungsvolumen der Raiffeisenbank?
b) In welcher Höhe soll eine Pauschalwertberichtigung gebildet werden?
c) Buchen Sie unter der Annahme, dass bisher bereits ein PWB-Bestand von 5 Mio. € existierte.
d) Zu welchem Wert werden die Forderungen in der Bilanz ausgewiesen?

7. Erläutern Sie folgende Buchungen:

a) 67 Abschreibungen auf Forderungen 1.000,00 € an 211 KKK 1.000,00 €
b) 201 BKK 500,00 € + 75 EWB 1.000,00 € an 211 KKK 1.300,00 € + 56 Sonst. betriebl. Erträge 200,00 €,
c) 76 PWB 800.000,00 € an 56 Sonst. betriebl. Erträge 800.000,00 €
d) 69 Versteuerte Abschreibung 5 Mio. € an 761 versteuerte PWB 5 Mio. €
e) 76 PWB 13 Mio. € an SB 13 Mio. €

8. Welche Interessen könnten die Aktionäre haben, die Vorsorge für allgemeine Bankrisiken geringer anzusetzen, als Vorstand und Aufsichtsrat dies beabsichtigen?

5484198

13.7.2 Risikobewertung anhand eines Praxisfalls

Die im Folgenden dargestellte Risikovorsorge wurde im Handelsbank-Konzern der Jahre 00 und 01 gebildet und ist im Geschäftsbericht 01 nach IAS/IFRS (vgl. Kapitel 13.10) dargestellt. Die erfassten Risiken beziehen sich auf die dargestellten Bilanzaktiva des Konzerns und stellen dem Bilanzleser die Volumina der Risikovorsorge im nationalen und internationalen Kreditgeschäft des Konzerns dar. Dem Bankmitarbeiter verdeutlichen die Zahlen, in welcher Größenordnung eine Kreditvergabe kalkulatorisch mit Risiken behaftet ist und welche Buchungen in der Praxis der Abschlussvorbereitung vorzunehmen sind.

Bilanz (Auszug)

Aktiva	**31.12.01** Mio. €	**31.12.00** Mio. €	Veränderung in %
Barreserve	7.632	7.895	- 3,3
Forderungen an Kreditinstitute	63.392	74.654	- 15,1
Forderungen an Kunden	220.315	224.837	- 2,0
Risikovorsorge	- 5.648	- 5.398	4,6
Positive Marktwerte aus derivativen Sicherungsinstrumenten	3.868	-	
Handelsaktiva	95.826	69.920	37,1
Beteiligungs- und Wertpapierbestand	104.455	76.075	37,3
Immaterielle Anlagewerte	1.484	1.517	- 2,2
Sachanlagen	3.374	3.537	- 4,6
Ertragsteueransprüche	3.618	2.132	69,7
Sonstige Aktiva	2.996	4.493	- 33,3
Gesamt	**501.312**	**459.662**	**9,1**

Bilanz (Aktiva); aus: Geschäftsbericht 01 des Handelsbank-Konzerns; (Bilanz nach IAS/IFRS siehe Kapitel 13.10)

Risikovorsorge wurde gebildet für:

	31.12.01 Mio. €	**31.12.00** Mio. €	Veränderung in %
Forderungen an Kreditinstitute	110	214	- 48,6
Forderungen an Kunden	5.538	5.184	6,8
Risikovorsorge für Bilanzposten	5.648	5.398	4,6
Avale, Indossamentsverbindlichkeiten, Kreditzusagen	298	264	12,9
Gesamt	**5.946**	**5.662**	**5,0**

Risikovorsorge 1; aus: Geschäftsbericht 01 des Handelsbank-Konzerns, Bilanzanhang

	Einzelwertberichtigungen		Länderwertberichtigungen		Pauschalwertberichtigungen		Gesamt		
	01 Mio. €	**00** Mio. €	**01** Mio. €	**00** Mio. €	**01** Mio. €	**00** Mio. €	**01** Mio. €	**00** Mio. €	Veränd. in %
Stand 01.01.	5.133	5.072	146	224	379	382	5.658	5.678	- 0,4
Zuführungen	1.422	1.240	41	64	57	65	1.520	1.369	11,0
Abgänge	1.198	1.319	64	149	10	57	1.272	1.525	- 16,6
davon Inanspruchnahmen	605	674	16	139	–	0	621	813	- 23,6
davon Auflösungen	593	645	48	10	10	57	651	712	- 8,6
Wechselkursänderungen/Umbuchungen	45	153	11	7	- 16	- 20	40	140	- 71,4
Risikovorsorge im Kreditgeschäft zum 31.12.	**5.402**	**5.146**	**134**	**146**	**410**	**370**	**5.946**	**5.662**	**5,0**

Risikovorsorge 2; aus: Geschäftsbericht 01 des Handelsbank-Konzerns, Bilanzanhang

Folgende Buchungen im Grundbuch waren im Jahr 00 für die Bildung von Pauschalwertberichtigungen erforderlich:

- **Eröffnungsbuchung 01.01.**

EB	382	an	76 PWB	382

- **Zuführungen zu Pauschalwertberichtigungen**

67 Abschreibungen auf Forderungen	65	an	76 PWB	65

- **Auflösung von Pauschalwertberichtigungen**

76 PWB	57	an	56 Sonstige betriebliche Erträge	57

Durch welche Kundengruppen Kreditausfälle verursacht wurden, wird aus der folgenden Darstellung detailliert ersichtlich.

Mio. €	Einzelwertberichtigungen und Rückstellungen für das Kreditgeschäft	Kreditausfälle in 01	Nettozuführungen zu den Wertberichtigungen und Rückstellungen im Kreditgeschäft
Inländische Kunden	**4.309**	**400**	**526**
Unternehmen und wirtschaftlich selbstständige Privatpersonen	3.508	366	427
Verarbeitendes Gewerbe	511	141	64
Baugewerbe	247	9	11
Handel	379	28	64
Dienstleistungen einschl. freier Berufe und übrige	2.371	188	288
übrige Privatkunden	801	34	99
Ausländische Kunden	**1.093**	**301**	**303**
Kreditinstitute	24	15	- 13
Firmenkunden und Privatkunden	1.069	286	316
Gesamt	**5.402**	**701**	**829**

Risikovorsorge 3; aus: Geschäftsbericht 01 des Handelsbank-Konzerns, Bilanzanhang

Aufgaben

1. Bilden Sie für die Handelsbank die erforderlichen Buchungssätze für Eröffnung, Zuführung, Inanspruchnahme und Auflösung von Einzelwertberichtigungen laut Anhang des Geschäftsberichtes für das Jahr 00.

2. Aus welchem Grund sind 01 und 00 keine Pauschalwertberichtigungen beim Handelsbank-Konzern in Anspruch genommen worden?

3. Berechnen Sie die Quote für die Risikovorsorge für 00 für:
   a) Kunden und
   b) Bankkunden.
   (siehe oben Bilanz und Risikovorsorge 1)

4. Berechnen Sie die Quote für die Risikovorsorge für die Branchen
   a) Baugewerbe, wenn die Forderungen 01 bei 1.275 Mio. € lagen;
   b) Handel, wenn die Forderungen 01 bei 9.796 Mio. € lagen.
   (siehe auch oben Risikovorsorge 3)

5. Erkunden Sie in den oben dargestellten Bilanzanhängen, ob im Geschäftsjahr 01 auch Forderungen an Bankenkunden ausgefallen sind.

6. Wie erklären Sie, dass die EWB und Rückstellungen für das Kreditgeschäft ein Vielfaches der tatsächlichen Kreditausfälle eines Geschäftsjahres betragen?

7. Entnehmen Sie die Daten für das Konto EWB des Baugewerbes aus der Risikovorsorge 3 (siehe oben) des Handelsbank-Konzerns und bilden Sie
   a) das Hauptbuchkonto nach und
   b) je einen Buchungssatz für die dargestellten Kontobewegungen.

13.8 Übersicht über verschiedene Buchungen der Vermögensbewertung

Mögliche Buchungsgänge:	Soll	an Haben
Herunterbewerten von Anlagegütern	**Abschreibungen**	**Aktivkonto Anlagegut**
– Verkauf zum Buchwert	KKK	**Aktivkonto**
– Verkauf unter Buchwert	KKK **+ Sonst. betriebl. Aufwand**	**Aktivkonto**
– Verkauf über Buchwert	KKK	**Aktivkonto** + Sonst. betriebl. Erträge
– Außerplanmäßige Abschreibungen	**Abschreibungen**	**Aktivkonto Anlagegut**
Abschreibung geringwertiger Wirtschaftsgüter	**Abschreibungen auf GWG**	**GWG**
Erfassung einer Rückstellung auf erkannte Risiken/Verbindlichkeiten	**Aufwandskonto**	**Rückstellungen**
Auflösung einer Rückstellung		
– Zahlung zum Buchwert	**Rückstellungen**	KKK
– Zahlung unter Buchwert	**Rückstellungen**	KKK + Sonst. betriebl. Erträge
– Zahlung über Buchwert	**Rückstellungen** **+ Aufwandskonto**	KKK
Herunterbewerten von Wertpapiervermögen	**Abschreibungen auf Wertpapiere**	**Eigene Effekten**
Wertaufholung	Eigene Effekten	Erträge aus Zuschreibungen zu Wertpapieren
Direktabschreibung einer Forderung	**Abschreibungen auf Forderungen**	KKK
Zweifelhafte Forderung wird zum Jahresende erkannt		
– Bildung der Einzelwertberichtigung	**Abschreibungen auf Forderungen**	**EWB**
– Auflösung der Einzelwertberichtigung		
a) Risikowegfall	**EWB**	Sonst. betriebl. Erträge
b) Zahlungseingang über z. B. Bundesbank		
1. in erwarteter Höhe	**EWB + Bundesbank**	KKK
2. niedriger als erwartet	**EWB + Bundesbank** **+ Abschreibungen auf Ford.**	KKK
3. höher als erwartet	**EWB + Bundesbank**	KKK + Sonst. betriebl. Erträge

→

Mögliche Buchungsgänge:	Soll	an Haben
■ **Bildung einer steuerbegünstigten Pauschalwertberichtigung auf Forderungen** (betragliche Auffüllung unter Berücksichtigung des PWB-Restbestandes aus dem Vorjahr)		
– Erhöhung	Abschreibungen auf Ford.	PWB
– Senkung/Auflösung	PWB	Sonst. betriebl. Erträge
■ **Bildung einer versteuerten Vorsorge für allgemeine Bankrisiken**		
– stille Reservebildung	Versteuerte Abschreibung	Versteuerte PWB
– offene Reservebildung	Einstellung i. d. F. f. BR	Fonds f. allg. BR
■ **Auflösung**		
– stille Reservebildung	Versteuerte PWB	Erträge aus der Auflösung versteuerter PWB
– offene Reservebildung	Fonds für allg. Bankrisiken	Erträge aus der Auflösung des Fonds für allg. Bankrisiken

13.9 Bedeutung stiller Reserven

Praxisfall

Die Raiffeisenbank Heilenhausen e. G. hat laut Bilanz ein Eigenkapital in Höhe von 34 Mio. €. Bei Übernahmeverhandlungen wird der Wert des Unternehmens jedoch mit 52 Mio. € ermittelt.

Durch die Schwierigkeit, Werte von Vermögens- und Schuldenteilen exakt zu ermitteln, bleiben dem Bilanzersteller **Bewertungsspielräume.** Die Nutzung der individuellen Bewertung wird durch HGB und Steuerrecht bewusst dem verantwortungsvollen Unternehmer überlassen, der sachkundig und **nach kaufmännischem Vorsichtsprinzip** Vermögensposten niedrig und Schuldenposten hoch bewerten wird.

Durch die Anwendung des Vorsichtsprinzips wie auch des Prinzips der Bewertung maximal zu den Anschaffungskosten und des Abschlags auf Marktwerte ist in der Bilanzierung nach HGB die Bildung **stiller Reserven** üblich und gewünscht.

Je niedriger die Vermögenswerte in der Bilanz angesetzt werden, desto mehr stille Reserven werden gebildet und umso höher ist die Differenz zwischen dem ausgewiesenen Eigenkapital und dem tatsächlichen Unternehmenswert. Die stillen Reserven dienen der allgemeinen und branchenspezifischen Vorsorge und bleiben bis zur Auflösung in den meisten Fällen unversteuert. (Ausnahme: versteuerte Pauschalwertberichtigung, vgl. Kapitel 13.7)

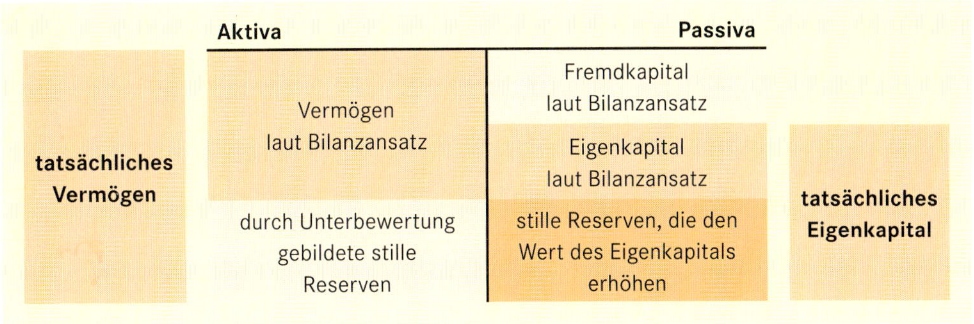

Je höher die Schuldenwerte in der Bilanz angesetzt werden, desto mehr stille Reserven werden gebildet, das Unternehmen verfügt also über nicht sofort sichtbare Rücklagen, die ebenfalls den Unternehmenswert erhöhen.

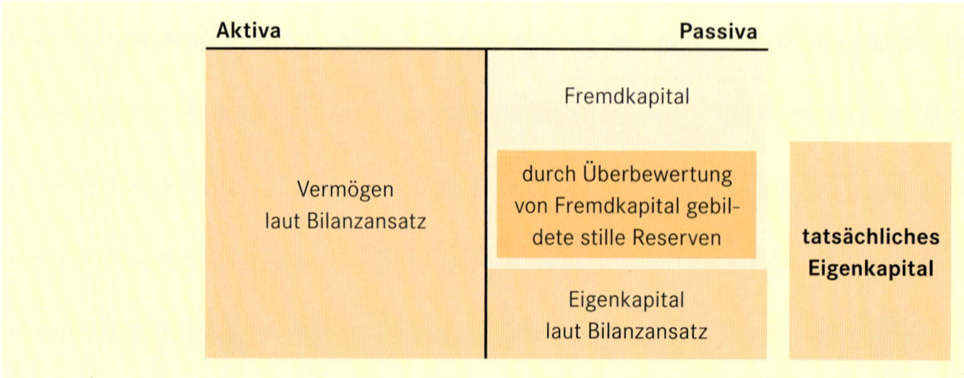

Praxisfall (Fortsetzung)

Wenn der Unternehmenswert mit 52 Mio. € ermittelt wird, so wurde versucht, durch die Unternehmensbewertung die stillen Reserven aufzudecken. Sie liegen z. B. in

- einer Gleichbewertung von Grundstücken bei tatsächlicher Wertsteigerung,
- hoher Abschreibung auf Gebäude,
- einer Unterbewertung von Forderungen,
- einer Unterbewertung von Rückstellungen und
- einer bilanziellen Nichtbewertung von Zukunftspotenzial.

Risiken durch Bewertungsspielräume

Da in erster Linie die Unternehmensleitungen für die Bewertungsansätze verantwortlich sind, ist das Vorhandensein von stillen Reserven bei krisengeschüttelten Unternehmen kritisch zu betrachten. Die Erfahrung hat gezeigt, dass Unternehmen, die dauerhaft unter Ertragsdruck leiden, kein freiwilliges Interesse an einer Niedrigbewertung der Vermögensteile haben. Durch Vermeidung von eigentlich notwendigen Abschreibungen werden überhöhte Wertansätze beibehalten, die erst bei kritischer Überprüfung festgestellt werden. Der verdeckte Abschreibungsbedarf wird oft im Moment externer Beurteilung aufgrund der Insolvenzgefahr oder im Anschluss an Fusionen festgestellt.

Konsequenz der kritischen Unternehmensprüfung mit erheblichen Neubewertungen von Vermögensteilen ist ein Verlustausweis und damit verbunden oft ein weitgehender Eigenkapitalverzehr.

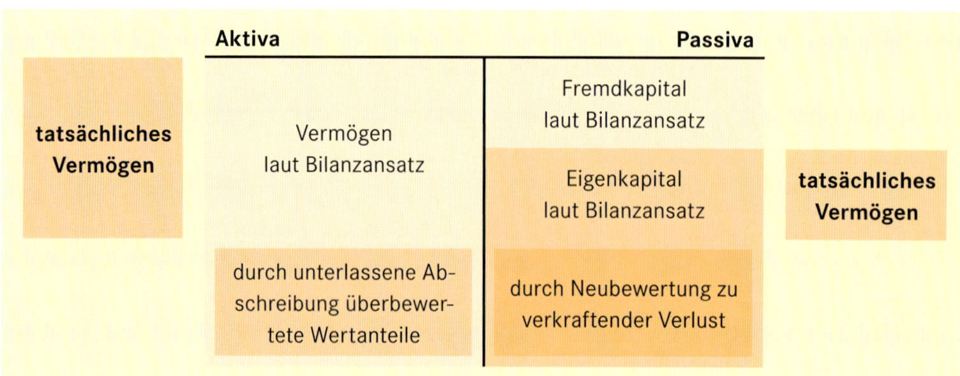

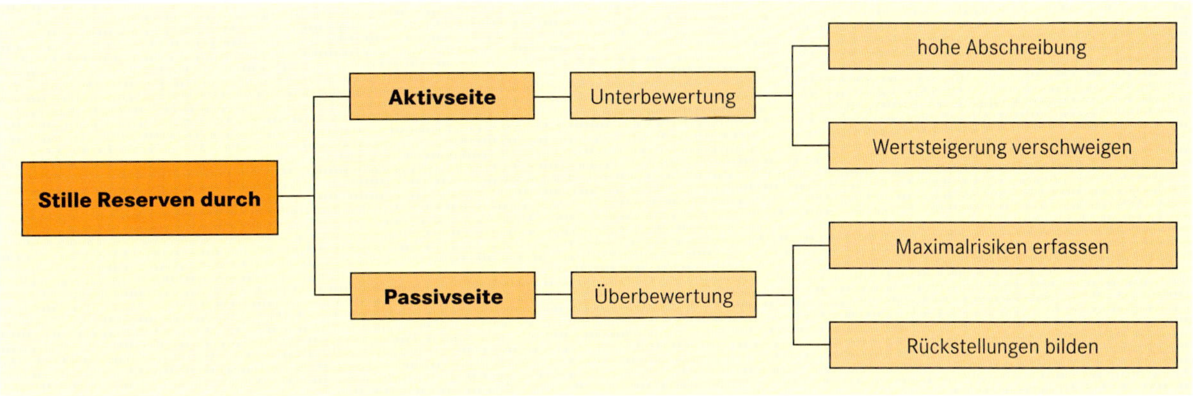

13.10 Richtlinien für die Bilanzerstellung nach HGB/nach IAS/IFRS

In Deutschland werden mittlerweile vier verschiedene Richtlinien, nach denen Jahresabschlüsse aufzustellen sind, verwendet.

HGB

Die steuerrechtliche Buchführungspflicht gilt für alle gewerblichen Unternehmer ab bestimmten Größenklassen, die in § 141 AO geregelt sind. Die **Steuerbilanz** hat der Steuergesetzgebung zu entsprechen. Nach HGB ist für jeden Kaufmann (mit Ausnahme von Kleinstunternehmen nach § 241 a HGB) eine **Handelsbilanz** aufzustellen. Viele Unternehmen, vor allem die kleineren, stellten in der Vergangenheit aus Kosten- und Vereinfachungsgründen nur eine sogenannte **Einheitsbilanz** aus den jeweils härteren Bestimmungen aus HGB und Steuerrecht auf. Aufgrund der Neuregelungen des HGB durch das Bilanzmodernisierungsgesetz nehmen in vielen Bereichen seit 2010 die Unterschiede zwischen Handels- und Steuerrecht zu, eine bisherige Maßgeblichkeit zwischen Steuer- und Handelsbilanz wurde abgeschafft. Damit werden steuerliches Ergebnis und Handelsergebnis voneinander abweichen und die Einheitsbilanz weitgehend nicht mehr möglich sein. Im Konzern ist neben der Handelsbilanz jedes einzelnen Unternehmens zusätzlich eine konsolidierte **Konzernbilanz** für den gesamten Konzern nach HGB oder IAS aufzustellen.

IAS/IFRS

Da die Bilanzierung nach deutschem HGB erhebliche Bewertungsspielräume lässt und zum Teil der Logik des deutschen Steuerrechts und umgekehrt unterlag, kam es besonders für ausländische Kapitalanleger zu erheblichen Interpretations- und Verständnisschwierigkeiten. Dies wurde insbesondere bei einem Vergleich mit ausländischen international tätigen Unternehmen zum Problem. Seit 1998 ist es deshalb deutschen international tätigen börsennotierten Unternehmen erlaubt und später vorgeschrieben, ihren Konzernabschluss statt nach HGB nach **I**nternational **A**ccounting **S**tandards **(IAS)** oder US-amerikanischen Generally Accepted Accounting Principles (US-GAAP) zu erstellen. Für die international arbeitenden und börsennotierten Unternehmen besteht das Interesse, zugunsten ihrer internationalen Anleger, nach einem der internationalen Standards zu bilanzieren. Unternehmen, die an US-amerikanischen Börsen notiert sind, unterwerfen sich häufig den US-GAAP. Die IAS werden im Rahmen der **I**nternational **F**inancial **R**eporting **S**tandards **(IFRS)** aufgestellt und beinhalten neben veränderten Bilanzierungsmethoden auch eine veränderte Darstellung der Unternehmensdaten und -informationen. Statt IAS wird heute deshalb häufig der umfassendere Begriff „IFRS“ verwendet.

Kapitalmarktorientierte Unternehmen sind nach § 315 a HGB verpflichtet, den Konzernabschluss nach IAS im Rahmen der IFRS aufzustellen und damit den HGB-Abschluss wahlweise zu ersetzen. Nicht kapitalmarktorientierten Unternehmen wird dies freigestellt.

Wesentliche Unterschiede zwischen HGB- und IAS- Richtlinien erklären sich aus den Zielsetzungen:

Sachverhalt	HGB	IAS/IFRS
Ziele	■ Rechenschaft ■ Dokumentation ■ Umsetzung von EU-Recht in nationales Recht ■ Gläubigerschutz ■ Bemessungsgrundlage für Dividende und Steuer	■ Rechenschaft ■ Dokumentation ■ Internationale Vereinheitlichung von Abschlussregeln ■ Information für Investoren ■ Entscheidungshilfe für Investoren
Steuer	Maßgeblichkeit der Handelsbilanz für die Steuerbilanz (mit Ausnahmen, nicht mehr umgekehrt)	zurzeit noch keine steuerliche Maßgeblichkeit
Rechnungswesen	für interne Kostenrechnung sind Buchhaltungszahlen zu korrigieren	Zahlen sind für die Kostenrechnung verwertbar
Bestandteile	Bilanz, GuV, Anhang (zur Ergänzung des Jahresabschlusses) Kapitalflussrechnung Eigenkapitalspiegel	Bilanz, GuV, Kapitalflussrechnung, Eigenkapitalveränderungsnachweis, Zusatzinformationen zu Bilanzierungs- und Bewertungsmethoden
grundsätzliche Unterschiede	Aktivierungs- und Passivierungswahlrechte	Aktivierungs- und Passivierungspflichten
Abschreibung	– degressive Abschreibung ist möglich – Wertaufholungsgebot	– Entsprechend der tatsächlichen wirtschaftlichen Nutzung (linear) – Wertaufholungsgebot
Finanzanlagen/ Wertpapiere	– Marktwertmethode nur für Handelsbestand der Banken mit Abschlag – sonst Niederstwertprinzip und Anschaffungskosten als Obergrenze – Wertaufholungsgebot	– erfolgswirksame oder erfolgsneutrale Bewertung zum fair value (Marktwertmethode) – Wertaufholungsgebot für bereits abgeschriebene Finanzanlagen/Wertpapiere
Segmentsberichtserstattung	seit 1999 nur für börsennotierte Unternehmen, nicht gesetzlich gegliedert	detaillierter Einblick in regionale Tätigkeitsbereiche des Unternehmens (vgl. Geschäftsbericht der Handelsbank, S. 208/209)
Forderungen/ Verbindlichkeiten	Anschaffungswert – ggf. mit Rechnungsabgrenzung	fortgeschriebener Anschaffungswert – mit Auf-/Abzinsung

Aus den internationalen Anforderungen heraus hat man sich mit dem BilMoG bemüht, das HGB zu modernisieren und an international gebräuchliche Rechnungslegungsvorschriften anzulehnen, ohne das Ziel des Gläubigerschutzes und des Vorsichtsprinzips völlig aufzugeben. Gleichzeitig war es Ziel, mit dem neuen HGB-Bilanzrecht eine kostengünstige und dauerhafte Alternative zu den internationalen Rechnungslegungsstandards zu schaffen.

Die ursprünglich geforderte Marktwertorientierung wurde aufgrund der Erkenntnisse aus der Finanzmarktkrise im HGB nur eingeschränkt durchgesetzt, denn gerade im Zusammenhang mit der Finanzmarktkrise wurde die fair-value-Bewertung im IAS als ein „Brandbeschleuniger“ für die Krise gewertet. Die Marktwertmethode vergrößert die Gewinne durch nicht realisierte Kursgewinne und ermöglicht damit gleichzeitig erhöhte gewinnabhängige Liquiditätsabflüsse wie Dividenden und Tantiemen. In der Krise verstärkt sich der Gegentrend durch Abwertungen vom höchsten Niveau. Dabei wird die Problematik sichtbar, dass dem Unternehmen Liquidität in Form von Dividenden und Tantiemen entzogen wurde, die vorher nicht wirklich zugeflossen war. Ein Rückfluss der bereits ausgeschütteten Mittel ist in dieser Situation schwierig. Deshalb wurde im HGB der Fonds für allgemeine Bankrisiken eingeführt.

5484206

Vergleich verschiedener Regelungen in der Umsetzung

Der für die Bilanzbewertung von Kreditinstituten wohl wichtigste Teil ist das IAS 39, in dem Ansätze und Bewertungen von Finanzinstrumenten geregelt werden. Nach dieser Regel wird den nach IAS bilanzierenden Unternehmen die unwiderrufliche Möglichkeit eingeräumt, bei Anschaffung selbst zu entscheiden, welchen Bewertungskategorien die Vermögens- oder Schuldenteile zugeordnet werden:

1. Kategorie der erfolgswirksamen Bewertung zum beizulegenden Zeitwert (fair value)
2. Kategorie der zur Veräußerung verfügbaren Vermögens- bzw. Schuldenteile mit erfolgsneutraler Bewertung zum Zeitwert

Bei der zweiten Variante treten der Erfolg und ggf. Ausschüttungsansprüche erst bei Realisierung ein. Hier ist eine latente Steuerverbindlichkeit zu buchen.

Im Rahmen der Finanzmarktkrise stellte sich heraus, dass die erfolgswirksame Bilanzierung unrealisierter Kursgewinne und sich daran anschließender Kursverluste in IAS-Abschlüssen den wirtschaftlichen Abwärtstrend spiralförmig beschleunigte. Als Notprogramm erlaubte daraufhin das IASB (**I**nternational **A**ccounting **S**tandard **B**oard) 2008 die Umklassifizierung aus Kategorie 1 in Kategorie 2, um einen weiter explodierenden Abschreibungsbedarf, der zuletzt aufgrund nicht funktionierender Finanzmärkte erforderlich wurde, einzudämmen.

Auf Drängen der G-20-Staaten arbeitet das IASB intensiv an einer Ablösung der IAS-39-Regelungen durch den neuen IFRS 9. Die erste Stufe des IFRS 9 wurde im November 2009 verabschiedet und muss ab 2013 angewendet werden, eine frühere Anwendung ist zulässig. Die Zuordnung von Wertpapieren zur Bewertung wurde neu geregelt. Das fair-value-Prinzip wird beibehalten. Es besteht weiterhin die Möglichkeit, trotz Zeitwert-Ansatz auch erfolgsneutral zu erfassen. Eine Umklassifizierung in den erfolgsneutralen Bereich oder umgekehrt ist jetzt ausnahmsweise und nur bei Änderung des Geschäftsmodells vorgesehen.

<table>
<tr><th colspan="4">Zuordnung von Wertpapieren nach IFRS 9</th></tr>
<tr><th colspan="3">Schuldinstrumente
z. B. Anleihen, Derivate</th><th>Eigenkapitalinstrumente
z. B. Aktien</th></tr>
<tr><td colspan="2">■ Ziel: langfristige Anlage (Geschäftsmodellprüfung)
■ Zahlungsströme aus Zins und Tilgung</td><td>■ alle anderen Schuldinstrumente, z. B. Derivate</td><td>unwiderrufliche Wahl</td></tr>
<tr><td>Fortgeführter Anschaffungswert nicht erfolgswirksam</td><td>Bedingtes Wahlrecht: fair value erfolgswirksam</td><td>fair value Wertänderungen erfolgswirksam</td><td>fair value nicht erfolgswirksam</td></tr>
</table>

Beispiele

Die Handelsbank kauft im Mai 2000 Aktien der Chemie AG zum Preis von 10.000,00 € und wählt die erfolgswirksame Bewertung.

Kauf Mai	***121 Eigene Effekten ... 10.000,00***	**an**	*201 BKK 10.000,00*

Im Jahresabschluss nach ***IAS*** *ist diese mit dem „fair value" von z. B. 15.000,00 € auszuweisen.*

Zuschreibung	***121 Eigene Effekten 5.000,00***	**an**	***54 Erträge aus Zuschreibungen zu Wertpapieren 5.000,00***
Bewertung 31.12.	*SB 15.000,00*	**an**	***121 Eigene Effekten 15.000,00***

Alternativ kann sich die Handelsbank bei Anschaffung entschließen, nach IAS 39 oder IFRS 9 den Bestand zur erfolgsneutralen Bewertung zu klassifizieren.
Im Jahresabschluss ist der Aktienbestand ebenfalls mit dem „fair value" von z. B. 15.000,00 € auszuweisen. Die Wertänderung wirkt sich jedoch bis zur Realisierung nicht auf den Gewinn und damit ***nicht*** *auf Steuer- und Ausschüttungsansprüche aus.*

→

Beispiele (Fortsetzung)

Zuschreibung	***121 Eigene Effekten 5.000,00***	**an**	***701 Eigenkapital (Wertschwankungen auf Finanzinstrumenten)......5.000,00***
Bewertung 31.12.	*SB 15.000,00*	**an**	***121 Eigene Effekten 15.000,00***
Bei 25 % Steuersatz	*701 Eigenkapital (Wertschwankungen auf Finanzinstrumenten) 1.250,00*	**an**	***Latente Steuerverpflichtung 1.250,00***

Im Eigenkapital erscheint damit ein Netto-Wertzuwachs von 3.750,00 €.

Nach HGB wäre als Handelsbestand unter Berücksichtigung der 30 % VaR zu bewerten:

Zuschreibung	***121 Eigene Effekten 3.500,00***	**an**	***54 Erträge aus Zuschreibungen zu Wertpapieren 3.500,00***
Bewertung 31.12.	*SB 13.500,00*	**an**	***121 Eigene Effekten 13.500,00***
Reservebildung	***64 Einstellung in den Fonds f. allg. BR 350,00***	**an**	***77 Fonds für allg. Bankrisiken 350,00***

Da die Einstellung in den Fonds aus versteuertem Gewinn erfolgte, besteht ein Unterschied zwischen Handels- und Steuerbilanz. Hier besteht ein Wahlrecht zur Aktivierung latenter Steuern (da der Fonds bei Bedarf steuerwirksam aufgelöst werden kann).

Bei 25 % Steuersatz	***Latente Steuerforderung 87,50***	**an**	***701 Eigenkapital 87,50***

Während in beiden Alternativen nach IAS 15.000,00 € WP-Vermögen aktiviert würde, weist die HGB-Bilanz nur 13.500,00 € WP-Vermögen aus.

Darstellung des hohen Informationsgehalts von IAS-Abschlüssen

Die erhöhte Aussagekraft für die Bilanzierung von Kreditinstituten nach IAS/IFRS wird u. a. bei den folgenden Beispielen aus dem Geschäftsbericht des Handelsbank-Konzerns ersichtlich:

Geschäftsjahr 00 Mio. €	**Deutschland**	**Europa** (ohne Deutschland)	**Amerika**	**Asien**	**Afrika**	**Konsolidierung**	**Gesamt**
Zinsüberschuss	2.842	460	239	123	7	- 155	3.516
Risikovorsorge im Kreditgeschäft	- 550	- 48	- 24	- 58	- 5	–	- 685
Zinsüberschuss nach Risikovorsorge	2.292	412	215	65	2	- 155	2.831
Provisionsüberschuss	1.855	560	207	100	4	- 2	2.724
Handelsergebnis	751	119	47	30	2	–	949
Finanzanlageergebnis	97	- 29	12	–	–	–	80
Verwaltungsaufwendungen	4.294	921	301	193	5	- 237	5.477
Sonstiges betriebliches Ergebnis	1.138	74	- 5	–	–	- 80	1.127
Ergebnis der gewöhnlichen Geschäftstätigkeit	**1.839**	**215**	**175**	**2**	**3**	**–**	**2.234**
Risikoaktiva nach BIZ	**139.798**	**45.330**	**17.152**	**8.573**	**697**	**- 18.390**	**193.160**

5484208

	Einzelwertberichtigungen		Länderwertberichtigungen		Pauschalwertberichtigungen		Gesamt		
	01 Mio. €	**00** Mio. €	**01** Mio. €	**00** Mio. €	**01** Mio. €	**00** Mio. €	**01** Mio. €	**00** Mio. €	Veränd. in %
Stand 01.01.	5.133	5.072	146	224	379	382	5.658	5.678	- 0,4
Zuführungen	1.422	1.240	41	64	57	65	1.520	1.369	11,0
Abgänge	1.198	1.319	64	149	10	57	1.272	1.525	- 16,6
davon Inanspruchnahmen	605	674	16	139	–	0	621	813	- 23,6
davon Auflösungen	593	645	48	10	10	57	651	712	- 8,6
Wechselkursänderungen/Umbuchungen	45	153	11	7	- 16	- 20	40	140	- 71,4
Risikovorsorge im Kreditgeschäft zum 31.12.	**5.402**	**5.146**	**134**	**146**	**410**	**370**	**5.946**	**5.662**	**5,0**

Zusammenfassung

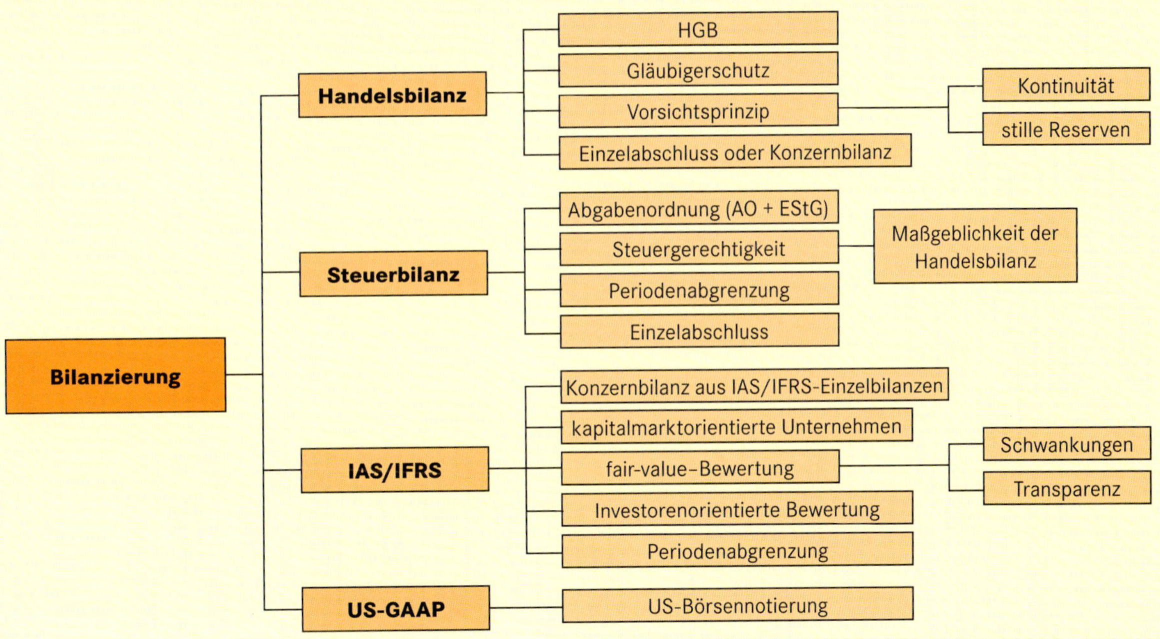

Aufgaben

1. Welche Ziele liegen jeweils der Bilanzierung nach HGB und nach IAS/IFRS zugrunde?
2. a) Vergleichen Sie in der Segmentberichterstattung der Handelsbank nach IAS/IFRS den Zinsüberschuss in % im Verhältnis zu den Risikoaktiva zwischen Deutschland, Asien und Afrika.
   b) Vergleichen Sie das Ergebnis der gewöhnlichen Geschäftstätigkeit im Verhältnis zu den Risikoaktiva für dieselben Länderbereiche.
   c) Beurteilen Sie, ob die o. g. Informationen in gleichem Umfang aus einer Bilanz nach HGB ersichtlich wären.
3. a) Berechnen Sie den %-Anteil der gesamten Risikovorsorge im Kreditgeschäft 00 (Anhang des Handelsbank-Geschäftsberichtes, Risikovorsorge 2) an den Forderungen gegenüber Kunden und Kreditinstituten, die zum Stichtag bei 299.491 Mio. € lagen.
   b) Welchen Informationswert hat der ermittelte Wert für den Bilanzleser?
4. Ermitteln Sie die Inanspruchnahme aus der Einzelwertberichtigung der Handelsbank 00 und setzen Sie diese ins Verhältnis zu den Forderungen gegenüber Kunden und Kreditinstituten, die zum Stichtag bei 299.491 Mio. € lagen.
5. Die Elbebank will wegen beabsichtigter eigener Neuemissionen einen möglichst hohen Gewinn ausweisen. Sie hat in ihrem Handelsbestand 10 000 Stück Aktien der Bauspar AG, die sie zu 69,00 € gekauft hat. Der Stichtagskurs liegt bei 75,00 €.
   a) Mit welchem Vermögenswert wird die Handelsbank bilanzieren? (nach HGB, nach IAS/IFRS)
   b) Wie unterscheidet sich der Gewinnausweis nach den unterschiedlichen Bewertungen?
6. Die Rheinbank hat verschiedene Wertpapiere in ihrem Bestand:
   - Beteiligung an der Bausparkasse Ost
   - Handelsbestand an Aktien der Industrie AG
   - 4 % Industrie-Anleihe zum langfristigen Erzielen von Zinserträgen
   - Optionsscheine auf Aktien der Industrie AG
   - Zertifikat auf Dax-Werte zu Handelszwecken
   - gemischter Wertpapierfonds zu Handelszwecken

   Ordnen Sie diese den zugehörigen Bewertungskategorien zu und schildern Sie die Art der Bewertung
   a) nach HGB bzw.
   b) nach IAS.

HGB

Gemildertes Niederstwertprinzip	Strenges Niederstwertprinzip	Zeitwertprinzip

IAS

Schuldinstrumente		Eigenkapitalinstrumente
■ Ziel: langfristige Anlage (Geschäftsmodellprüfung) ■ Zahlungsströme aus Zins und Tilgung		

7. Erläutern Sie mit eigenen Worten den Vorteil der Bilanzierung nach IAS/IFRS gegenüber einer deutschen Handelsbilanz aus Sicht eines Anlegers aus Belgien.
8. Die Ostseebank kauft 5 000 Aktien der Rheinbau AG zum Preis von 50.000,00 €.
   a) Der Wert erhöht sich zum Bilanzstichtag 01 auf 60.000,00 €.
   b) Der Wert fällt zum Bilanzstichtag 02 auf 45.000,00 €.

   Stellen Sei die Bewertungsmöglichkeiten in folgendem Schema gegenüber:

Bewertung nach		HGB Handelsbestand	IAS „erfolgswirksam"	IAS „nicht erfolgswirksam"
Wertberichtigung	01			
Bilanzierung	01			
Gewinnausweis	01			
Stille Reserve	01			
Wertberichtigung	02			
Bilanzierung	02			
Gewinnausweis	02			
Stille Reserve	02			

5484210

14 **Kosten und Erlöse ermitteln und beeinflussen**

- Aufgaben und Grundbegriffe der Kosten- und Erlösrechnung
- Gesamtbetriebskalkulation
- Kalkulation im Wertbereich
- Kalkulation im Betriebsbereich
- Kalkulation von Bankprodukten
- Kunden- und Kontokalkulation
- Geschäftsstellen- oder Geschäftsbereichskalkulation
- Bankcontrolling als integratives System von Planung, Steuerung, und Kontrolle

Lernfeld 8

Kosten und Erlöse ermitteln und beeinflussen

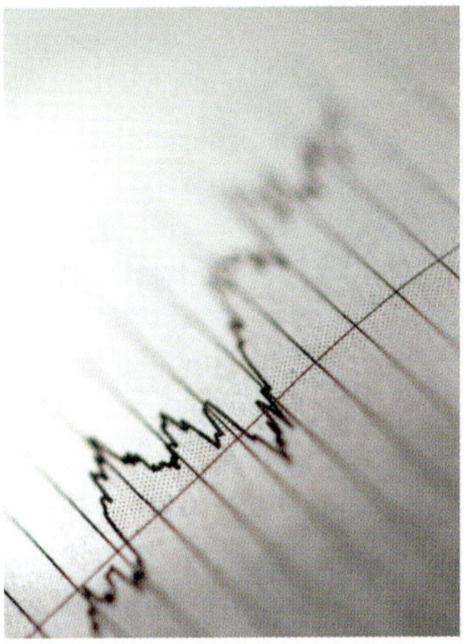

14 Kosten und Erlöse ermitteln und beeinflussen

14.1 Aufgaben und Grundbegriffe der Kosten- und Erlösrechnung

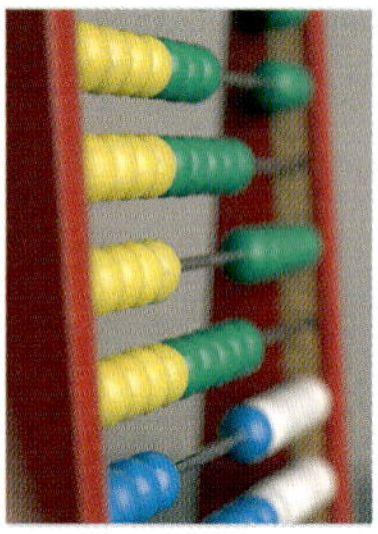

Praxisfälle

- Die ComAG benötigt zur Finanzierung des Warenlagers einen Kredit in Höhe von 250.000,00 € zum Zinssatz von 7,5 %.
- Bei der Kontoabrechnung des Kunden Jahr werden Kontoführungsgebühren in Höhe von 25,00 € für das letzte Quartal berechnet.
- Für das Depot werden dem Kunden Schmal im Jahr 123,00 € belastet.

14.1.1 Aufgaben der Kosten- und Erlösrechnung als internes Rechnungswesen

Die Kosten- und Erlösrechnung als Teilgebiet des **Rechnungswesens** hat die Aufgabe, die anfallenden Kosten, die bei der **betrieblichen Leistungserstellung und Leistungsverwertung** anfallen, zu erfassen (Welche Kosten fallen an?), sie auf die entsprechenden Stellen zu verteilen (Wo fallen die Kosten an?) und der betrieblichen Leistungsverwertung (Für welche Leistungen fallen Kosten an?) zuzuordnen.

Die Kosten- und Erlösrechnung **unterstützt die Unternehmensführung** bei Entscheidungen, die die Steuerung und Kontrolle des Unternehmens betreffen.

Die **Ergebnisse** der Kosten- und Erlösrechnung liefern wichtige Aussagen für die Geschäftsleitung des Kreditinstituts über folgende Bereiche:

- Informationen über anfallende Kosten und Erlöse
- Grundlagen für die Kalkulation der einzelnen Bankdienstleistungen
- Durchführung der Wirtschaftlichkeitsrechnung und Erfolgskontrolle
- Basis für das Bankcontrolling

Informationen über Kosten und Erlöse

Durch die aufbereiteten **Zahlen aus der Finanzbuchhaltung** erhält die Geschäftsleitung des Kreditinstituts wichtige Aufschlüsse für unternehmerische Entscheidungen bei der Beschaffung und Leistungserstellung im Betriebsbereich.

Beispiele

- *Ausstattung einer Zweigstelle mit zusätzlichen SB-Automaten oder Verlängerung der Öffnungszeiten mit Service durch die Mitarbeiter*
- *Lieferung der täglichen Post durch eigenen Fahrdienst oder durch Taxiunternehmen*
- *Abwicklung des Zahlungsverkehrs im eigenen Hause oder Auslagerung (Outsourcing) dieser Aufgaben in ein selbstständiges Unternehmen in Kooperation mit anderen Kreditinstituten*
- *Zählen und Abrechnen der Inhalte aus dem Nachttresor durch eigene Mitarbeiter oder Beauftragung von Subunternehmen*

Grundlagen für die Kalkulation der einzelnen Bankdienstleistungen

Die Daten aus der Kostenrechnung bilden die Grundlage für die Kalkulation der einzelnen Bankdienstleistungen. Nur dann, wenn die Kosten für die Erstellung der jeweiligen Leistung zuzuordnen sind, ist eine **aktive Preispolitik** durch das Kreditinstitut möglich. Bei zunehmendem Wettbewerb zwischen den Kreditinstituten ist eine Flexibilität bei der Preisfindung notwendig.

5484212

Praxisfälle

- Die Entscheidung der ComAG, ein Warenlager in Höhe von 250.000,00 € zum Zinssatz von 7,5 % zu finanzieren, kann erst gefällt werden, wenn kalkulatorisch nachgewiesen wurde, dass sich dieses Geschäft auch „lohnt".
- Als Entscheidungsgrundlage für die Kalkulation der Kontoführungspreise, die in der Kontoabrechnung dem Kunden Jahr in Höhe von 25,00 € für das letzte Quartal sowie für das Depot des Kunden Schmal im Jahr in Höhe von 123,00 € berechnet werden, muss eine detaillierte Kostenrechnung vorhanden sein.

Durchführung der Wirtschaftlichkeitsrechnung und Erfolgskontrolle

Die **Wirtschaftlichkeit** wird im Verhältnis von Leistung zu Kosten im Betrieb gemessen.

$$\text{Wirtschaftlichkeit} = \frac{\text{Leistung}}{\text{Kosten}}$$

Diese Kennziffer dient im **internen Vergleich** der Beurteilung der Entwicklung der Wirtschaftlichkeit im Zeitablauf oder im **externen** (zwischenbetrieblichen) **Vergleich,** bei dem die Wirtschaftlichkeit von Kreditinstituten etwa gleicher Größe und ähnlicher Geschäftsstruktur beobachtet wird. Des Weiteren lässt sich die **geplante (Soll-Wert)** mit der **tatsächlich erzielten Wirtschaftlichkeit (Ist-Wert)** vergleichen.

Beispiele

Jahr	*Kosten der Überweisungsabteilung in T€*	*Anzahl der bearbeiteten Überweisungen in tausend Stück*	*Wirtschaftlichkeit (Ist) Handelsbank*	*Wirtschaftlichkeit geplant (Soll) Handelsbank*	*Kosten pro Stück bei der Handelsbank in €*	*Wirtschaftlichkeit Südbank*
2008	*1.500*	*5 400*	*3,60*	*3,8*	*0,28*	*4,6*
2009	*1.600*	*5 900*	*3,68*	*3,9*	*0,27*	*4,1*
2010	*2.300*	*6 200*	*2,69*	*4,0*	*0,37*	*4,4*

Bei der Handelsbank hat sich die Wirtschaftlichkeit im Jahr 2008 zu 2009 von 3,6 auf 3,68 leicht verbessert. Eine deutliche Verschlechterung auf 2,69 ist im Jahr 2010 zu beobachten. Ursache ist ein starker Anstieg der Kosten (Anschaffung neuer leistungsfähigerer Scanner) bei einer relativ geringen Verbesserung der Leistung. Die geplante Verbesserung der Wirtschaftlichkeit konnte in allen Jahren nicht erreicht werden. Die Südbank hat dagegen durch ihre günstigere Struktur (Maschinen und Mitarbeitereinsatz) eine insgesamt bessere und laufende Erhöhung der Wirtschaftlichkeit aufzuweisen. Die Kosten pro Stück verhalten sich im umgekehrten Verhältnis. Steigt die Wirtschaftlichkeit, dann sinken die Stückkosten.

Basis für das Bankcontrolling

Bankcontrolling (siehe Kapitel 14.8) bedeutet die Steuerung des Kreditinstituts. Um eine **ertrags- oder ergebnisorientierte Banksteuerung** umsetzen zu können, haben die Kreditinstitute eigens dafür Stellen oder Abteilungen mit der Bezeichnung **Controlling** installiert. Durch Bankcontrolling wird sichergestellt, dass Rentabilitäts- und Risikoüberlegungen zur Richtschnur aller Entscheidungen im Bankbetrieb gemacht werden. Voraussetzungen hierfür sind zuverlässige Zahlen aus der Kosten- und Erlösrechnung.

Zusammenfassung

Aufgaben der Kosten- und Leistungsrechnung: Informationen über anfallende Kosten und Erlöse – Grundlagen für die Kalkulation der einzelnen Bankdienstleistungen – Durchführung der Wirtschaftlichkeitsrechnung und Erfolgskontrolle – Basis für Bankcontrolling; Strategisches und operatives Controlling

Aufgaben

1. Beschreiben Sie die Aufgaben der Kosten- und Erlösrechnung.

2. Ordnen Sie folgende Geschäftsvorfälle den einzelnen Aufgabenbereichen der Kosten- und Erlösrechnung zu[1]:

Aufgabenbereich	**Zuordnung**
Informationen über anfallende Kosten und Erlöse	
Grundlagen für die Kalkulation der einzelnen Bankdienstleistungen	
Durchführung einer Wirtschaftlichkeitsrechnung	
Basis für das Bankcontrolling ...	

a) Der Vorstand der Handelsbank stellt zum III. Quartal fest, dass das anvisierte Gewinnziel für das laufende Geschäftsjahr bisher um 5 % verfehlt wurde. Um auf das Vorjahresergebnis zu kommen, werden die Kreditzinsen um 0,2 % und die Zinsen für Termineinlagen um 0,1 % gesenkt.

b) Viele Kunden der Handelsbank haben das Homebanking als Möglichkeit der Abwicklung des Zahlungsverkehrs angenommen. Der bisherige Preis in Höhe von 0,07 € je Posten, der als Einführungsangebot angeboten wurde, ist nicht mehr zu halten.

c) Im Kreditinstitut steht die Entscheidung an, zukünftig die Geschäftspost mit eigenem Boten oder durch die Post AG zustellen zu lassen.

d) Kunde Leim möchte zur Finanzierung seines Eigenheims einen Kredit in Höhe von 200.000,00 €. Das Konkurrenzangebot liegt bei 4,3 % bei 10-jähriger Zinsfestschreibung.

e) Die Handelsbank stellt fest, dass sie bei der Wirtschaftlichkeit im Marktfolgebereich Aktivgeschäft durchschnittlich 5 % besser liegt als die Nachbarbank.

3. a) Berechnen Sie die Wirtschaftlichkeit für den Sortenverkauf[1] der Handelsbank und die Stückkosten für das I. Quartal des Jahres, wenn die Zahlen der unten angegebenen Tabelle aus der Buchhaltung vorliegen.

b) Interpretieren Sie die Ergebnisse.

Monate	Kosten der Sortenstelle in €	Anzahl der bearbeiteten Aufträge	Wirtschaftlichkeit	Stückkosten
Januar	14.000,00	7 300		
Februar	17.000,00	8 950		
März	12.000,00	4 170		

1 Bitte schreiben Sie nicht in das Lehrbuch.

5484214

14.1.2 Grundbegriffe der Kosten- und Erlösrechnung

14.1.2.1 Auszahlungen, Ausgaben, Aufwendungen und Kosten

Praxisfälle

- Kundin Klar hebt von ihrem Sparkonto 500,00 € ab.
- Die Gehälter der Mitarbeiter in Höhe von 65.000,00 € werden für den laufenden Monat gutgeschrieben.
- Überweisung einer Spende an den Kinderdorf e. V. in Höhe von 300,00 €.
- Überweisung einer Rechnung in Höhe von 15.000,00 € für die Reparatur des Daches, das durch einen Sturmschaden abgedeckt wurde.
- Bildung einer Rückstellung für die Körperschaftsteuer in Höhe von 1,5 Mio. €.
- Kalkulation der Miete für die Kundenschließfächer. Beim Einbau der neuen Schließfächer sind Kosten in Höhe von 150.000,00 € für die Filiale angefallen.
- Kauf einer Geldzählmaschine für 15.000,00 €, steuerlich anerkannte Nutzungsdauer fünf Jahre, tatsächlich erwartete Nutzung durch die Handelsbank zehn Jahre.

In der Finanzbuchhaltung werden täglich die anfallenden finanziellen Transaktionen erfasst, die unterschiedliche Wirkungen auf den Erfolg und den finanziellen Status eines Kreditinstituts haben. **Auszahlungen** vermindern die **Barreserve** entweder durch Verringerung des Kassenbestandes oder des Saldos auf dem Konto bei der Zentralbank oder der Bundesbank. Sie verändern unmittelbar die Barliquidität eines Kreditinstituts.

Ausgaben verursachen neben der Verminderung der Barliquidität eine **Erhöhung der Forderungen** oder sie **vermindern Verbindlichkeiten.** Ausgaben zielen auf eine längerfristige Betrachtung der finanziellen Situation.

Aufwendungen werden in der Gewinn- und Verlustrechnung erfasst und vermindern das Eigenkapital. **Betriebsbedingter Aufwand (Zweckaufwand)** entsteht bei der Erstellung der betrieblichen Leistungen (Kundengespräch, Kreditangebot, Anlagegespräch, Abwicklung des Zahlungsverkehrs usw.), z. B. in Form von Personalkosten, Sachkosten, Zinsaufwendungen, Provisionsaufwendungen. Dieser Aufwand wird auch als **Werteverzehr** bezeichnet. **Neutraler Aufwand** ist einerseits durch **betriebsfremde Aufwendungen,** die keine Beziehung zur betrieblichen Leistungserstellung haben (z. B. Spenden, Wohnungen für Angestellte), gekennzeichnet. Andererseits gehören auch **außerordentliche Aufwendungen** dazu, die einmalig und **außergewöhnlich,** wie z. B. durch Sturmschäden, verursacht werden oder **periodenfremd,** wie z. B. bei Steuernachzahlungen, anfallen.

Kosten als betrieblicher Werteverzehr werden als **Grundkosten,** die den betriebsbedingten Aufwendungen entsprechen, sowie als **Zusatzkosten** definiert. Zusatzkosten entstehen bei der betrieblichen Leistungserstellung, ohne dass sie sich in der Gewinn- und Verlustrechnung niederschlagen, weil keine Aufwendungen anfallen. Das sind in der Regel

- **kalkulatorische Abschreibungen**
  (z. B. die AfA beim Geldausgabeautomat beträgt fünf Jahre, die tatsächliche Nutzung wird auf vier Jahre geschätzt; neben der steuerlichen AfA in Höhe von 20 % werden zusätzlich 5 % kalkulatorische AfA berechnet)
- **kalkulatorische Miete**
  (anfallende Kosten im eigenen Gebäude 7,00 € pro m^2 – Vergleichsmiete am Ort 8,00 € pro m^2; kalkulatorische Miete 1,00 € zusätzlich)
- **kalkulatorische Zinsen**
  (Rücklagen stehen dem Kreditinstitut kostenlos zur Verfügung; Verrechnung eines kalkulatorischen Zinssatzes bei der Kreditvergabe für das Eigenkapital in Höhe von 6 %)
- **kalkulatorische Wagniskosten**
  (Verrechnung von kalkulatorischen Risikokosten bei der Kreditvergabe)

Es wird ersichtlich, dass die verschiedenen Unternehmensbereiche einen Geschäftsvorgang aus unterschiedlicher **Zielsetzung** mit ganz anderen finanziellen Auswirkungen zu bearbeiten haben. Während die **Liquiditätsrechnung** zur Sicherstellung der ständigen Zahlungsbereitschaft die tatsächlichen aktuellen Liquiditätsbewegungen berücksichtigt, hat die **Buchhaltung** in der GuV-Rechnung die steuerlichen Möglichkeiten zur Senkung der Steuerlast zu berücksichtigen. Die **Kostenrechnung** wird als Kosten die realistischen zeitlich umverteilten Kosten zur marktgerechten Preisfestsetzung erfassen.

Praxisfälle

- Die Abhebung der Kundin Klar vom Sparkonto ist eine Ausgabe.
- Die Gutschrift der Gehälter für die Mitarbeiter der Handelsbank ist betriebsbedingte Aufwendung (Grundkosten), die auch Ausgabe ist.
- Die Spende an den Kinderdorf e. V. zählt zu den betriebsfremden Aufwendungen.
- Die Überweisung einer Rechnung in Höhe von 15.000,00 € für die Reparatur des Daches ist ein außerordentlicher Aufwand (einmalig) und gleichzeitig eine Ausgabe.
- Die Bildung einer Rückstellung für die Körperschaftsteuer in Höhe von 1,5 Mio. € entspricht einem periodenfremden außerordentlichen Aufwand.
- Die Handelsbank kalkuliert in die Miete eine steuerliche AfA in Höhe von 10 % sowie eine kalkulatorische AfA in Höhe von 5 % ein, da eine geringere Nutzungsdauer erwartet wird. Die steuerliche AfA ist ein betriebsbedingter Aufwand (Grundkosten), der keine Ausgabe zugrunde liegt. Die kalkulatorische AfA wird zu den Zusatzkosten gezählt, denen kein Aufwand sowie keine Ausgabe entgegenstehen.
- Beim Kauf der Geldzählmaschine erfasst die Liquiditätsrechnung den Gesamtbetrag von 15.000,00 € als Ausgabe. Die Buchhaltung verteilt die Anschaffungskosten aus strategischen Gründen linear anteilig mit 2.000,00 € aufs erste Jahr, während die Kostenrechnung die Kosten der Geldzählmaschine mit 1.000,00 € linear gleichmäßig auf die tatsächliche Nutzungsdauer verteilt.

Geschäftsbuchhaltung

Liquiditätsrechnung Bestandskonten		**Aufwendungen** GuV-Rechnung		
Auszahlungen	Ausgaben	neutrale Aufwendungen	**betriebsbedingter Aufwand = kostengleicher Aufwand (Zweckaufwand)**	
			Grundkosten = aufwandsgleiche Kosten	**Zusatzkosten = kalkulatorische Kosten**
			Kosten Kosten- und Erlösrechnung	

14.1.2.2 Einzahlungen, Einnahmen, Erträge und Erlöse

Praxisfälle

- Gutschrift zugunsten des Girokontos des Kunden Mau in Höhe von 3.100,00 €.
- Darlehenszinsen für den laufenden Monat in Höhe von 350.000,00 € werden belastet.
- Verkauf eines Dienstwagens für 12.000,00 €, der auf 5.000,00 € abgeschrieben wurde.
- Der Mieter im Obergeschoss der Zweigstelle überweist die Monatsmiete in Höhe von 800,00 €.

Einzahlungen erhöhen die **Barreserve** entweder durch Erhöhung des Kassenbestandes oder des Saldos auf dem Konto bei der Zentralbank. Sie verändern unmittelbar die Barliquidität eines Kreditinstituts.

Einnahmen verursachen neben der Erhöhung der Barliquidität eine **Verminderung der Forderungen** oder sie **erhöhen Verbindlichkeiten.**

Erträge werden in der Gewinn- und Verlustrechnung erfasst und erhöhen das Eigenkapital. Ein **betriebsbedingter Ertrag (Zweckertrag)** ergibt sich aus dem Verkauf von betrieblichen Leistungen (Kundengespräch, Kreditangebot, Anlagegespräch, Abwicklung des Zahlungsverkehrs usw.) wie z. B. in Form von Zinserträgen aus dem Kreditgeschäft, Zinserträgen aus dem Wertpapiergeschäft, Dividenden, Provisionen. Dieser Ertrag wird auch als **Wertezuwachs** bezeichnet. Ein **neutraler Ertrag** ist einerseits durch **betriebsfremde Erträge,** die keine Beziehung zur betrieblichen Leistungserstellung haben (z. B. Mieterträge), gekennzeichnet. Andererseits gehören auch **außerordentliche Erträge** dazu, die **außergewöhnlich,** wie z. B. durch Auflösungen von Rückstellungen, Verkauf von Anlagevermögen über dem Buchwert, Kassenüberschüsse, anfallen. **Erlöse als betrieblicher Wertezuwachs** werden als **Grunderlöse,** die dem betriebsbedingten Ertrag entsprechen, sowie als **Zusatzerlöse** definiert. Zusatzerlöse resultieren aus dem Verkauf betrieblicher Leistungen, ohne dass sie sich in der Gewinn- und Verlustrechnung niederschlagen, weil keine Erträge anfallen. Sie werden in der Praxis selten angesetzt.

Praxisfälle

- Die Gutschrift des Kunden Mau stellt eine Einnahme für das Kreditinstitut dar.
- Darlehenszinsen in Höhe von 350.000,00 € sind ein betrieblicher Ertrag oder auch ein Grunderlös, der aus dem Verkauf betrieblicher Leistungen entsteht.
- Der Ertrag in Höhe von 7.000,00 € aus dem Verkauf des Dienstwagens ist ein außergewöhnlicher Ertrag.
- Die Mietzahlung des Mieters im Obergeschoss der Zweigstelle ist ein betriebsfremder Ertrag.

<table>
<tr><td></td><td colspan="4">Geschäftsbuchhaltung</td></tr>
<tr><td></td><td colspan="2">Erträge
GuV-Rechnung</td><td colspan="2">Liquiditätsrechnung
Bestandskonten</td></tr>
<tr><td></td><td>betriebsbedingter Ertrag = erlösgleiche Erträge (Zweckertrag)</td><td>neutraler Ertrag</td><td>Einnahmen</td><td>Einzahlungen</td></tr>
<tr><td>Zusatzerlöse = kalkulatorische Erlöse</td><td>Grunderlöse = ertragsgleiche Erlöse</td><td></td><td></td><td></td></tr>
<tr><td colspan="2">Erlöse
Kosten- und Erlösrechnung</td><td></td><td></td><td></td></tr>
</table>

14.1.2.3 Leistungen in Kreditinstituten

Praxisfall

Kontoauszug für den Kunden Schnell der Handelsbank AG:

		Abrechnung 31. Dez. bis 31. März 20..	
	Anzahl:	Berechnungssatz:	Betrag in €:
Zinsen für Kredit		9 %	- 23,65
Zinsen für Guthaben		0,50 %	+ 0,71
Belegerstellung	26	0,03 €	- 0,78
Auszug	14	0,70 €	- 9,80
Kontoführung	1	7,50 €	- 7,50
Buchungsposten	15	0,50 €	- 7,50
beleglose Buchungen	30	0,15 €	- 4,50
Homebanking	105	0,05 €	- 5,25
Abrechnungsbetrag Konto 233 321			**- 58,27**

Kreditinstitute erstellen wie alle Unternehmen Leistungen. **Marktleistungen** werden von den Kunden in Anspruch genommenen, wie z. B. in Form der Anlage eines Betrages als Festgeld oder der Ausführung einer Überweisung. Sie werden den Kunden in der Regel gegen Entgelt zur Verfügung gestellt. **Innerbetriebliche Leistungen** dienen der Erstellung der Marktleistung (wie z. B. die Leistungen der Personalabteilung, der Organisationsabteilung, der Revisionsabteilung oder des Rechnungswesens).

Leistungen der Kreditinstitute

→ Marktleistungen

z. B.: Kontoführung
Zahlungsverkehr
Anlage auf Konten
Wertpapiergeschäft
Kreditgeschäft
Allfinanzgeschäfte

→ innerbetriebliche Leistungen

z. B.: Personal
Rechnungswesen
Innenrevision
Organisation
Marketing

Wertleistungen und Betriebsleistungen (Stückleistungen)

Die Marktleistungen bei Kreditinstituten werden in **Wertleistungen** und **Betriebsleistungen** (Stückleistungen) unterschieden.

Wertleistungen

- Wertleistungen werden für die Kunden im **liquiditätsmäßig-finanziellen Bereich** erstellt, wie z. B. bei der Geldanlage oder im Kreditbereich. Als **Wertkosten** entstehen in diesem Bereich Zinsaufwendungen und zinsähnliche Aufwendungen. Als **Werterlöse** fließen Zinserträge und zinsähnliche Erträge zu.

Praxisfall

Der Zinsaufwand bei der Kontoabrechnung des Kunden Schnell stellt Wertkosten dar, die als Vergütung für das Guthaben auf dem Girokonto in Wertbereich entstanden sind. Der belastete Zinsertrag als Werterlös entstand im Wertbereich durch die Inanspruchnahme eines Dispositionskredites des Kunden Schnell.

Betriebsleistungen

- **Betriebsleistungen (Stückleistungen)** werden den Kunden **im technisch-organisatorischen Bereich** in Form von Bankdienstleistungen in der Kontoführung, im Zahlungsverkehr, im Wertpapiergeschäft oder als Beratungsgespräch mit dem Kunden angeboten. Dabei entstehen **Betriebskosten** oder **Stückkosten** durch den Einsatz von z.B. Personal, Sachmitteln und Miete für die Geschäftsräume. Die Entgelte für die Betriebsleistungen fließen dem Kreditinstitut als **Betriebserlöse** oder **Stückerlöse** in Form von Entgelten für die Kontoführung, das Depot, das Schließfach oder als Provisionen aus dem Wertpapiergeschäft zu.

Praxisfall

Auf der Kontoabrechnung des Kunden Schnell stellen alle berechneten Preise für die Kontoführung (Buchungsposten, Homebanking, Belegerstellung, Kontoauszug usw.) Betriebserlöse oder Stückerlöse dar.

Zusammenfassung

Überblick über Kosten und Erlöse im Bankbereich:

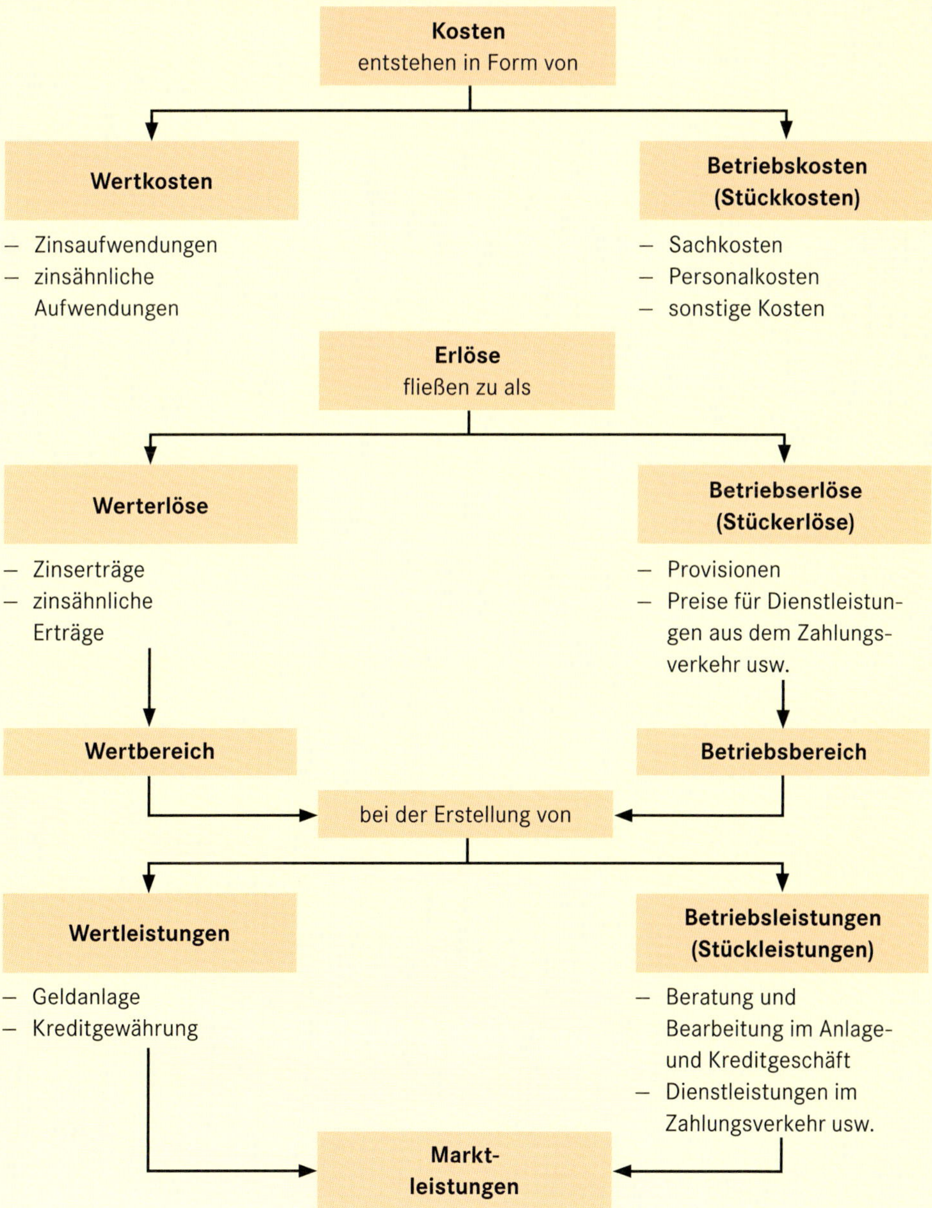

Aufgaben

1. Zahlen aus der Finanzbuchhaltung:

	in T€
– Mitarbeiter führen Einzahlungen auf Spareinlagen durch, die Spareinlagen nehmen zu	7.300.000
– Mitarbeiter bearbeiten Auszahlungen, die Forderungen an Kunden nehmen zu	8.250.000
– Personalaufwendungen	7.000
– AfA auf Anlagen	2.100
– kalkulatorische AfA	350
– Zinserträge Kontokorrent	27.350
– Bildung einer Rückstellung für Körperschaftsteuer	1.200
– Spende für Kindergartenbau	50
– Erlös aus dem Verkauf eines Firmenwagens, der bereits voll abgeschrieben war	20
– Zinsaufwendungen Passivseite	18.730
– Raumkosten (Strom, Heizung)	150
– Provisionzahlungen für Kreditvermittlungen	1.750
– Provisionserträge aus dem Wertpapiergeschäft	5.970

a) Ordnen Sie die Posten aus dem Rechnungswesen in Einnahmen, Erträge (neutrale und betriebliche), Erlöse (Grunderlöse und Zusatzerlöse) sowie Ausgaben, Aufwendungen, Grundkosten und Zusatzkosten ein.

b) Erläutern Sie die kostenrechnerische Behandlung der Abschreibungen auf Anlagen und der kalkulatorischen AfA.

c) Bei welchen Kosten handelt es sich um Marktleistungen bzw. innerbetriebliche Leistungen?

d) Ordnen Sie die Posten nach Betriebsleistungen, Betriebserlösen und Betriebskosten (Stückkosten) sowie Wertleistungen, Werterlöse und Wertkosten.

2. Die Beraterin der Handelsbank unterbreitet ihrem Kunden Maurer folgendes Angebot zur Finanzierung einer Eigentumswohnung als Kapitalanleger:
Kreditbetrag: 110.000,00 €, Zinssatz 4,75 % für 8 Jahre fest bei einer Auszahlung von 95 % zur Optimierung der steuerlichen Situation des Kunden. Für die Wertermittlung der Immobilie bei der Absicherung wird ein Entgelt von 185,00 € berechnet. Für das Darlehenskonto wird ein Verwaltungsentgelt von 1,50 € pro Monat in Rechnung gestellt. Eine Bereitstellungsprovision von 0,25 % des Kreditbetrages fällt dann an, wenn das Darlehen nicht bis zum 1. April des Jahres in Anspruch genommen wird.
Ordnen Sie die erbrachten Leistungen, Kosten und Erlöse zu.

a) Betriebsleistung (Stückleistung)
b) Betriebserlös (Stückerlös)
c) Betriebskosten (Stückkosten)
d) Wertleistung
e) Werterlös
f) Wertkosten

5484220

14.2 Gesamtbetriebskalkulation

Praxisfall

Der Vorstand der Sparbank AG berichtet in der Hauptversammlung, dass sich das Betriebsergebnis des gerade abgelaufenen Jahres gut entwickelt hat, nachdem die gesamte Branche in den letzten beiden Jahren einen hohen Rückgang zu verzeichnen hatte.

Die Gesamtbetriebskalkulation ist die Vorstufe der Bankkostenrechnung. Sie bietet eine Grundlage für verfeinerte Stufen der Kostenrechnung. Ziel dieser Rechnung ist die Ermittlung des kalkulatorischen **Betriebsergebnisses,** indem **den Erlösen die Kosten gegenübergestellt** werden. Das Betriebsergebnis ist eine wichtige Größe für die interne Beobachtung des Leistungsprozesses (mit den Vorjahren) und externe Entwicklung der Kreditinstitute (Kreditinstitute vergleichbarer Gruppe und Größe).

Basis für die Gesamtbetriebskalkulation sind Zahlen aus der Gewinn- und Verlustrechnung, die von **neutralen Aufwendungen und Erträgen** bereinigt werden. Hinzugerechnet werden die **kalkulatorischen Kosten.**

Die Verrechnung der Zinserlöse mit den Zinskosten ergibt den **Zinsüberschuss** absolut in Euro oder die **Bruttozinsspanne** in Prozent, bezogen auf das Geschäftsvolumen (entspricht der Bilanzsumme zuzüglich der Indossamentenverbindlichkeiten und Avale). Die Differenz aus den Betriebserlösen und den Betriebskosten sowie den Risikokosten aus dem Kreditgeschäft, bezogen auf das Geschäftsvolumen, ergibt die **Bedarfszinsspanne.** Die **Nettozinsspanne** errechnet sich aus der **Bruttozinsspanne** abzüglich der **Bedarfszinsspanne** (in Prozent). Das Ergebnis wird auch als **Betriebsergebnis** (in Euro) bezeichnet.

Praxisfall

Für die Sparbank AG liegen folgende Zahlen aus dem Rechnungswesen vor (Positionen im Jahresdurchschnitt in T€):

aufbereitete Bilanz der Sparbank AG

Aktiva		**Passiva**	
1. Barreserve	25.300	1. Spareinlagen	45.000
2. Ford. an Kunden	71.000	2. Sichteinlagen	16.000
3. Wertpapiere	17.000	3. Termineinlagen	45.000
4. Sachanlagen	1.700	4. Eigenkapital	9.000
Summe	**115.000**	**Summe**	**115.000**

Zahlen aus der GuV-Rechnung (ohne neutrale Aufwendungen und Erträge zuzüglich kalkulatorische Kosten)

	in T€		in T€
Zinskosten:		**Betriebskosten:**	3.200
Sichteinlagen	112	(Sachkosten, Personalkosten usw.)	
Termineinlagen	1.215	Risikokosten:	240
Spareinlagen	675	**Betriebserlöse:**	620
Zinserlöse:		(Provisionen, Gebühren usw.)	
Kredite	5.112		
Wertpapiere	850		

Die Bilanzsumme des Kreditinstituts entspricht dem Geschäftsvolumen und beträgt in diesem Jahr 115 Mio. €.

→

Praxisfall

		in T€	in %	
	Zinserlöse	5.962	5,18	
–	Zinskosten	– 2.002	– 1,74	
	Zinsüberschuss	+ 3.960	+ 3,44	Bruttozinsspanne
+	Betriebserlöse	+ 620	+ 0,54	Bedarfszinsspanne
–	Betriebskosten	– 3.200	– 2,78	Bedarfszinsspanne
–	Risikokosten	– 240	– 0,21	Bedarfszinsspanne
	Betriebsergebnis	**+ 1.140**	**+ 0,99**	**Nettozinsspanne**

Betriebsergebnis in T€ (+ 1.140) → Gesamtbetriebskalkulation

Betriebsergebnis in % (+ 0,99) → Gesamtzinsspannenrechnung

Zinsertragsbilanz

Bei der Zinsertragsbilanz werden den einzelnen Positionen in der Bilanz **gewogene Durchschnittszinssätze** zugeordnet. Auf diese Weise ergeben sich genauere Aussagen über die Zinskosten und die Zinserlöse. Die Zinsertragsbilanz kann auf verschiedenen Wegen erstellt werden:

- **Stichtagszinsertragsbilanz:**
Basis für die Berechnung der Zinserlöse und Zinskosten sind die Posten aus der Bilanz zu einem bestimmten Stichtag, wie z.B. zum 31. Dezember eines Jahres.

- **Durchschnittszinsertragsbilanz:**
Basis für die Berechnung der Zinserlöse und Zinskosten sind die durchschnittlichen (vierteljährlich, halbjährlich oder jährlich) Posten aus der Bilanz.

Praxisfall

Zinsertragsbilanz (Jahresdurchschnitte)
Sparbank AG

Aktiva	in T€	Zinserlöse in %	Zinserlöse in T€	Passiva	in T€	Zinskosten in %	Zinskosten in T€
1. Barreserve	25.300	0,0	0	1. Spareinlagen	45.000	1,5	675
2. Ford. an Kunden	71.000	7,2	5.112	2. Sichteinlagen	16.000	0,7	110
3. Wertpapiere	17.000	5,0	850	3. Termineinlagen	45.000	2,7	1.210
4. Sachanlagen	1.700	0,0	0	4. Eigenkapital	9.000	0,0	0
Summe	**115.000**	**5,18**	**5.962**	**Summe**	**115.000**	**1,74**	**2.002**

Bruttozinsspanne (5,18 – 1,74): **3,44**

Aufgaben

1. Aus dem Rechnungswesen liegen folgende Zahlen der Kreditbank AG vor (Positionen im Jahresdurchschnitt in T€). Die Bilanzsumme entspricht dem Geschäftsvolumen:

aufbereitete Bilanz der Kreditbank AG

Aktiva		Passiva	
1. Barreserve	120.300	1. Spareinlagen	153.000
2. Ford. an Kunden	151.000	2. Sichteinlagen	76.000
3. Wertpapiere	85.000	3. Termineinlagen	125.000
4. Sachanlagen	7.500	4. Eigenkapital	9.800
Summe	**363.800**	**Summe**	**363.800**

Zahlen aus der GuV-Rechnung (ohne neutrale Aufwendungen und Erträge zuzüglich kalkulatorische Kosten):

	in T€		in T€
Zinskosten:		Betriebskosten:	6.200
Sichteinlagen	304	(Sachkosten, Personalkosten usw.)	
Termineinlagen	3.000	Risikokosten:	750
Spareinlagen	2.754		
Zinserlöse:		Betriebserlöse:	1.520
Kredite	11.325	(Provisionen, Gebühren usw.)	
Wertpapiere	3.825		

a) Berechnen Sie das Betriebsergebnis und errechnen Sie die Brutto- und Nettozinsspanne.
b) Erstellen Sie aus den Zahlen eine Zinsertragsbilanz.

2. Die Regionalbank AG hat im letzten Geschäftsjahr die folgenden Zahlen (in T€) aufzuweisen:

	Durchschnittlicher Bestand (in T€)	Durchschnittliche Zinssätze in % p. a.
Barreserve	3.000	0
Forderungen an Kreditinstitute	31.000	3,5 %
Forderungen an Kunden	140.000	8,0 %
Verbindlichkeiten gegenüber Kreditinstituten	24.000	2,5 %
Verbindlichkeiten gegenüber Kunden		
– Spareinlagen	120.000	2,0 %
– Termineinlagen	30.000	2,75 %

a) Erstellen Sie die Zinsertragsbilanz für die Regionalbank AG.
b) Die Regionalbank hatte die folgenden Kosten und Erlöse in T€ im letzten Jahr aufzuweisen:

Kosten		Erlöse	
Personalkosten	3.500	Provision	2.650
Sachkosten	2.000		
Risikokosten	560		

ba) Erstellen Sie die Gesamtbetriebskalkulation und berechnen Sie das Betriebsergebnis der Regionalbank.
bb) Ermitteln Sie die Bruttozinsspanne und die Nettozinsspanne.

14.3 Kalkulation im Wertbereich

Praxisfälle

- Ein Kunde möchte bei der Handelsbank 100.000,00 € für 3 Monate anlegen. Er stellt sich einen Zinssatz in Höhe von mindestens 2,25 % vor.
- Gleichzeitig benötigt ein anderer Kunde einen Kredit zur Finanzierung des Umbaus seines Hauses in Höhe von 100.000,00 € für einen Zeitraum von 5 Jahren. Er möchte höchstens 5,5 % zahlen.

14.3.1 Marktzinsmethode

14.3.1.1 Wesen der Marktzinsmethode

Die Marktzinsmethode, die nahezu in allen Kreditinstituten als Grundlage zur **Einzelgeschäftskalkulation** im Wertbereich dient, hat die Aufgabe, den Mitarbeitern im Kundenkontakt eine **Preisunter- oder -obergrenze** zu setzen, um im Gespräch mit den Kunden bei Preiszugeständnissen flexibel reagieren zu können. Diese moderne Kalkulationsmethode verbessert die Entscheidungsqualität durch fundierte Informationen über die mögliche **Marge (Spanne)** bei Verhandlungen mit dem Kunden.

Hierbei wird davon ausgegangen, dass jedes **zinsabhängige Geschäft** den Erfolg des Kreditinstituts in einer bestimmten Weise beeinflusst und deshalb als eigener Erfolgsfaktor isoliert werden kann, sodass die Geschäfte auf der Passivseite der Bilanz von denen der Aktivseite der Bilanz kalkulatorisch getrennt betrachtet werden. Für jedes Kundengeschäft wird eine **Alternative** mit gleicher Frist **am Geld- und Kapitalmarkt** ermittelt. Ist das Kundengeschäft „besser" als die Alternative, entscheidet sich das Institut für das Kundengeschäft. Auf diese Weise werden die **Opportunitätskosten** (Kosten für die andere mögliche Geldanlage oder Geldaufnahme des Kreditinstituts) für jedes anfallende Geschäft einander gegenübergestellt.

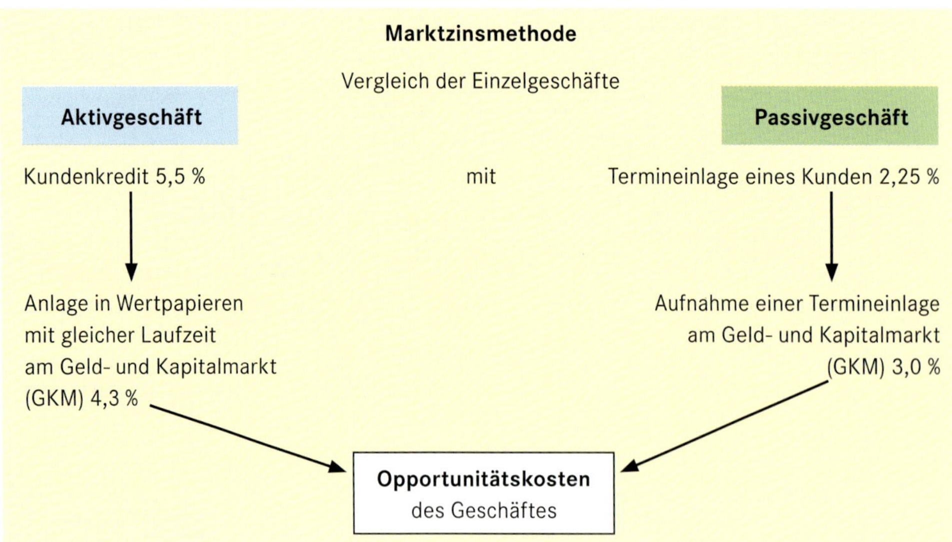

Das Geschäft mit dem Kunden wird sich für das Kreditinstitut dann lohnen, wenn der **Zinsertrag in Euro (absolut)** oder **in Prozent (relativ)** aus dem Kundengeschäft höher ist als die Anlage oder Aufnahme des Geldes am Geld- oder Kapitalmarkt (GKM).

Mögliche Alternativzinssätze:

Passivgeschäft	Alternativzinssätze am GKM
	(Opportunitätskosten)
Spareinlagen	Dreimonatsgelder
Termineinlagen	Geldmarktsätze für entsprechende Laufzeiten
Sichteinlagen	Tagesgeldsätze
Geldmarktkonten	Geldmarktsätze

Aktivgeschäft	Alternativzinssätze am GKM
Dispositionskredite	Tagesgelder
Kontokorrentkredite	Tagesgelder
Ratenkredite	Anleihen mit entsprechendem Festzins
Baudarlehen	Anleihen mit entsprechendem Festzins

Praxisfall

Der Geldanlage des Kunden als Termineinlage zu 2,25 % steht eine Geldaufnahme mit der gleichen Frist am Geldmarkt zum Zinssatz von 3,0 % gegenüber. Dem Baudarlehen des Kunden zum Zinssatz von 5,5 % wird die alternative Anlage in festverzinslichen Wertpapieren zum Zinssatz von 4,3 % zugeordnet.

14.3.1.2 Vorgehensweise bei der Marktzinsmethode

1. Schritt: Festlegung der Preisober- und -untergrenze

Die Grenzen ergeben sich einerseits durch die Opportunitätskosten am Geld- und Kapitalmarkt (GKM) und andererseits durch die Mitbewerber am Markt.

Praxisfall

Festgeldanlage:	2,25 % (Mitbewerber) bis 3,00 % (GKM)
Darlehen:	4,3 % (GKM) bis 5,5 % (Mitbewerber)

2. Schritt: Konditionenbeitrag ermitteln

Der **Konditionenbeitrag**[1] ist der **Beitrag zum Gesamtergebnis,** der sich aus diesem zusätzlichen Geschäft ergibt, indem das Kundengeschäft mit den Alternativanlagen am Geld- und Kapitalmarkt (GKM) verglichen wird. Er wird entweder **relativ (in Prozent)** ermittelt oder **absolut (in Euro)** berechnet.

Praxisfall (Fortsetzung)

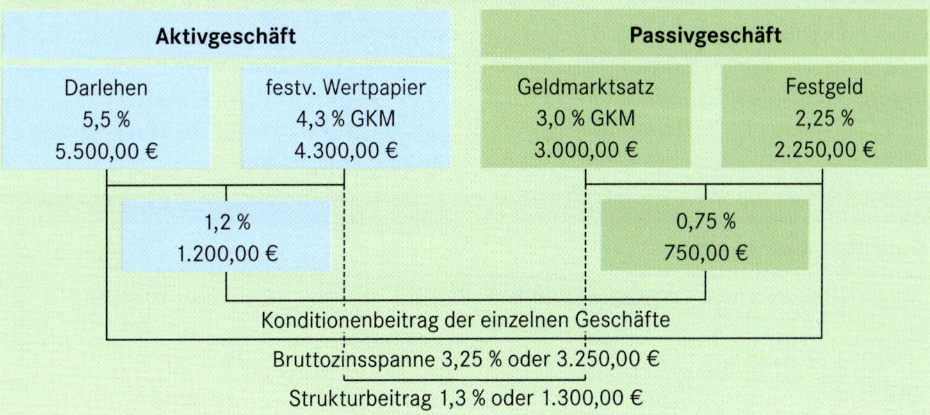

1 Wird in der Literatur auch Konditionsbeitrag genannt.

3. Schritt: Marge festlegen

Das Kreditinstitut wird für die einzelnen Geschäfte eine **Mindestmarge** (Mindestspanne) als Auf- bzw. Abschlag gegenüber dem Alternativgeschäft festlegen. Dieser Mindestprozentsatz ist notwendig, um die **direkten Kosten,** die bei der Beratung des Geschäftes anfallen, abdecken zu können. Der Berater sollte diese Mindestmarge nicht unterschreiten, weil sonst durch dieses Geschäft kein zusätzlicher Ertrag erwirtschaftet wird. Dieser Zusatzertrag wird auch als **Deckungsbeitrag** bezeichnet.

4. Schritt: Strukturbeitrag ermitteln

Die **Bruttozinsspanne** ergibt sich aus dem Unterschied zwischen dem Zinsertrag aus dem Kreditgeschäft und der Einlage des Kunden im eigenen Kreditinstitut. Verringert man die **Bruttozinsspanne um den Konditionenbeitrag** aus den einzelnen Geschäften, ergibt sich **der Strukturbeitrag.** Alternativ errechnet sich der Strukturbeitrag auch aus dem GKM-Satz des Aktivgeschäftes abzüglich des GKM-Satzes des Passivgeschäftes.

Praxisfall (Fortsetzung)

Beim Kreditgeschäft legt das Kreditinstitut eine Mindestmarge von 0,5 % als Aufschlag auf den GKM-Satz von 4,3 % und bei der Geldanlage von 0,25 % als Abschlag vom GKM-Satz von 3 % fest. Dadurch wird der Spielraum der Berater um diese Marge eingeengt.

14.3.1.3 Ermittlung des Konditionenbeitrags für mehrere Geschäftsbereiche oder die Gesamtbank

Praxisfall

Die Handelsbank möchte in den verschiedenen Geschäftsbereichen den Erfolg analysieren. Es liegen die folgenden Zahlen vor:

	Durchschnittszinssätze	Durchschnittsvolumen (in T€)
Kundengeschäfte Aktiva		
Kontokorrentkredite	7,5 %	20.000
Baudarlehen	4,5 %	50.000
Kundengeschäfte Passiva		
Geldmarktkonten	1,75 %	10.000
Spareinlagen mit 3-monatiger Kündigungsfrist	0,75 %	60.000

Alternativzinssätze am GKM: Langfristige Anleihen 3 %, Geldmarktzinsen 2,25 %

Die Konditionenbeiträge werden dadurch ermittelt, dass für das durchschnittliche Kredit- und Anlagevolumen in den einzelnen Geschäftsbereichen die Margen (durchschnittlicher Kundenzinssatz – GKM) berechnet werden. Mit der Marge wird der absolute Konditionenbeitrag (in Euro) errechnet. Der relative Konditionenbeitrag (in Prozent) ergibt sich aus dem absoluten Konditionenbeitrag im Verhältnis zum gesamten Kredit- oder Anlagevolumen.

Praxisfall (Fortsetzung)

Konditionenbeitrag Aktiv

Geschäftsbereiche	Betrag in T€	Kundenzinssatz	GKM	Marge	Konditionenbeitrag in €	in %
Kontokorrentkredite	20.000	7,5 %	2,25 %	5,25 %	1.050.000,00	1,5
Baudarlehen	50.000	4,5 %	3 %	1,5 %	750.000,00	1,1
Summen	70.000				1.800.000,00	2,6

→

5484226

Praxisfall (Fortsetzung)

Konditionenbeitrag Passiv

Geschäftsbereiche	Betrag in T€	Kundenzinssatz	GKM	Marge	Konditionenbeitrag in €	in %
Geldmarktkonten	10.000	1,75 %	2,25 %	0,5 %	50.000,00	0,1
Sparkonten mit 3-monatiger Kündigungsfrist	60.000	0,75 %	2,25 %	1,5 %	900.000,00	1,3
Summen	70.000				950.000,00	1,4

Die Konditionenbeiträge der Handelsbank im Bereich der Kontokorrentkredite und bei Sparkonten sind relativ hoch. Bei Baudarlehen fällt der Konditionenbeitrag geringer aus. Sehr niedrig ist er im Bereich der Geldmarktkonten.

14.3.1.4 Konditionenbeitrag und Strukturbeitrag

Der **Konditionenbeitrag** wird im Kreditinstitut dem Erfolg der **Beratungsleistung** des Kundenberaters zugeschrieben. Ohne das Kundengeschäft wäre der Ertrag um diesen Beitrag geringer. Den Finanzierungsbedarf müsste das Kreditinstitut dann am Geld- und Kapitalmarkt um den Konditionenbeitrag teurer decken.

Praxisfall (Fortsetzung)

Ohne das Kreditgeschäft müsste das Kreditinstitut auf 1,2 % oder 1.200,00 € Konditionenbeitrag im Jahr verzichten, da es die freien Mittel am Kapitalmarkt anlegen würde. Bei der Geldanlage wäre die Refinanzierung dieser Anlage um 0,75 % oder 750,00 € im Jahr höher als aus dem Kundengeschäft.

Der **Strukturbeitrag** ergibt sich daraus, dass die Geschäfte eine **unterschiedliche Laufzeit** haben. Dieser Beitrag ist das Ergebnis aus der **Fristentransformation** des Kreditinstituts, der Chancen und Risiken enthält. Risiken zeigen sich im **Liquiditätsverlust** sowie im **Zinsänderungsrisiko,** das aus den unterschiedlichen Laufzeiten resultiert.

Liquiditätsrisiko

Kreditinstitute sind durch die Liquiditätsverordnung (§ 11 KWG) verpflichtet, das **Liquiditätsrisiko** durch die Erfassung der Zahlungsverpflichtungen in **Laufzeitbändern** und durch die Gegenüberstellung der **Zahlungsmittelbestände** zu dokumentieren. Dadurch wird dieses Risiko eingeschränkt.

Praxisfall (Fortsetzung)

Verfügt der Kunde nach drei Monaten bei Fälligkeit der Termineinlage über den Betrag von 100.000,00 €, dann entsteht eine Liquiditätslücke, die durch die Liquiditätsverordnung erfasst ist.

Zinsbindungsbilanz

Das **Zinsänderungsrisiko** erfassen Kreditinstitute, indem sie eine **Zinsbindungsbilanz** erstellen. Hierbei wird der **Festzinsblock** auf der **Aktivseite** dem Festzinsblock auf der **Passivseite** gegenübergestellt. Tritt die Situation ein, dass der Festzinsblock auf der Aktivseite größer ist als der Festzinsblock auf der Passivseite, ergibt sich bei **steigendem Zinsniveau** ein Zinsänderungsrisiko. Ist umgekehrt der Festzinsblock auf der Passivseite größer als der Festzinsblock auf der Aktivseite, dann wird bei **sinkenden Zinsen** ein Zinsänderungsrisiko entstehen.

Beispiele

A	Handelsbank Zinsbindungsbilanz		P
Forderungen mit Festzins	200 Mio. €	Verbindlichkeiten mit Festzins	160 Mio. €

Auf der Passivseite sind 40 Mio. € weniger festgeschrieben als auf der Aktivseite. Steigt das Zinsniveau um 1 %, entsteht ein zusätzlicher Zinsaufwand in Höhe von 400.000,00 €.

A	Handelsbank Zinsbindungsbilanz		P
Forderungen mit Festzins	160 Mio. €	Verbindlichkeiten mit Festzins	200 Mio. €

Auf der Aktivseite sind 40 Mio. € weniger festgeschrieben als auf der Passivseite. Steigt das Zinsniveau um 1 %, entsteht ein zusätzlicher Zinsertrag in Höhe von 400.000,00 €.

Normale und inverse Zinsstruktur

Bei einer **normalen Zinsstruktur,** die dadurch gekennzeichnet ist, dass der Zinssatz für kurzfristige Einlagen oder Zinsbindungsfristen geringer ist als für langfristige, wird der **Strukturbeitrag positiv** sein. Bei einer **inversen Zinsstruktur,** die sich in der Regel in Hochzinsphasen ergibt, liegt der Zins für kurzfristige Anlagen oder kurze Zinsbindungsfristen über dem Zins für längerfristige Anlagen oder Zinsbindungsfristen. Der **Strukturbeitrag** wird in dieser Situation **negativ** sein.

Der Strukturbeitrag ist demnach der **Geschäftsleitung** und nicht der Beratungsleistung des Beraters **zuzurechnen,** denn die Möglichkeit des Kreditinstituts, kurzfristige Einlagen langfristig auszuleihen, ergibt sich aus der Kundenstruktur und der Geschäftspolitik des Instituts.

Praxisfall

Bruttozinsspanne	3,25 %	in €	3.250,00
– Konditionenbeitrag	1,95 %	in €	1.950,00
Strukturbeitrag	1,30 %	in €	1.300,00

Vorteil der Marktzinsmethode

Die Marktzinsmethode hat den **Vorteil,** dass der **Zinsüberschuss** in Form des Konditions- und Strukturbeitrags **verursachungsgerecht** und **leistungsgerecht** den jeweils verantwortlichen Entscheidungsträgern im Kreditinstitut **zugerechnet** werden kann.

14.3.2 Barwertkonzept

Praxisfall

Der Kunde der Handelsbank erhält ein Darlehen in Höhe von 100.000,00 € zu folgenden Bedingungen: Auszahlung 98 %; Zinssatz für die gesamte Laufzeit beträgt 5,5 %; Zinsbelastung jeweils am Ende des Jahres; Rückzahlung erfolgt in einer Summe am Ende des zweiten Jahres.

Die Handelsbank refinanziert sich zu folgenden Zinssätzen:
- 3,25 % für ein Jahr Laufzeit,
- 3,75 % für zwei Jahre Laufzeit.

Beim Barwertkonzept werden alle **Zahlungsströme,** die durch den Abschluss des Geschäftes erzeugt werden, **über die gesamte Laufzeit** erfasst und einander gegenübergestellt. Dadurch wird der **Zinserfolg** für das Geschäft bereits am Abschlusstag für die Dauer der Laufzeit ermittelt. Bei der Marktzinsmethode hingegen wird der Zinsertrag eines Geschäftes **für ein Jahr** ermittelt. Die Vergleichbarkeit wird nur dann erreicht, wenn alle Zahlungen auf den Zeitpunkt der Kreditgewährung bezogen werden. Dadurch müssen alle Zahlungen, die später erfolgen, auf den Auszahlungstag abgezinst werden.

Praxisfall (Fortsetzung)

Zahlungsströme

	Auszahlung **Beginn 1. Jahr (t_0)**	Zinszahlung **Ende 1. Jahr (t_1)**	Zinszahlung und **Tilgung 2. Jahr (t_2)**
Darlehen ①	- 98.000,00 €	+ 5.500,00 €	+ 105.500,00 €
Refinanzierung ②	+ 101.686,74 €	- 3.813,25 €	- 105.500,00 €
Überschuss ③	**+ 3.686,74 €**	+ 1.686,75 €	
Barwert ④	+ **+ 1.633,66 €** = **+ 5.320,40 €**	abgezinst zum Zinssatz von 3,25 %	

① Beim Darlehen erfolgt ein Abfluss durch die Auszahlung zum Zeitpunkt t_0 in Höhe von 98.000,00 €. Es stehen t_1 (+ 5.500,00 €) und t_2 (+ 105.500,00 €) durch die Zinszahlung sowie die Tilgungsleistung gegenüber.
② Der Rückfluss in Höhe von 105.500,00 € wird zum Zinssatz für Zweijahresanlagen von 3,75 % zum Zeitpunkt t_0 abgezinst. Durch Multiplikation mit dem Barwertfaktor 1/1,0375 ergibt sich ein Barwert in Höhe von 101.686,74 € zum Zeitpunkt t_0 als Refinanzierungsgeschäft. Dieser Betrag muss am Ende des Jahres (t_1) zu 3,75 % in Höhe von 3.813,25 € verzinst werden.
③ Der Einzahlungsüberschuss am Ende des Jahres (t_1) in Höhe von 1.686,75 € wird wieder zum Zinssatz von 3,25 % (Barwertfaktor 1/1,0325) auf t_0 abgezinst. Dies ergibt einen Barwert (t_0) in Höhe von 1.633,66 €.
④ Insgesamt erwirtschaftet die Handelsbank aus diesem Geschäft einen Überschuss oder Barwert in Höhe von 5.320,40 €.

Bei der Barwertmethode wird am **Abschlusstag der Zinserfolg** für das Geschäft über die gesamte Laufzeit ermittelt. Bei dieser Methode können unterschiedliche Laufzeiten und Zinsbindungsfristen berücksichtigt werden. Voraussetzung ist allerdings, dass für die Geschäfte auf der Aktiv- und Passivseite **Festzinsvereinbarungen** getroffen werden. Dann lassen sich ohne Probleme alternative Geld- und Kapitalmarktsätze zuordnen. Der Zinserfolg lässt sich mit der Barwertmethode für **variabel verzinsliche Geschäfte** wie z.B. für variabel verzinsliche Darlehen, Kontokorrentkredite oder Spareinlagen nicht ermitteln.

Zusammenfassung

Marktzinsmethode: Geld- und Kapitalmarktsatz (GKM) - Konditionenbeitrag - Bruttozinsspanne - Strukturbeitrag; - Marge; **Barwertkonzept:** Erfassung aller Zahlungsströme

Aufgaben

1. Definieren Sie folgenden Begriffe und bilden Sie Beispiele aus der Bankpraxis:
   - Geld- und Kapitalmarktzins
   - Opportunitätskosten
   - Konditionenbeitrag
   - Strukturbeitrag
   - Bruttozinsspanne
   - Marge

2. Eine Spareinlage in Höhe von 40.000,00 € (Kündigungsfrist drei Monate, Kündigungssperrfrist neun Monate) wird mit 3 % für den Kunden verzinst. Der alternative Geldmarktzins (GKM) für dieses Geschäft beträgt 3,75 %.
   Gleichzeitig erhält ein Kreditnehmer des Kreditinstituts einen Kredit in gleicher Höhe mit einer Laufzeit von fünf Jahren. Der Kredit wird verzinst mit einem Zinssatz →

von 9,95 %. Eine alternative Kapitalmarktanlage (GKM) würde 6,5 % bringen.

a) Ermitteln Sie die Konditionenbeiträge für die Kundengeschäfte absolut und relativ.
b) Ermitteln Sie den Strukturbeitrag dieser Geschäftsvorgänge absolut und relativ.
c) Erläutern Sie das Wesen des Konditionen- und Strukturbeitrags am o. a. Beispiel.
d) Sie haben als Kundenberater eine Mindestmarge bei Krediten von 0,5 %, bei Geldanlagen von 0,25 %. Legen Sie die günstigsten möglichen Konditionen fest.

3. Eine Kundin Ihrer Bank wünscht ein Baudarlehen in Höhe von 150.000,00 € gegen eine erstrangige Grundschuld mit einer Zinsfestschreibung von fünf Jahren. Die Auszahlung erfolgt zu 100 %.
Der Marktzins für die Alternativanlagen am Geld- oder Kapitalmarkt beträgt 4,5 %. Die Bank rechnet mit 0,4 % Bearbeitungskosten, 0,5 % Risikokosten und 0,4 % Eigenkapitalkosten. Der Kundin liegt ein Konkurrenzangebot mit einem Zinssatz von 6,25 % vor. Überprüfen Sie, ob Ihr Kreditinstitut mit dem Konkurrenzangebot mithalten kann.

4. Folgende Zahlen aus der Handelsbank sind aus der Bilanz und den Marktdaten ersichtlich:

Volumen in T€	**Kundengeschäfte**	**Geld- und Kapitalmarktsätze**
170	Baudarlehen, fünf Jahre fest, Zinssatz 5,5 %	Bundesobligation 4,2 %
180	Kontokorrentkredit, Laufzeit sechs Monate, Zinssatz 9,75 %	6-Monatsgeld 3,25 %
300	Termineinlage für drei Monate, Zinssatz 2,25 %	3-Monatsgeld 3,1 %
50	Spareinlage (Wachstumszertifikat), dreimonatige Kündigungsfrist, 1,75 %	3-Monatsgeld 3,1 %

Ermitteln Sie für die Handelsbank

a) die Konditionenbeiträge auf der Aktiv- und Passivseite in Prozent und Euro,
b) die Bruttozinsspanne in Prozent und Euro,
c) den Strukturbeitrag in Prozent und Euro.

5. Beschreiben Sie, wie in Kreditinstituten die Liquiditätsrisiken und das Zinsänderungsrisiko erfasst werden.

6. Wie wird der Strukturbeitrag bei einer normalen und bei inversen Zinsstruktur sein?

7. Ihr Kreditinstitut („Bestände und Erfolge" siehe unten) verwendet zur Feststellung des Erfolges im Wertbereich die Marktzinsmethode. Ihre durchschnittlichen Bestände und Erfolge im Wertbereich gibt die unten abgedruckte Übersicht wieder:
Geld- und Kapitalmarktzinssätze p. a.:

– Tagesgeld 2,5 %
– 3-Monatsgeld 2,9 %
– 4-Jahresgeld 5,5 %
– Bundesanleihen (10 Jahre) 5,0 %

a) Ermitteln Sie den Zinsüberschuss in Mio. € und die Bruttozinsspanne in Prozent.
b) Berechnen Sie den Konditionenbeitrag des Aktivgeschäftes, des Passivgeschäftes sowie den Gesamtkonditionsbeitrag.
c) Errechnen Sie den Gesamtstrukturbeitrag in Prozent.

8. Welche Vorteile hat die Marktzinsmethode bei der Kostenrechnung in Kreditinstituten?

9. Begründen Sie, wem Konditionen- und Strukturbeitrag im Kreditinstitut zuzurechnen sind.

10. Wodurch unterscheidet sich die Barwertmethode der Marktzinsmethode von der normalen Marktzinsmethode?

(zu Aufgabe 7)

Aktiva		**Bestände und Erfolge**					**Passiva**
	Volumen in Mio. €	**Kundenzinssatz** in % p. a.	**Zinserlöse** in T€		**Volumen** in Mio. €	**Kundenzinssatz** in % p. a.	**Zinskosten** in T€
Barreserve	80	0		Sichteinlagen	160	0,5	
Forderungen an Kreditinstitute, Laufzeit drei Monate	170	2,9		Termineinlagen von Kunden, Laufzeit drei Monate	440	2,5	
Kredite an Kunden, Laufzeit vier Jahre	750	8,5		Spareinlagen, Festzinsvereinbarung, vier Jahre	600	3,75	
Schuldverschreibungen mit einer Laufzeit von zehn Jahren	200	5,25					
Gesamtvolumen	1.200			Gesamtvolumen	1.200		

5484230

14.4 Kalkulation im Betriebsbereich

14.4.1 Kosten im Bankbereich

Praxisfall

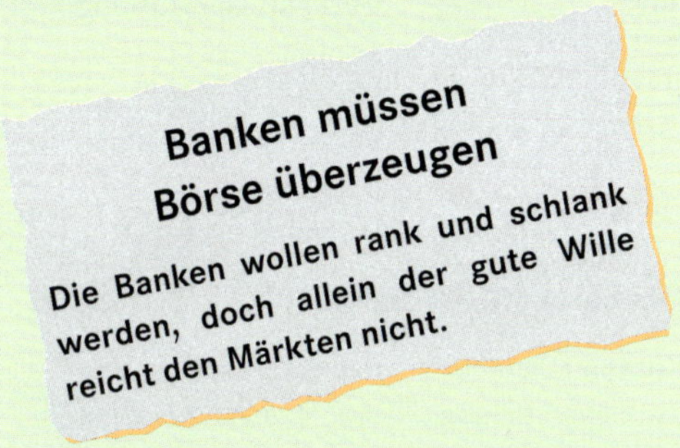
Banken müssen Börse überzeugen

Die Banken wollen rank und schlank werden, doch allein der gute Wille reicht den Märkten nicht.

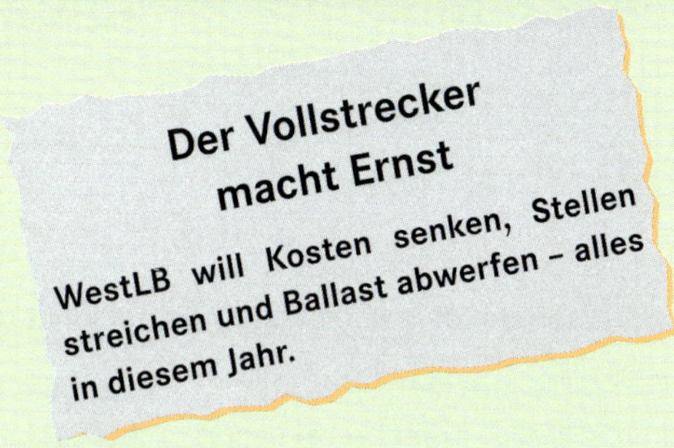
Der Vollstrecker macht Ernst

WestLB will Kosten senken, Stellen streichen und Ballast abwerfen – alles in diesem Jahr.

Diese Meldungen im Handelsblatt wie in vielen anderen Zeitungen und Zeitschriften legen die Problematik offen, mit denen die Kreditinstitute zurzeit zu kämpfen haben. Die derzeitige Kostenstruktur ist durch den Rückgang der Zinsspanne, die gesunkenen Erträge aus dem Wertpapierbereich und die erhöhten Risiken im Firmenkreditgeschäft nicht mehr zu tragen.

Eine Verbesserung der Ertragslage für die Kreditinstitute ist nur dann möglich, wenn einerseits eine **Steigerung der Erlöse** erzielt werden kann und andererseits die **Kosten reduziert** werden können. Zur Erlössteigerung hat der Marktbereich verantwortungsvoll mit seinen Kompetenzen umzugehen und die Gestaltungsspielräume, die der Markt zulässt, zu nutzen. Um Kosten senken zu können, werden die Betriebskosten analysiert.

Kostenanalyse

Kostenartenrechnung	Kostenstellenrechnung	Kostenträgerrechnung
Welche Kosten sind entstanden? z. B.: – Personalkosten – Sachkosten – fixe und variable Kosten – Einzel- und Gemeinkosten	**Wo sind die Kosten entstanden?** Zuordnung über Betriebsabrechnungsbogen (BAB), z. B.: – Marktkostenstellen – Verwaltungskostenstellen – Stabsbereich – Betriebsbereich	**Wofür sind die Kosten entstanden?** z. B.: Aufteilung der Kosten auf einzelne Dienstleistungen wie – Überweisungen – Schecks – Beratungsgespräche

14.4.1.1 Kostenartenrechnung

Die Kostenartenrechnung beschäftigt sich damit, **welche Kosten in welcher Höhe** im Unternehmen entstanden sind. Dadurch entsteht ein Überblick über die **Kostenstruktur** des Kreditinstituts und deren Veränderung im Zeitablauf, sodass rasch entsprechende Maßnahmen zur Eindämmung einer unerwünschten Entwicklung eingeleitet werden können. Weiter werden auch Vergleiche der Kostenarten mit Kreditinstituten gleicher Art und gleicher Größe vorgenommen.

Unterscheidungsmerkmale der Kostenarten

Art	Beispiele	Art	Beispiele
Unterscheidung nach Art des Werteverzehrs			
Personalkosten	Gehälter Personalzusatzkosten soziale Abgaben	**Sachkosten**	Geschäftsausstattung Telefon Porto Versicherungskosten Raumkosten Fuhrparkkosten
Unterscheidung nach Art der Abhängigkeit vom Beschäftigungsgrad			
Fixe Kosten sind unabhängig vom Beschäftigungsgrad.	Die Anschaffungskosten für das **Kopiergerät** in der Kreditabteilung in Höhe von 2.500,00 € fallen unabhängig davon an, ob kopiert wird oder nicht. 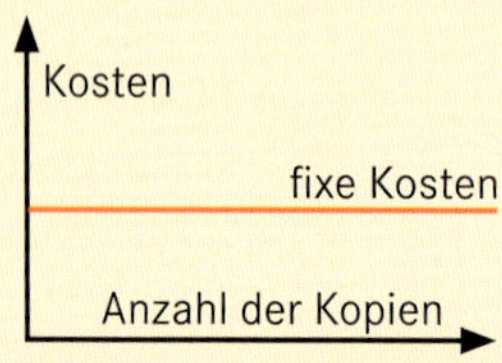 	**Variable Kosten** fallen nur bei der Leistungserstellung an.	Papierkosten, Tonerverbrauch und Stromkosten beim **Kopiergerät** fallen nur bei der Nutzung des Geräts an. 
Unterscheidung nach Art der Zurechenbarkeit auf die Leistungseinheit			
Gemeinkosten sind nicht direkt der einzelnen Leistungseinheit zuzurechnen wie z. B. Kosten für Geschäftsführung, Rechnungswesen, Posteingang, Heizkosten usw.	Die Heizkosten für das Bankgebäude sind nicht direkt der **Abteilung Kundenberatung** zuzuordnen. Deshalb erfolgt die Aufteilung nach einem bestimmten Schlüssel (z. B. m^2 der Abteilung).	**Einzelkosten** werden von der einzelnen Leistungseinheit (Kundenberatung, Zahlungsverkehr usw.) verursacht und können ihr direkt zugerechnet werden.	**Personalkosten** des Beraters in der **Kundenberatung** können direkt zugeordnet werden.

14.4.1.2 Kostenstellenrechnung

Praxisfall

In der Handelsbank werden die Preise, Gebühren und Provisionen kalkuliert. Um zu prüfen, ob die Preise im Wettbewerb gehalten werden können, werden die Kosten untersucht.

Die Kostenstellenrechnung hat die **Aufgabe,** die entstandenen **Kosten** im Betriebsbereich zu **überwachen,** die Wirtschaftlichkeit zu kontrollieren und eine Zuordnung auf die entsprechenden Leistungsbereiche zu ermöglichen.

Betriebsabrechnungsbogen

Der **Betriebsabrechnungsbogen (BAB)** dient in der Kostenstellenrechnung zur Erfassung und Verteilung der ermittelten Kosten. Die Kostenarten werden auf die Kostenstellen verteilt, für deren Leistungserstellung sie entstanden sind. Die Kostenarten werden zuerst nach **Einzelkosten** und **Gemeinkosten** sortiert und dann auf die Kostenstellen aufgeteilt.

Praxisfall

	gesamt in T€:
Personaleinzelkosten (z. B. Personalkosten des Beraters)	325
Sacheinzelkosten (z. B. Formulare, AfA Geschäftsausstattung)	370
Personalgemeinkosten (z. B. Personalkosten der Mitarbeiter im Rechnungswesen)	420
Sachgemeinkosten (z. B. Strom, Heizung, AfA EDV-Anlage)	288

1. Schritt: Bildung von Kostenstellen

Die Anzahl und Größe der Kostenstellen hängt davon ab, wie das Kreditinstitut organisiert ist. Folgende Kostenstellen sind möglich:

- **Allgemeiner Hilfsbereich:** Leistungen, die allgemein zur betrieblichen Leistungserstellung anfallen, wie z. B. Hausverwaltung, Telefonzentrale, Materialien usw. (innerbetriebliche Leistungen).
- **Verwaltung:** Leistungen der Geschäftsleitung und deren Stabsstellen, wie Innenrevision, Organisations- und Personalbereich (innerbetriebliche Leistungen – Overheadkosten).
- **Marktleistungsbereiche:** Eine Kostenstelle im Marktbereich kann beispielsweise ein einzelner Arbeitsplatz (Kundenberater), einzelne Sparten (Kreditgeschäft, Einlagengeschäft usw.), einzelne Dienstleistungen (Sortengeschäft, Depotgeschäft usw.), einzelne Geschäftsstellen oder ganze Abteilungen (Firmenkundengeschäft) sein.

Praxisfall

Die Handelsbank hat folgende Kostenstellen gebildet:

	Innerbetriebl. Leistungen			Marktleistungsbereiche	
Kostenstellen	Allgemeiner Hilfsbereich	Verwaltung	Zahlungsverkehr	Privatkundengeschäft	Firmenkundengeschäft

2. Schritt: Verteilung der Kostenarten auf die Kostenstellen

Die **Einzelkosten** können direkt auf die Kostenstellen verteilt werden, in denen sie verursacht wurden. Die **Gemeinkosten,** wie z. B. die Heizkosten, werden nach der jeweiligen Nutzfläche in Quadratmeter der jeweiligen Abteilung oder Stelle mit einem festgelegten Schlüssel ebenfalls auf die Kostenstellen verteilt.

Praxisfall

Betriebsabrechnungsbogen (in T€)

		Innerbetriebl. Leistungen			Marktleistungsbereiche	
Kostenstellen	**Gesamt in T€**	Allgemeiner Hilfsbereich	Verwaltung	Zahlungsverkehr	Privatkundengeschäft	Firmenkundengeschäft
Personaleinzelkosten	325	12	120	23	105	65
Sacheinzelkosten	370	52	42	76	112	88
Personalgemeinkosten	420	21	21	63	210	105
Sachgemeinkosten	288	24	24	72	96	72

Personalgemeinkosten werden mit einem Schlüssel von 1 : 1 : 3 : 10 : 5 aufgrund geschätzter zeitlicher Beanspruchung auf die Kostenstellen umgelegt. Sachgemeinkosten werden mit einem Schlüssel von 2 : 2 : 6 : 8 : 6 z. B. aufgrund von Nutzflächen auf die Kostenstellen umgelegt.

3. Schritt: Aufteilung der innerbetrieblichen Leistungen auf die Marktleistungsbereiche (Kostenträgerrechnung)

In einem weiteren Schritt werden in der **Kostenträgerrechnung** die innerbetrieblichen Kostenstellen auf Marktleistungen, wie z. B. im Zahlungsverkehr Privatkunden, vermögende Privatkunden und Firmenkunden, aufgeteilt. Als Ergebnis erhält man dann die Aufteilung der **angefallenen Kosten** in der entsprechenden Periode auf die **Marktleistungen** als **Kostenträgerzeitrechnung.**

Praxisfall

Betriebsabrechnungsbogen (in T€)

		Innerbetriebl. Leistungen			Marktleistungsbereiche	
Kostenstellen	**Gesamt in T€**	Allgemeiner Hilfsbereich	Verwaltung	Zahlungsverkehr	Privatkundengeschäft	Firmenkundengeschäft
Personaleinzelkosten	325	12	120	23	105	65
Sacheinzelkosten	370	52	42	76	112	88
Personalgemeinkosten	420	21	21	63	210	105
Sachgemeinkosten	288	24	24	72	96	72
Stellenkosten gesamt	1.403	109	207	234	523	330
Umlage Allgemeiner Hilfsbereich		→	11	22	44	32
	1.403		218	256	567	362
Umlage Verwaltung			→	29	87	102
Kosten der Marktleistungen	**1.403**			**285**	**654**	**464**

Umlage Allgemeiner Hilfsbereich im Verhältnis 1 : 2 : 4 : 3 z. B. aufgrund von Nutzungszeiten des Hilfsbereiches durch die anderen Kostenstellen.
Umlage Verwaltungskosten im Verhältnis 2 : 6 : 7 z. B. aufgrund von festgestellten Dienstleistungsvolumen für die Marktbereiche.

14.4.1.3 Stückleistungskalkulation als Vollkostenrechnung

Praxisfall

Im Zahlungsverkehr sind im Erhebungszeitraum 3 Mio. Buchungen angefallen.

Im Privatkundengeschäft wurden 3 500 Beratungsgespräche und im Firmenkundengeschäft 1 500 Beratungsgespräche mit Kunden erfasst.

Divisionskalkulation

Aus dem Ergebnis der Kostenträgerrechnung können nun sehr einfach die **Selbstkosten pro Stück** oder die Stückleistungen ermittelt werden. In der Kostenrechnung wird das als **Stückleistungskalkulation** oder **Kostenträgerstückrechnung** bezeichnet. Handelt es sich bei der Marktleistung wie z. B. bei der Überweisung um gleichartige Einzelleistungen, dann können die Selbstkosten pro Stück durch einfache **Divisionskalkulation** berechnet werden. Die Anzahl der Stückleistungen pro Periode wird durch die **Betriebsstatistik** erhoben.

$$\text{Selbstkosten pro Stück} = \frac{\text{Kosten der Marktleistungsart}}{\text{Anzahl der Marktleistungsart}}$$

Werden die Dienstleistungspreise (Postenpreise, Provisionen, Gebühren usw.) nach dieser Methode kalkuliert, liegt eine **Vollkostenkalkulation** vor, bei der alle anfallenden Kosten auf die entsprechende Marktleistungsart verrechnet werden.

Äquivalenzziffernrechnung

Für die Kalkulation von Bankdienstleistungen, die sich entweder aus verschiedenen Teilleistungen zusammensetzen, oder ähnliche Leistungen, die aber **unterschiedliche Kosten** verursachen, kann diese Gewichtung mit der **Äquivalenzziffernrechnung** zum Ausdruck gebracht werden. Bei dieser Kalkulationsart werden für die einzelne Leistung oder Teilleistung die Unterschiede in den Kosten ermittelt und daraus die jeweilige **Äquivalenzziffer** ❷ errechnet. Die Anzahl der Leistungen wird dann zeitbereinigt ❹, indem die ursprüngliche Leistung der Äquivalenzziffer multipliziert wird. Die zeitbereinigten Selbstkosten ❺ werden dadurch ermittelt, dass die zeitbereinigten Stückkosten mit der Anzahl der zeitbereinigten Stückzahl multipliziert werden. Die zeitbereinigten Selbstkosten werden dann durch die ursprüngliche Stückzahl dividiert. Das ergibt die **gewichteten Selbstkosten pro Stück** ❻.

Praxisfall

$$\text{Selbstkosten pro Stück (Buchungsposten)} = \frac{285.000{,}00\ €}{3\ \text{Mio. Stück}} = 0{,}095\ €\ \text{pro Buchung}$$

$$\text{Selbstkosten pro Beratungsgespräch/Privatkunden} = \frac{654.000{,}00\ €}{3\,500\ \text{Beratungsgespräche}} = 186{,}86\ €\ \text{pro Gespräch}$$

$$\text{Selbstkosten pro Beratungsgespräch/Firmenkunden} = \frac{464.000{,}00\ €}{1\,500\ \text{Beratungsgespräche}} = 309{,}33\ €\ \text{pro Gespräch}$$

Bei der Kalkulation der Buchungsposten oder Provisionen Privatkunden- und Firmenkundengeschäft müssen diese Kosten in Preise oder Provisionen umgelegt werden, um kostendeckend arbeiten zu können.

Praxisfall

Im Marktleistungsbereich „Zahlungsverkehr" sind Kosten in Höhe von 285.000,00 € entstanden. Zu diesen Kosten werden folgende Dienstleistungen angeboten, deren Äquivalenzziffern anhand der unterschiedlichen Bearbeitungszeit ermittelt werden:

Bankdienstleistung	Bearbeitungszeit ❶	Äquivalenzziffer ❷	Anzahl der Leistungen ❸	Anzahl der Leistungen (zeitbereinigt)[1] ❹	Selbstkosten in €[2] ❺	Selbstkosten pro Stück[3] in € ❻
Buchungen elektronisch	1 Min.	1	2 700 000	2 700 000	199.352,00	199.352,00 / 2 700 000 = **0,07**
Überweisung in Papierform	3 Min.	3	210 000	630 000	46.516,00	46.516,00 / 210 000 = **0,22**
eingereichte Schecks zur Gutschrift	6 Min.	6	85 000	510 000	37.655,00	37.655,00 / 85 000 = **0,44**
Einrichtung eines Dauerauftrags	4 Min.	4	5 000	20 000	1.477,00	1.477,00 / 5 000 = **0,30**
			3 000 000	3 860 000	285.000,00	

1 285.000,00 € : 3 860 000 = 0,0738341 € pro Stückleistung
2 ❹ · 0,0738341 €, gerundet auf volle €
3 ❺ : ❻

Kritik an der Vollkostenrechnung

Bei der Vollkostenrechnung in dieser Form entstehen starke Verzerrungen, weil die Verteilung der Gemeinkosten über die gewählten Schlüssel in der Regel durch **Schätzungen** zustande kommt. Die Divisionskalkulation ist nur dann sinnvoll, wenn es sich um gleichartige Leistungen handelt, die in Kreditinstituten selten sind. Wird hier die Äquivalenzziffernberechnung herangezogen, werden die unterschiedlichen „Zeiten" wieder geschätzt. Das verstärkt die Fehlerquoten bei der Zuordnung der Kosten.

→

Ein wichtiger Einwand gegen die Verwendung der Vollkostenrechnung in der Kalkulation liegt darin, dass der **Fixkostenblock** nicht in direktem Zusammenhang mit der Leistungserstellung steht. Eine volle Umlegung bedeutet, dass der Berater bei Preisverhandlungen mit Kunden keinen Spielraum hat.

14.4.1.4 Standardeinzelkostenrechnung als Teilkostenrechnung

Praxisfall

Die Handelsbank kalkuliert die Bearbeitungsgebühr für einen Ratenkredit.

Die **Standardeinzelkostenrechnung** als aktuelle Kostenrechnungsmethode bei Kreditinstituten untersucht **die anfallenden Einzelkosten,** die bei einem Geschäftsvorgang (**Geschäftsprozess** = Kosten bei der Bearbeitung eines Ratenkredites) zu ermitteln sind. Dabei geht man von **Standardkosten** aus, die für die Leistungserstellung im Kreditinstitut einheitlich ermittelt werden.

Diese Art der **Teilkostenrechnung** geht streng vom **Verursacherprinzip** aus. Es werden nur die Kosten verrechnet, die einer **Kostenstelle direkt** zurechenbar sind. Zurechenbare Kosten sind **Einzelkosten** und können sowohl als variable (z. B. Formulare bei der Beratung) als auch **fixe Kosten** (z. B. Personalkosten des Beraters) anfallen.

Die **Kostenarten** reduzieren sich auf die zentralen Kosten wie **Personalkosten, EDV-Kosten** und **sonstige Sachkosten.**

Kalkulation mit Standardeinzelkosten

1. Schritt: Beschreibung der Bankdienstleistungen

Die Organisationsabteilung des Kreditinstituts erfasst die angebotenen Bankdienstleistungen systematisch. Dabei wird der **Prozess für die Leistungserstellung** durch Arbeitszeitstudien für die einzelnen Produkte detailliert beschrieben.

Praxisfall

Das Angebot und die Bearbeitung eines Ratenkredites wird als eine Bankdienstleistung festgelegt. Gleichzeitig wird der Ablauf eines typischen Beratungsgesprächs beschrieben, wobei die zeitliche Inanspruchnahme des Personals sowie der EDV-Anlage festgelegt wird. Der sonstige Sachmitteleinsatz wie z. B. Formulare, Schreibmittel wird ebenfalls erfasst.

Ablauf	**Personalkosten Zeit (Min.) · Kostensatz**	**EDV-Kosten Zeit (Min.) · Kostensatz**	**Sonstige Kosten (Formulare, Schreibmittel, Telefon, Fax)**	**Standardeinzelkosten**
①	③	③	③	④
Analyse des Kundenwunsches	12 Min. · 0,74 € = 8,88 €	2 Min. · 2,08 € = 4,16 €	0,05 €	13,09 €
Kreditantrag und -vertrag erstellen	7 Min. · 0,74 € = 5,18 €	7 Min. · 2,08 € = 14,56 €	0,10 €	19,84 €
SCHUFA-Auskunft einholen	2 · 0,74 € = 1,48 €	2 Min. · 2,08 € = 4,16 €	0,30 €	5,94 €
Kreditscoring	5 · 0,74 € = 3,70 €	5 Min. · 2,08 € = 10,40 €		14,10 €
Beschlussfassung	3 · 0,74 € = 2,22 €			2,22 €
Gutschrift	3 · 0,74 € = 2,22 €	2 Min. · 2,08 € = 4,16 €		6,38 €
Summe				**61,57 €**

2. Schritt: Zuordnung der Einzelkosten

Die Standardeinzelkosten für das Personal werden ermittelt, indem alle anfallenden Personalkosten für die in dieser Arbeitsstelle eingesetzten Personen berechnet werden. Die Standardeinzelkosten für die EDV-Anlage und die Kosten für die sonstigen Kosten werden auf dieselbe Art dargestellt.

Praxisfälle

- Die Personalkosten pro Jahr und Person im Privatkundengeschäft belaufen sich auf 70.000,00 €. Die Mitarbeiter sind im Durchschnitt an 210 Arbeitstagen 7,5 Stunden im Kreditinstitut beschäftigt.
- Die EDV-Anlage des Kreditinstituts ist geleast. Die Leasingkosten pro Monat betragen 30.000,00 €. Die EDV-Anlage ist durchschnittlich an zwölf Stunden pro Arbeitstag im Einsatz. Dies sind 14 400 Minuten im Monat bei 20 Arbeitstagen.
- Die sonstigen Sachkosten fallen durch den Einsatz von Formularen, Schreibmaterial usw. an und werden bei der Materialausgabe erfasst.

3. Schritt: Berechnung der Einzelkosten pro Zeiteinheit

Die Einzelkosten für das Personal und die EDV-Anlage werden auf einen Minutensatz umgerechnet.

Praxisfälle (Fortsetzung)

- Für die Personalaufwendungen pro Jahr und Person ergibt sich folgender Minutensatz:

Personalaufwendungen	70.000,00 €
Personalaufwendungen pro Tag	333,33 €
Personalaufwendungen pro Stunde	44,44 €
Personalaufwendungen pro Minute	0,74 €

- Für die EDV-Anlage errechnet sich folgender Minutensatz:

Leasingrate	30.000,00 €
Minutensatz	2,08 €

4. Schritt: Berechnung der Standardeinzelkosten (Zeitfaktor · Kostenfaktor)

Durch Multiplikation der Einzelkosten pro Zeiteinheit mit der verbrauchten Zeit erhält man die Standardeinzelkosten für die Personalkosten und die EDV-Kosten. Die sonstigen Kosten, wie z. B. Formulare, Schreibmittel, Telefon oder Telefaxkosten, werden hinzuaddiert. Als Summe dieser Positionen erhält man die **Standardeinzelkosten einer Bankdienstleistung.**

Praxisfall

Die Standardeinzelkosten einer Beratung für einen Ratenkredit betragen 61,57 €.

14.4.1.5 Ergebnisse der Standardeinzelkostenrechnung

- Die Grundlage für die Berechnung der Standardeinzelkosten sind die **geplanten Kosten** auf der Basis der **Soll-Arbeitszeiten.** Die tatsächlich benötigte Zeit bei einem Beratungsgespräch wird verschieden lang ausfallen.
- Beratungsgespräche mit Kunden führen nicht immer zu einem Erfolg. Bei der Standardeinzelkostenrechnung werden **nur erfolgreiche Gespräche** berücksichtigt.
- Die Leistungen der Mitarbeiter bei dieser Methode werden mit der Annahme kalkuliert, dass die **Mitarbeiter voll ausgelastet** sind.

Praxisfall

Die Mitarbeiter in der Privatkundenberatung sind nur zu 60 % mit der erfolgreichen Beratung und Abwicklung von Ratenkrediten beschäftigt. Der Rest der Einzelkosten muss anders gedeckt werden.

14.4.2 Standardeinzelkostenrechnung als Deckungsbeitragsrechnung

Praxisfall

Die Bearbeitungsgebühr für Ratenkredite wird von der Handelsbank bei Krediten ab 7.500,00 € auf 2 % und bei Krediten unter 7.500,00 € auf 3 % des Darlehensbetrages festgelegt.

Die Standardeinzelkostenrechnung konzentriert sich bei der **Zurechnung der Kostenarten** auf die einzelnen Bankdienstleistungen auf die **Einzelkosten.** Die **Gemeinkosten,** wie z.B. Kosten für die Geschäftsleitung, Organisation, Rechnungswesen, auch als **Overheadkosten** bezeichnet, bleiben als ein großer Kostenblock bei Kreditinstituten unberücksichtigt.

Deckungsbeitrag

Die Deckungsbeitragsrechnung ist eine marktbezogene Kalkulationsmethode, die vom erzielbaren Marktpreis ausgeht. Von diesem Marktpreis sollten die ermittelten Standardeinzelkosten des Geschäftes in jedem Fall gedeckt werden. Der verbleibende Überschuss steht dem Kreditinstitut zur Deckung der Gemeinkosten (Overheadkosten) sowie zur Gewinnerzielung zur Verfügung. Deshalb muss bei der Vielzahl der Bankdienstleistungen ein Kreditinstitut so kalkulieren, dass ein **positiver Deckungsbeitrag** erwirtschaftet wird, um die Gemeinkosten zu decken:

	Erlöse (Provisionen, Gebühren, ...)
–	(Standard-)Einzelkosten
=	**Deckungsbeitrag (DB) Betriebsbereich**

Zur Erreichung des gewünschten Ergebnisses muss die **Summe aller Deckungsbeiträge aus allen Geschäften des Kreditinstituts die gesamten Gemeinkosten sowie den erwarteten Gewinn decken.**

Praxisfall

Der Kunde Lose erhält einen Ratenkredit in Höhe von 15.000,00 €. Die Handelsbank berechnet eine Bearbeitungsgebühr in Höhe von 2 %. Die Handelsbank kann bei diesem Kredit mit folgenden Betriebsleistungen rechnen:

	Erlöse (Bearbeitungsgebühr)	300,00 €
–	(Standard-)Einzelkosten	61,57 €
=	Deckungsbeitrag (DB) Betriebsbereich	**238,43 €**

Zusammenfassung

Kostenanalyse: Kostenarten-, Kostenstellen- und Kostenträgerrechnung; **Kostenarten:** Personal- und Sachkosten, fixe und variable Kosten, Gemein- und Einzelkosten; **Kostenstellenrechnung durch Betriebsabrechnungsbogen (BAB):** Umlage der angefallenen Einzel- und Gemeinkosten auf die entsprechenden Marktleistungsbereiche. **Stückleistungsrechnung als Vollkostenrechnung:** Divisionskalkulation und Äquivalenzziffernrechnung; **Standardeinzelkostenrechnung** als Teilkostenrechnung: Zuordnung der anfallenden Einzelkosten auf einen Geschäftsprozess; **Deckungsbeitrag:** Erlöse – Einzelkosten

5484238

Aufgaben

1. Beschreiben Sie die Aufgabe der Kostenartenrechnung.

2. Ordnen Sie die folgenden Kosten a) bis g) den entsprechenden Kostenarten (1. bis 6., jeweils mehrere Möglichkeiten) zu.

   Kosten:
   a) Formulare für die Kontoeröffnung
   b) AfA für die Schreibtische im Besprechungszimmer
   c) Bruttogehälter für die Kundenberater, den Organisationsleiter und den Hausmeister in der Hauptstelle
   d) Gasrechnung für die Heizung des Bankgebäudes
   e) Druckkosten für die neuen AGB
   f) Stromkosten für die Beleuchtung im Bankgebäude und für die Leuchtreklame auf dem Dach des Gebäudes
   g) Zuschuss für den Mittagstisch der Mitarbeiter

   Kostenarten:
   1. Personalkosten
   2. Sachkosten
   3. fixe Kosten
   4. variable Kosten
   5. Gemeinkosten
   6. Einzelkosten

3. Erläutern Sie die Aufgabe der Kostenstellenrechnung.

4. Die Handelsbank hat folgende Kostenarten und Kostenstellen (alle Beträge in T€).

Stelleneinzelkosten	Summe	Hilfsbereich	Verwaltung	Zahlungsverkehr	Privatkunden	Verm. Kunden	Firmenkunden
Personaleinzelkosten	4.000	610	240	400	675	875	1.200
Sachkosten	5.737	250	360	933	874	1.100	2.220
Summe der Einzelkosten	9.737	860	600	1.333	1.549	1.975	3.420
Stellengemeinkosten	**Umlageschlüssel**						
1. Personalgemeinkosten	45	1	6	6	8	10	14
2. Sachgemeinkosten	49	1	4	8	9	12	15
Verteilung Hilfsbereich	24		1	3	6	6	8
Verteilung Verwaltung	23			2	3	6	12
BAB-Kostenverteilung							
1. Personalgemeinkosten	3.750						
2. Sachgemeinkosten	6.250						
Summe Gemeinkosten							
Summe der Einzelkosten							
Summen der Stellenkosten							
→ Verteilung Hilfsbereich							
Zwischensumme							
→ Verteilung Verwaltung							
Summen der Stellenkosten im Marktbereich							
Anzahl der Arbeitsposten				15.000.000	650.000	35.000	15.500
Kosten je Arbeitsposten							

a) Ergänzen Sie den BAB der Handelsbank und berechnen Sie die Summen der Stellenkosten im Marktbereich.

b) Berechnen Sie die Stückleistungen/Kosten je Arbeitsposten für die einzelnen Marktbereiche nach der Divisionskalkulation. →

5. Im Marktleistungsbereich Auslandsgeschäft betragen die Stellenkosten 141.000,00 €. Für die anfallenden Bankdienstleistungen ergeben sich folgende Bearbeitungszeiten und Anzahl der Leistungen.

Bankdienstleistung	Bearbeitungszeit (1)	Äquivalenzziffer (2)	Anzahl der Leistungen (3)	Anzahl der Leistungen (zeitbereinigt) (4)	Selbstkosten in € (5)	Selbstkosten pro Stück in € (6)
Antrag auf Eröffnung eines Akkreditivs	25 Min.		60			
Auslandsüberweisung	10 Min.		975			
Bearbeitung Überweisungseingang	6 Min.		673			
Prüfung Dokumente Akkreditiv	40 Min.		60			
Prüfung Dokumente Inkassoauftrag	10 Min.		185			

Berechnen Sie die Selbstkosten pro Stück nach der Divisionskalkulation und der Äquivalenzziffernrechnung und vergleichen Sie die Ergebnisse[1].

6. Aus welchen Gründen wird die Vollkostenrechnung über den BAB in Kreditinstituten nicht durchgeführt?

7. Übertragen Sie das Schaubild in Ihr Arbeitsheft und ergänzen Sie es mit den richtigen Oberbegriffen und Beispielen aus der Praxis[1].

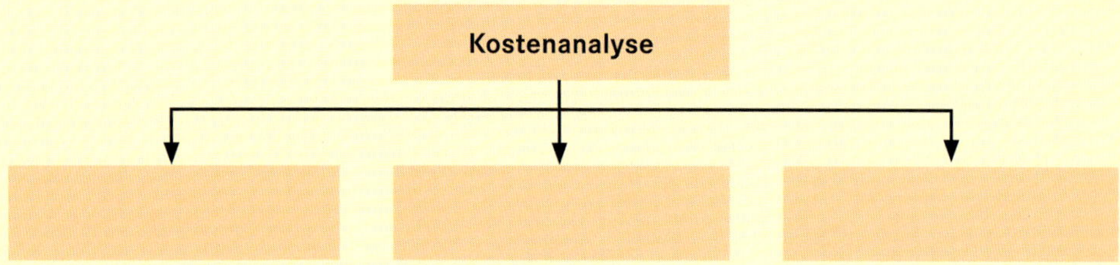

Welche Kosten sind entstanden? – z. B.:	Wo sind die Kosten entstanden? Zuordnung über Betriebsabrechnungsbogen (BAB) – z. B.:	Wofür sind die Kosten entstanden? – z. B.:
–	–	–
–	–	–
–	…	–
–		–
…		…

8. a) Beschreiben Sie die Schritte, die in Kreditinstituten unternommen werden, um die Standardeinzelkostenrechnung durchzuführen.
b) Welche Kostenarten werden dabei definiert?
c) In welcher Art entstehen Kostenstellen?

1 Bitte schreiben Sie nicht in das Buch, wenn es nicht Ihr Eigentum ist.

9. Aus der Organisationsabteilung des Kreditinstituts liegen Sätze über Personalkosten pro Minute mit 0,65 € und die EDV-Kosten mit 1,56 € vor. Aus Arbeitszeitstudien wurde folgender Zeit- und Sachaufwand für die Eröffnung eines Jugendkontos ermittelt:

Ablauf	Personalkosten Zeit (Min.) · Kostensatz	EDV-Kosten Zeit (Min.) · Kostensatz	Sonstige Kosten (Formulare, Schreibmittel, Telefon, Fax)	Standardeinzelkosten
Beratungsgespräch	18 Min.		0,25 €	
Kontoeröffnungsantrag ausfüllen	8 Min.	8 Min.	0,40 €	
Legitimationsprüfung	3 Min.	3 Min.	0,30 €	
Summe				

a) Kalkulieren Sie die Standardeinzelkosten für die Eröffnung eines Jugendkontos.
b) Errechnen Sie den Deckungsbeitrag für diese Kontoeröffnung unter der üblichen Bedingung, dass für dieses Konto keine Preise verrechnet werden.
c) Begründen Sie diese Preispolitik des Kreditinstituts.

10. Aus der Organisationsabteilung des Kreditinstituts liegen Sätze über Personalkosten pro Minute mit 0,86 € und die EDV-Kosten mit 2,26 € vor. Aus Arbeitszeitstudien wurde folgender Zeit- und Sachaufwand für die Beratung im Wertpapierbereich bei vermögenden Privatkunden ermittelt:

Ablauf	Personalkosten Zeit (Min.) · Kostensatz	EDV-Kosten Zeit (Min.) · Kostensatz	Sonstige Kosten (Formulare, Schreibmittel, Telefon, Fax)	Standardeinzelkosten
Beratungsgespräch	15 Min.	6 Min.	1,25 €	
Wertpapierkauf-/ -verkaufsauftrag	3 Min.	2 Min.	0,05 €	
Summe				

a) Kalkulieren Sie die Standardeinzelkosten einer Beratung bei vermögenden Privatkunden.
b) Errechnen Sie den Deckungsbeitrag für ein Kundengeschäft, bei dem ein Kunde einen Kaufauftrag über die Anlage von 50.000,00 € erteilt. Das Kreditinstitut erhält eine Provision in Höhe von 1 %.
c) Wie hoch müsste die Mindestgebühr pro Wertpapierauftrag bei unserem Kreditinstitut liegen, wenn pro Kauf- oder Verkaufsauftrag davon ausgegangen wird, dass mindestens die Standardeinzelkosten pro Auftrag gedeckt werden?

14.5 Kalkulation von Bankprodukten

Praxisfall

Die Handelsbank legt die Konditionen für die Bankdienstleistungen bei der Kontoführung neu fest. Der Firmenkunde Geiger, der im Bereich der Kontoführung seine Geschäftsbeziehung verstärken möchte, fragt nach einer Sonderkondition für den Einstieg bei der Handelsbank.

Die Kalkulation bei Kreditinstituten erfolgt als **Vorkalkulation in der Planrechnung** mit dem Ziel, **Standardkonditionen oder -preise** zu ermitteln und mit der **Festlegung der Preisunter- oder -obergrenze** den Spielraum für Verhandlungen mit den Kunden auszuloten. In der **Nachkalkulation als Kontrollrechnung** geht es darum, den **Deckungsbeitrag** des Produkts, des Kunden oder der Geschäftsstelle zu errechnen.

Zur Angebotsunterbreitung benötigen die Mitarbeiter der Kreditinstitute Preise, die im Beratungsgespräch Grundlage für Verhandlungen mit dem Kunden sind. Deshalb werden in einem modernen System der Kostenrechnung nur die **entscheidungsrelevanten Kosten** betrachtet, die sich aus den Ergebnissen der Kalkulation aus dem **Wert- und Betriebsbereich** als Deckungsbeitragsrechnung ableiten lassen.

Grundlage für die Beratung sind die vorgegebenen **Standardpreise oder -gebühren** für die entsprechenden Bankdienstleistungen. Diese Standardpreise werden nach dem folgenden Kalkulationsschema ermittelt:

	Konditionenbeitrag (Aktiv- oder Passivanlage)
	Deckungsbeitrag I/Konditionenbeitrag
+	direkte zurechenbare Provisionserlöse
–	Betriebskosten/Standardeinzelkosten
	Deckungsbeitrag II/Nettokonditionenbeitrag
–	Overheadkosten und Gewinnzuschlag
	Unter-/Überdeckung

Overheadkosten als Gemeinkosten und der **Gewinnzuschlag,** um eine entsprechende Eigenkapitalrendite erzielen zu können, lassen sich **nicht verursachergerecht** dem einzelnen Bankprodukt zurechnen. Insgesamt muss aber eine Deckung der Gesamtkosten sowie eine ausreichende Eigenkapitalrendite angestrebt werden. Deshalb werden in der Praxis diese Komponenten so auf die entsprechenden Produkte verteilt, wie es die Konkurrenzsituation zulässt.

Bei **reinen Betriebsleistungen** (Stückleistungen), wie z. B. Bankdienstleistungen bei der Kontoführung oder im Depotgeschäft, fallen nur Erlöse und Standardeinzelkosten aus dem Betriebsbereich an. Bei **Dienstleistungen im Anlagebereich** vermengen sich Leistungen aus dem Wertbereich und dem Betriebsbereich. Bei **Aktivprodukten,** wie z. B. bei Firmenkrediten, muss zusätzlich das eingegangene Risiko sowie der Einsatz des Eigenkapitals des Kreditinstituts berücksichtigt werden.

14.5.1 Kalkulation von Betriebsleistungen oder Stückleistungen

Praxisfall

Die Standardkondition für Überweisungen im elektronischen Zahlungsverkehr wurde auf 0,060 € festgelegt.

Kalkulationsgrundlage

Die Basis für die Kalkulation von Betriebsleistungen sind die **Standardeinzelkosten** (siehe Kapitel 14.4). Durch den Ansatz der Standardeinzelkosten sind aber nur die direkt zurechenbaren **Einzelkosten** gedeckt. Die anfallenden Overheadkosten bleiben unberücksichtigt. Bei Festlegung dieser Kosten als Preis würde das Kreditinstitut keinen Gewinn erwirtschaften, aber auch den Verlust nicht vergrößern. Deshalb sollte die Deckung der Standardeinzelkosten als **untere Preisgrenze** festgelegt werden.

Der **Standardangebotspreis** wird sich dann zwischen der **unteren Preisgrenze** und dem Preis bewegen, der durch die **Konkurrenzsituation am Markt durchsetzbar** ist. Ideal wäre ein Standardpreis, der neben den anteiligen Overheadkosten zusätzlich einen Zuschlag zum Gewinn enthalten würde:

	Standardeinzelkosten für Betriebsleistung
	Preisuntergrenze I
+	Zuschlag für Overheadkosten
	Preisuntergrenze II
+	Gewinnzuschlag
	Standardkondition

5484242

Praxisfall

Für die Kalkulation einer elektronischen Überweisung ergibt sich folgende Rechnung:

Standardeinzelkosten	0,030 €
+ Overheadkosten	0,015 €
+ Gewinnzuschlag	0,015 €
= **Standardkondition**	0,060 €

Preiszugeständnisse

Die Aufgabe der Mitarbeiter liegt darin, **beim Preisgespräch mit dem Kunden die Standardkondition** argumentativ zu vertreten und durchzusetzen. Zu den Standardkonditionen wird ein **Beitrag zum Gewinn** erwirtschaftet. Zwischen der Preisuntergrenze II und der Preisuntergrenze I wird zwar kein Gewinn erzielt, aber in dieser Preisspanne wird ein **Deckungsbeitrag** für die Overheadkosten erwirtschaftet. Unter der Preisuntergrenze I wird bei jedem Geschäft ein Verlust erzielt. In der Praxis können je nach den unterschiedlich zugewiesenen Kompetenzen die Mitarbeiter (Vorstand, Filialleiter, Kundenberater) über Preiszugeständnisse entscheiden.

Preiszugeständnisse unterhalb der Standardkondition dürfen nur dann eingegangen werden, wenn aus diesem Kundenengagement Erträge aus anderen Bereichen (Mischkalkulation) erwirtschaftet werden können oder sich aus der Kundensituation auf längere Sicht auch ertragreiche Geschäfte entwickeln können. In diesem Preissegment kann vorübergehend gearbeitet werden, wenn freie Kapazitäten genutzt werden können.

Praxisfall (Fortsetzung)

Firmenkunde Geiger möchte im Gespräch mit dem Berater den Preis für eine elektronische Überweisung auf 0,040 € drücken. Ihm liegt ein Angebot des Mitbewerbers für diesen Preis vor.

Das Preiszugeständnis nach Austausch aller Argumente sollte in der ersten Phase höchstens bis 0,045 € gehen. Bis zu diesem Preis kann das Kreditinstitut noch kostendeckend anbieten. Von 0,045 € bis 0,030 € ist der Preis nicht kostendeckend, aber bei jedem Preis über den Standardeinzelkosten wird ein Deckungsbeitrag zu den Gemeinkosten erwirtschaftet. Da der Kunde insgesamt positive Deckungsbeiträge für das Kreditinstitut bringt, kann auch einem Preis unter 0,045 € zugestimmt werden.

Bei einem Preis unter 0,030 € zahlt das Kreditinstitut bei jeder Überweisung zu. Solche Geschäfte sollten die Ausnahme im Kundenkontakt sein.

14.5.2 Kalkulation von Passivprodukten

Praxisfall

Ein Kunde hat 100.000,00 € geerbt. Aus dem Beratungsgespräch ergibt sich eine Anlage für drei Monate als Festgeld. Der Kunde stellt sich einen Zinssatz in Höhe von 3,1 % vor. Der Standardzinssatz im Kreditinstitut beträgt 2,8 %. Der GKM-Satz für einen 3-Monatseuribor beträgt 3,5 %. Das Kreditinstitut berechnet keinerlei Gebühren für die Anlage. Als Standardeinzelkosten für die Beratung und Führung des Kontos wurden für den Anlagezeitraum 65,35 € ermittelt.

Kalkulation der Standardkondition Passivbereich:

Bei Passivprodukten müssen die Kalkulationssätze aus dem Betriebs- und Wertbereich berücksichtigt werden.

Marktzinssatz GKM
+ direkt zurechenbare Provisionserlöse
– Standardeinzelkosten
Preisobergrenze
– Zuschlag für Overheadkosten
– Gewinnzuschlag
= Standardkondition

Bei der Standardkondition geht der alternative GKM aus dem Wertbereich in die Kalkulation ein. Provisionen aus dem Geschäftsabschluss abzüglich der Standardeinzelkosten stellen die Preisobergrenze für das Produkt dar, da an dieser Stelle die direkt zurechenbaren Einzelkosten gedeckt sind. Jeder Preis unterhalb der Preisobergrenze bringt einen weiteren Deckungsbeitrag für die Gemeinkosten und den Gewinn.

Der Deckungsbeitrag des Produkts wird dann nach folgender Rechnung ermittelt:

Marktzinssatz GKM
- Kundenzinssatz

Deckungsbeitrag I/Konditionenbeitrag
+ direkt zurechenbare Provisionserlöse
- Standardeinzelkosten

Deckungsbeitrag II/Nettokonditionenbeitrag

Praxisfall

		in %	in € p. a.
	Marktzinssatz GKM	3,50	3.500,00
-	Kundenzinssatz	- 3,10	- 3.100,00
	Deckungsbeitrag I/Konditionenbeitrag	**0,40**	**400,00**
-	Standardeinzelkosten	- 0,26	- 261,40
-	**Deckungsbeitrag II/Nettokonditionenbeitrag**	**0,14**	**138,60**

Bei einer Aufnahme des Geldes am Geldmarkt müsste das Kreditinstitut 3,5 % bezahlen. Provisionserlöse fallen bei dieser Anlageform nicht an. Die ermittelten Standardeinzelkosten betragen für die Laufzeit 65,35 €. Umgerechnet in % bedeutet dies 0,26 % (65,35 · 4 · 100 : 100 000,00) oder 261,40 € auf ein Jahr bezogen. Bei einem Kundenzinssatz in Höhe von 3,1 % erwirtschaftet das Kreditinstitut einen Deckungsbeitrag in Höhe von 0,14 % oder 138,60 € im Jahr.

Der Berater kann dem Wunsch des Kunden unter Umständen entgegenkommen, da alle direkten Einzelkosten bei 3,26 % gedeckt sind. Ein Preiszugeständnis ist aber nur sinnvoll, wenn sich in anderen Bereichen des Kunden weitere positive Deckungsbeiträge für Overheadkosten und Gewinn ergeben oder ein Abschluss mit positivem Deckungsbeitrag bei Fälligkeit der Anlage zu erwarten ist.

14.5.3 Kalkulation von Aktivprodukten

Praxisfall

Die IT-Kompetent GmbH benötigt für die Zwischenfinanzierung eines Kundenauftrags einen Kredit in Höhe von 75.000,00 € für drei Monate. Der Kunde stellt sich einen Zinssatz in Höhe von 7,0 % vor. Als Kontoführungsgebühren werden 2,00 € im Monat verrechnet. Der alternative GKM für diese Anlage liegt bei 4,0 %. Die Standardeinzelkosten für den Kredit betragen 50,00 € für die Laufzeit.

Bei der Standardkondition geht der alternative GKM aus dem Wertbereich in die Kalkulation ein. Zusätzlich werden bei Aktivprodukten **Standardrisikokosten** hinzugerechnet, die sich aus den tatsächlichen Risiken der letzten Jahre für diese Kundengruppe errechnen. Gebühren und Provisionen aus dem Geschäftsabschluss werden abgezogen. Hinzu kommen die Standardeinzelkosten sowie die **kalkulatorischen Eigenkapitalkosten,** die berücksichtigt werden müssen, weil Kredite nach § 10 KWG je nach Risikoklasse mit Eigenkapital unterlegt werden müssen. Dies ergibt die Preisuntergrenze für das Produkt, weil an dieser Stelle die direkt zurechenbaren Einzelkosten gedeckt sind. Jeder Preis über der Preisuntergrenze bringt einen weiteren Deckungsbeitrag für die Overheadkosten und den Gewinn.

	Marktzinssatz GKM
+	Standardrisikosatz
–	Provisionserlöse
+	Standardeinzelkosten
+	Eigenkapitalkosten
=	**Preisuntergrenze für das Aktivprodukt**
+	Overheadkosten und Gewinnzuschlag
	Standardzinssatz für das Aktivprodukt

Der **Deckungsbeitrag** wird dann nach folgendem Schema ermittelt:

	Kundenzinssatz
–	Alternativzinsen am GKM
	Deckungsbeitrag I/Konditionenbeitrag
+	direkt zurechenbare Provisionserlöse
–	Betriebskosten/Standardeinzelkosten
	Deckungsbeitrag II/Nettokonditionenbeitrag
–	Risikokosten
–	Eigenkapitalkosten
	Deckungsbeitrag III (Beitrag zum Betriebsergebnis)

14.5.3.1 Berechnung der Standardrisikokosten

Praxisfall

Die Handelsbank teilt vereinfacht ihr Kreditvolumen nach Firmenkunden und Privatkunden auf. Die IT-Kompetent GmbH ist eine Firmenkundin. Der Kredit wird als Kontokorrentkredit zur Verfügung gestellt.

Um die **Standardrisikokosten** verursachungsgemäß aufteilen zu können, ermitteln Kreditinstitute **Risikoklassen** aus den Kreditengagements ihrer Kunden. Hier bietet es sich an, die Kreditausfälle aus dem Firmenkunden- und Privatkundenbereich gesondert zu betrachten. Die einzelnen Kredite bergen entsprechend den Kreditarten der jeweiligen Kundengruppe unterschiedliche Risiken. Basis für die Berechnung der **Kreditausfallrate oder kalkulatorischen Ausfallquote** sind die tatsächlich ausgefallenen Kredite bei der Kreditvergabe im Durchschnitt in den letzten fünf Jahren.

Praxisfall

	Kreditvolumen in T€ im Durchschnitt	Kreditausfall in T€ im Durchschnitt	Kreditausfallrate/ kalkulatorische Ausfallquote in %
Privatkundenkredite			
Dispositionskredite	120.000	240	0,02
Ratenkredite	70.000	350	0,50
Baufinanzierungskredite	421.000	421	0,01
Firmenkundenkredite			
Kontokorrentkredite	220.000	196	0,09
Investitionskredite	370.000	222	0,03
Avalkredite	73.000	36,50	0,05
Existenzgründungsdarlehen	102.000	918	0,90

Die Handelsbank wird bei ihrer Kalkulation der Kreditkonditionen diese Standardrisikokosten durch die kalkulatorische Ausfallquote mit einbeziehen. Für die IT-Kompetent GmbH bedeutet dies, dass Standardrisikokosten in Höhe von 0,09 % mit eingerechnet werden.

Die Standardrisikokosten beziehen sich auf Durchschnittswerte aus den letzten fünf Jahren. Kreditinstitute ergänzen diese Werte durch aktuelle Erfahrungen aus der Kreditwürdigkeitsprüfung, indem interne **Scoringsysteme** oder auch **Ratings** von externen Unternehmen mit in die Kalkulation einbezogen werden.

14.5.3.2 Berechnung der kalkulatorischen Eigenkapitalkosten

Kredite an Kunden binden Eigenkapital, weil im § 10 KWG (Solvabilitätsverordnung) verlangt wird, dass Risikoaktiva je nach Risikoklasse mit Eigenkapital unterlegt werden müssen. In der Kalkulation muss berücksichtigt werden, dass dieses gebundene Eigenkapital ausreichend Eigenkapitalrendite erwirtschaftet.

Praxisfall

Der Kredit in Höhe von 75.000,00 € an die Firma IT-Kompetent GmbH gehört zur Risikoaktiva, die mit 8 % Eigenkapital unterlegt werden muss. 8 % von 75.000,00 € ergeben eine Eigenkapitalbindung in Höhe von 6.000,00 €.

Die Handelsbank strebt eine Eigenkapitalrendite von 12 % an. Um dieses Ziel erreichen zu können, muss die Handelsbank bei der Gewährung des Kredits 720,00 € Eigenkapitalkosten (12 % von 6.000,00 €) erbringen. Der prozentuale Aufschlag beträgt demnach 720,00 : 75.000,00 · 100 = 0,96 %.

Angebot für den Kredit an die IT-Kompetent GmbH (gerundet auf zwei Kommastellen):

		in %	in €
	Marktzinssatz GKM	4,00	3.000,00
+	Standardrisikosatz	0,09	67,50
-	Provisionserlöse in % (p = 100 · 24 : 75.000,00)	0,03	24,00
+	Standardeinzelkosten in % (Jahreskosten 50,00 · 4 = 200,00 : 75.000,00 · 100)	0,27	200,00
+	Eigenkapitalkosten	0,96	720,00
=	**Preisuntergrenze für das Aktivprodukt**	5,29*	3.967,50
+	Overheadkosten und Gewinnzuschlag (Deckungsbeitrag)	1,71	1.282,50
=	**Angebotszins**	**7,00**	**5.250,00**

Bei einem Kundenzinssatz von 7 % erzielt das Kreditinstitut einen Deckungsbeitrag von 1,71 % p. a. oder 1.262,50 € im Jahr.

* (aufgerundet)

14.6 Kunden- und Kontokalkulation

Praxisfall

Kunde Groß hat bei der Handelsbank ein Girokonto. Das Konto hatte im vergangenen Jahr ein durchschnittliches Guthaben in Höhe von 1.050,00 €, das zu 0,5 % verzinst wurde. Der Euribor (European interbank offered rate) (GKM) für diese Anlageart beträgt 1,75 %. Der durchschnittliche Dispositionskredit betrug im Abrechnungszeitraum 1.250,00 €. Für diesen Kredit wurde ein Zinssatz von 9,00 % festgesetzt. Eine alternative Anlage am Geld- und Kapitalmarkt bringt für das Kreditinstitut (GKM) 4,2 %. Die Handelsbank rechnet mit Standardrisikokosten in Höhe von 0,09 % für diese Kreditart und mit einer Eigenkapitalrendite von 15 % im Jahr.

→

Praxisfall (Fortsetzung)

Gebührenerträge aus dem Konto wurden 122,20 € verrechnet. Die Standardeinzelkosten für die Kontoführung betrugen insgesamt 105,30 € im Jahr.

Der Kunde führt gleichzeitig ein Sparkonto bei der Handelsbank mit einem durchschnittlichen Guthaben in Höhe von 8.750,00 €, das mit 1,25 % (GKM 3,00 %) verzinst wird.

Gleichzeitig hat der Kunde eine Termineinlage in Höhe von 15.000,00 € auf zwölf Monate festgelegt, die mit 3,00 % (GKM 3,75 %) verzinst wurde.

Die Standardeinzelkosten für die Führung des Spar- und Termingeldkontos betragen für den Abrechnungszeitraum 62,50 €.

In den meisten Kreditinstituten können Kundenberater heute feststellen, welchen Erfolg in Form des **Deckungsbeitrags** die einzelnen Kunden im laufenden Jahr erbringen. Das ist für eine **ertragsorientierte Ausrichtung** der Beratung wichtig. Einerseits erhält der Kundenberater ein klares **Signal für Cross-Selling,** wenn nur geringe oder keine Deckungsbeiträge eines Kunden erwirtschaftet wurden.

Andererseits hat der Berater in **Preisverhandlungen** einen guten Überblick darüber, ob er Preiszugeständnisse, bezogen auf die gesamte Geschäftsverbindung mit dem Kunden, machen kann.

Die **Kunden- oder Kontokalkulation** hat folgenden Aufbau:

Konditionenbeiträge Aktivgeschäfte
\+ Konditionenbeiträge Passivgeschäfte

Deckungsbeitrag I (Konditionenbeiträge)
\+ Provisionserlöse/Gebühren für Bankdienstleistungen (direkt zurechenbar)
\- Standardeinzelkosten für Bankdienstleistungen

Deckungsbeitrag II/Nettokonditionenbeitrag
\- Standardrisikokosten Aktivgeschäfte
\- kalkulatorische Eigenkapitalkosten

= **Deckungsbeitrag III (Ergebnisbeitrag des Kunden)**

Praxisfall (Fortsetzung)

		Volumen in €		in %	in €
	Aktivgeschäft Kunde (Girokonto)	1.250,00		9,00	112,50
–	Anlage GKM täglich fällig			4,20	52,50
	Konditionenbeitrag Aktivgeschäft			**4,80**	**60,00**
	GKM Passivgeschäft längerfristig			1,75	18,38
–	Passivgeschäft Kunde (Girokonto)	1.050,00		0,50	5,25
	Konditionenbeitrag Girokonto			**1,25**	**13,13**
	GKM Passivgeschäft kurzfristig			3,00	262,50
–	Passivgeschäft Kunde (Sparkonto)	8.750,00		1,25	109,38
	Konditionenbeitrag Sparkonto			**1,75**	**153,13**
	GKM Passivgeschäft			3,75	562,50
–	Passivgeschäft Kunde (Termineinlage)	15.000,00		3,00	450,00
	Konditionenbeitrag Termineinlage			**0,75**	**112,50**
	Deckungsbeitrag I (Konditionenbeiträge)				**338,76**
+	Provisionserlöse/Gebühren für Bankdienstleistungen				227,80
–	Standardeinzelkosten für Bankdienstleistungen				62,50

→

Praxisfall (Fortsetzung)

	Volumen in €		in %	in €
- **Deckungebeitrag II/Nettokonditionenbeitrag**		**EK-Bindung**		**504,06**
- Standardrisikokosten (aus 1.250,00 €)			0,09	1,13
- kalkulatorische Eigenkapitalkosten	1.250,00	**100,00 €**		8,00
= **Deckungsbeitrag III (Ergebnisbeitrag des Kunden)**				**494,93**

Der Kunde Groß bringt im Abrechnungszeitraum einen Deckungsbeitrag III (Ergebnisbeitrag) in Höhe von 494,93 € für die Handelsbank.

14.7 Geschäftsstellen- oder Geschäftsbereichskalkulation

Praxisfall

Die Geschäftsstelle der Handelsbank in Faurndau hat folgende Geschäftsstruktur:

	Durchschnittliches Volumen in Mio. €	**Kundenzins** in %	**GKM-Zins** in %	**Standardrisikokosten** in %	**Gebühren/Provisionen** in T€	**Standardeinzelkosten** in T€
Sichteinlagen	4,3	0,5	2,5		320	271
Geldmarktkonten	1,7	2,2	3,0			12
Spareinlagen	21,1	1,7	4,0			81
Kontokorrentkredite	2,8	8,5	3,0	0,1	280	157
Ratendarlehen	3,1	10,5	4,2	0,6	520	7
Baudarlehen	4,5	6,5	4,5	0,01	2,5	12
Investitionsdarlehen	3,7	7,0	4,5	0,04	0,3	1,5
Vermittlungsgeschäft					320	120

Weitere Hinweise: Die Geschäftsstelle ist mit acht Mitarbeitern besetzt. Die anfallenden Standardeinzelkosten, die direkt den einzelnen Geschäftsbereichen oder Produktangeboten zuzuordnen sind, sind zugerechnet. Zu Provisionen aus dem Vermittlungsgeschäft gehören Abschlussprovisionen für Bausparverträge, Versicherungen, Provisionen für Fonds, Kreditkarten usw. Ebenso werden diesen Tätigkeiten die entsprechenden Standardeinzelkosten für Personal-, EDV- und Sachkosten zugerechnet. Die Eigenkapitalkosten betragen 0,7 % bezogen auf das Kreditvolumen der Filiale.

Der Vorstand der Handelsbank stellt Überlegungen an, wie die Zukunft der Geschäftsstelle in Faurndau aussehen soll. Faurndau ist ein Ortsteil mit zunehmender Einwohnerzahl, d. h. mit Steigerungsmöglichkeiten im Privatkundenbereich, aber einer stagnierenden Firmenkundenzahl. Es stellt sich die Frage, wie rentabel die Geschäftsstelle ist.

Die veränderte Marktsituation im Bankbereich zwingt die Kreditinstitute nicht nur, kalkulatorische Überlegungen im Bereich der Produkte oder Kunden anzustellen, sondern auch zu Analysen, auf welchen **Distributionswegen** bei welchen **Kundengruppen** der Ertrag des Kreditinstituts erzielt wird.

5484248

14.7.1 Geschäftsstellenkalkulation

Die **Zweigstellendichte** in Deutschland ist im Vergleich zu anderen Ländern sehr hoch. Während in Deutschland bereits auf 1 200 Einwohner eine Bankfiliale kommt, liegt die entsprechende Einwohnerzahl in Schweden oder Großbritannien fast doppelt so hoch. Diese **Marktnähe** zum Kunden bedeutet im Vergleich zu anderen Kreditinstituten und anderen Ländern auch **hohe Kosten** und eine **geringere Rentabilität** für die am Markt präsenten Kreditinstitute. Deshalb ist es notwendig, der **Geschäftsstellenpolitik** der Kreditinstitute **Rentabilitätsüberlegungen** zugrunde zu legen. Moderne Kalkulationssysteme wie z.B. die Marktzinsmethode ermöglichen es, die einzelnen Geschäftsstellen oder Filialen der Kreditinstitute als eigene **Profitcenter** zu führen. Das bedeutet, dass die einzelnen Filialen oder Geschäftsstellen der Kreditinstitute wie kleine selbstständige Unternehmen am Markt behandelt und an ihrem **Beitrag zum Gewinn** oder am **Deckungsbeitrag** zum Unternehmen gemessen werden.

Das Ergebnis dieser **ertragsorientierten Bankpolitik** können wir täglich dadurch beobachten, dass Kreditinstitute Geschäftsstellen schließen, die keine Deckungsbeiträge für die Gesamtbank abwerfen.

14.7.2 Geschäftsbereichskalkulation

Die **verschiedenen Kundengruppen** mit unterschiedlichen Kundenbedürfnissen, wie z.B. **Privatkunden, vermögende Privatkunden oder Firmenkunden,** tragen dazu bei, dass unterschiedliche Kosten- und unterschiedliche Erlösstrukturen in den einzelnen Kreditinstituten entstanden sind.

Die **modernen Kalkulationsmethoden** geben den Kreditinstituten die Möglichkeit, ihre Aktivitäten in den einzelnen Kundengruppen so zu gestalten, dass aus den jeweiligen Kundenengagements eine **erwartete Rentabilität** entspringt.

Die **Geschäftsstellen- oder Geschäftsbereichskalkulation** hat nebenstehenden Aufbau:

Summe der Konditionenbeiträge Aktivgeschäfte
+ Summe der Konditionenbeiträge Passivgeschäfte
= Deckungsbeitrag I Konditionenbeitrag Aktiv- und Passivgeschäfte
+ Provisionserlöse/Gebühren aus Aktiv- und Passivbereich sowie sonstigen Bankdienstleistungen
– Standardeinzelkosten für alle Bankdienstleistungen
= Deckungsbeitrag II/Nettokonditionenbeitrag
– Summe der Standardrisikokosten Aktivgeschäfte
– Summe der zugehörigen Eigenkapitalkosten
= Deckungsbeitrag III (Ergebnisbeitrag der Geschäftsstelle)

Der **Deckungsbeitrag III oder der Ergebnisbeitrag des Profitcenters** ist Grundlage für Entscheidungen über die zukünftige Ausrichtung der Geschäftspolitik für die einzelne Geschäftsstelle oder des betroffenen Geschäftsbereichs. Es werden Profitcenter mit ähnlicher Größe und Struktur im eigenen Hause oder im eigenen Verbund sowie mit Mitbewerbern verglichen.

14.7.3 Betriebsergebnis des Kreditinstituts

Die Summe aller Deckungsbeiträge III oder die Ergebnisbeiträge aller Profitcenter im gesamten Kreditinstitut müssen die Overheadkosten (Gemeinkosten) so weit übersteigen, dass ein angemessenes Betriebsergebnis für das Kreditinstitut erzielt wird.

Das Betriebsergebnis für das gesamte Kreditinstitut hat folgenden Aufbau:

Summe aller Deckungsbeiträge III
= Deckungsbeitrag III des Kreditinstituts
– Overheadkosten (Gemeinkosten)
= Betriebsergebnis des Kreditinstituts

Praxisfall

		Durchschnittliches **Volumen** in Mio. €	in %	in €
	Kundenzinserlöse Kontokorrentkredite	2,80	8,50	238.000,00
-	Anlage GKM		3,50	98.000,00
	Konditionenbeitrag KKK			**140.000,00**
	Kundenzinserlöse Ratendarlehen	3,10	10,50	325.500,00
-	Anlage GKM		4,20	130.200,00
	Konditionenbeitrag Ratendarlehen			**195.300,00**
	Kundenzinserlöse Baudarlehen	4,50	6,50	292.500,00
-	Anlage GKM		4,50	202.500,00
	Konditionenbeitrag Baudarlehen			**90.000,00**
	Kundenzinserlöse Investitionsdarlehen	3,70	7,00	259.000,00
-	Anlage GKM		4,50	166.500,00
	Konditionenbeitrag Investitionsdarlehen			**92.500,00**
	Konditionenbeitrag Aktivgeschäft			**517.800,00**
	GKM Sichteinlagen	4,30	2,50	107.500,00
-	Kundenzins Sichteinlagen		0,50	21.500,00
	Konditionenbeitrag Girokonto			**86.000,00**
	GKM Euribor	1,70	3,00	51.000,00
-	Kundenzins Geldmarktkonto		2,20	37.400,00
	Konditionenbeitrag Geldmarktkonto			**13.600,00**
	GKM Euribor	21,10	4,00	844.000,00
-	Kundenzins Sparkonto		1,70	358.700,00
	Konditionenbeitrag Sparkonto			**485.300,00**
	Konditionenbeitrag Passivgeschäft			**584.900,00**
	Deckungsbeitrag I Konditionenbeitrag Aktiv- und Passivgeschäft			**1.102.700,00**
+	Provisionserlöse/Gebühren für Bankdienstleistungen			1.442.800,00
-	Standardeinzelkosten für Bankdienstleistungen			661.500,00
	Deckungsbeitrag II (Wertbereich)			**1.884.000,00**
-	Standardrisikokosten			
	Kontokorrentkredite	2,80	0,10	2.800,00
	Ratendarlehen	3,10	0,60	18.600,00
	Baudarlehen	4,50	0,01	450,00
	Investitionsdarlehen	3,70	0,04	1.480,00
	Summe der Standardrisikokosten			**23.330,00**
-	**Summe der Eigenkapitalkosten**	14,10	0,70	**98.700,00**
	Deckungsbeitrag III (Ergebnisbeitrag der Geschäftsstelle/ des Profitcenters)			**1.761.970,00**

Die Geschäftsstelle Faurndau erwirtschaftet einen Deckungsbeitrag III in Höhe von 1.761.970,00 € im Geschäftsjahr.

5484250

Aufgaben

1. Für die Bankkarte des Kreditinstituts werden jährlich 8,00 € verlangt. Die Standardeinzelkosten für die Karte betragen 5,50 €.

a) Wie hoch ist der Deckungsbeitrag für die Bankkarte?

b) Erläutern Sie die Notwendigkeit der Festlegung der Preisuntergrenzen bei der Produktkalkulation.

c) Ein Kunde hat gehört, dass die Bankkarte bei einem Mitbewerber für 5,00 € angeboten wird. Unter welchen Umständen können Sie dem Kunden entgegenkommen?

2. Aus der Organisationsabteilung des Kreditinstituts liegen Sätze über Personalkosten pro Minute mit 0,98 € und die EDV-Kosten mit 1,36 € vor. Aus Arbeitszeitstudien wurde folgender Zeit- und Sachaufwand für die Beratung beim Verkauf eines Bausparvertrags ermittelt:

Ablauf	Personalkosten Zeit (Min.) · Kostensatz	DV-Kosten Zeit (Min.) · Kostensatz	Sonstige Kosten (Formulare, Schreibmittel, Telefon, Fax)	Standard-einzelkosten
Beratungsgespräch	20 Min.	5 Min.	8,25 €	

a) Kalkulieren Sie die Standardeinzelkosten für die Beratung beim Verkauf eines Bausparvertrags.

b) Errechnen Sie den Deckungsbeitrag für den Abschluss eines Bausparvertrags in Höhe von 25.000,00 €, wenn das Kreditinstitut eine Provision in Höhe von 6,00 € pro T€ Bausparsumme erhält.

3. Ihre Kundin Rampe hat 35.000,00 € geerbt. Aus dem Beratungsgespräch ergibt sich eine Anlage auf dem Geldmarktkonto. Der Standardzinssatz bei Ihrem Kreditinstitut beträgt 2,4 %. Der GKM-Satz für einen 3-Monatseuribor beträgt 3,1 %. Als Standardeinzelkosten für die Beratung und Führung des Kontos wurden 14,25 € für den Anlagezeitraum von einem Monat ermittelt.
Ermitteln Sie die Preisobergrenze für die Anlage und stellen Sie den Deckungsbeitrag bei der Standardkondition fest.

4. Die Handelsbank möchte den durchschnittlichen Deckungsbeitrag eines Sparkontos mit 3-monatiger Kündigungsfrist kalkulieren. Das durchschnittliche Sparguthaben beträgt 4.200,00 € beim Institut. Der Kundenzinssatz beläuft sich im Durchschnitt auf 1,75 %. Der entsprechende Euribor-Satz beträgt 3,0 %. Die ermittelten Standardeinzelkosten betragen im Jahr 8,75 €.
Berechnen Sie den Deckungsbeitrag in Prozent (relativ) und in Euro pro Jahr (absolut).

5. Eine Kundin Ihrer Bank wünscht ein Baudarlehen in Höhe von 175.000,00 € gegen eine erstrangige Grundschuld mit einer Zinsfestschreibung von fünf Jahren. Die Auszahlung erfolgt zu 100 %. Der Marktzins für die Alternativanlagen am Geld- oder Kapitalmarkt beträgt 4,5 %. Die Bank rechnet mit 0,4 % des Kreditbetrages als Standardeinzelkosten, 0,5 % Risikokosten und 0,4 % Eigenkapitalkosten. Der Kunde hat ein Konkurrenzangebot mit einem Zinssatz von 6,25 % vorliegen.
Überprüfen Sie, ob Ihr Kreditinstitut mit dem Konkurrenzangebot mithalten kann.

6. Die Kreditbank hat in den letzten Jahren folgende Durchschnittszahlen im Kreditgeschäft:

Kredite	Durchschnittsvolumen in Mio. €	Kreditausfall im Durchschnitt der letzten fünf Jahre in T€
Kontokorrentkredite Firmenkunden	25,3	303
Dispositionskredite	12,5	10
Ratenkredite	18,9	175

Berechnen Sie den Standardrisikosatz, der durch den tatsächlichen Ausfall in den letzten fünf Jahren im Schnitt zu kalkulieren ist.

→

7. Die Kreditbank hat nach § 10 KWG (Solvabilitätsverordnung) Kredite mit ausreichend Eigenkapital zu hinterlegen.

a) Erläutern Sie diesen Sachverhalt.

b) Berechnen Sie die kalkulatorischen Eigenkapitalkosten für einen Kredit in Höhe von 120.000,00 €, wenn sich das Kreditinstitut eine Eigenkapitalrendite in Höhe von 15 % vorstellt und 8 % des Kredits mit Eigenkapital hinterlegt werden muss.

c) Wie hoch sind die kalkulatorischen Eigenkapitalkosten für eine Eins-a-Hypothek in Höhe von 230.000,00 €, wenn sich das Kreditinstitut eine Eigenkapitalrendite von 18 % vorstellt?

8. Die Firmenkundin Transport GmbH benötigt für die Finanzierung eines Kraftfahrzeugs einen Kredit in Höhe von 150.000,00 € für zwei Jahre. Die Kundin stellt sich einen Festzinssatz in Höhe von 7,5 % vor. Die Auszahlung erfolgt zu 100 %. Es wird eine einmalige Bearbeitungsgebühr in Höhe von 1,5 % berechnet. Der alternative GKM für diese Anlage liegt bei 4,2 %. Die Standardeinzelkosten für den Kredit betragen 204,00 € im Jahr. Die Standardrisikokosten betragen 1,2 %. Das Kreditinstitut rechnet mit einer Eigenkapitalrendite von 12,5 % bei einer Eigenkapitalhinterlegung von 8 %.
Berechnen Sie die Preisuntergrenze und den Deckungsbeitrag aus diesem Geschäft in Prozent und in € pro Jahr beim gewünschten Kundenzinssatz.

9. Ein Firmenkunde möchte ein Darlehen in Höhe von 250.000,00 € für Investitionen mit einer Laufzeit von fünf Jahren (Tilgung am Ende der Laufzeit in einer Summe).

a) Kalkulieren Sie die Preisuntergrenze mithilfe der folgenden Daten (ohne Eigenkapitalkosten):
- Kapitalmarktzinssatz für fünf Jahre Laufzeit: 6,5 %
- Kreditausfallwahrscheinlichkeit unter Berücksichtigung der Bonität: 2,5 %
- Standardeinzelkosten pro Jahr: 250,00 €
- einmalige Bearbeitungsgebühr: 1,5 % des Darlehens.

b) Ein Kollege, den Sie zurate ziehen, gibt zu bedenken, dass die von Ihnen kalkulierte Preisuntergrenze zu niedrig sei: Wenn die Bank für alle ihre Produkte auf diese Weise Angebotspreise (Zinsen, Gebühren) kalkuliere, könne die Bank nur Verlust machen, da Kosten ungedeckt blieben.
Welche Art Kosten meint der Kollege? Geben Sie zwei konkrete Beispiele an.

c) Ein zweiter Kollege wiederum hält die kalkulierte Preisuntergrenze für durchaus ausreichend: Durch die Verwendung des Kapitalmarktzinssatzes in der Kalkulation sei übervorsichtig kalkuliert worden, denn erstens finanziere die Bank solche Kredite nicht über den Kapitalmarkt, sondern mit den Einlagen anderer Kunden zu günstigeren Bedingungen, und zweitens finanziere die Bank solche Kredite mit Einlagen kürzerer Laufzeit (im Vergleich zur Kreditlaufzeit).
Wie nennt man die Erfolgsbeiträge, die der zweite Kollege anspricht?

10. Die Verbraucherbank kalkuliert den Angebotszinssatz für Ratenkredite. Der alternative Geld- und Kapitalmarktzins (GKM) beträgt 5,2 %. Das Kreditinstitut rechnet mit Bearbeitungskosten in Höhe von 0,4 %, 0,55 % Risikokosten und 0,35 % Eigenkapitalkosten bei 8 % Eigenkapitalhinterlegung jeweils vom Kreditbetrag.

a) Ermitteln Sie die Preisuntergrenze für den Ratenkredit.

b) Erläutern Sie die Bedeutung der Preisuntergrenze für das Kreditinstitut.

c) Für einen standardisierten Ratenkredit mit gleicher Laufzeit und Betragshöhe gibt es auf dem Bankenmarkt keinen einheitlichen Zinssatz. Nennen Sie hierfür drei Gründe.

11. Die Familie Pauli unterhält bei Ihrem Kreditinstitut folgende Kundenverbindung: Das Girokonto hatte im vergangenen Jahr ein durchschnittliches Guthaben in Höhe von 890,00 €, das zu 0,5 % verzinst wurde. Der Euribor (GKM) für diese Anlageart beträgt 2,1 %. Der durchschnittliche Dispositionskredit betrug im Abrechnungszeitraum 1.630,00 €. Für diesen Kredit wurde ein Zinssatz von 10,25 % festgesetzt. Eine alternative Anlage am Geld- und Kapitalmarkt bringt für das Kreditinstitut (GKM) 4,2 %.

→

Die Handelsbank rechnet mit Standardrisikokosten in Höhe von 0,1 % für diese Kreditart und mit einer Eigenkapitalrendite von 20 % im Jahr bei 8 % Eigenkapitalhinterlegung.

Gebührenerträge aus dem Konto wurden 128,95 € verrechnet. Die Standardeinzelkosten für die Kontoführung betrugen insgesamt 109,80 € im Jahr.

Die Familie führt gleichzeitig verschiedene Sparkonten mit einem durchschnittlichen Guthaben in Höhe von 10.100,00 €, das mit 1,5 % (GKM 3,5 %) verzinst wird.

Gleichzeitig hat die Familie ein Geldmarktkonto, auf dem durchschnittlich 20.000,00 € angelegt sind. Das Konto wird mit 2,75 % verzinst. Der alternative Geldmarktsatz (GKM) beträgt 3,5 %.

Die Standardeinzelkosten für die Führung der Konten betragen für das Abrechnungsjahr 302,30 €.

Berechnen Sie den Ergebnisbeitrag (Deckungsbeitrag III) des Kunden.

12. Die We.come GmbH nimmt bei Ihrem Kreditinstitut im Jahresdurchschnitt folgende Bankdienstleistungen in Anspruch:

Geschäftsart	Volumen in T€	Kundenzins in %	GKM-Satz in %
KK-Kredit	795	7,75	2,5
Sichteinlagen	75	0,50	2,5
Darlehen	1.300	6,50	3,5
Festgeld	50	3,25	2,6

Die Standardrisikokosten betragen durchschnittlich für die in Anspruch genommenen Kredite 0,4 %. Das Kreditinstitut rechnet mit kalkulatorischen Eigenkapitalkosten in Höhe von 15 % bei 8 % Eigenkapitalhinterlegung. Erlöse als Provisionen und Gebühren aus der Kundenverbindung fallen insgesamt in einer Höhe von 1.350,00 € an. Die Standardeinzelkosten für die gesamte Kundenbindung werden mit 3.580,00 € angegeben.

a) Ermitteln Sie den Ergebnisbeitrag (Deckungsbeitrag III) der Kundin.
b) Unterbreiten Sie einen Vorschlag für die zukünftige Gestaltung der Konditionen unter der Berücksichtigung der Belange des Kreditinstituts sowie der Wünsche der Kundin.

13. Die Filiale in der Marktstraße der Kreditbank hat folgende Geschäftsstruktur:

	Durchschnittliches Volumen in Mio. €	Kundenzins in %	GKM-Zins in %	Gebühren/ Provisionen in T€	Standardeinzelkosten in T€	Standardrisikokosten in %
Sichteinlagen	2,7	0,5	2,75	220	51	
Geldmarktkonten	0,9	2,2	2,75		12	
Spareinlagen	8,3	1,5	4,0		21	
Kontokorrentkredite	2,3	9,5	3,0	120	57	0,2
Ratendarlehen	1,1	11,5	4,2	220	17	0,9
Baudarlehen	3,5	6,0	4,2	1,5	8	0,02
Investitionsdarlehen	2,7	7,0	4,3	0,3	1,5	0,08
Vermittlungsgeschäft				220	120	

Weitere Hinweise: Die Geschäftsstelle ist mit fünf Mitarbeitern besetzt. Die anfallenden Standardeinzelkosten, die direkt den einzelnen Geschäftsbereichen oder Produktangeboten zuzuordnen sind, sind zugerechnet. Zu Provisionen aus dem Vermittlungsgeschäft gehören Abschlussprovisionen für Bausparverträge, Versicherungen, Provisionen für Fonds, Kreditkarten usw. Ebenso werden für diese Tätigkeiten die entsprechenden Standardeinzelkosten für Personal-, EDV- und Sachkosten zugerechnet. Die Eigenkapitalkosten betragen 0,9 % auf das gesamte Kreditvolumen der Filiale.

Errechnen Sie den Ergebnisbeitrag der Geschäftsstelle. →

14. Die Zweigstelle der Kreditbank in der Jahnstraße betreibt folgende Geschäftsarten im Jahresdurchschnitt:

	Volumen in T€	Kundenzins in %	GKM-Satz in %	Provisions-/Gebühreneinnahmen in €	Standard-einzelkosten in €	Risikosatz in %
Dispositionskredite	900	11,5	3,5	9.000,00	19.000,00	0,8
Ratenkredite	1.200	10,25	4,5	24.000,00	15.000,00	0,4
Sichteinlagen	450	0,4	2,25		12.000,00	
Spareinlagen	6.000	1,5	3,75		2.000,00	
Vermittlungsgeschäft				25.000,00	15.000,00	

Ermitteln Sie den Ergebnisbeitrag (Deckungsbeitrag III) der Geschäftsstelle, die mit 1,5 Mitarbeitern besetzt ist wenn die Eigenkapitalkosten für die Kredite bei 1,0 % liegen. Interpretieren Sie das Ergebnis.

15. Ihr Kreditinstitut verwendet zur Feststellung des Erfolges im Wertbereich die Marktzinsmethode. Ihre durchschnittlichen Bestände und Erfolge im Wertbereich gibt folgende Übersicht wieder:

Aktiva				Passiva			
	Volumen in Mio. €	Kunden-zinssatz in % p. a.	Zinserlöse in €		Volumen in Mio. €	Kunden-zinssatz in % p. a.	Zinskosten in €
Barreserve	50	0		Sichteinlagen	170	0,3	
Forderungen an Kreditinstitute, Laufzeit drei Monate	110	2,1		Termineinlagen von Kunden, Laufzeit drei Monate	550	2,6	
Kredite an Kunden, Laufzeit vier Jahre	540	7,5		Spareinlagen, Festzinsvereinbarung, vier Jahre	200	3,75	
Schuldverschreibungen mit einer Laufzeit von zehn Jahren	300	5,25		Eigenkapital	80	0	
Gesamtvolumen	1.000			Gesamtvolumen	1.000		

Geld- und Kapitalmarktzinssätze p. a.:
- Tagesgeld 1,8 %
- 3-Monatsgeld 3,1 %
- 4-Jahresgeld 4,2 %
- Bundesanleihen (10 Jahre) 4,8 %

a) Ermitteln Sie den Zinsüberschuss in Mio. € und die Bruttozinsspanne in Prozent.
b) Berechnen Sie den Konditionsbeitrag des Aktivgeschäftes, des Passivgeschäftes sowie den Gesamtkonditionsbeitrag in € und Prozent.
c) Errechnen Sie den Gesamtstrukturbeitrag in Prozent.

16. Eine Spareinlage in Höhe von 10.000,00 € (Kündigungsfrist drei Monate, Kündigungssperrfrist neun Monate) wird mit 1,75 % für den Kunden verzinst. Der alternative Geldmarktzins für dieses Geschäft beträgt 2,75 %.
Gleichzeitig erhält ein Kreditnehmer des Kreditinstituts einen Kredit in gleicher Höhe mit einer Laufzeit von fünf Jahren. Der Kredit wird verzinst mit einem Zinssatz von 10,25 %. Eine alternative Kapitalmarktanlage würde 4,25 % bringen.
a) Ermitteln Sie die Konditionenbeiträge für die Kundengeschäfte absolut und relativ.
b) Ermitteln Sie den Strukturbeitrag dieser Geschäftsvorgänge absolut und relativ.
c) Erläutern Sie das Wesen des Konditions- und Strukturbeitrags am o. a. Beispiel. →

17. Ihr Kunde Klein unterhält bei Ihrem Kreditinstitut ein Sparkonto mit vereinbarter Kündigungsfrist von drei Monaten. Sein Durchschnittsguthaben beträgt 4.700,00 €. Der Sparzinssatz liegt bei 1,0 %, der GKM bei 3,25 %. Herr Klein nutzte das Sparbuch in folgendem Umfang: sieben Ein-/Auszahlungsposten mit 0,60 € Einzelkosten pro Posten; Nachträge 18 Posten je 0,15 Einzelkosten.
Weiterhin unterhält der Kunde ein Girokonto bei Ihnen. Das Konto hat einen durchschnittlichen Soll-Saldo von 1.250,00 €. Der Sollzinssatz beträgt 11,25 %: der GKM-Satz liegt für diese Anlage bei 4,5 %. Der Risikokostensatz für diese Kredite liegt bei 0,3 %. Das Kreditinstitut rechnet mit einem Zuschlag für die Eigenkapitalverzinsung in Höhe von 0,35 %.
Auf dem Girokonto wurden folgende Bewegungen registriert:

Vorgänge	Posten	Einzelkosten in €
Ein-/Auszahlungen	86	0,55
Überweisungen	80	0,20
Daueraufträge	36	0,10
Kontoauszüge	12	0,15

Dem Kunden wird eine monatliche Kontoführungspauschale in Höhe von 3,00 € berechnet.
Ermitteln Sie den Deckungsbeitrag III/Ergebnisbeitrag aus der Kundenverbindung.

14.8 Bankcontrolling als integratives System von Planung, Steuerung und Kontrolle

Praxisfall

Die Handelsbank AG hat sich zum Ziel gesetzt, die Eigenkapitalrentabilität in den nächsten fünf Jahren dem internationalen Niveau anzugleichen, das bei 25 % liegt. Hierzu sind entsprechende Umstrukturierungen im Kreditinstitut vorzunehmen.

Modernes Bankcontrolling entspricht einem Steuerungsinstrument der Unternehmensführung, das die Ertragsorientierung zum Gegenstand hat.

Um eine **ertrags- oder ergebnisorientierte Banksteuerung** umsetzen zu können, haben die Kreditinstitute eigens dafür Stellen oder Abteilungen mit der Bezeichnung **Controlling** installiert, die in der Regel als Stabsstelle der Unternehmensführung zugeordnet ist.

Das **Wachstum** des Geschäftsvolumens ist ausschließlich als Mittel zur Erhaltung und Verbesserung der Rentabilität anzusehen. Im Mittelpunkt des **ertragsorientierten Controllingkonzepts** steht Rentabilität. Bei allen geschäftspolitischen Entscheidungen ist die Frage zu stellen, in welcher Weise sie zur Erreichung einer **angemessenen Rentabilität** beitragen.

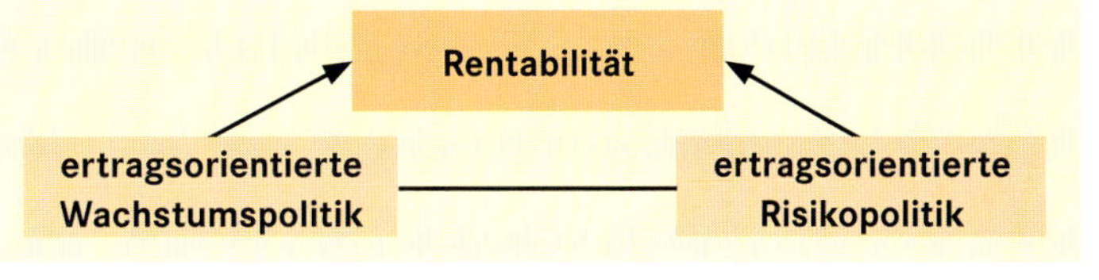

Das Eingehen von **Risiken** wird dem Rentabilitätsstreben untergeordnet. Der Übernahme von Risiken müssen Ertragschancen in mindestens gleicher Höhe gegenüberstehen.

Strategisches Controlling

Beim **strategischen Controlling** werden die langfristigen Ziele des Kreditinstituts bis zu einem Zeitraum von fünf Jahren festgelegt, wobei das Marktleistungsprogramm, wie z. B. die Kundengruppe, das Sortiment, ausgewählt werden.

Praxisfall

Zur Verbesserung der Eigenkapitalrendite hat sich die Handelsbank AG als langfristiges Ziel die Erhöhung des Marktanteils bei Firmenkunden von bisher 10 % auf 15 % gesteckt. Dabei soll das durch Rationalisierung im Privatkundenbereich freigesetzte Personal auf diese Aufgabe durch entsprechende Schulung und entsprechendes Training vorbereitet werden.

Operatives Controlling

Das **operative Controlling** dient dazu, die Geschäftsabläufe auf kurzfristig festgelegte Ziele feinzusteuern. Hierbei dient als Instrumentarium die Festlegung der optimalen Preise und die Senkung der Kosten durch entsprechende Maßnahmen.

Praxisfall

Um das im laufenden Geschäftsjahr angestrebte Unternehmensziel, die Erhöhung des Gewinns um 10 % gegenüber dem Vorjahr, erreichen zu können, hat der Vorstand die Erhöhung der Kreditzinsen im Privatkundengeschäft um 0,25 % sowie die Einführung unterschiedlicher Preise im laufenden Kundenservice beschlossen. Zusätzlich sollen pro Firmenkundenberater 1 % Neukunden in diesem Bereich gewonnen werden.

Bausteine eines integrierten Controllingsystems

- **Ertragsorientierte Unternehmensphilosophie**
  Die **ertragsorientierten Ziele** sind auf allen Entscheidungsebenen des Kreditinstituts allen Mitarbeitern transparent und bekannt. Im Kreditinstitut sind ertragsorientierte Anreizsysteme auf allen Ebenen installiert. Voraussetzung dafür ist ein Kalkulationssystem (Marktzinsmethode und Standardeinzelkostenrechnung), mit dem sich die ertragsorientierten Marktaktivitäten messen lassen. Deshalb können folgende Fragen beantwortet werden: Aus welchen Quellen Beiträge zum Erfolg stammen, aus welchen Bankdienstleistungen, von welchen Geschäftsbereichen und welchen Kunden.
- **Marktorientierte Organisationsstruktur**
  Die Ausrichtung der **Organisationsstruktur** muss der ertragsorientierten Geschäftsphilosophie folgen. Die Marktbereiche entsprechen der Bedürfnisstruktur der Kunden. Das bedeutet, dass alle Anstrengungen im Kreditinstitut auf die optimale Befriedigung der Kundenbedürfnisse, wie z. B. **Firmenkunden, vermögende Privatkunden** und **Privatkunden,** abgestimmt sind. Das bedeutet die Einteilung in Bereiche, Abteilungen oder Profitcenter und deren Ausstattung mit entsprechenden Sachmitteln und ausgebildeten Mitarbeitern.

Praxisfall

In der Handelsbank finden vor Beginn des Geschäftsjahres Mitarbeitergespräche darüber statt, dass für das anstehende Geschäftsjahr eine Ergebnisverbesserung von 10 % als Ziel gesetzt wird. Die Mitarbeiter wissen über die Methoden der Marktzinsmethode und der Standardeinzelkostenrechnung Bescheid und können den Deckungsbeitrag ihrer eigenen Abschlüsse einschätzen. Die Höhe des 13. und 14. Gehalts hängt davon ab, inwiefern die angestrebten Ziele im jeweiligen Profitcenter erreicht werden.

Praxisfall

In der Handelsbank sind die Bereiche gegliedert in Firmenkunden, Privatkunden und in den Servicebereich, die als einzelne Profitcenter behandelt werden und auf diese Weise auch Ertragsverantwortung mittragen.

5484256

- **Institutionalisierter Controllingzyklus**
  Ein Baustein dieser ertragsorientierten Politik ist ein institutionalisiertes Planungssystem als **Controllingzyklus,** der als ein kontinuierlicher Prozess in das Managementsystem eingebaut wird. Dieses Planungssystem hat schematisch folgenden Ablauf:

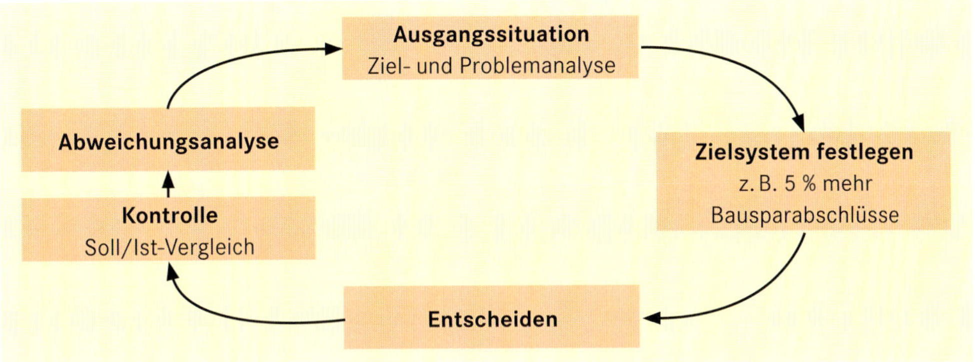

- **Steuerungsadäquates Führungsinformationssystem**
  Entscheidungen im Kreditinstitut können nur so gut sein, wie die zugrunde liegende Information ist. Ein optimales Informationssystem sollte folgende Erfolgsfaktoren enthalten:
  – Die **Ergebnisinformation** muss so konstruiert sein, dass das Kreditinstitut die Frage beantworten kann, welches Einzelgeschäft, welche Kunden und welche Geschäftsstellen welchen Beitrag zum Unternehmenserfolg beisteuern.
  – Für die Steuerung des Kreditinstituts sind Ablauf- und Risikobilanzen zu erstellen, die die entstandenen Risiken kennzeichnen, wie z. B.:
  Ausfallrisikobilanzen, die die Risiken auf der Aktivseite der Bilanz systematisieren;
  Zinsänderungsbilanzen, die das Zinsänderungsrisiko aufdecken;
  Währungsbilanzen, die Risikopotenziale in Fremdwährungen aufzeigen;
  – **Liquiditätsbilanzen,** die zu erwartende Zu- und Abflüsse erfassen und entsprechende Liquiditätslücken oder Liquiditätsüberschüsse transparent machen.

Praxisfall

In der Handelbank stehen als Instrumente des Bankcontrollings wichtige Grundlagen der Kalkulationsmethode zur Verfügung:
Im Wertbereich wird die Marktzinsmethode und im Betriebsbereich die Standardeinzelkostenrechnung genutzt. Die Standardrisikokosten werden in einem bankinternen System erfasst. Die Risikopotenziale werden durch Ablauf- und Risikobilanzen aufgezeigt. Aus der Produkt-, Kunden- und Geschäftsstellenkalkulation lassen sich Aussagen über Teilbetriebsergebnisse und das Gesamtbetriebsergebnis machen. Weiterhin werden zur Planung und Kontrolle andere wichtige Kennzahlen aus dem Bankbereich (z. B. Wirtschaftlichkeit, Betriebsergebnis) hinzugezogen.

Aufgaben

1. Definieren Sie den Begriff „Ertragsorientiertes Bankcontrolling".
2. Welche Komponenten begrenzen oder bestimmen die Rentabilität eines Kreditinstituts?
3. Beschreiben Sie anhand von Beispielen strategisches und operatives Controlling.
4. Beschreiben Sie die Bausteine eines integrierten Controllingsystems und vergleichen Sie dieses System mit dem Controllingsystem Ihres Ausbildungsbetriebes.

15 Dokumentierte Unternehmensleistungen auswerten

- Jahresabschluss
- Aufbereitung und Auswertung des Jahresabschlusses
- Analyse von Bilanz und GuV-Rechnung
- Risikomanagement
- Auswertung von Jahresabschlüssen im Hinblick auf Anlageentscheidungen
- Rücklagen und Ausschüttungspolitik

Lernfeld 9

Dokumentierte Unternehmens-leistungen auswerten

15 Dokumentierte Unternehmensleistungen auswerten

15.1 Jahresabschluss

Die Pflicht zur Aufstellung einer Bilanz ergibt sich aus § 242 HGB. Danach müssen die gesetzlichen Vertreter einer Kapitalgesellschaft (GmbH, AG ...) den **Jahresabschluss** (§ 264) um einen Anhang erweitern, der mit der **Bilanz** und der **Gewinn- und Verlustrechnung** eine Einheit bildet, sowie einen Lagebericht aufstellen. Der Jahresabschluss und der Lagebericht sind von den gesetzlichen Vertretern in den ersten drei Monaten des Geschäftsjahres für das vergangene Geschäftsjahr aufzustellen. Kleine Kapitalgesellschaften (§ 267 Abs. 1) brauchen keinen Lagebericht; den Jahresabschluss können sie innerhalb der ersten sechs Monate des Geschäftsjahres erstellen. Einzelkaufleute sind von der Pflicht zur Buchführung befreit, wenn sie die Anforderungen des § 241 a HGB erfüllen.

15.1.1 Die Bilanz und ihr Aufbau

Praxisfall

Im Rahmen seiner Ausbildung in der Schwabenbank e. G. bekommt Peter Stark folgende Bilanz eines Kreditkunden auf den Tisch:

Bilanz der Müller GmbH zum 31.12.20.. in T€

Aktiva	
A. Anlagevermögen:	
I. Immaterielle Vermögensgegenstände	
1. selbst geschaffene gewerbliche Schutzrechte und ähnliche Rechte und Werte,	0,00
2. entgeltlich erworbene Konzessionen, gewerbliche Schutzrechte und ähnliche Rechte und Werte sowie Lizenzen an solchen Rechten und Werten	9,00
3. Geschäfts- oder Firmenwert	0,00
4. geleistete Anzahlungen	0,00
II. Sachanlagen	
1. Grundstücke, grundstücksgleiche Rechte und Bauten einschließlich der Bauten auf fremden Grundstücken	1.275,60
2. technische Anlagen und Maschinen	648,00
3. andere Anlagen, Betriebs- und Geschäftsausstattung	246,30
4. geleistete Anzahlungen und Anlagen im Bau	0,00
III. Finanzanlagen	
1. Anteile an verbundenen Unternehmen	0,00
2. Ausleihungen an verbundene Unternehmen	0,00
3. Beteiligungen	150,00
4. Ausleihungen an Unternehmen, mit denen ein Beteiligungsverhältnis besteht	0,00
5. Wertpapiere des Anlagevermögens	0,00
6. sonstige Ausleihungen	0,00
B. Umlaufvermögen	
I. Vorräte	
1. Roh-, Hilfs- und Betriebsstoffe	546,90
2. unfertige Erzeugnisse, unfertige Leistungen	126,90
3. fertige Erzeugnisse und Waren	1.146,00
4. geleistete Anzahlungen	
II. Forderungen und sonstige Vermögensgegenstände	
1. Forderungen aus Lieferungen und Leistungen	2.175,00
2. Forderungen gegen verbundene Unternehmen	0,00
3. Forderungen gegen Unternehmen, mit denen ein Beteiligungsverhältnis besteht	0,00
4. sonstige Vermögensgegenstände	0,00
III. Wertpapiere	
1. Anteile an verbundenen Unternehmen	0,00
2. sonstige Wertpapiere	0,00
IV. Kassenbestand, Bundesbankguthaben, Guthaben bei Kreditinstituten und Schecks	52,50
C. Rechnungsabgrenzungsposten	**2,40**
D. Aktive latente Steuern	**0,00**
E. Aktiver Unterschiedsbetrag aus der Vermögensverrechnung	**0,00**
Bilanzsumme	**6.378,60**

Passiva	
A. Eigenkapital:	
I. Stammkapital/gezeichnetes Kapital	330,00
II. Kapitalrücklage	0,00
III. Gewinnrücklagen	
1. gesetzliche Rücklage	270,00
2. Rücklage für Anteile an einem herrschenden oder mehrheitlich beteiligten Unternehmen	0,00
3. satzungsmäßige Rücklagen	0,00
4. andere Gewinnrücklagen	0,00
IV. Gewinnvortrag/Verlustvortrag	8,70
V. Jahresüberschuss/Jahresfehlbetrag	375,30
B. Rückstellungen	
1. Rückstellungen für Pensionen und ähnliche Verpflichtungen	0,00
2. Steuerrückstellungen	0,00
3. sonstige Rückstellungen	0,00
C. Verbindlichkeiten	
1. Anleihen	0,00
davon konvertibel	0,00
2. Verbindlichkeiten gegenüber Kreditinstituten	
langfristig	1.530,60
kurzfristig	1.966,50
3. erhaltene Anzahlungen auf Bestellungen	0,00
4. Verbindlichkeiten aus Lieferungen und Leistungen	1.857,30
5. Verbindlichkeiten aus der Annahme gezogener Wechsel und der Ausstellung eigener Wechsel	0,00
6. Verbindlichkeiten gegenüber verbundenen Unternehmen	0,00
7. Verbindlichkeiten gegenüber Unternehmen, mit denen ein Beteiligungsverhältnis besteht	0,00
8. Sonstige Verbindlichkeiten	0,00
davon aus Steuern	0,00
davon im Rahmen der sozialen Sicherheit	36,60
D. Rechnungsabgrenzungsposten	**3,60**
E. Passive latente Steuern	**0,00**
Bilanzsumme	**6.378,60**

→

Praxisfall (Fortsetzung)

Bei der Müller GmbH handelt es sich um einen mittelständischen Industriebetrieb, der elektronische Bauteile produziert. Das wird auch aus den Vorräten ersichtlich, die neben Roh-, Hilfs- und Betriebsstoffen und unfertigen Erzeugnissen auch Fertigerzeugnisse enthalten.
Die Rechtsform der GmbH wird durch den Ausweis als Stammkapital auch aus dem Eigenkapital ersichtlich. Das Unternehmen hat ein gutes Jahr abgeschlossen. Das wird durch den hohen Gewinn erkennbar.

15.1.1.1 Die Aktivseite der Bilanz

Auf der **Aktivseite** sind die **Vermögenswerte** der Firma zu erkennen. Sie gliedern sich in **Anlagevermögen,** das über mehrere Jahre genutzt wird, und in **Umlaufvermögen,** das sich schneller umsetzt.

Anlagevermögen

Zum **Anlagevermögen** zählen die „immateriellen Vermögenswerte", wie gewerbliche Schutzrechte, Konzessionen, Lizenzen usw., aber auch ein Geschäfts- oder Firmenwert. Die größte Position beim Anlagevermögen ist meist die Position „Sachanlagen". Hierbei handelt es sich um Grundstücke und Gebäude, Maschinen und die Betriebs- und Geschäftsausstattung. Mit Ausnahme der Grundstücke werden sie langfristig genutzt und verlieren im Laufe der Nutzungsdauer ihren Wert. Dies wird durch die Abschreibungen buchhalterisch festgehalten und kann mittels eines Vergleichs von zwei aufeinanderfolgenden Bilanzen sichtbar gemacht werden. Zum Anlagevermögen zählen auch die Finanzanlagen. In der Bilanz ist der buchhalterische Wert der Beteiligungen erkennbar, er muss nicht unbedingt dem tatsächlichen Wert entsprechen, da er aus kaufmännischer Vorsicht nur mit höchstens dem Anschaffungswert angesetzt werden kann. Daher können in ihm stille Reserven schlummern. Finanzanlagen können auch langfristige Anlagen in Wertpapieren sein.

Umlaufvermögen

Zum **Umlaufvermögen** gehören die Vorräte an Roh-, Hilfs- und Betriebsstoffen, die Halb- und Fertigerzeugnisse sowie die Handelswaren, d.h. sämtliches Vermögen, das sich innerhalb eines Jahres mehrmals umschlägt. Außerdem zählen die Forderungen, die Wertpapiere des Umlaufvermögens und die Zahlungsmittel des Unternehmens zum Umlaufvermögen.

15.1.1.2 Die Passivseite der Bilanz

Die Passivseite ist in zwei Blöcke gegliedert. Der eine ist das **Eigenkapital,** der andere das **Fremdkapital.** Aus beiden lässt sich erkennen, woher das Unternehmen seine finanziellen Mittel hat.

Eigenkapital

Das **Eigenkapital** wird je nach Rechtsform unterschiedlich ausgewiesen. Bei Personengesellschaften wird für jeden Gesellschafter das Eigenkapital bilanziert. Es setzt sich aus gezeichnetem Kapital und den Rücklagen zusammen. Gezeichnetes Kapital ist z.B. bei der AG das Grundkapital, bei der GmbH das Stammkapital und bei der e. G. das Geschäftsguthaben. Bei Kapitalgesellschaften wie z.B. der Aktiengesellschaft ist die Summe der Nennwerte der Aktien das Grundkapital (nicht so bei Stückaktien). Das Grundkapital ist wiederum ein Hauptteil des Eigenkapitals in der AG. Bei allen Unternehmen zählen ferner die Rücklagen zum Eigenkapital, daneben gibt es weitere rechtsformbezogene Eigenkapitalbestandteile. Gewinne und Einlagen vergrößern, Verluste und Entnahmen verkleinern das Eigenkapital.

Fremdkapital

Das **Fremdkapital** sind die Schulden des Unternehmens. Es umfasst im Wesentlichen die nach Fristigkeit und Besicherung gegliederten Verbindlichkeiten des Unternehmens. Die wichtigsten Positionen sind die kurz- und langfristigen Schulden bei Kreditinstituten und die Schulden gegenüber Lieferanten.

5484260

15.1.1.3 Handels- und Steuerbilanz

Bilanzen werden zum Ende des Geschäftsjahres erstellt. Dies entspricht häufig dem Kalenderjahr. Es gibt aber auch Unternehmen, die z. B. am 30. September bilanzieren und deren Geschäftsjahr daher vom 1. Oktober bis 30. September geht. Kaufleute erstellen eine Handels- und eine Steuerbilanz.

Handelsbilanz, HGB, US-GAAP, IFRS

Die **Handelsbilanz** wird nach den Vorschriften des **HGB** neu erstellt. Sie dient der Information von Gesellschaftern, Geldgebern und Mitarbeitern. Seit dem 1. Januar 2005 sind für den Bereich der EU für die Konzernabschlüsse kapitalmarktorientierter Unternehmen nur noch die Bilanzierungsvorschriften der IFRS (**I**nternational **F**inancial **R**eporting **S**tandards) zulässig. Für Unternehmen aus Deutschland, die am US-Markt tätig sind, ist US-GAAP (**US** **G**enerally **A**ccepted **A**ccounting **P**rinciples), eine amerikanische Norm der Rechnungslegung, Voraussetzung für eine Börsennotierung in den USA. Sie ist zwar ohne Rechtskraft, jedoch offiziell anerkannt und gültig. Von der deutschen Rechnungslegung, die dem Gläubigerschutz verpflichtet ist, unterscheidet sie sich in ihrer Ausrichtung auf das Anlegerinteresse; es entfällt die Möglichkeit zur Bildung stiller Reserven und die Bewertung von Wertpapieren erfolgt nach Marktpreisen und nicht etwa nach Anschaffungswerten.

Steuerbilanz

Die **Steuerbilanz** wird nach **steuerrechtlichen Vorschriften** erstellt. Sie ist zusammen mit der Gewinn- und Verlustrechnung die Grundlage für die Besteuerung. Kleinere Unternehmen erstellen häufig nur eine Steuerbilanz und keine Handelsbilanz. Die Bilanzen sollen ein wahrheitsgetreues Bild über die Vermögens-, Finanz- und Ertragslage des Unternehmens vermitteln und damit die Partner des Unternehmens vor Fehleinschätzungen schützen und eine gerechte Besteuerung ermöglichen.

15.1.1.4 Formelle Vorschriften bei der Bilanzerstellung

Nach dem HGB muss ein Kaufmann zu Beginn seines Handelsgewerbes und am Schluss eines jeden Geschäftsjahres eine Bilanz erstellen und sie mit Angabe des Datums unterzeichnen (§§ 242 Abs. 1 und 245 HGB). Die Bilanz muss nach § 247 HGB auf der Aktivseite in Anlage- und Umlaufvermögen sowie auf der Passivseite in Eigenkapital und Fremdkapital gegliedert sein. Für Kreditinstitute sieht das HGB eine andere Bilanzgliederung vor. Für Geschäftsvorfälle, die über das Ende des Geschäftsjahres hinausreichen oder aus der neuen Periode zurückreichen, müssen Rechnungsabgrenzungsposten gebildet werden, die gesondert ausgewiesen und hinreichend aufgegliedert sein müssen (§ 250 HGB). Für ungewisse Verbindlichkeiten und für drohende Verluste aus schwebenden Geschäften (z.B. Gewährleistungsansprüche, Prozesse) müssen Rückstellungen gebildet werden (§ 249 BGB).

15.1.1.5 Bilanzen im Vergleich

Aus der Art, wie die Bilanz aufgestellt wurde, lässt sich meist erkennen, welche **Rechtsform** das bilanzierende Unternehmen hat und welches Handelsgeschäft es betreibt. Bei der Position „Eigenkapital" findet man Hinweise auf die Rechtsform. Die Aktivseite gibt beim Umlaufvermögen Informationen z.B. darüber, ob der Betrieb selbst produziert. Dann hat er Roh-, Hilfs- und Betriebsstoffe sowie unfertige Erzeugnisse. Handelt das Unternehmen mit eingekaufter Ware, fehlen diese Positionen. Dafür ist die Position „Fertige Erzeugnisse und Waren" vorhanden.

Praxisfälle

Bilanz der Meier e. K., Elektrobedarf, zum 31.12.20.. in €

Aktiva		Passiva		
A. Anlagevermögen		**A. Eigenkapital**		
I. Sachanlagen		1. Anfangskapital	25.000,00	
1. Grundstücke und Gebäude	300.000,00	2. Entnahmen	− 100.000,00	
2. Betriebs- und Geschäftsausstattung	35.600,00	3. Bilanzgewinn/Bilanzverlust	150.000,00	75.000,00
B. Umlaufvermögen		**B. Verbindlichkeiten**		
I. Vorräte		1. Langfristige Verbindlichkeiten gegenüber Banken		180.000,00
1. Fertige Erzeugnisse und Waren	15.000,00	2. Kurzfristige Verbindlichkeiten Banken		74.800,00
II. Forderungen		3. Verbindlichkeiten aus Lieferungen und Leistungen		63.400,00
1. Forderungen aus Lieferungen und Leistungen	12.300,00	4. Sonstige Verbindlichkeiten		4.200,00
III. Schecks, Kassenbestand, Bankguthaben				
1. Bankguthaben	26.000,00			
2. Kassenbestand	5.400,00			
C. Rechnungsabgrenzungsposten	3.300,00	**C. Rechnungsabgrenzungsposten**		200,00
Bilanzsumme	**397.600,00**	**Bilanzsumme**		**397.600,00**

Die Meier e. K. ist ein kleiner Großhandelsbetrieb für Elektrobedarf. Der Betrieb hat nur Fertigerzeugnisse. Daraus geht hervor, dass er ein Handelsbetrieb ist, der Waren nicht selbst produziert. Großhändler kaufen ihre Ware oft auf Ziel, auch das wird in der Position „Verbindlichkeiten aus Lieferungen und Leistungen" deutlich. Die Gewinnentnahmen lassen auf ein Personenunternehmen schließen.

Bilanz der Schuler GmbH, Installationen, zum 31.12.20.. in €

Aktiva		Passiva		
A. Anlagevermögen		**A. Eigenkapital**		
I. Sachanlagen		1. Stammkapital	50.000,00	
1. Maschinen und technische Anlagen	3.200,00	2. Verlustvortrag	0,00	
2. Betriebs- und Geschäftsausstattung	23.800,00	3. Jahresüberschuss	24.000,00	74.000,00
B. Umlaufvermögen		**B. Verbindlichkeiten**		
I. Vorräte		1. Langfristige Verbindlichkeiten gegenüber Banken		85.000,00
1. Roh-, Hilfs- und Betriebsstoffe	78.325,00	2. Kurzfristige Verbindlichkeiten Banken		43.200,00
2. Unfertige Erzeugnisse bzw. Leistungen	18.600,00	3. Verbindlichkeiten aus Lieferungen und Leistungen		66.400,00
II. Forderungen		4. Sonstige Verbindlichkeiten		20.200,00
1. Forderungen aus Lieferungen und Leistungen	143.800,00			
2. Sonstige Vermögensgegenstände	14.500,00			
III. Schecks, Kassenbestand, Bankguthaben				
1. Bankguthaben	2.400,00			
2. Kassenbestand	1.700,00			
C. Rechnungsabgrenzungsposten	2.475,00			
Bilanzsumme	**288.800,00**	**Bilanzsumme**		**288.800,00**

Die Schuler GmbH ist ein Handwerksbetrieb, der Installationen aller Art vornimmt. Handwerksbetriebe haben in der Position „Vorräte" auffallende Ähnlichkeiten mit einem Industriebetrieb, mit dem Unterschied, dass die Position „Fertigerzeugnisse" bei ihnen fehlt. Die Gesellschaftsform GmbH ist auch am Ausweis des Eigenkapitals als Stammkapital erkennbar.

→

5484262

Praxisfälle

Bilanz der Franz Keller e. K. (Sporthotel, Restaurant) zum 31.12.20.. in €

Aktiva		Passiva		
A. Anlagevermögen		**A. Eigenkapital**		
I. Sachanlagen		1. Anfangskapital	60.000,00	
1. Grundstücke und Gebäude	25.000,00	2. Entnahmen	- 54.000,00	
2. Betriebs- und Geschäftsausstattung	63.000,00	3. Bilanzgewinn/ Bilanzverlust	87.000,00	93.000,00
B. Umlaufvermögen		**B. Verbindlichkeiten**		
I. Vorräte		1. Langfristige Verbindlichkeiten gegenüber Banken		54.000,00
1. Roh-, Hilfs- und Betriebsstoffe	1.500,00	2. Kurzfristige Verbindlichkeiten Banken		45.000,00
2. Fertige Erzeugnisse	67.200,00	3. Verbindlichkeiten aus Lieferungen und Leistungen		23.000,00
II. Forderungen		4. Sonstige Verbindlichkeiten		5.000,00
1. Sonstige Vermögensgegenstände	23.000,00			
III. Schecks, Kassenbestand, Bankguthaben				
1. Bankguthaben	25.600,00			
2. Kassenbestand	12.800,00			
C. Rechnungsabgrenzungsposten	8.400,00	**C. Rechnungsabgrenzungsposten**		6.500,00
Bilanzsumme	**226.500,00**	**Bilanzsumme**		**226.500,00**

Bei der Franz Keller e. K. handelt es sich um ein Dienstleistungsunternehmen. Dies wird am geringen Forderungsbestand deutlich. Hier werden Rechnungen sofort bar bezahlt. Die Position „Sonstige Vermögensgegenstände" enthält die Vorsteuerforderungen an das Finanzamt.

15.1.2 Gewinn- und Verlustrechnung

15.1.2.1 Allgemeines

Praxisfall

Die Müller GmbH hat mit ihrer Bilanz die folgende Gewinn- und Verlustrechnung vorgelegt. Peter Stark soll mithilfe der GuV-Rechnung die Zusammenhänge mit der Bilanz und wichtige Informationen für die Kreditentscheidung herausarbeiten.

Gewinn- und Verlustrechnung der Müller GmbH — GuV 20..

		T€	%
Umsatzerlöse		5.977,80	100,2
Bestandsveränderungen		- 10,50	- 0,2
Gesamtleistungen		**5.967,30**	**100,0**
Sonstige betriebliche Erträge			0,0
Materialaufwand		- 2.202,90	- 36,9
Rohergebnis		**3.764,40**	**63,1**
Personalaufwand		- 2.440,20	- 40,9
Abschreibungen auf Sachanlagen		- 167,70	- 2,8
Sonstige betriebliche Aufwendungen		- 85,50	- 1,5
Teilbetriebsergebnis		**1.071,00**	**17,9**
Erträge aus Finanzanlagen	Finanzergebnis		0,0
Sonstige Zinsen und ähnliche Aufwendungen			0,0
Zinsen und ähnliche Aufwendungen		- 365,70	- 6,1
Betriebsergebnis (Ergebnis der gewöhnlichen Geschäftstätigkeit)		**705,30**	**11,8**
Außerordentliche Erträge	außerordentliches Ergebnis (- 53,70)	43,50	0,7
Außerordentliche Aufwendungen		- 97,20	- 1,6

→

Praxisfall

Gewinn- und Verlustrechnung der Müller GmbH **GuV 20..**

	T€	%
Gesamtergebnis vor Steuern	**651,60**	**10,9**
Steuern vom Einkommen und vom Ertrag	- 276,30	- 4,6
Jahresüberschuss/-fehlbetrag	**375,30**	**6,3**

Im **Gewinn- und Verlustkonto** werden den **Erträgen** des Geschäftsjahres alle **Aufwendungen** gegenübergestellt. Der Saldo, der entsteht, ist das Jahresergebnis. Ist er positiv, steht der Saldo unter den Aufwendungen, da die Erträge größer waren als die Aufwendungen. Bei einem Verlust steht er unter den Erträgen, weil die Aufwendungen größer als die Erträge waren.

Aufwand	GuV Ertrag
Aufwand	Umsatzerlöse
Saldo = Gewinn	

Aufwand	GuV Ertrag
Aufwand	Umsatzerlöse
	Saldo = Verlust

Die **Gewinn- und Verlustrechnung** ist eine Jahresrechnung, die erstellt wird, um den wirtschaftlichen Erfolg oder Misserfolg eines Unternehmens zu ermitteln. Er fließt in die Bilanz ein, die die Aufgabe hat, das Vermögen und das Kapital des Unternehmens stichtagsbezogen aufzustellen. Den Gewinn erhalten die Eigentümer des Unternehmens als Verzinsung für ihr eingesetztes Kapital bzw. bei der KG oder OHG und dem Einzelunternehmen für die Arbeit in der Unternehmensführung (Eigenleistung). Sie entscheiden über dessen Verwendung. Im Falle eines Verlustes wird der Fehlbetrag vom eingesetzten Kapital der Eigentümer abgezogen.

Aktiva	Bilanz Passiva
Anlagevermögen	Eigenkapital ←
Umlaufvermögen	Fremdkapital

Aufwand	GuV Ertrag
Aufwand	Umsatzerlöse
Saldo = Gewinn (→ Eigenkapital)	

Bei der Aufstellung der Gewinn- und Verlustrechnung werden die Aufwendungen und Erträge, die mit der Erstellung der Betriebsleistung zusammenhängen, **getrennt von betriebsfremden und außerordentlichen Aufwendungen** dargestellt. Nach § 275 HGB ist für die Kapitalgesellschaften die Gewinn- und Verlustrechnung in Staffelform nach dem Gesamtkosten- oder dem Umsatzkostenverfahren zu erstellen.

15.1.2.2 Gesamtkosten- und Umsatzkostenverfahren

Nach § 275 HGB ist die Gewinn- und Verlustrechnung in Staffelform nach dem Gesamtkostenverfahren oder dem Umsatzkostenverfahren aufzustellen. Im europäischen Raum ist das Gesamtkostenverfahren vorherrschend. Hier können die Daten direkt aus der Buchhaltung übernommen werden. Es ist zudem periodenbestimmt und produktionsbezogen, da die Aufwendungen den im Geschäftsjahr hergestellten Erzeugnissen entsprechen und die Lagerveränderungen bereinigt wurden. Das Umsatzkostenverfahren überwiegt im internationalen Vergleich. Kleinere Kapitalgesellschaften dürfen die Positionen 1 bis 5 zum Rohergebnis zusammenfassen (§ 276 HGB). Einzelunternehmen oder Personengesellschaften können sich an den Vorschriften für die Kapitalgesellschaften orientieren.

5484264

Gesamtkostenverfahren	Umsatzkostenverfahren
1. Umsatzerlöse	1. Umsatzerlöse
2. Erhöhung oder Verminderung des Bestandes an fertigen und unfertigen Erzeugnissen	2. Herstellungskosten der zur Erzielung der Umsatzerlöse erbrachten Leistungen
3. andere aktivierte Eigenleistungen	3. Bruttoergebnis vom Umsatz
4. sonstige betriebliche Erträge	4. Vertriebskosten
5. Materialaufwand: a) Aufwendungen für Roh-, Hilfs- und Betriebsstoffe und für bezogene Waren b) Aufwendungen für bezogene Leistungen	5. allgemeine Verwaltungskosten 6. sonstige betriebliche Erträge 7. sonstige betriebliche Aufwendungen
6. Personalaufwand: a) Löhne und Gehälter b) soziale Abgaben und Aufwendungen für Altersversorgung und für Unterstützung, davon für Altersversorgung	8. Erträge aus Beteiligungen, davon aus verbundenen Unternehmen 9. Erträge aus anderen Wertpapieren und Ausleihungen des Finanzanlagevermögens, davon aus verbundenen Unternehmen
7. Abschreibungen: a) auf immaterielle Vermögensgegenstände des Anlagevermögens und Sachanlagen b) auf Vermögensgegenstände des Umlaufvermögens, soweit diese die in der Kapitalgesellschaft üblichen Abschreibungen überschreiten	10. sonstige Zinsen und ähnliche Erträge, davon aus verbundenen Unternehmen 11. Abschreibungen auf Finanzanlagen und auf Wertpapiere des Umlaufvermögens 12. Zinsen und ähnliche Aufwendungen, davon an verbundene Unternehmen
8. sonstige betriebliche Aufwendungen	13. Ergebnis der gewöhnlichen Geschäftstätigkeit
9. Erträge aus Beteiligungen, davon aus verbundenen Unternehmen	14. außerordentliche Erträge
10. Erträge aus anderen Wertpapieren und Ausleihungen des Finanzanlagevermögens, davon aus verbundenen Unternehmen	15. außerordentliche Aufwendungen 16. außerordentliches Ergebnis 17. Steuern vom Einkommen und vom Ertrag
11. sonstige Zinsen und ähnliche Erträge, davon aus verbundenen Unternehmen	18. sonstige Steuern 19. Jahresüberschuss/Jahresfehlbetrag
12. Abschreibungen auf Finanzanlagen und auf Wertpapiere des Umlaufvermögens	
13. Zinsen und ähnliche Aufwendungen, davon an verbundene Unternehmen	
14. Ergebnis der gewöhnlichen Geschäftstätigkeit	
15. außerordentliche Erträge	
16. außerordentliche Aufwendungen	
17. außerordentliches Ergebnis	
18. Steuern vom Einkommen und vom Ertrag	
19. sonstige Steuern	
20. Jahresüberschuss/Jahresfehlbetrag	

Verkürzt könnte der Unterschied folgendermaßen dargestellt werden:

Gesamtkostenverfahren	Umsatzkostenverfahren
Umsatzerlöse + Bestandserhöhungen an Halb- und Fertigerzeugnissen - Bestandsminderungen an Halb- und Fertigerzeugnissen - Gesamtkosten der Periode	Umsatzerlöse - Gesamtkosten des Umsatzes
= **Betriebsergebnis**	= **Betriebsergebnis**

Praxisfall

Die Gewinn- und Verlustrechnung der Müller GmbH wurde nach dem Gesamtkostenverfahren erstellt. Der Gewinn des Jahres findet sich in der Position „Eigenkapital" der Bilanz wieder. Für weitere Aussagen müssen die Bilanz und die GuV-Rechnung zunächst aufbereitet und analysiert werden.

15.1.3 Anhang und Lagebericht bei Kapitalgesellschaften

15.1.3.1 Anhang

Der Anhang erläutert die Bilanz und die Gewinn- und Verlustrechnung. Gesetzlich geregelt ist er in den Paragrafen 284 und 285 HGB.

Im Anhang müssen angegeben werden

- die angewandten Bilanzierungs- und Bewertungsmethoden,
- die Grundlagen für die Umrechnung in Euro bei Währungspositionen,
- die Abweichungen von Bilanzierungs- und Bewertungsmethoden und ihre Begründung,
- Angaben über die Einbeziehung von Zinsen für Fremdkapital in die Herstellungskosten.

Ferner sind im Anhang anzugeben:

- Verbindlichkeiten
  - mit einer Restlaufzeit von mehr als fünf Jahren;
  - der Gesamtbetrag der Verbindlichkeiten, die durch Pfandrechte oder ähnliche Rechte gesichert sind;
- die Aufgliederung der Umsatzerlöse nach Tätigkeitsbereichen sowie nach geografisch bestimmten Märkten;
- in welchem Umfang die Steuern vom Einkommen und vom Ertrag das Ergebnis der gewöhnlichen Geschäftstätigkeit und das außerordentliche Ergebnis belasten;
- die durchschnittliche Zahl der während des Geschäftsjahres beschäftigten Arbeitnehmer, getrennt nach Gruppen;
- die Gesamtbezüge des Vorstands, der Geschäftsführung und des Aufsichtsrats;
- Rückstellungen, die in der Bilanz unter dem Posten „Sonstige Rückstellungen" nicht gesondert ausgewiesen werden, sind zu erläutern, wenn sie einen nicht unerheblichen Umfang haben;
- weitere Angaben siehe §§ 284, 285 HGB

15.1.3.2 Lagebericht

Nach § 289 HGB soll der Lagebericht den **Geschäftsverlauf und die Lage des Unternehmens beschreiben.** Dabei soll u. a. auf folgende Punkte eingegangen werden:

- Vorgänge von besonderer Bedeutung, die nach Abschluss des Geschäftsjahres eingetreten sind;
- die voraussichtliche Entwicklung der Kapitalgesellschaft;
- den Bereich Forschung und Entwicklung;
- bestehende Zweigniederlassungen der Gesellschaft.

5484266

15.2 Aufbereitung und Auswertung des Jahresabschlusses

15.2.1 Aufbereitung der Gewinn- und Verlustrechnung

Der **Maßstab** für den Erfolg eines Unternehmens ist das **Betriebsergebnis.** Es ist das periodengerechte Ergebnis der **gewöhnlichen Geschäftstätigkeit.** Daher enthält es alle dem jeweiligen Jahr zuzuordnenden Aufwendungen und Erträge. Alle nicht dem Geschäftsjahr zurechenbaren Aufwendungen und Erträge und alle außerordentlichen Aufwendungen und Erträge bleiben unberücksichtigt. Deshalb ist das Betriebsergebnis aussagefähiger als der Gewinn. Das Betriebsergebnis ohne Einmalkosten (z. B. für Sanierungen) ist der Operating Profit. Er ist in der Berichterstattung großer Konzerne eine häufig verwendete Größe, um die Ergebnisentwicklung darzustellen.

Das Betriebsergebnis wird in Zwischenschritten ermittelt. Zunächst wird die Gesamtleistung, dann das Rohergebnis und danach das Teilbetriebsergebnis aus der GuV-Rechnung ermittelt.

15.2.1.1 Gesamtleistung

Die Gesamtleistung ergibt sich wie folgt:

Umsatzerlöse
\+ Bestandsmehrungen an fertigen und unfertigen Erzeugnissen
\- Bestandsminderungen an fertigen und unfertigen Erzeugnissen
\+ andere aktivierte Eigenleistungen

= Gesamtleistung

Beim **Gesamtkostenverfahren** werden alle im Betrieb notwendigen Aufwendungen ausgewiesen. Daher müssen bei der Ermittlung der Gesamtleistung die Veränderung des Bestandes an fertigen und unfertigen Erzeugnissen und die anderen aktivierten Eigenleistungen berücksichtigt werden, da die Umsatzerlöse nur die verkauften Erzeugnisse erfassen. Aktivierte Eigenleistungen sind Erzeugnisse, die für den Eigenbedarf des Betriebes hergestellt wurden, wie z. B. eine Montagehalle, die durch die betriebseigenen Handwerker erstellt wurde. Sie werden auf der Aktivseite der Bilanz eingebucht und im Jahr der Aktivierung entsteht als Gegenposition in der GuV ein Ertrag als rechnerischer Ausgleich. Die aktivierten Eigenleistungen werden in den kommenden Jahren planmäßig abgeschrieben.

Praxisfall

Gewinn- und Verlustrechnung der Müller GmbH	T€	**GuV 20..** %
Umsatzerlöse	5.977,80	100,2
Bestandsveränderungen	- 10,50	- 0,2
Gesamtleistungen	**5.967,30**	**100,0**

Bei der Müller GmbH gab es keine aktivierten Eigenleistungen und es wurden mehr Erzeugnisse verkauft, als in diesem Jahr produziert wurden. Das wird an dem negativen Vorzeichen bei den Bestandsveränderungen erkennbar. Die Erzeugnisse wurden im vergangenen Jahr produziert. Daher ist die Gesamtleistung dieses Jahres um 10,5 T€ kleiner als die Umsatzerlöse.

15.2.1.2 Rohertrag

Der Rohertrag ergibt sich, indem von den Gesamtleistungen im nächsten Schritt der Materialaufwand (Aufwand für Roh-, Hilfs- und Betriebsstoffe und bezogene Leistungen) abgezogen und eventuelle sonstige betriebliche Erträge hinzugezählt werden. Bei Handelsunternehmen entspricht dies dem Aufwand des Wareneinsatzes.

Praxisfall (Fortsetzung)

	T€	%
Gesamtleistungen	**5.967,30**	**100,0**
Sonstige betriebliche Erträge		0,0
Materialaufwand	- 2.202,90	- 36,9
Rohergebnis	**3.764,40**	**63,1**

Die Müller GmbH hat einen Materialaufwand von 2.202,90 T€. Zieht man ihn von den Gesamtleistungen ab, ergibt sich das Rohergebnis. Die Zahl lässt im Vergleich zu den Vorjahren gewisse Entwicklungen erkennen.

Bei der Analyse der Unternehmen wird aus dem Rohergebnis eine Kennziffer errechnet, die Rohertragsquote.

$$\textbf{Rohertragsquote} = \frac{\text{Rohertrag} \cdot 100}{\text{Gesamtleistungen}}$$

Mit ihr wird neben dem Zeitvergleich auch ein Branchenvergleich möglich.

15.2.1.3 Teilbetriebsergebnis

Das **Teilbetriebsergebnis** ergibt sich, wenn vom Rohertrag alle betrieblich erforderlichen Aufwendungen abgezogen werden. Dazu gehören: Personalaufwand, planmäßige Abschreibungen, betrieblich bedingte Steuern und sonstige ordentliche Aufwendungen. Noch nicht berücksichtigt werden die Zinsaufwendungen oder die Zinserträge. Mit dem Teilbetriebsergebnis ist es möglich, Unternehmen zu vergleichen, ohne Einwirkung der Finanzierungsstruktur oder sonstiger Ertragsquellen.

Praxisfall (Fortsetzung)

	T€	%
Rohergebnis	**3.764,40**	**63,1**
Personalaufwand	- 2.440,20	- 40,9
Abschreibungen auf Sachanlagen	- 167,70	- 2,8
Sonstige betriebliche Aufwendungen	- 85,50	- 1,5
Teilbetriebsergebnis	**1.071,00**	**17,9**

Die Müller GmbH weist ein Teilbetriebsergebnis von 1.071 T€ aus.

5484268

15.2.1.4 Betriebsergebnis

Vom Teilbetriebsergebnis werden Zinsaufwendungen abgezogen und Zinserträge hinzugezählt. Sind andere Erträge, z. B. Mieterträge, vorhanden, werden sie als „sonstige periodengerechte betriebliche Erträge" hinzuaddiert. **Das Betriebsergebnis ist die Größe, mit der Unternehmen beurteilt und verglichen werden können.** Die einmaligen außerordentlichen Aufwendungen und Erträge sowie die Steuern vom Einkommen und vom Ertrag, die beim Jahresüberschuss berücksichtigt werden, machen aus dem Jahresüberschuss eine wenig aussagekräftige Kennziffer, weil dabei die laufende Ertragskraft verschleiert wird.

Praxisfall (Fortsetzung)

		T€	%
Teilbetriebsergebnis		**1.071,00**	**17,9**
Erträge aus Finanzanlagen	Finanzergebnis		0,0
Sonstige Zinsen und ähnliche Aufwendungen			0,0
Zinsen und ähnliche Aufwendungen		- 365,70	- 6,1
Betriebsergebnis		**705,30**	**11,8**

Die Müller GmbH hat einen Zinsaufwand von 365,70 T€ und keinen Zinsertrag. Das Betriebsergebnis beträgt 705,30 T€. Mit dieser Zahl kann im Zeitvergleich oder durch Berechnung verschiedener Kennziffern eine aussagekräftige Analyse des vorliegenden Jahresabschlusses durchgeführt werden.

15.2.1.5 Jahresüberschuss oder Jahresfehlbetrag

Zum Betriebsergebnis werden die außerordentlichen Erträge hinzuaddiert und die Aufwendungen von ihm abgezogen. Daraus ergibt sich das Ergebnis vor Steuern. Von ihm werden die Steuern vom Einkommen und vom Ertrag abgezogen, damit der Jahresüberschuss oder Jahresfehlbetrag errechnet werden kann. Der Jahresüberschuss steht zur Ausschüttung an die Eigentümer oder zur Rücklagenbildung zur Verfügung. Über die Verwendung entscheiden die Eigentümer, wenn die Pflicht zur gesetzlichen Rücklagenbildung erfüllt ist. Ein Jahresfehlbetrag wird vom vorhandenen Eigenkapital abgezogen.

Praxisfall (Fortsetzung)

		T€	%
Betriebsergebnis		**705,30**	**11,8**
Außerordentliche Erträge	außerordentliches	43,50	0,7
Außerordentliche Aufwendungen	Ergebnis (- 53,70)	- 97,20	- 1,6
Gesamtergebnis vor Steuer		**651,60**	**10,9**
Steuern vom Einkommen und vom Ertrag		- 276,30	- 4,6
Jahresüberschuss/-fehlbetrag		**375,30**	**6,3**

Die Müller GmbH weist ein außerordentliches Ergebnis von –53,70 T€ aus. Die Steuern auf Einkommen und Ertrag betragen 276,30 T€. Damit verbleiben dem Unternehmen 375,30 T€ zur Ausschüttung oder Rücklagenbildung.

15.2.2 Aufbereitung der Bilanz

Vor der Auswertung der Bilanz muss sie zuerst in übersichtlicher Form als **Strukturbilanz** dargestellt werden. In der anschließenden **Bilanzkritik** wird die aktuelle Bilanz mit den Vorjahren und den entsprechenden Branchenzahlen verglichen. Die Bilanzanalyse untersucht die Struktur der Bilanz, ermittelt Kennziffern und Bilanzveränderungen.

Praxisfall

Die aufbereitete Strukturbilanz und die GuV der Müller GmbH sieht folgendermaßen aus:

Strukturbilanz der Müller GmbH	Bilanz Vorjahr		Bilanz 20..		Branche	Abweichung Vorjahr
Aktiva	T€	%	T€	%	%	%
Immaterielles Vermögen	9,0	0,1	9,0	0,1	0,0	0,0
Grundstücke und Gebäude	1.326,0	21,3	1.275,6	20,0	28,5	- 3,8
Maschinen	570,0	9,2	648,0	10,2	12,0	13,7
BGA	252,6	4,1	246,3	3,9	6,2	- 2,5
Immaterielles Vermögen und Sachanlagen	**2.157,6**	**34,6**	**2.178,9**	**34,2**	**46,7**	**1,0**
Finanzanlagen	150,0	2,4	150,0	2,4	1,5	0,0
Anlagevermögen	**2.307,6**	**37,1**	**2.328,9**	**36,5**	**48,2**	**0,9**
Fertigerzeugnisse	1.067,1	17,1	1.146,0	18,0	15,2	7,4
Unfertige Erzeugnisse	119,4	1,9	126,9	2,0	1,0	6,3
Roh-, Hilfs- und Betriebsstoffe	574,2	9,2	546,9	8,6	7,0	- 4,8
Vorräte	**1.760,7**	**28,3**	**1.819,8**	**28,5**	**23,2**	**3,4**
Forderungen aus Lieferungen und Leistungen	2.107,5	33,8	2.175,0	34,1	25,5	3,2
Sonstige Vermögensgegenstände	0,0	0,0	0,0	0,0	0,0	0,0
Forderungen und sonstiges Vermögen	**2.107,5**	**33,8**	**2.175,0**	**34,1**	**25,5**	**3,2**
Bankguthaben	46,2	0,7	48,6	0,8	1,1	5,2
Kassenbestand	3,0	0,0	3,9	0,1	2,0	30,0
Schecks, Kassenbestand, Bankguthaben	**49,2**	**0,8**	**52,5**	**0,8**	**1,1**	**6,7**
Umlaufvermögen	**3.917,4**	**62,9**	**4.047,3**	**63,5**	**49,8**	**3,3**
Rechnungsabgrenzungsposten	2,4	0,0	2,4	0,0	2,0	0,0
Bilanzsumme	**6.227,4**	**100,0**	**6.378,6**	**100,0**	**100,0**	**2,4**

→

5484270

Praxisfall (Fortsetzung)

Strukturbilanz der Müller GmbH	**Bilanz Vorjahr**		**Bilanz 20..**		**Branche**	**Abweichung Vorjahr**
Passiva	T€	%	T€	%	%	%
Stammkapital/Eigenkapital	330,0	5,3	330,0	5,2	4,9	0,0
Offene Rücklagen	0,0	0,0	270,0	4,2	1,7	100,0
Gewinn-/Verlustvortrag	0,0	0,0	8,7	0,1	0,0	100,0
Bilanzgewinn/Bilanzverlust	278,7	4,5	375,3	5,9	8,5	34,7
Bilanzielles Eigenkapital	**608,7**	**9,8**	**984,0**	**15,4**	**15,1**	**61,7**
Langfristige Verbindlichkeiten Banken	1.621,5	26,0	1.530,6	24,0	31,5	- 5,6
Langfristige Verbindlichkeiten andere	0,0	0,0	0,0	0,0	0,0	0,0
Langfristiges Fremdkapital	**1.621,5**	**26,0**	**1.530,6**	**24,0**	**31,5**	**- 5,6**
Kurzfristige Verbindlichkeiten Banken	2.017,5	32,4	1.966,5	30,8	24,3	- 2,5
Verbindlichkeiten aus Lieferungen und Leistungen	1.927,2	30,9	1.857,3	29,1	25,6	- 3,6
Sonstige kurzfristige Verbindlichkeiten	52,5	0,8	36,6	0,6	1,2	- 30,3
Kurzfristiges Fremdkapital	**3.997,2**	**64,2**	**3.860,4**	**60,5**	**51,1**	**- 3,4**
Fremdkapital	**5.618,7**	**90,2**	**5.391,0**	**84,5**	**82,6**	**- 4,1**
Rechnungsabgrenzungsposten	0,0	0,0	3,6	0,1	2,3	0,0
Bilanzsumme	**6.227,4**	**100,0**	**6.378,6**	**100,0**	**100,0**	**2,4**

Gewinn- und Verlustrechnung der Müller GmbH	**GuV Vorjahr**		**GuV 20..**		**Branche**
	T€	**%**	**T€**	**%**	**%**
Umsatzerlöse	5.556,0	98,2	5.977,8	100,2	100,0
Bestandsveränderungen	102,6	1,8	- 10,5	- 0,2	0,0
Gesamtleistungen	**5.658,6**	**100,0**	**5.967,3**	**100,0**	**100,0**
Sonstige betriebliche Erträge		0,0		0,0	
Materialaufwand	- 2.138,4	37,8	- 2.202,9	36,9	35,3
Rohergebnis	**3.520,2**	**62,2**	**3.764,4**	**63,1**	**64,7**
Personalaufwand	- 2.347,8	41,5	- 2440,2	40,9	45,8
Abschreibungen auf Sachanlagen	- 188,7	3,3	- 167,7	2,8	4,5
Sonstige betriebliche Aufwendungen	- 69,3	1,2	- 75,9	1,3	0,2
Sonstige Steuern	- 8,7	0,2	- 9,6	0,2	0,3
Teilbetriebsergebnis	**905,7**	**16,0**	**1.071,0**	**17,9**	**13,9**

→

Praxisfall (Fortsetzung)

Gewinn- und Verlustrechnung der Müller GmbH		GuV Vorjahr		GuV 20..		Branche
		T€	%	T€	%	%
Erträge aus Finanzanlagen	Finanzergebnis		0,0		0,0	0,0
Sonstige Zinsen und ähnliche Aufwendungen			0,0		0,0	0,0
Zinsen und ähnliche Aufwendungen		- 402,0	7,1	- 365,7	6,1	4,3
Betriebsergebnis		**503,7**	**8,9**	**705,3**	**11,8**	**9,6**
Außerordentliche Erträge	außerordentl. Ergebnis (-13,8)	39,6	0,7	43,5	0,7	2,1
Außerordent. Aufwendungen		- 53,4	0,9	- 97,2	1,6	2,3
Gesamtergebnis vor Steuern		**489,9**	**8,7**	**651,6**	**10,9**	**9,4**
Steuern vom Einkommen und vom Ertrag		- 211,2	3,7	- 276,3	4,6	4,5
Jahresüberschuss/-fehlbetrag		**278,7**	**4,9**	**375,3**	**6,3**	**4,9**

Bilanzkritik

Positive Punkte: Die Müller GmbH entwickelt sich außerordentlich gut. Herausragend ist die Steigerung des Jahresüberschusses, der auch deutlich über dem Branchendurchschnitt liegt. Der Personalaufwand liegt ebenfalls deutlich unter dem Branchendurchschnitt, das ist sehr erfreulich und zeigt, dass sehr produktiv gearbeitet wird. Die gestiegenen außerordentlichen Aufwendungen haben verhindert, dass das Ergebnis noch besser ausgefallen ist.

Negative Punkte: Die Abschreibungen liegen unter denen der Branche und unter denen des Vorjahres, das deutet auf veraltete Produktionsanlagen hin. Die Zinsaufwendungen sind im Vergleich zur Branche zu hoch.

15.3 Analyse von Bilanz und GuV-Rechnung

Für die **Bilanzanalyse** werden **unterschiedliche Kennziffern berechnet,** die einen möglichst aufschlussreichen Einblick in das Unternehmen geben sollen. **Bilanzkritik** und **Bilanzanalyse** werden im Rahmen einer Kreditwürdigkeitsprüfung und eines Rating-Verfahrens von Kreditinstituten vorgenommen.

Bei der **Kreditwürdigkeitsprüfung** werden neben der persönlichen Kreditwürdigkeit des Unternehmens, die sich im **unternehmerischen Geschick** ausdrückt, die **Jahresabschlüsse** sowie weitere **interne und externe Unterlagen** über das Unternehmen geprüft. Hinzugenommen werden bei Bedarf Kreditinstitutsauskünfte, Auskünfte von gewerblichen Auskunfteien (Schimmelpfeng, Kreditreform, DVFA/SG[1]), Auszüge aus Handelsregistern und Gesellschaftsverträgen.

Die Bilanzanalyse erfolgt in folgenden Schritten:

- Durchsicht von Bilanz, GuV und Geschäftsbericht;
- Umgliederung und Neugliederung der Jahresabschlüsse;
- Berechnung und Beurteilung der Kennzahlen;
- Erfolgsanalyse der Zahlen aus GuV.

1 DVFA = Deutsche Vereinigung für Finanzanalyse und Asset Management e. V.
SG = Schmalenbach-Gesellschaft

15.3.1 Bilanzkennzahlen

Kennzahlen aus der Bilanz geben das Verhältnis der wichtigsten Bilanzpositionen zueinander wieder. Bei der Vermögensstruktur werden Positionen auf der Aktivseite verglichen. Bei der Kapitalstruktur werden Eigenkapital und Fremdkapital zueinander ins Verhältnis gesetzt. Die Anlagendeckung und die Liquiditätskennzahlen verbinden Positionen von der Aktiv- zur Passivseite.

15.3.1.1 Vermögensstruktur

$$\frac{\textbf{Vermögensstruktur}}{\text{(Anlagenintensität)}} = \frac{\text{Anlagevermögen} \cdot 100}{\text{Bilanzsumme}}$$

Die Vermögensstruktur gibt Aufschluss über den **Vermögensaufbau eines Unternehmens.** Sie zeigt die Anlagenintensität, das Verhältnis zwischen Anlagevermögen und Umlaufvermögen. Allgemein lässt sich sagen, dass sich Unternehmen mit hoher Anlagenintensität (z. B. Stahlindustrie, Werften) nur langsam auf veränderte Marktbedingungen einstellen können. Unternehmen, bei denen das Umlaufvermögen stark überwiegt (z. B. Handel), wird eine größere Flexibilität unterstellt. Diese Kennzahl wird aber erst aussagekräftig, wenn sie mit Zahlen von Unternehmen etwa gleicher Größe und gleicher Branche verglichen wird.

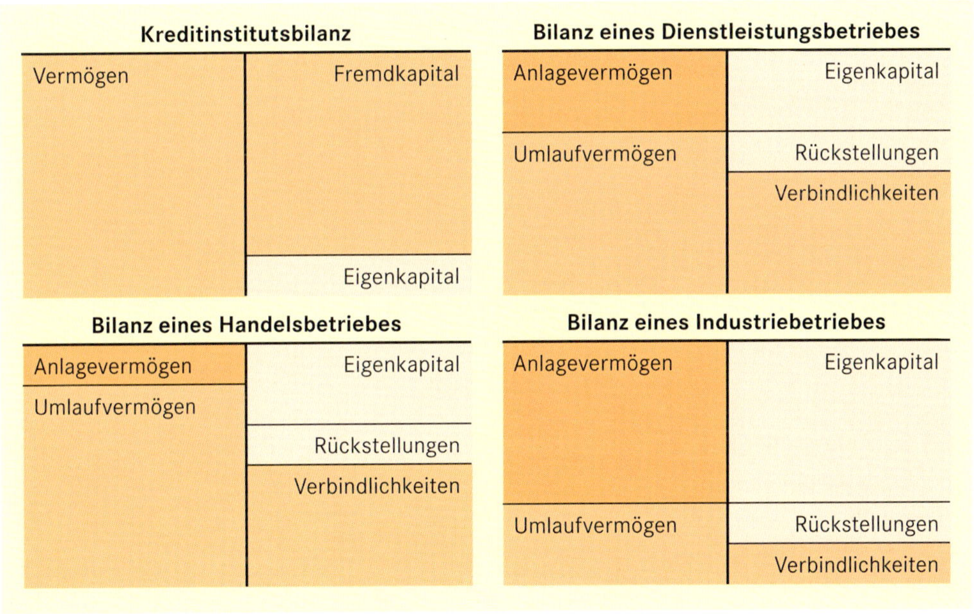

Kreditinstitute haben bezogen auf die Bilanzsumme das geringste Eigenkapital, wogegen die Industrie sehr kapitalintensiv ist. Industriebetriebe sind durch ihren hohen Anteil an Anlagevermögen sehr unflexibel. Ein Dienstleistungsbetrieb ist durch seinen hohen Anteil an Umlaufvermögen viel flexibler und damit leichter in der Lage, sich auf neue Marktgegebenheiten einzustellen. Ein Handelsbetrieb kann Produkte, die nicht nachgefragt werden, durch einen Abverkauf aus seinem Sortiment entfernen und damit sehr flexibel reagieren. Ein Industrieunternehmen kann seine Maschinen nicht abverkaufen, wenn die darauf gefertigten Produkte nicht nachgefragt werden. Es ist daher viel unflexibler als der Handelsbetrieb.

Praxisfall

Die Müller GmbH hat folgende Vermögensstruktur $= \frac{2.328{,}9 \cdot 100}{6.378{,}6} = 36{,}5\ \%$.

Das Unternehmen zählt zu den anlageintensiveren Unternehmen.

15.3.1.2 Kapitalstruktur

Bei der **Kapitalstruktur** sind die Eigenkapitalquote und die Fremdkapitalquote von Bedeutung.

$$\textbf{Eigenkapitalquote} = \frac{\text{Eigenkapital} \cdot 100}{\text{Bilanzsumme}}$$

$$\textbf{Fremdkapitalquote} = \frac{\text{Fremdkapital} \cdot 100}{\text{Bilanzsumme}}$$

Die **Kapitalstruktur** legt das Verhältnis von Eigenkapital zu Fremdkapital offen. Als **Faustformel** galt die Forderung nach **50 %,** sodass Unternehmen und Kreditinstitute jeweils die Hälfte zur Finanzierung beitragen. Allerdings konnte in den vergangenen Jahren durch das starke Wachstum die Eigenkapitalquote nicht mithalten. Im Durchschnitt liegt die Eigenkapitalquote der deutschen Unternehmen unter 20 %. Deshalb spricht man schon bei 33,33 % von einer sehr guten Eigenkapitalquote.

Praxisfall

Die Müller GmbH hat bei einer geplanten Gewinnausschüttung von 200.000,00 € folgende Kapitalstruktur:

$$\textbf{Eigenkapitalquote} = \frac{784 \cdot 100}{6.378{,}60} = 12{,}29\ \%$$

$$\textbf{Fremdkapitalquote} = \frac{5.591 \cdot 100}{6.378{,}60} = 87{,}65\ \%$$

(Eigenkapital = 330 + 270 + 8,7 + 175,3)
(Fremdkapital = 5.391 + 200 [geplante Ausschüttung])

15.3.1.3 Anlagendeckung (Finanzstruktur)

Die **Anlagendeckung I** drückt aus, mit wie viel Prozent das Anlagevermögen durch Eigenkapital finanziert ist. **Nach der goldenen Bilanzregel ist ein Unternehmen gut finanziert, wenn das Anlagevermögen sowie der eiserne Bestand aus dem Umlaufvermögen durch Eigenkapital gedeckt sind.** In der Praxis betrachtet man eine Quote von 50 % als gut finanziert. Bei sehr kapitalintensiven Unternehmen reicht eine Quote von 30 % aus.

$$\textbf{Anlagendeckung I} = \frac{\text{Eigenkapital} \cdot 100}{\text{Anlagevermögen}}$$

$$\textbf{Anlagendeckung II} = \frac{(\text{Eigenkapital} + \text{langfristiges Fremdkapital}) \cdot 100}{\text{Anlagevermögen}}$$

Als weitere Finanzierungsregel dient die **Anlagendeckung II.** Danach gilt als Mindestanforderung an eine Finanzierung, dass langfristiges Vermögen auch langfristig finanziert werden soll (Fristenkongruenz).

Praxisfall

$$\textbf{Anlagendeckung I} = \frac{784 \cdot 100}{2.328,90} = 33,66\ \%$$

$$\textbf{Anlagendeckung II} = \frac{(1.530,6 + 784) \cdot 100}{2.328,90} = 99,39\ \%$$

Zur Beurteilung der Anlagendeckung I müssen Branchenvergleichszahlen herangezogen werden. Die Anlagendeckung II ist nahezu erfüllt. Das langfristig gebundene Vermögen ist auch langfristig finanziert.

15.3.1.4 Liquidität

Die Liquidität zeigt das Deckungsverhältnis zwischen Vermögensgegenständen und Verbindlichkeiten in zeitlich abgestufter Hinsicht auf entsprechende Verwertbarkeit und Fristigkeit.

Liquidität 1. Grades (Barliquidität) $= \frac{\text{liquide Mittel (Kasse + Bankguthaben)} \cdot 100}{\text{kurzfristige Verbindlichkeiten}}$

Liquidität 2. Grades (einzugsbedingte Liquidität) $= \frac{\text{(liquide Mittel + Forderungen)} \cdot 100}{\text{kurzfristige Verbindlichkeiten}}$

Liquidität 3. Grades (umsatzbedingte Liquidität) $= \frac{\text{Umlaufvermögen} \cdot 100}{\text{kurzfristige Verbindlichkeiten}}$

Die **Barliquidität** beinhaltet Kasse und Bankguthaben als liquide Mittel, die absolute Geldnähe besitzen. Die **einzugsbedingte Liquidität** wird erweitert um die Forderungen an Kunden, die schnell in Barliquidität umgewandelt werden können. **Mittelfristig** ist das gesamte Umlaufvermögen durch entsprechenden Umsatz umwandelbar.

Selten werden die flüssigen Mittel 1. oder 2. Grades ausreichen, um alle kurzfristigen Schulden zu decken. Sie müssen aber mindestens so hoch sein, dass besonders dringend fällige Verbindlichkeiten gedeckt werden können. Die Fälligkeiten der laufenden Verpflichtungen lassen sich aus der Bilanz nicht ablesen.

Außerdem sind die Zahlen aus der Bilanz nur Größen, die zum Bilanzstichtag gültig und in der Regel bis zur Vorlage der Unterlagen veraltet sind.

Im Rahmen der Liquiditätskennziffern werden auch das **Debitoren- und das Kreditorenziel** ermittelt. Debitoren sind Kunden des Unternehmens, die ein Zahlungsziel in Anspruch nehmen. Die Kennziffer des Debitorenziels gibt an, nach welchem Zeitraum die Kunden üblicherweise bezahlen. Ein Anstieg im Jahresvergleich deutet auf eine schlechtere Zahlungsmoral der Kunden hin. Das stellt ein Risiko für das Unternehmen dar.

Kreditoren sind Lieferanten des Unternehmens. Die von ihnen gestellten Rechnungen werden häufig erst nach dem eingeräumten Zahlungsziel überwiesen. Die Kennziffer des Kreditorenziels gibt daher an, nach welchem Zeitraum das Unternehmen üblicherweise seine Rechnungen bezahlt. Verlängert sich das Kreditorenziel im Zeitvergleich, deutet das auf Liquiditätsprobleme in dem Unternehmen hin.

Debitorenziel $= \frac{\text{Forderungen aus Lieferungen und Leistungen} \cdot \text{365 Tage}}{\text{Umsatzerlöse}}$

Kreditorenziel $= \frac{\text{Verbindlichkeiten aus Lieferungen und Leistungen} \cdot \text{365 Tage}}{\text{Materialaufwand}}$

→

Praxisfall

$$L1 = \frac{52{,}50 \cdot 100}{(3.860{,}40 + 200)} = 1{,}29\ \%$$

Die Müller GmbH könnte nur 1,29 % ihrer kurzfristigen Verbindlichkeiten mit den vorhandenen liquiden Mitteln bezahlen. Dies ist nicht ausreichend und muss genauer untersucht werden.

$$L2 = \frac{2.227{,}50 \cdot 100}{4.060{,}40} = 54{,}86\ \% \qquad L3 = \frac{4.047{,}30 \cdot 100}{4.060{,}40} = 99{,}68\ \%$$

Bei der Müller GmbH ist die Liquidität 1 nicht ausreichend. Die Liquidität auf mittlere Sicht ist zufriedenstellend. Allerdings dürfen kein Umsatzeinbruch und kein Forderungsausfall erfolgen, sonst droht eine Insolvenz.

$$\textbf{Debitorenziel} = \frac{2.175 \cdot 365}{5.977{,}80} = 132{,}8 \text{ Tage}$$

$$\textbf{Kreditorenziel} = \frac{1.857{,}3 \cdot 365}{2.202{,}90} = 307{,}7 \text{ Tage}$$

Sowohl die Kunden der Müller GmbH als auch das Unternehmen selbst lassen sich sehr viel Zeit mit dem Bezahlen der Rechnungen. Nach diesen Kennziffern sollte bei der Kundschaft auf eine Beschleunigung der Zahlungen hingearbeitet werden, um auch die Liquidität zu verbessern. Außerdem sollte untersucht werden, ob die Müller GmbH bei ihren Lieferanten die Möglichkeit eines Skontoabzugs unterlässt, weil die Liquidität fehlt. Wäre das der Fall, so wäre das negativ und müsste genauer untersucht werden.

15.3.2 Ertragskennzahlen

Die zweite Gruppe der Kennzahlen versucht die Zahlen über die Ertragskraft des Unternehmens zu durchleuchten. Dabei werden die Kostenstruktur und die Rentabilität untersucht.

15.3.2.1 Kostenstruktur

Bei der Kostenstruktur werden bestimmte Kostenfaktoren im Unternehmen in Relation zur Gesamtleistung gesetzt. Die errechneten Kennziffern sind allerdings erst im Zeitvergleich und im Vergleich mit der Branche aussagekräftig.

$$\textbf{Personalaufwandsquote} = \frac{\text{Personalaufwand} \cdot 100}{\text{Gesamtleistung}}$$

$$\textbf{Materialaufwandsquote} = \frac{\text{Materialaufwand} \cdot 100}{\text{Gesamtleistung}}$$

$$\textbf{Abschreibungsquote} = \frac{\text{planmäßige Abschreibungen} \cdot 100}{\text{Gesamtleistung}}$$

Liegen die Personalaufwands- und die Materialaufwandsquoten deutlich über denen der Konkurrenz, liegt hierin meist der Grund für fehlenden Gewinn. Die Firma muss Kosten senken.

5484276

Die Abschreibungsquote liefert Hinweise auf die zukünftige Konkurrenzfähigkeit des Unternehmens. Unterlässt sie notwendige Ersatz- oder Neuinvestitionen, liegt diese Ziffer unter denen der Konkurrenz oder der Vergangenheit. Die Folge wird eine fehlende Konkurrenzfähigkeit in der Zukunft sein.

Praxisfall

$$\textbf{Personalaufwandsquote} = \frac{2.440{,}20 \cdot 100}{5.967{,}30} = 40{,}89\ \%$$

$$\textbf{Materialaufwandsquote} = \frac{2.202{,}90 \cdot 100}{5.967{,}30} = 36{,}92\ \%$$

$$\textbf{Abschreibungsquote} = \frac{167{,}70 \cdot 100}{5.967{,}30} = 2{,}81\ \%$$

Ohne entsprechende Branchenzahlen lassen sich die Ergebnisse schwer deuten. Allerdings scheint die Abschreibungsquote auf den ersten Blick etwas niedrig zu sein.

15.3.2.2 Rentabilität

Die **Eigenkapitalrentabilität** soll dem Eigentümer zeigen, wie sich sein eingesetztes Kapital verzinst. Sie wird mithilfe des Betriebsergebnisses berechnet. Das Betriebsergebnis ist der Gewinn aus dem ordentlichen Geschäftsbetrieb ohne einmalige oder außerordentliche Faktoren.

$$\textbf{Eigenkapitalrentabilität} = \frac{\text{Betriebsergebnis} \cdot 100}{\text{Eigenkapital}^{1}}$$

Praxisfall

Die Müller GmbH weist ein Betriebsergebnis in Höhe von 705,30 T€ aus. Das Eigenkapital beträgt 600 T€ (330 + 270).

$$\textbf{Eigenkapitalrentabilität} = \frac{705{,}30 \cdot 100}{600} = 117{,}55\ \%$$

Das eingesetzte Kapital verzinste sich im letzten Geschäftsjahr ausgezeichnet mit 117,55 %. Die Rentabilität liegt damit weit über dem Branchenschnitt.

Die Verzinsung des Gesamtkapitals spielt eine besondere Rolle, wenn es um Neuinvestitionen geht.

Sollen neue Kredite aufgenommen werden, wird die Gesamtkapitalrentabilität verglichen mit dem Kreditzinssatz. Liegt der Kreditzinssatz unter der Gesamtkapitalrentabilität, erhöht eine Kreditaufnahme die Eigenkapitalrentabilität. Je mehr Fremdkapital dann im Verhältnis zum Eigenkapital eingesetzt wird, umso stärker erhöht sich die Eigenkapitalrendite **(Hebel- oder Leverageeffekt)**.

$$\textbf{Gesamtkapitalrentabilität} = \frac{(\text{Betriebsergebnis} + \text{Zinsaufwand}) \cdot 100}{\text{Bilanzsumme}}$$

1 zum Jahresanfang bzw. -durchschnitt

Praxisfall

$$\textbf{Gesamtkapitalrentabilität} = \frac{(705{,}30 + 365{,}70) \cdot 100}{6.378{,}60} = 16{,}79\ \%$$

$$\textbf{Durchschnittlicher Kreditzinssatz} = \frac{\text{Zinsaufwand} \cdot 100}{\text{lang- und kurzfristiges Kreditinstituts-Fremdkapital}}$$

$$= \frac{365{,}70 \cdot 100}{1.530{,}60 + 1.966{,}50} = 10{,}46\ \%$$

Die Gesamtkapitalrentabilität der Müller GmbH liegt deutlich über dem Kreditzins. Eine Kreditaufnahme zur Investition in kapazitätssteigernde Maßnahmen zu einem Satz unter 16,79 % wird die Eigenkapitalrentabilität erhöhen, sofern der Umsatz entsprechend gesteigert werden kann.

Die **Umsatzrentabilität** misst den Gewinn im Verhältnis zu den Umsätzen. Sie ist nur aussagekräftig, wenn Branchenzahlen verglichen werden oder die Entwicklung dieser Kennziffer im Zeitverlauf betrachtet wird.

$$\textbf{Umsatzrentabilität} = \frac{\text{Betriebsergebnis} \cdot 100}{\text{Gesamtleistung}}$$

Praxisfall

Die Müller GmbH erzielt eine Umsatzrentabilität von $\frac{705{,}30 \cdot 100}{5.967{,}30} = 11{,}82\ \%$.

Eine weitere Ertragskennziffer stellt der **ROI (Return on Investment)** dar. Diese Kennziffer gibt Auskunft über die jährliche Rendite des investierten Kapitals und setzt sich zusammen aus der Umsatzrentabilität und der Umschlagshäufigkeit des eingesetzten Kapitals. Sie gibt das finanzielle Verhältnis des jährlichen Gewinns im Verhältnis zum investierten Kapital einer individuellen Investition oder zu den Gesamtinvestitionen eines Unternehmens wieder. Der ROI gibt die Rendite der Eigenkapitalgeber wieder, während die Gesamtkapitalrendite die Rendite der Eigen- und Fremdkapitalgeber darstellt.

$$\textbf{ROI (Return on Investment)} = \textbf{Umsatzrentabilität} \cdot \textbf{Umschlagshäufigkeit}$$

$$\text{ROI} = \frac{\text{Betriebsergebnis} \cdot 100}{\text{Gesamtleistung}} \cdot \frac{\text{Gesamtleistung} \cdot 100}{\text{Gesamtkapital}}$$

$$\text{ROI} = \frac{\text{Betriebsergebnis}}{\text{Gesamtkapital}} \cdot 100$$

Praxisfall

Der ROI der Müller GmbH beträgt $\frac{705{,}30}{6.378{,}60} \cdot 100 = 11{,}06\ \%$.

Das investierte Kapital wird mit 11,06 % verzinst. Die Gesamtkapitalrendite beträgt im Vergleich dazu 16,79 %. Der ROI misst die Rendite des eingesetzten Kapitals unabhängig von der Höhe der Zinsaufwendungen für das Fremdkapital und gibt im Zeitvergleich wieder, wie sich Umsatzänderungen ausgewirkt haben.

15.3.2.3 Cashflow

Der **Cashflow** verkörpert eine **bereinigte Ertragskennziffer,** die die Leistungskraft eines Unternehmens widerspiegelt. Hier wird der Jahresüberschuss um Aufwendungen, denen keine Auszahlungen gegenüberstehen, und um Erträge, denen keine Einzahlungen folgen, bereinigt. Außerdem werden die außerordentlichen Aufwendungen und Erträge herausgerechnet.

	Jahresüberschuss (Gewinn)
+	Abschreibungen auf Anlagen
+	Zuführung zu langfristigen Rückstellungen
–	Auflösung langfristiger Rückstellungen
+	außerordentliche Aufwendungen
–	außerordentliche Erträge
=	**Cashflow**

Diese Kennziffer ist von besonderer Wichtigkeit, wenn es bei der Kreditvergabe um die Prüfung der Kapitaldienstfähigkeit eines Unternehmens geht. Häufig wird der Cashflow in Relation zum Umsatz gesetzt.

$$\textbf{Cashflow-Rate} = \frac{\text{Cashflow} \cdot 100}{\text{Gesamtleistung}}$$

Praxisfall

Cashflow

		in T€
	Jahresüberschuss	375,30
+	Abschreibungen auf Anlagen	167,70
+	Zuführung zu langfristigen Rückstellungen	0,00
+	außerordentliche Aufwendungen	97,20
–	außerordentliche Erträge	– 43,50
=	Netto-Cashflow	596,70

Die Firma Müller GmbH weist einen Cashflow in Höhe von 596,70 T€ aus. Die Cashflow-Rate liegt bei 10,00 % (596,70 · 100 : 5.967,30). Insgesamt sind die wichtigsten Bilanz- und Ertragskennziffern positiv. Bei einem Branchenvergleich und einem Zeitvergleich, den das Kreditinstitut aus Zahlen der bisher eingereichten Bilanzen ermittelt, schneidet das Unternehmen gut ab. Der Kreditgewährung steht von daher nichts mehr im Wege. Allerdings wurden nur Zahlen bewertet, die aus der Vergangenheit stammen. Sie können nur eingeschränkt auf die Zukunft übertragen werden.

Der Cashflow kann für folgende betriebliche Vorhaben verwendet werden:

- zur Finanzierung von Investitionsvorhaben,
- zur Finanzierung von Gewinnausschüttungen und Entnahmen,
- zur Schuldentilgung,
- zur Zahlung von Steuern.

Praxisfall

Die Firma Müller GmbH hat einen Cashflow von 596.700,00 €. Sie verwendet für die Steuerzahlung 276.300,00 €. Damit verbleiben ihr für Schuldentilgung, Gewinnausschüttung und Investitionsvorhaben 320.400,00 €.

15.3.3 Bewegungsbilanz

Die Jahresbilanz allein ist eine Momentaufnahme zu einem bestimmten Stichtag. Für die Beurteilung der Bonität eines Kunden reicht eine solche statische Betrachtung meist nicht aus. Um die Veränderungen der Struktur aufzeigen zu können, wird eine Bewegungsbilanz erstellt. Aus der Bewegungsbilanz werden Tatsachen transparent, die weder aus der Bilanz noch aus der GuV-Rechung abzulesen sind. Die Bewegungsbilanz zeigt:

- Kapitalzuflüsse und -abflüsse und
- die Entwicklung der Investitionstätigkeit im Vergleichszeitraum.

Aufbau und Inhalt der Bewegungsbilanz

- Mittelbeschaffung
  Mehrung der Passiva oder Minderung der Aktiva durch
  - Beteiligungsfinanzierung (Zugänge oder Abgänge an Beteiligungen)
  - Selbstfinanzierung (Zugänge oder Abgänge der stillen oder offenen Rücklagenbildung)
  - Kreditfinanzierung (Zugänge oder Abgänge aus Mitteln von Gläubigern)
  - Umschichtungsfinanzierung (Veränderungen der Abschreibungen, Veränderungen der Anlagewerte, Veränderung des Umlaufvermögens)
  - Finanzierung aus Rückstellungen (Zugänge und Abgänge der Rückstellungen)
- Mittelverwendung
  Mehrung der Aktiva oder Minderung der Passiva
  - Mehrung oder Minderung der Anlagewerte
  - Mehrung oder Minderung des Vorratsvermögens
  - Mehrung oder Minderung des Eigenkapitals
  - Mehrung oder Minderung des Fremdkapitals

15.3.4 Zukunftsorientierte Unternehmensanalyse

Die zukunftsorientierte Unternehmensanalyse versucht weitere für die Bewertung eines Unternehmens wichtige Felder in die Analyse einzubeziehen. Die Bilanzanalyse wertet zurückliegende Daten aus und ist daher für die Einschätzung der Zukunft des Unternehmens nur eingeschränkt verwendbar. Für die Zukunft des Unternehmens sind auch die Zusammensetzung des Managements, die Entwicklungsmöglichkeiten in der Branche, in der es tätig ist, die Unternehmensentwicklung selbst und auch die Umweltrisiken, die es trägt, von großer Bedeutung.

Management

Entscheidend für die zukünftige Entwicklung des Unternehmens ist sicherlich die fachliche und persönliche Eignung der Personen, die Führungsaufgaben im Unternehmen innehaben. Für die Zukunft sollte eine Nachfolgeplanung vorhanden sein und auch die gesamte Personalplanung sollte sich an der zukünftigen Entwicklung orientieren. Das Unternehmen sollte zudem ein gut funktionierendes Controlling besitzen.

Branche

Ein gutes Unternehmen kann in einer Branche mit ungünstigen Zukunftsaussichten nicht mit einer rosigen Zukunft rechnen. Daher ist es wichtig, die Branche genau zu analysieren. Daneben ist der Marktanteil des zu bewertenden Unternehmens wichtig. Aus ihm kann abgeleitet werden, ob das Unternehmen noch Entwicklungschancen hat. Außerdem sollten die Wettbewerbsbedingungen, die für das zu analysierende Unternehmen gelten, genau untersucht werden, um Prognosen für die Zukunft stellen zu können.

Umweltrisiken

Auflagen durch den Staat können große Wertverluste bringen oder sie verteuern die Produktion. Sanierungsarbeiten können riesige Summen verschlingen und verursachen meist noch einen großen Schaden für das Ansehen des Unternehmens, wenn der Firmenname mit Umweltskandalen in Zusammenhang gebracht wird.

Aus diesem Grund unternehmen viele Firmen große Anstrengungen, um umweltgerecht zu produzieren. Die Umweltanalysen werden zu einer Umweltbilanz zusammengefasst und häufig geschickt öffentlichkeitswirksam publiziert. Die Umweltbilanz stellt die bei der Produktion eingesetzten Güter den Ergebnissen der Produktion gegenüber. Dabei werden aber nicht nur die produzierten Güter betrachtet, auch die entstehenden Abfälle, Abwässer und Emissionen tauchen auf. Damit kommen erstmals auch die negativen Folgen der Produktion in eine Bilanz und bewirken dadurch vielleicht in Zukunft ein Umdenken. Durch die erst seit kurzer Zeit erhobenen

5484280

Daten im Zusammenhang mit der Umweltbelastung der Produktion erhalten die Unternehmen auch Umweltkennzahlen, die zu Vergleichszwecken herangezogen werden können. Ermittelt werden z. B. der Energieeinsatz in Kilowatt pro Stunde und Erzeugnis, der Verpackungsanfall in Kilogramm pro Produkt oder das Abwasser in Litern pro Erzeugnis. Unternehmen können sich auch nach der EG-Öko-Audit-Verordnung prüfen lassen und erhalten dann ein Zertifikat, das ihnen die konsequente Umsetzung ihrer selbst gesetzten Umweltziele bescheinigt.

15.3.5 Kreditentscheidung

Am Ende einer Kreditfähigkeits- und Kreditwürdigkeitsprüfung steht die Entscheidung, ob der Kunde den Kredit erhält oder nicht. Liegen die ermittelten Risiken im festgelegten Entscheidungsspielraum des Mitarbeiters, darf er den Kredit zusagen. In den übrigen Fällen wird der Kreditantrag abgelehnt oder an Vorgesetzte mit einem weiteren Entscheidungsspielraum weitergeleitet.

Bei bestehenden Kreditverhältnissen sind die Kunden durch den Kreditvertrag verpflichtet, aktuelle Daten an die Bank weiterzureichen. Ergeben sich bei deren Auswertung Verschlechterungen in der Bonität eines Kunden, sind die Banken zeitnah in der Lage, darauf zu reagieren.

Aufgaben

1. Die Mühlberger GmbH ist ein Unternehmen, das Kunststoffprodukte spritzt. Zu ihren Produkten gehören z. B. Schalen für Bohrmaschinen oder das Gehäuse eines Staubsaugers.

a) Suchen Sie zwölf mögliche Vermögensbestandteile, die auf der Aktivseite der Bilanz der Mühlberger GmbH stehen würden, und ordnen Sie sie dem Anlagevermögen und dem Umlaufvermögen zu.

b) Sven Maier, Auszubildender bei der Mühlberger GmbH, erklärt, dass seine Ausbildungsfirma 1,7 Mio. € in das Anlagevermögen und 0,3 Mio. € in das Umlaufvermögen investiert habe. Das ist nach seiner Meinung gut, da mit den Gebäuden und Maschinen das Unternehmen für die Zukunft gut gerüstet ist. Nehmen Sie zu dieser Aussage kritisch Stellung.

c) Sven hat während seiner Ausbildung zwei Bilanzen des Jahres 20.. gesehen: eine Handelsbilanz und eine Steuerbilanz. Erklären Sie ihm den Unterschied zwischen den beiden Bilanzen.

d) Sven Maiers Vater hat ein Einzelhandelsunternehmen in der Rechtsform des Einzelunternehmens. Wie unterscheidet sich dessen Bilanz von der Bilanz der Mühlberger GmbH?

e) Die Mühlberger GmbH hat das vergangene Geschäftsjahr mit einem Gewinn von 567.000,00 € abgeschlossen. Sven ist der Meinung, der Gewinn fließt in das Unternehmen. Erläutern Sie ihm, wem der Gewinn zusteht.

2. Die Schuler GmbH ist ein Handwerksbetrieb, der sich auf Installationen aller Art spezialisiert hat. Das Unternehmen beabsichtigt ein neues Lager mit einer angeschlossenen Verkaufsausstellung zu bauen. Dafür benötigt es einen langfristigen Kredit über 200.000,00 €. Die Handelsbank prüft daher die Bilanz der Schuler GmbH.

a) Erstellen Sie eine Bilanzkritik der vorliegenden Bilanzen der Schuler GmbH.

b) Analysieren Sie die Bilanz, indem Sie die Kennziffern berechnen und bewerten.

c) Die Auskünfte über die Schuler GmbH sind positiv, ebenso ergibt die persönliche Kreditwürdigkeitsprüfung keine negativen Signale. Entscheiden Sie aufgrund Ihrer Bilanzanalyse, ob Sie den gewünschten Kredit gewähren würden.

→

Bilanz der Schuler GmbH, Installationen (siehe Aufgabe 2)	**Bilanz Vorjahr**		**Bilanz 20..**		**Branche**	**Abweichung Vorjahr**
Aktiva	T€	%	T€	%	%	%
1. Maschinen und technische Anlagen	3.008	1,1	3.200	1,1	2,4	0,0
2. Betriebs- und Geschäftsausstattung	22.372	8,3	23.800	8,2	9,7	- 1,2
Anlagevermögen	25.380	9,4	27.000	9,3	12,1	- 1,1
I. Vorräte						
1. Roh-, Hilfs- und Betriebsstoffe	72.059	26,7	78.325	27,1	25,7	1,5
2. Unfertige Erzeugnisse bzw. Leistungen	17.484	6,5	18.600	6,4	5,3	- 1,5
II. Forderungen						
1. Forderungen aus Lieferungen und Leistungen	135.172	50,1	143.800	49,8	46,7	- 0,6
2. Sonstige Vermögensgegenstände	11.750	4,4	12.500	4,3	5,1	- 2,3
III. Schecks, Kassenbestand, Bankguthaben						
1. Bankguthaben	4.136	1,5	4.400	1,5	3,4	0,0
2. Kassenbestand	1.598	0,6	1.700	0,6	0,9	0,0
Umlaufvermögen	242.199	89,8	259.325	89,8	87,1	0,0
Rechnungsabgrenzungsposten	2.277	0,8	2.475	0,9	0,8	12,5
Bilanzsumme	269.856	100,0	288.800	100,0	100,0	

Bilanz der Schuler GmbH, Installationen (siehe Aufgabe 2)	**Bilanz Vorjahr**		**Bilanz 20..**		**Branche**	**Abweichung Vorjahr**
Passiva	T€	%	T€	%	%	%
1. Anfangskapital	25.000	9,3	25.000	8,7		
2. Entnahmen	100.000	37,1	100.000	34,6		
3. Bilanzgewinn/Bilanzverlust	100.000	37,1	150.000	51,9		
Eigenkapital	25.000	9,3	75.000	26,0	6,6	200,0
Langfristige Verbindlichkeiten Banken	165.000	61,1	135.000	46,7	31,5	42,9
Langfristige Verbindlichkeiten andere	0	0,0	0	0,0	0,0	0,0
Langfristiges Fremdkapital	165.000	61,1	135.000	46,7	31,5	- 18,2
Kurzfristige Verbindlichkeiten Banken	14.200	5,3	15.600	5,4	24,3	9,9
Verbindlichkeiten aus Lieferungen und Leistungen	60.256	22,3	58.800	20,4	25,6	- 2,4
Sonstige kurzfristige Verbindlichkeiten	3.100	1,1	4.200	1,5	1,2	35,5
Kurzfristiges Fremdkapital	77.556	28,7	78.600	27,2	51,1	1,3
Fremdkapital	242.556	89,9	213.600	74,0	82,6	- 11,9
Rechnungsabgrenzungsposten	2.300	0,9	200	0,1	2,3	0,0
Bilanzsumme	269.856	100,0	288.800	100,0	100,0	7,0

→

5484282

Gewinn- und Verlustrechnung der Schuler GmbH (siehe Aufgabe 2)	GuV Vorjahr		GuV 20..		Branche	Abweichung Vorjahr
	T€	%	T€	%	%	%
Umsatzerlöse	1.234.500	100,0	1.325.300	100,0	100,0	7,4
Bestandsveränderungen	0	0,0	0	0,0	0,0	
Gesamtleistungen	1.234.500	100,0	1.325.300	100,0	100,0	7,4
Sonstige betriebliche Erträge	3.100	0,3	0	0,0		
Materialaufwand	- 584.600	47,4	- 566.600	42,8	35,3	- 3,1
Rohergebnis	653.000	52,9	758.700	57,2	64,7	16,2
Personalaufwand	- 468.900	38,0	- 488.300	36,8	45,8	4,1
Abschreibungen auf Sachanlagen	- 7.400	0,6	- 6.200	0,5	4,5	- 16,2
Sonstige betriebliche Aufwendungen	- 2.100	0,2	- 900	0,1	0,2	- 57,1
Sonstige Steuern	- 1.700	0,1	- 9.600	0,7	0,3	464,7
Teilbetriebsergebnis	172.900	14,0	253.700	19,1	13,9	46,7
Erträge aus Finanzanlagen	0	0,0	0	0,0	0,0	
Sonstige Zinsen und ähnliche Aufwendungen	0	0,0	0	0,0	0,0	
Zinsen und ähnliche Aufwendungen	- 15.300	1,2	- 15.400	1,2	4,3	0,7
Betriebsergebnis	157.600	12,8	238.300	18,0	9,6	51,2
Außerordentliche Erträge	0	0,0	0	0,0	2,1	
Außerordentliche Aufwendungen	0	0,0	0	0,0	2,3	
Gesamtergebnis vor Steuern	157.600	12,8	238.300	18,0	9,4	51,2
Steuern vom Einkommen und vom Ertrag	- 57.600	4,7	- 88.300	6,7	4,5	53,3
Jahresüberschuss/-fehlbetrag	100.000	8,1	150.000	11,3	4,9	50,0

3. Die Weba GmbH produziert Speicherchips. Für eine neue Maschine benötigt das Unternehmen einen langfristigen Kredit über 450.000,00 €. Der Handelsbank liegen die nachfolgend abgedruckten Bilanzzahlen vor.

a) Erstellen Sie eine Bilanzkritik.

b) Analysieren Sie die Bilanz, indem Sie die Kennziffern errechnen und beurteilen. Erstellen Sie eine Vorlage, in der Sie die Gewährung des Kredites befürworten oder ablehnen.

→

Bilanz der Weba GmbH (siehe Aufgabe 3)	Bilanz Vorjahr		Bilanz 20..		Branche	Abweichung Vorjahr
Aktiva	T€	%	T€	%	%	%
Immaterielles Vermögen	0	0,0	0	0,0	0,0	
Grundstücke und Gebäude	303	21,5	303	16,4	18,5	0,0
Maschinen	401	28,5	659	35,7	28,6	64,3
BGA	148	10,5	136	7,4	12,0	- 8,1
Immaterielles Vermögen und Sachanlagen	852	60,6	1.098	59,4	59,1	28,9
Finanzanlagen	0	0,0	0	0,0	1,2	
Anlagevermögen	852	60,6	1.098	59,4	60,3	28,9
Fertigerzeugnisse	69	4,9	98	5,3	6,2	42,0
Unfertige Erzeugnisse	135	9,6	162	8,8	6,5	20,0
Roh-, Hilfs- und Betriebsstoffe	96	6,8	84	4,5	7,0	- 12,5
Vorräte	300	21,3	344	18,6	19,7	14,7
Forderungen aus Lieferungen und Leistungen	228	16,2	365	19,8	16,8	60,1
Sonstige Vermögensgegenstände	0	0,0	0	0,0	0,0	0,0
Forderungen und sonstiges Vermögen	228	16,2	365	19,8	16,8	60,1
Bankguthaben	21	1,5	31	1,7	2,1	47,6
Kassenbestand	6	0,4	9	0,5	1,1	50,0
Schecks, Kassenbestand, Bankguthaben	27	1,9	40	2,2	3,2	48,1
Umlaufvermögen	555	39,4	749	40,6	39,7	35,0
Rechnungsabgrenzungsposten	0	0,0	0	0,0	0,0	
Bilanzsumme	1.407	100,0	1.847	100,0	100,0	31,3

Bilanz der Weba GmbH (siehe Aufgabe 3)	Bilanz Vorjahr		Bilanz 20..		Branche	Abweichung Vorjahr
Passiva	T€	%	T€	%	%	%
Stammkapital	200	14,2	200	10,8	17,6	0,0
Offene Rücklagen	82	5,8	132	7,1	14,2	0,0
Gewinn-/Verlustvortrag	0	0,0	0	0,0	0,0	0,0
Bilanzgewinn/Bilanzverlust	0	0,0	0	0,0	0,0	
Bilanzielles Eigenkapital	282	20,0	332	18,0	31,8	17,7
Langfristige Verbindlichkeiten Banken	576	40,9	785	42,5	36,9	36,3
Langfristige Verbindlichkeiten andere	66	4,7	69	3,7	4,2	0,0
Langfristiges Fremdkapital	642	45,6	854	46,2	41,1	33,0
Kurzfristige Verbindlichkeiten Banken	308	21,9	399	21,6	15,3	29,5
Verbindlichkeiten aus Lieferungen und Leistungen	94	6,7	156	8,4	6,2	66,0
Sonstige kurzfristige Verbindlichkeiten	81	5,8	106	5,7	5,6	30,9
Kurzfristiges Fremdkapital	483	34,3	661	35,8	27,1	36,9
Fremdkapital	1.125	80,0	1.515	82,0	68,2	34,7
Rechnungsabgrenzungsposten	0	0,0	0	0,0		0,0
Bilanzsumme	1.407	100,0	1.847	100,0	100,0	31,3

→

5484284

Gewinn- und Verlustrechnung der Weba GmbH (siehe Aufgabe 3)	GuV Vorjahr		GuV 20..		Branche	Abweichung Vorjahr
	T€	%	T€	%	%	%
Umsatzerlöse	2.003	94,7	2.272,6	100,5	100,0	13,5
Bestandsveränderungen	112	5,3	- 10,5	- 0,5	0,0	- 109,4
Gesamtleistungen	2.115	100,0	2.262,1	100,0	100,0	7,0
Sonstige betriebliche Erträge		0,0		0,0		
Materialaufwand	- 177	8,4	- 244,3	10,8	35,3	38,0
Rohergebnis	1.938	91,6	2.017,8	89,2	64,7	4,1
Personalaufwand	- 921	43,5	- 813,4	36,0	45,8	- 11,7
Abschreibungen auf Sachanlagen	- 162	7,7	- 167,7	7,4	4,5	3,5
Sonstige betriebliche Aufwendungen	- 435	20,6	- 325,3	14,4	0,2	- 25,2
Sonstige Steuern	0	0,0	0,0	0,0	0,3	0,3
Teilbetriebsergebnis	420	19,9	711,4	31,4	13,9	69,4
Erträge aus Finanzanlagen		0,0		0,0	0,0	
Sonstige Zinsen und ähnliche Aufwendungen		0,0		0,0	0,0	
Zinsen und ähnliche Aufwendungen	- 60	2,8	- 221,9	9,8	4,3	269,8
Betriebsergebnis	360	17,0	489,5	21,6	9,6	36,0
Außerordentliche Erträge	0	0,0	0,0	0,0	2,1	
Außerordentliche Aufwendungen	0	0,0	0,0	0,0	2,3	
Gesamtergebnis vor Steuern	360	17,0	489,5	21,6	9,4	36,0
Steuern vom Einkommen und vom Ertrag	0	0,0	0,0	0,0	4,5	
Jahresüberschuss/-fehlbetrag	360	17,0	489,5	21,6	4,9	36,0

15.4 Risikomanagement

Praxisfall

Die Industriebank AG will das Risiko in den Aktivpositionen ihrer Bilanz besser steuern. Sie will damit zwei Ziele erreichen: Die Ausfälle sollen reduziert und die Vorgaben der Bankenaufsicht erfüllt werden.

Für Kreditinstitute ist das Risikomanagement von sehr großer Bedeutung. Keine Bank will Kredite vergeben, die später nicht zurückgezahlt werden. Daher wird der Kunde sehr genau analysiert. Dabei liegt ein besonderes Augenmerk darauf, alle mit dem Engagement verbundenen Risiken offenzulegen. Erst dann fällt die Kreditentscheidung.

Risikomanagement wird auch für bestehende Kreditverhältnisse betrieben. Die Bonität der Kreditkunden muss ständig überwacht werden, um neu hinzugekommene Risiken festzustellen und darauf zu reagieren. Reaktionen könnten ein Gespräch mit dem Kunden, die Forderung nach zusätzlichen Sicherheiten, ein höherer Zinssatz oder sogar die Kündigung des Kreditverhältnisses sein.

Eine weitere wichtige Bedeutung hat das Risikomanagement durch die gesetzlichen Vorschriften für Kreditinstitute. Zum Schutz ihrer Anleger dürfen Kreditinstitute nur in einem genau festgelegten und vom vorhandenen Eigenkapital abhängigen Verhältnis Kredit-, Markt- und operationelle Risiken eingehen. Die Vorschriften sind in den Solvabilitäts- und Liquiditätsverordnungen verankert.

15.4.1 Vorschriften der Bankenaufsicht

Neben der Solvabilitätsrichtlinie und der Liquiditätsrichtlinie gelten neue Mindestanforderungen für das Risikomanagement (MaRisk) sowie die Groß- und Millionenkreditverordnung (GroMiKV) und weitere Vorschriften für die Kreditinstitute.

Durch diese Vorschriften wird es den Kreditinstituten unmöglich, unbegrenzt Risiken aus den Bankgeschäften einzugehen. Für jedes Risiko wird ein Teil des Eigenkapitals sozusagen „gesperrt". Das Kreditinstitut kann nur neue Risiken eingehen, wenn noch ungesperrtes Eigenkapital vorhanden ist. Außerdem werden hohe Anforderungen an das Risikomanagement des Kreditinstituts gestellt und weitgehende Offenlegungspflichten bei Informationen über Risiken festgelegt.

Die Bankenaufsicht formuliert die Anforderungen an die Kreditinstitute in Form von drei Säulen, die von Basel-II übernommen wurden:

- Säule 1 enthält die **Mindestkapitalanforderungen** an Kreditinstitute,
- Säule 2 fordert von den Banken ein **Risikomanagement,**
- Säule 3 fasst die **Offenlegungsanforderungen** an die Kreditinstitute zusammen.

Mindestkapitalanforderungen nach Säule 1

Folgende Risiken müssen nach der Solvabilitätsverordnung (SolvV) mit Eigenkapital unterlegt werden:

Risiken für Banken nach SolvV	Beispiele
Adressrisiken	Kreditausfälle, Verluste bei Anlagen in Wertpapieren, ...
Operationelle Risiken	Schadensersatz für Beratungsfehler, bei Computerausfällen, Schäden durch Betrug, ...
Handelsrisiken	Risiken, die in Handelsgeschäften der Kreditinstitute liegen, also Währungsverluste, Kursverluste bei Wertpapieren im Bestand, Kursverluste bei Edelmetallen, ...

Das Eigenkapital bei Banken setzt sich aus folgenden Bestandteilen zusammen:

Eigenkapitalbestandteil	Erläuterung
Kernkapital	abhängig von der Rechtsform des Kreditinstituts, bei einer AG z. B. Grundkapital und Rücklagen
+ Ergänzungskapital (max. 100 % des Kernkapitals)	Kapital, das über die GuV zu Eigenkapital werden kann (stille Reserven, § 6 b-EStG-Rücklagen, usw.) oder das als Fremdkapital am Verlust teilnimmt (Genussscheine, langfristige Nachrangmittel usw.)
= modifiziert verfügbares Kapital	
+ Drittrangmittel	kurzfristige Nachrangmittel, Überschuss beim Verkauf des gesamten Handelsbestandes
= Eigenmittel	

Die Kreditinstitute müssen täglich zum Geschäftsschluss Anrechnungsbeträge für die eingegangenen Risiken ermitteln. Die aufsichtsrechtlichen Vorgaben sind nur erfüllt, wenn folgende Bedingungen erfüllt sind:

	Modifiziert verfügbares Eigenkapital (weitgehend mit dem haftenden Eigenkapital identisch)
–	Anrechnungsbetrag für Adressrisiken
–	Anrechnungsbetrag für operationelle Risiken
=	verbleibendes modifiziert verfügbares Eigenkapital (muss ≧ 0 sein)
+	verfügbare Drittrangmittel
=	zur Unterlegung der Marktrisiken verfügbare Eigenmittel
–	Anrechnungsbetrag für Marktrisiken
≧	0

Adressrisiken, operationelle Risiken, Handelsrisiken

Die Verfahren zur Berechnung der Anrechnungsbeträge für die Adress-, Handels- und operationellen Risiken werden in der Solvabilitätsrichtlinie festgelegt oder sind Bestandteil der institutseigenen Risikomessmethode. Der Großteil der Risiken von Kreditinstituten liegt in den Adressrisiken. Die Berechnung des Risikos, das in einem Kredit oder festverzinslichen Wertpapier steckt, erfolgt über die Bonität des Kunden. Für die Bonitätseinstufung von Unternehmen werden externe oder interne Ratings verwendet. Die Kreditinstitute können für die Bewertung von Unternehmenskrediten drei Ansätze zur Berechnung der Eigenmittelunterlegung verwenden. Zulässig ist der Standardansatz, der IRB-Basisansatz oder der fortgeschrittene IRB-Ansatz (auf internen Ratings basierender Ansatz = IRB-Ansatz). Allerdings sind für die aufwendigeren IRB-Ansätze eine jahrelange statistische Erhebung von Daten und die Zulassung durch die BaFin notwendig. Der fortgeschrittene IRB-Ansatz erfordert den größten Aufwand vom Kreditinstitut, er hat aber auch den Vorteil, dass die Eigenkapitalanforderungen mit ihm am niedrigsten sind.

Standardansatz

Bei allen Ansätzen ist die Risikogewichtung eines Adressausfallrisikos, z. B. eines Kredites, von der Bonitätseinstufung des Unternehmens abhängig. Beim Standardansatz erfolgt sie durch externe Ratings, die von aufsichtlich anerkannten Ratingagenturen erstellt wurden. Die Ratings erlauben eine Einordnung des Unternehmens in eine Risikogruppe, für die ein Risikogewicht festgelegt wurde. Die Risikogewichte können von 20 %, 50 %, 100 % bis 150 % liegen. Unternehmen, für die kein Rating vorliegt, werden mit einem Risikogewicht von 100 % auf den Anrechnungsbetrag angerechnet.

Praxisfall

Die Fa. Berger hat kein externes Rating. Die Hausbank der Fa. Berger ist die Industriebank AG. Sie berechnet die Eigenmittelunterlegung nach der Solvabilitätsrichtlinie mit dem Standardansatz. Aus diesem Grund wird der Kredit der Fa. Berger über 200.000,00 € bei der Berechnung des Anrechnungsbetrages für die Adressrisiken mit einem Risikogewicht von 100 % angesetzt. Der Kredit geht daher mit den vollen 200.000,00 € in den Anrechnungsbetrag ein und erfordert eine Eigenkapitalunterlegung von 200.000,00 € · 8 % = 16.000,00 €. Dieser Teil des Eigenkapitals ist so lange „gesperrt“, wie der Kredit in dieser Form besteht.
Die Meier KG hat einen Kredit über 300.000,00 € bei der Industriebank. Sie hat ein Rating der Rating-Agentur Ehrlich, das von der BaFin akzeptiert wird. Das Rating weist die Meier KG in eine Kreditnehmergruppe, deren Risikogewicht bei 50 % liegt. Aus diesem Grund fließt der Kredit der Meier KG nur mit 300.000,00 € · 50 % = 150.000,00 € in den Anrechnungsbetrag für Adressrisiken ein und sperrt damit 150.000,00 € · 8 % = 12.000,00 € Eigenkapital.

IRB-Basisansatz und fortgeschrittener IRB-Ansatz

Die IRB-Ansätze basieren auf Bonitätseinstufungen unter Zuhilfenahme von bankinternen Ratings. Mithilfe der Ratings werden die Unternehmen festgelegten Ratingklassen zugewiesen. Für diese Ratingklassen wurde mittels statistischer Daten aus der Vergangenheit die Ausfallwahrscheinlichkeit (Probability of Default = PD) ermittelt.

Beim **IRB-Basisansatz** wird ein Kredit an ein Unternehmen (Adressenausfallrisiko) mit der Ausfallwahrscheinlichkeit (PD) einer Ratingklasse zugeordnet. Bei Krediten, die ganz oder teilweise durch Garantien oder Bürgschaften abgesichert sind, tritt an Stelle der Ausfallwahrscheinlichkeit des Kreditnehmers die des Bürgen oder Garanten. Das Risikogewicht ergibt sich aus der Ratingklasse. Mit diesem Risikogewicht geht der Kredit in den Anrechnungsbetrag für Adressrisiken ein.

Beim **fortgeschrittenen IRB-Ansatz** werden neben der Ausfallwahrscheinlichkeit auch der Verlust bei Ausfall (Loss Given Default = LGD), die ausstehende Forderung bei Ausfall (Exposure at Default = EAD) und die Restlaufzeit (Maturity = M) mithilfe aufwendiger Statistiken ermittelt und dienen als Basis für die Ermittlung des Risikogewichts, mit dem die Berechnung des Anrechnungsbetrages erfolgt. Die Ermittlung der ausstehenden Forderung (EAD) erfolgt unter Hinzuziehen der ausstehenden Tilgungsverpflichtungen des Kreditnehmers. Das Guthaben des Kreditnehmers kann mit ausstehenden Forderungen verrechnet werden. Der Verlust bei Ausfall wird auf Basis statistischer Daten geschätzt, vorhandene Sicherheiten werden abgezogen.

Dieser Ansatz fordert von der Bank den geringsten Eigenkapitaleinsatz und den höchsten Managementaufwand.

15.4.2 Externes Rating

Externe Ratings werden auf Veranlassung des analysierten Unternehmens durch Ratingagenturen erstellt. Die bekanntesten Agenturen sind **Standard & Poor's, Moody's** und **Fitch IBCA.** Sie haben vielen deutschen Großunternehmen, die international tätig sind, ein Gütesiegel gegeben. Die kleineren Unternehmen lassen sich von den neu entstandenen deutschen Ratingagenturen bewerten. Zu ihnen gehören neben anderen **Euler Hermes Rating, Creditreform-**

Rating und **Feri EuroRatings.** Bei ihren Analysen betrachten die Ratingagenturen die Unternehmen nicht nur von außen, sondern führen auch Prüfungen in den Betrieben durch.

Die externen Ratings werden häufig als Bonitätssignal für den Markt veröffentlicht. Verhandelt das Unternehmen beispielweise mit mehreren Kreditinstituten wegen neuer Kredite, so wird mit der Veröffentlichung ein Signal gesetzt, das keines der beteiligten Kreditinstitute übersehen kann. Das Gleiche gilt für die Emission von Anleihen oder Aktien und auch für das Geschäft mit Kunden, soweit hier Bonitätsüberlegungen eine Rolle spielen. Die externen Ratings kosten je nach Betriebsgröße zwischen 10.000,00 € und mehreren 100.000,00 €. Sie werden bei den Kreditinstituten auch häufig als Vergleichsmaßstab für Unternehmen der gleichen Branche und zu ihren eigenen Analysen herangezogen und sie werden auch zur Berechnung der Eigenmittelunterlegung nach der **Solvabilitätsverordnung der BAFin** verwendet. Voraussetzung dafür ist die Anerkennung durch die Bankenaufsicht. Dazu müssen sich die Ratingagenturen von der Bundesbank zertifizieren lassen und ihre Ratings müssen **objektiv, transparent** und **glaubwürdig** sein. Das Ratingergebnis wird bei den meisten Agenturen durch eine Buchstabenkombination festgelegt. Die jeder Kategorie zugeordneten Ausfallquoten geben die historische und die um einen ökonomischen Faktor erweiterte idealisierte Ausfallquote wieder. Sie ist die zu erwartende Ausfallquote. Standard & Poor's haben beispielsweise folgende Einteilung:

Ratingkategorien von Standard & Poor's

Kategorien	Idealisierte Ausfall-quoten in %	Historische Ausfall-quoten in %	Klassenbeschreibung
AAA	0,01	0,00	sehr gut: höchste Bonität; nahezu kein Ausfallrisiko
AA+	0,02	0,00	sehr gut bis gut: hohe Zahlungswahrscheinlichkeit, geringes Ausfallrisiko
AA	0,03	0,00	
AA–	0,04	0,03	
A+	0,05	0,02	gut bis befriedigend: angemessene Deckung von Zins und Tilgung; Risikoelemente vorhanden, die sich bei Veränderung des wirtschaftlichen Umfelds negativ auswirken
A	0,07	0,05	
A–	0,09	0,05	
BBB+	0,13	0,12	befriedigend: angemessene Deckung von Zins und Tilgung; spekulative Elemente oder mangelnder Schutz gegen Veränderungen des wirtschaftlichen Umfelds vorhanden
BBB	0,22	0,22	
BBB–	0,39	0,35	
BB+	0,67	0,44	ausreichend: mäßige Deckung von Zins und Tilgung (auch in einem guten wirtschaftlichen Umfeld)
BB	1,17	0,94	
BB–	2,03	1,33	
B+	3,51	2,91	mangelhaft: geringe Deckung von Zins und Tilgung
B	6,08	8,38	
B–	10,54	10,32	
CCC/CC	18,27	21,94	ungenügend: niedrigste Qualität bestehender Engagements, geringster Anlegerschutz, akute Gefahr des Zahlungsverzugs
SD/D			zahlungsunfähig: in Zahlungsverzug

Vgl. S & P's, Corporate Defaults: Will things get worse before they get better?, S & P's 2001.

Folgende Tabelle zeigt das Rating nach Standard & Poor's und Moody's:

Moody's	S & P's	Erklärung
Aaa	AAA	**beste Qualität** maximale Sicherheit
Aa1 Aa2 Aa3	AA+ AA AA–	**hohe Qualität** geringes Ausfallrisiko
A1 A2 A3	A+ A A–	**gute Qualität** mit Elementen, die sich bei veränderter Wirtschaftsentwicklung negativ auswirken können
Baa1 Baa2 Baa3	BBB+ BBB BBB–	**mittlere Qualität** aber mangelnder Schutz gegenüber sich verändernder Wirtschaftsentwicklung
Ba1 Ba2 Ba3	BB+ BB BB–	**spekulative Anlage** mäßige Deckung für Zins- und Tilgungsleistung
B1 B2 B3	B+ B B–	**sehr spekulative Anlage** geringe Sicherheit der langfristigen Schuldentilgung
Caa Ca C	CCC CC C	**niedrigste Qualität** geringster Anlegerschutz oder in direkter Gefahr des Zahlungsverzugs (S & P's) bzw. bereits in Zahlungsverzug (Moody's)
	D	**Emittent in Zahlungsverzug**

Standard & Poor's haben die Ausfallquoten aus den Daten der von ihnen bewerteten Unternehmen über zehn Jahre ermittelt. Sie empfehlen Kredite oder Anlagen nur für Unternehmen ab dem Bonitätsmerkmal BBB–. Aus den Daten wird deutlich, wie genau die Bonitätseinschätzung ist; die Differenz zwischen der prognostizierten Ausfallquote und der tatsächlichen ist sehr gering. Allerdings wird nur die Ausfallwahrscheinlichkeit im nächsten Jahr aufgezeigt; in einem Zeitraum von zehn Jahren erhöht sich diese teilweise deutlich.

Kumulierte historische Ausfallwahrscheinlichkeiten (Standard & Poor's)

Kategorie	Historische Ausfallwahrscheinlichkeiten (in %)									
	1	2	3	4	5	6	7	8	9	10 Jahre
AAA	0,00	0,00	0,03	0,06	0,10	0,18	0,26	0,40	0,45	0,51
AA	0,00	0,00	0,00	0,03	0,09	0,16	0,30	0,42	0,50	0,60
A	0,05	0,11	0,17	0,22	0,37	0,51	0,62	0,79	0,99	1,17
BBB	0,22	0,52	0,74	1,12	1,50	1,76	2,00	2,27	2,56	2,89
BB	0,94	2,59	4,62	6,04	7,34	8,72	9,57	10,72	11,45	11,80
B	8,38	16,01	21,00	23,73	25,73	27,59	28,79	29,79	30,84	31,85
CCC/CC	21,94	29,25	34,37	38,24	42,13	43,62	44,40	44,82	45,74	46,53

Vgl. S & P's, Corporate Defaults: Will things get worse before they get better?, S & P's 2001.

Die Tabelle zeigt deutlich, dass die Ausfallwahrscheinlichkeiten mit zunehmender Zeitdauer teilweise drastisch ansteigen. Wichtig in diesem Zusammenhang ist auch die Wahrscheinlichkeit des Verbleibs in der beim Rating erreichten Kategorie.

Aktuelle Kategorie	Wahrscheinlichkeit des Wechsels und Verbleibs in der erreichten Kategorie im nächsten Jahr (in %)							
	AAA	AA	A	BBB	BB	B	CCC	SD/D
AAA	**93,66**	5,83	0,40	0,09	0,03	0,00	0,00	0,00
AA	0,66	**91,72**	6,94	0,49	0,06	0,09	0,02	0,01
A	0,07	2,25	**91,76**	5,18	0,49	0,20	0,01	0,04
BBB	0,03	0,26	4,83	**89,24**	4,44	0,81	0,16	0,24
BB	0,03	0,06	0,44	6,66	**83,23**	7,46	1,05	1,08
B	0,00	0,10	0,32	0,46	5,72	**83,62**	3,84	5,94
CCC	0,15	0,00	0,29	0,88	1,91	10,28	**61,23**	25,26

Vgl. S & P's, Corporate Defaults: Will things get worse before they get better?, S & P's 2001.

Die Tabelle muss folgendermaßen gelesen werden: Bei einer Ausgangskategorie A besteht die Wahrscheinlichkeit des Aufstiegs (upgrade) in die Kategorie AAA mit 0,07 %, die Wahrscheinlichkeit des Verbleibs in A zu 91,76 % und die des Abstiegs (downgrade) z. B. nach B zu 0,20 %.

Praxisfall

Das Rating einer Bundesobligation ist nach Moody's Aaa, das der Deutschen Telekom Baa1, das von Daimler A3 und von Anleihen der Türkei Ba3.

15.4.3 Internes Rating

Beim **internen Rating** geht die Initiative zur Beurteilung des Unternehmens vom Kreditinstitut aus. Die Kreditinstitute verwenden zur Prüfung der Kreditrisiken eigene Ratingverfahren. Sie werden für ein einzelnes Institut oder eine Kreditinstitutsgruppe entwickelt und sind direkt auf deren Risikostrategie, Größe, Marktverhältnisse und Kundenstrukturen zugeschnitten. Die Ergebnisse werden nicht veröffentlicht.

Die Ergebnisse der internen Ratings sollen wie beim externen Rating Ausfallwahrscheinlichkeiten oder Ausfallquoten und Wahrscheinlichkeiten über die Veränderung der festgestellten Bonität erbringen.

Das Rating hat für viele Kreditinstitutsbereiche Bedeutung. Es kann z. B. für

- Entscheidungsprozesse im Zuge von Kreditgenehmigungen genutzt werden,
- die Konditionengestaltung nützlich sein,
- die Anlageentscheidungen des Kreditinstituts eingesetzt werden,
- die laufende Überwachung der Kredit- und Anlagerisiken genutzt werden,
- die Steuerung des Kreditinstituts wichtige Informationen liefern,
- die Verbriefung von Krediten eine Vereinfachung darstellen,
- die Eigenkapitalunterlegung die Basis sein.

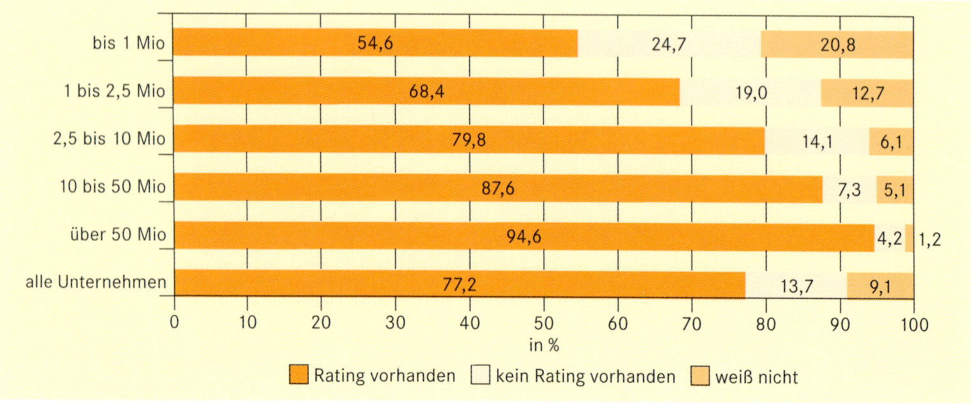

Vorliegen eines Ratings von einem Kreditinstitut („internes Rating“) nach Umsatzgrößenklassen 2006[1]

15.4.3.1 Anforderungen und Probleme

Die in den Kreditinstituten angewandten Verfahren bewerten bestimmte **Kriterien,** wie z. B. die Unternehmensführung oder die Produkte des Unternehmens, und **Risikoindikatoren,** wie z. B. Liquiditätskennziffern oder Verschuldungsgrad, gewichten sie und setzen sie zueinander in Beziehung. Das Ergebnis ist dann ein Bonitätsmerkmal, das sich häufig an die Kategorien der Ratingagenturen anlehnt. Kreditinstitute aktualisieren die Ratings in regelmäßigen Abständen, bei regulärem Verlauf des Kreditengagements mindestens einmal pro Jahr und bei Problemfällen häufiger. Die Verfahren der Kreditinstitute zur Messung der Bonität sollten folgende Mindestanforderungen erfüllen:

- Die Beurteilungen müssen regelmäßig erfolgen.
- Bei mehreren Engagements beim gleichen Kunden müssen die Risiken bei langen Fristen höher angesetzt werden als bei kurzen.
- Die gewählten Bewertungskriterien müssen transparent und nachvollziehbar sein.
- Die gewählten Methoden müssen transparent und nachvollziehbar sein.
- Die Darstellung muss übersichtlich sein.
- Verschiedene Risikopositionen (z. B. Kredit und Wertpapieranlage) müssen vergleichbar sein.

Bei diesen Verfahren leisten analytisch-statistische Ableitungen gute Hilfe bei der Gewichtung der einzelnen beobachteten Merkmale. Problematisch ist jedoch, dass die Daten aus der Vergangenheit stammen. Ein Ereignis wie z. B. der Terroranschlag von New York am 11.09.2001 kann aber dafür sorgen, dass plötzlich ein Merkmal, z. B. die Angst vor dem Fliegen, die Unternehmen unter Druck setzt und der Wirkungszusammenhang sich völlig ändert.

Ein weiteres Problem ist der Wunsch, das Rating z. B. mit einer Buchstabenkombination wie AA anzugeben. Mit dieser verkürzten Form der Darstellung wird das Ergebnis zunächst übersichtlicher, aber es gehen auch wichtige Informationen verloren.

Die Bewertung kleiner und besonders junger Unternehmen ist ein weiteres Problem. Hier fehlen teilweise statistische Daten. Um dennoch zu einem Urteil zu kommen, sind subjektive Einschätzungen erforderlich, die in das Bewertungsschema eingearbeitet werden. Dabei bestehen erhebliche Bewertungsspielräume, die aber im Urteil nicht deutlich werden.

Die bankenaufsichtsrechtliche Anerkennung des internen Ratingverfahrens setzt die Existenz entsprechender Ratingerfahrungen voraus. Seit 2007 müssen Kreditinstitute, die den internen Ratingansatz zur Berechnung des Eigenkapitals verwenden wollen, für fünf Jahre die bankeigenen Schätzungen der Ausfallwahrscheinlichkeit vorlegen. Außerdem muss das Ratingsystem der Kreditinstitute mindestens einmal pro Jahr durch die nationale Bankenaufsicht (Bundesbank) überprüft werden.

1 Zimmermann, V., „Ratingkenntnisse von kleinen und großen Unternehmen – aktueller Stand und Entwicklung“, KfW-Research, Wirtschaftsobserver online, Nr. 30, Dezember 2007

15.4.3.2 Auswirkungen des Ratings

Mit dem Rating ist es möglich, die **Kreditkonditionen** exakter an der **Bonitätseinschätzung** zu orientieren, da für Kredite an Unternehmen mit einer schlechten Bonität mehr Eigenkapital benötigt wird als für andere mit guter Bonität. Das führt zu einem höheren Aufschlag auf den Zinssatz, da mit den Zinsen für die Kredite auch die benötigte Eigenkapitalverzinsung verdient werden muss.

Die Berechnung erfolgt mithilfe eines komplizierten Verfahrens; dazu muss aus dem Verlust bei Ausfall, der Restlaufzeit und der Ausfallwahrscheinlichkeit eines Kredites sein Risikogewicht ermittelt werden. Es gibt an, für wie viel Prozent eines Kredites eine Eigenkapitalunterlegung notwendig ist. In den IRB-Verfahren haben die Banken für die einzelnen Kreditnehmerklassen über die Ausfallwahrscheinlichkeit Risikogewichte festgelegt.

Ausfallwahrscheinlichkeit in %	0,03	0,10	0,50	0,75	1	2	5	10	20	25
Risikogewicht des Kredites in % für Banken/Unternehmen	15	36	69	92	99	129	155	204	249	265

Praxisfall

Die Schwabenbank gewährt jeweils Kredite in Höhe von 20 Mio. € an die Maschinenbau AG (Rating = AA) und an die Handels GmbH (Rating = B) mit einer Laufzeit von vier Jahren. Die Schwabenbank will eine Verzinsung für das gebundene Eigenkapital von 10 %.

	Maschinenbau AG	Handels GmbH
Rating	AA	B
Kredit	20.000.000,00 €	20.000.000,00 €
Ausfallwahrscheinlichkeit (PD) (siehe Kapitel 14.4.2)	0,03 %	6,08 %
Risikogewicht	15 %	204 %
Positionswert (Kredit · Risikogewicht)	3.000.000,00 €	40.800.000,00 €
Eigenkapitalanforderung (Positionswert · 8 %)	240.000,00 €	3.264.000,00 €
Eigenkapitalverzinsung (Eigenkapitalanforderung · 10 %)	24.000,00 €	326.400,00 €
Aufschlag auf den Kundenzinssatz (Eigenkapitalverzinsung · 100/Kredit)	0,12 %	1,632 %
Kreditzinssatz (5 % + Aufschlag)	5,12 %	6,64 %

Die Handels GmbH muss einen deutlich höheren Aufschlag für die Eigenkapitalverzinsung auf ihren Zinssatz akzeptieren als die Maschinenbau AG.

15.4.3.3 Qualitative und quantitative Informationen

Für die Ratings werden qualitative und quantitative Informationen unterschieden. Die qualitativen Informationen sind in vielen Bereichen mit den bisher schon in der Bilanzanalyse erhobenen Kennziffern identisch. Allerdings kommt zur Bilanzkritik noch die mittelfristige Unternehmensplanung. Die quantitative Information umfasst die Produkte, die Fertigungsprozesse, die Marktstellung, die Geschäftsstrategie, die Führungsstruktur, die Qualität des Managements, die Branchenperspektiven, die Nachfolgeregelung, die Qualität des Controllings, das Personalkonzept oder auch den Umgang mit der Umwelt. Zu diesen Informationen fügen die bewertenden Kreditinstitute noch eigene Informationen aus der Kundenverbindung wie das Kontoführungsverhalten und das Zahlungsverhalten hinzu. Die gesamte Information wird im Ratingprozess bewertet und gewichtet und führt am Ende zum Bonitätskennzeichen, z. B. BBB+.

Mögliche Parameter eines Ratings[1]

Vermögens- und Kapitalstruktur
Eigenkapitalquote, Eigenmittelquote
Kapitalstruktur
Cashflow
Kapitalrückflussquote
Kapitalbindungsdauer
Stille Reserven

Liquiditäts- und Ertragslage
Liquidität
Lagerumschlag, Lagerbindung
Verschuldungsdauer
Verschuldungsgrad
Nettozinsquote
Umsatz, Umsatzentwicklung
Bilanzsumme
Umsatzrendite
Gesamtkapitalrendite
Eigenkapitalrendite
Außerordentliches Ergebnis
Investitionsquote
Zinssatz für Pensionsrückstellungen

Management, Geschäftspolitik
Produktpolitik
Vertriebspolitik
Preispolitik
Qualität des Managements
Kontinuität des Managements
Führungsstruktur
Nachfolgeregelungen
Personalkonzept

Kundenbeziehung
Informationsverhalten gegenüber dem Kreditinstitut
(Rück-)Zahlungsverhalten
Kontoführungsverhalten
Dauer der Kundenbeziehung

Planungen
Planbilanzen
Ertrags- und Liquiditätsplanung
Finanzplanung
Umsatzplanung
Investitionsplanung

Zukunftsorientierung
Investitionsverhalten
Modernität
Umweltrisiken

Gesamtwirtschaftliche Lage, Marktsituation
Marktstruktur, Konkurrenzintensität
Marktstellung, Marktanteil
Abgrenzung zu Wettbewerbern
Marktzutrittsbarrieren
Branchenperspektiven
Wettbewerbsfähigkeit
Saison- und Konjunkturabhängigkeit
Wirtschaftswachstum
Lohnkostenentwicklung

Externe Abhängigkeiten
Lieferantenrisiko
Abnehmerrisiko
Auftragslage

Bilanzierungsmethoden
Ansatz von Rückstellungen
Art und Höhe der Abschreibungen
Herstellungskosten
Bewertung der Vorräte

Controlling/Rechnungswesen
Erfolgsrechnungen
Kostenvor- und -nachkalkulation
Einhaltung und Kontrolle von Planungen

Sonstige Parameter
Rechtsform
Alter des Unternehmens
Auftragsbestand
Auslastungsgrad
Beschäftigungsentwicklung
Zahlungsabsicherung, Kreditversicherung
Transportrisikoabsicherung
Genereller Versicherungsschutz
Betriebsklima

Es handelt sich um eine exemplarische Auswahl ohne Rangfolge.

1 nach: Dr. Krämer, Helmut, „Rating: Herausforderung für Kreditinstitute und Unternehmen", KfW-Beiträge, www.kfw.de./DE/Research/PDF/herausforderung.pdf

15.4.3.4 Rating in der Praxis der Kreditinstitute

Um das Rating zweckmäßig zu gestalten, ist es notwendig, die Kunden in Gruppen einzuteilen. Dabei wird häufig zwischen Großkunden, mittelständischen Kunden und Kleingewerbetreibenden unterschieden. Würde eine Ratingmethode für alle Kunden gelten, wären die kleinen Kunden benachteiligt.

Beispiel

Beispiel für das Zusammenspiel der einzelnen Ratingfaktoren beim Bewerten des Unternehmens nach dem Rating für den Mittelstand beim Verband der Volks- und Raiffeisenbanken:

Rating der Volks- und Raiffeisenbanken		
vergangenheitsbezogene und aktuelle Vermögens-, Finanz- und Ertragslage	1. Jahresabschluss	Kernrating
	2. Private Vermögensverhältnisse	
	3. Kontoführung	Kennzeichen, die das Urteil positiv bzw. negativ beeinflussen
	4. Betriebswirtschaftliche Auswertungen (BWA)	
zukünftige Unternehmensentwicklung	5. Markt/Branche	
	6. Unternehmen/Management	
	7. Unternehmensplanung	

vgl. Württembergischer Genossenschaftsverband, „Basel II: Rating als Chance", Stuttgart 2002

Mit dem vorgestellten Mittelstandsrating werden Kunden mit folgenden Merkmalen erfasst:

- Unternehmen, die eine Bilanz erstellen.
- Unternehmen mit einem Jahresumsatz unter 5 Mio. €.
- Von den haftenden Gesellschaftern oder den Unternehmern liegen private Vermögens- und Schuldaufstellungen vor.
- Die Firmen haben selten ausführliche Planungsrechnungen.
- Die private Vermögens- und Schuldenlage des Unternehmers hat einen erheblichen Einfluss auf die Gesamtbonität.

Für das Mittelstandsrating wurden 25 Bonitätsklassen definiert, die mit einer festgelegten Ausfallwahrscheinlichkeit verbunden sind. Die Rating-Daten werden im Computer verarbeitet und das Ergebnis, die gefundene Bonität, erlaubt eine eindeutige und nachvollziehbare Kreditentscheidung. Außerdem wird eine eindeutige Zuordnung des Kredites zu bestimmten Risikoklassen ermöglicht. Drittens wird durch die gefundene Bonität eine risikogerechte Höhe des Zinssatzes zugeordnet.

Ratingklasse	Bezeichnung	Ausfallrate
1 a	sehr gute Bonität	0,01 %
1 b	sehr gute Bonität	0,02 %
1 c	sehr gute Bonität	0,03 %
1 d	sehr gute Bonität	0,04 %
1 e	sehr gute Bonität	0,05 %
2 a	gute Bonität	0,07 %
2 b	gute Bonität	0,10 %
2 c	gute Bonität	0,15 %
2 d	gute Bonität	0,23 %
2 e	gute Bonität	0,35 %
3 a	befriedigende Bonität	0,50 %
3 b	befriedigende Bonität	0,75 %
3 c	befriedigende Bonität	1,10 %

Ratingklasse	Bezeichnung	Ausfallrate
3 d	befriedigende Bonität	1,70 %
3 e	befriedigende Bonität	2,60 %
4 a	ausreichende Bonität	4,00 %
4 b	ausreichende Bonität	6,00 %
4 c	kritische Bonität	9,00 %
4 d	sehr kritische Bonität	13,50 %
4 e	äußerst kritische Bonität	20,00 %
5 a	mehr als 90 Tage Überziehung	100,00 %
5 b	Einzelwertberichtigung	100,00 %
5 c	Zinsfreistellung	100,00 %
5 d	Insolvenz	100,00 %
5 e	zwangsweise Abwicklung/ Ausbuchung	100,00 %

Die Bonitätsklassen der Volks- und Raiffeisenbanken
Württembergischer Genossenschaftsverband, „Basel II: Rating als Chance", Seite 19, Stuttgart 2002

Das Ratingurteil wird mithilfe eines Scoringverfahrens gebildet. Mittels eines mathematisch-statistischen Verfahrens werden zunächst die vergangenheitsorientierten Informationen des Jahresabschlusses ausgewertet und mit aktuellen Daten ergänzt. Die restlichen Bereiche werden über Fragebögen erfasst, die so aufbereitet sind, dass eine Beeinflussung des Ratingergebnisses weitgehend ausgeschlossen werden kann. Anschließend werden die einzelnen Ergebnisse aus den untersuchten Bereichen gewichtet und zu einem Ergebnis verknüpft.

15.4.3.5 Beispiel eines internen Ratings

Praxisfall

Die Meier KG soll von Peter Braun, dem zuständigen Firmenkundenbetreuer der Kundenbank, im Rahmen eines internen Ratings beurteilt werden. Dazu füllt er den hierfür entwickelten Fragebogen zur „Erfassung und Ermittlung von Risikoindizes zur Darstellung von Bonitätsklassen" aus.

Fragebogen zur Erfassung und Ermittlung von Risikoindizes zur Darstellung von Bonitätsklassen **1**

Kontonummer:	*5987 3644*	Kundennummer:	*Me34570987*
Kundenname:	*Meier KG*	Rechtsform:	*KG*
Geschäfts-/Wohnsitz:	*73033 Göppingen*	Gegründet (Jahr):	*1982*
Zahl der Mitarbeiter:	*34*	Rechtsformwechsel:	*1988*
Nicht bilanzierend:	☐		
Branche 1: (Haupttätigkeit)	*Formenbau*	Branchen-Code:	*234*
Weitere Branchen (= Nebentätigkeit)			
Branche 2:	....	Branchen-Code:	....
Branche 3:	....	Branchen-Code:	....

→

Praxisfall (Fortsetzung)

Abnehmer-Branchen

Abnehmer-Branche 1:	*Automobilindustrie*	Branchen-Code:	*13*
Abnehmer-Branche 2:	*Maschinenbau*	Branchen-Code:	*26*
Abnehmer-Branche 3:	....	Branchen-Code:	....
Abnehmer-Branche 4:	....	Branchen-Code:	....
Abnehmer-Branche 5:	....	Branchen-Code:	....

Abnehmer = ☐ Privatpersonen
☐ öffentliche Haushalte ☐ keine Zuordnung

Auswertung der Kontoführung/Geschäftsverbindung **2**

Überziehungen einwandfrei ☐ - keine Überziehungen - Überziehungen im Rahmen der Vereinbarungen	zufriedenstellend ☒ - gelegentliche, kurzfristige Überziehungen
angespannt ☐ - häufige Überziehungen	inakzeptabel ☐ - ständige Überziehungen
Umsatzentwicklung einwandfrei ☐ - positive Konto-Umsatzentwicklung, die der Geschäftsentwicklung entspricht	zufriedenstellend ☒ - angemessene Kontoumsätze im Verhältnis zum Geschäftsvolumen
angespannt ☐ - stagnierende bzw. rückläufige Umsätze	inakzeptabel ☐ - keine bzw. geringe Geschäftsumsätze auf dem Konto - Umsatzentwicklung, die nicht der Geschäftsentwicklung entspricht

Steigt der durchschnittliche Soll-Saldo im Verhältnis zum Kreditlimit an? .... ☐

Geschäftsverbindung:
keine Geschäftsverbindung .... ☐
langjährige gute Geschäftsverbindung .... ☒
unauffällige Geschäftsverbindung .... ☐
problematische Geschäftsverbindung .... ☐
neue Geschäftsverbindung (Bsp.: Existenzgründung) .... ☐

Zahlungsweise:
Zahlung mit Skontoabzug .... ☐
Zahlung innerhalb der Zahlungsfristen .... ☒
Zahlungsweise ohne wesentliche Beanstandungen .... ☐
schleppende Zahlungsweise .... ☐
Zahlungsrückstände/Mahnungen .... ☐

Sonstige Hinweise:
Nehmen Bonitätsanfragen Dritter zu? .... ☐
Ist bereits ein gerichtliches Mahnverfahren eingeleitet worden? .... ☐
Werden haftungsausschließende Übertragungen von Vermögensteilen vorgenommen? . ☐
Steigt die Verschuldung deutlich an? (z. B. KWG-Meldungen) .... ☐

→

Praxisfall (Fortsetzung)

Wirtschaftliche Verhältnisse 3

Zusammenfassung wirtschaftlicher Verhältnisse (1–4):

- Einwandfreie wirtschaftliche Verhältnisse ☐
- Zufriedenstellende wirtschaftliche Verhältnisse ☒
- Schwache wirtschaftliche Verhältnisse ☐
- Unzureichende wirtschaftliche Verhältnisse ☐

1. Ertragslage

- überdurchschnittliches Teilbetriebsergebnis ☐
- durchschnittliches Teilbetriebsergebnis ☒
- unterdurchschnittliches Teilbetriebsergebnis ☐
- unzureichendes bzw. negatives Teilbetriebsergebnis ☐

- überdurchschnittliches Betriebsergebnis ☐
- durchschnittliches Betriebsergebnis ☒
- unterdurchschnittliches Betriebsergebnis ☐
- unzureichendes bzw. negatives Betriebsergebnis ☐

- überdurchschnittliches Jahresergebnis ☐
- durchschnittliches Jahresergebnis ☒
- unterdurchschnittliches Jahresergebnis ☐
- unzureichendes bzw. negatives Jahresergebnis ☐

Wird das Jahresergebnis durch das Zins- und Beteiligungsergebnis wesentlich
- positiv beeinflusst? (hat das Jahresergebnis erhöht) ☐
- negativ beeinflusst? (hat das Jahresergebnis vermindert) ☐

Wird das Jahresergebnis durch das neutrale Ergebnis wesentlich
- positiv beeinflusst? (hat das Jahresergebnis erhöht) ☐
- negativ beeinflusst? (hat das Jahresergebnis vermindert) ☐

2. Vermögen und Schulden

- Das Eigenkapital ist überdurchschnittlich. ☐
- Das Eigenkapital ist durchschnittlich. ☒
- Das Eigenkapital ist unterdurchschnittlich. ☐
- Das Eigenkapital ist negativ (Unterbilanz). ☐

Beeinflussen andere Wertansätze (z. B. stille Reserven, Auflösungsmöglichkeiten von Rückstellungen, drohende Verluste aus schwebendem Geschäft, hohe Eventual-Verbindlichkeiten) diese Deckungsverhältnisse
- positiv? ☐
- negativ? ☐

3. Liquidität

- Umlaufvermögen übersteigt das kurz- und mittelfristige Fremdkapital ☐
- Umlaufvermögen deckt das kurz- und mittelfristige Fremdkapital ☒
- kurz- und mittelfristiges Fremdkapital übersteigt das Umlaufvermögen ☐

4. Kapitaldienstfähigkeit

- Ertrags- bzw. Selbstfinanzierungskraft übersteigt den Kapitaldienst ☒
- Ertrags- bzw. Selbstfinanzierungskraft deckt den Kapitaldienst ☐
- Ertrags- bzw. Selbstfinanzierungskraft reicht zur Deckung des Kapitaldienstes nicht ganz aus ☐
- Kapitaldienst übersteigt deutlich die Ertrags- bzw. Selbstfinanzierungskraft ☐

→

Praxisfall (Fortsetzung)

Unternehmer- und Unternehmensbeurteilung 4

Ergebnis:

unzweifelhaft gutes Unternehmen	☐	gutes Unternehmen	☐
Durchschnittsunternehmen	☒	gefährdetes Unternehmen	☐
stark gefährdetes Unternehmen	☐		

1. Management

– älter als 60 Jahre	☐ Ja	☐ k. A.	☒ Nein
– Beeinträchtigung der Leistungsfähigkeit	☐ Ja	☒ k. A.	☐ Nein
– familiäre Schwierigkeiten	☐ Ja	☒ k. A.	☐ Nein
– Nachfolgeproblem ungelöst	☒ Ja	☐ k. A.	☐ Nein
– fehlende externe Führungserfahrung	☐ Ja	☐ k. A.	☒ Nein

Beurteilung der persönlichen Kreditwürdigkeit (Eigenschaften) 1-5	☐ 1	☒ 2	☐ 3	☐ 4	☐ 5

Beurteilung der fachlichen Qualifikation

hoch qualifiziert	☐	qualifiziert	☒
in Teilbereichen qualifiziert	☐	unqualifiziert	☐

2. Beurteilung der betrieblichen Situation jeweils aufsteigend von 1-5

– (Eigenschaften) 1-5					
· kaufmännisch	☐ 1	☐ 2	☒ 3	☐ 4	☐ 5
· technisch	☐ 1	☒ 2	☐ 3	☐ 4	☐ 5
– der Planung	☐ 1	☐ 2	☒ 3	☐ 4	☐ 5
– des Rechnungswesens und der Kalkulation	☐ 1	☐ 2	☒ 3	☐ 4	☐ 5
– des Personalwesens	☐ 1	☒ 2	☐ 3	☐ 4	☐ 5
– des Einkaufs, der Beschaffung und Lagerhaltung	☐ 1	☐ 2	☒ 3	☐ 4	☐ 5
– der Entwicklung, Produktion und Betriebsausstattung	☐ 1	☒ 2	☐ 3	☐ 4	☐ 5
– des Vertriebs/Verkaufs und Marketings	☒ 1	☐ 2	☐ 3	☐ 4	☐ 5
– der Finanzierung und Investition	☐ 1	☐ 2	☒ 3	☐ 4	☐ 5

Bestehen Abhängigkeiten von

– Lieferanten?	☐ Ja	☐ k. A.	☒ Nein
– Abnehmern?	☐ Ja	☐ k. A.	☒ Nein

Bestehen wesentliche Länder-Risiken

– aus Auslandsgeschäften?	☐ Ja	☐ k. A.	☒ Nein

Markt- und Wettbewerbssituation, Produkte 5

Markt

sehr attraktiver Absatzmarkt	☐
attraktiver Absatzmarkt	☐
durchschnittlicher Absatzmarkt	☒
unattraktiver Absatzmarkt	☐

Absatzchancen

marktgängige Spitzenprodukte/Dienstleistungen	☐
Durchschnittsprodukte/-dienstleistungen	☒
wenig marktgängige Spitzenprodukte/Dienstleistungen	☐

→

Praxisfall (Fortsetzung)

Markt- und Wettbewerbssituation, Produkte *(Fortsetzung)* 5

Wettbewerbsposition/-stärke

- sehr starke Wettbewerbsposition ☐
- gute Wettbewerbsposition ☐
- durchschnittliche Wettbewerbsposition ☒
- schwache Wettbewerbsposition ☐

Deckungsbeiträge

- sehr ertragsstarke Produkte/Dienstleistungen ☐
- Produkte/Dienstleistungen mit befriedigenden Deckungsbeiträgen ☒
- ertragsschwache Produkte/Dienstleistungen ☐

Branchensituation und -prognose 6

Branchensituation	Eigene Branche	Private und öffentliche Abnehmer/Branchen
sehr gute Branchensituation	☐	☐
gute Branchensituation	☐	☐
durchschnittliche Branchensituation	☒	☒
schlechte Branchensituation	☐	☐

Branchenprognose	Eigene Branche	Private und öffentliche Abnehmer/Branchen
sehr gute Zukunftsaussichten	☐	☐
gute Zukunftsaussichten	☒	☒
durchschnittliche Zukunftsaussichten	☐	☐
schlechte Zukunftsaussichten	☐	☐

Anzeichen Unternehmensgefährdung 7

– mangelnde Kapazitätsauslastung			
· branchenbedingt	☐ Ja	☐ k. A.	☒ Nein
· konjunkturbedingt	☐ Ja	☐ k. A.	☒ Nein
· in Teilbereichen bis 50 %	☐ Ja	☐ k. A.	☒ Nein
– Stopp von Investitionen	☐ Ja	☐ k. A.	☒ Nein
– Stopp/Unterlassung notwendiger Rationalisierungsmaßnahmen	☐ Ja	☐ k. A.	☒ Nein
– Kurzarbeit	☐ Ja	☐ k. A.	☒ Nein
– Entlassung von Mitarbeitern	☐ Ja	☐ k. A.	☒ Nein
– Streit/Auseinandersetzungen geschäftsführender Personen	☐ Ja	☐ k. A.	☒ Nein
– leitende Mitarbeiter kündigen	☐ Ja	☐ k. A.	☒ Nein
– negative Auskünfte	☐ Ja	☐ k. A.	☒ Nein
– Zins- und Tilgungsrückstände	☐ Ja	☐ k. A.	☒ Nein
– Wechsel von Scheck- auf Wechselzahlung	☐ Ja	☐ k. A.	☒ Nein
– Wechselprolongation	☐ Ja	☐ k. A.	☒ Nein
– Nichteinlösung/Rückgaben (Lastschriften, Daueraufträge, Schecks, Wechsel)	☐ Ja	☐ k. A.	☒ Nein

→

5484300

Praxisfall (Fortsetzung)

Erfassung der Kreditsicherstellung **8**

Gesamtengagement		562.000,00 €
davon sichergestellt		**330.000,00 €**
Blankokredit		232.000,00 €
davon wirtschaftlich gesichert		**209.000,00 €**
ungedeckt		23.000,00 €
Die Kreditsicherstellung ist aufgrund des Unternehmensrisikos		
nicht zu relativieren	☐	
relativiert worden	☐	
noch nicht relativiert worden	☐	
Statistische Angaben für das Controlling		
Wertberichtigung		0,00 €
Abschreibung		0,00 €
Deckungsbeitrag		39,40 €
Deckungsmarge	in %	0,7
Die Neubewertung ergibt:		
Gesamtengagement		562.000,00 €
relativierte Sicherstellung		**539.000,00 €**
Blankokredit		23.000,00 €

Die Bewertung des Ratings ergibt nach der angewandten Bonitätseinstufung der Volks- und Raiffeisenbanken das Bonitätsurteil 3 a. Die Bewertung des Ratings erfolgte nach einem festgelegten Schema im Computer der Kundenbank, dazu werden die Antworten eingegeben und durch eine programmierte Gewichtung der einzelnen Punkte zu einem Gesamturteil zusammengefasst. Die erwartete Ausfallquote von 0,5 % bedeutet für das Engagement der Kundenbank bei der Meier KG kein hohes Risiko. Durch die gute Absicherung der Kredite besteht kein Handlungsbedarf. Bei zukünftigen Krediten ist auf eine ausreichende Besicherung zu achten.

15.5 Auswertung von Jahresabschlüssen im Hinblick auf Anlageentscheidungen

Praxisfall

Gerd Weber sucht neue Anlagemöglichkeiten für frei gewordene Gelder aus festverzinslichen Wertpapieren. Er will in Aktien investieren, da sie eine bessere Rendite versprechen.

Die Auswertung von Jahresabschlüssen verschiedener Unternehmen in Kreditinstituten geschieht nicht nur, weil eine Kreditentscheidung ansteht, sondern auch, weil eine Anlageentscheidung getroffen werden muss oder eine Anlageempfehlung ausgesprochen werden soll. Mit einer qualitativen Analyse ist die Kundenberatung auf der Basis ausgesuchter und ausgewerteter Daten erfolgreicher und den Kunden stehen bei Anlageentscheidungen bessere Informationen zur Verfügung. Für Unternehmen, die durch das eigene Kreditinstitut bewertet worden sind, liegen die gewünschten Informationen vor, müssen aber teilweise neu aufbereitet werden. Dabei sind die Insiderregeln zu beachten. Für fremde börsennotierte Unternehmen hat sich ein einheitlicher Standard herausgebildet. Die Deutsche Vereinigung für Finanzanalyse und Asset Management e. V. (DVFA) hat in Zusammenarbeit mit der Schmalenbach-Gesellschaft (SG) ein Schema entwickelt, das Grundlage für die Bewertung geworden ist.

	Jahresüberschuss/-fehlbetrag
+/-	Beträge, die notwendig sind, um bei Firmenzukäufen oder -verkäufen das Ergebnis vergleichbar zu machen
+/-	latente Steuern (Steuerzahlungen oder -erstattungen)
=	**angepasstes Ergebnis**
+/-	Bereinigungspositionen in den Aktiva
+/-	Bereinigungspositionen in den Passiva
+/-	Bereinigung nicht eindeutig zuordenbarer Sondereinflüsse
+/-	Fremdwährungseinflüsse
=	**DVFA/SG-Ergebnis für das Gesamtunternehmen**
+/-	Ergebnisbestandteile Dritter
=	**DVFA/SG-Ergebnis für die Aktionäre der Muttergesellschaft**

Das vereinfachte DVFA/SG-Schema

Wird dieses Ergebnis durch die Anzahl der zugrunde zu legenden Aktien der AG geteilt, ergibt sich das DVFA/SG-Ergebnis je Aktie.

Das Ergebnis je Aktie ist eine international anerkannte Kennzahl für die Beurteilung der Ertragskraft eines Unternehmens. Es ist um alle Sondereinflüsse bereinigt, die die Vergleichbarkeit von Unternehmensergebnissen einschränken. Die Wirkungen der Besteuerung werden ebenfalls berücksichtigt. Das DVFA/SG-Ergebnis ist deshalb von der vom Unternehmen gewählten Rechnungslegungsnorm (HGB, IAS, US-GAAP, JFRS) unabhängig.

Damit wird ein von der Branche unabhängiger Vergleich der Ertragskraft möglich und die zukünftige Ertragskraft kann mit einiger Sicherheit vorausgesagt werden.

Werden von einem Unternehmen über einen längeren Zeitraum DVFA/SG-Ergebnisse ermittelt, kann die Ergebnisentwicklung im Zeitablauf verfolgt werden.

Praxisfall

Die Creon AG, Hersteller von Baustoffen, veröffentlicht folgendes Ergebnis nach DVFA/SG:

		in T€
	Jahresüberschuss/-fehlbetrag	20.761
+/-	Beträge, die notwendig sind, um bei Firmenzukäufen oder -verkäufen das Ergebnis vergleichbar zu machen	0
+/-	latente Steuern (Steuerzahlungen oder -erstattungen)	- 485
=	**angepasstes Ergebnis**	20.276
+/-	Bereinigungspositionen in den Aktiva	1.528
+/-	Bereinigungspositionen in den Passiva	0
+/-	Bereinigung nicht eindeutig zuordenbarer Sondereinflüsse	951
+/-	Fremdwährungseinflüsse (außerordentlicher Ertrag)	- 2.755
=	**DVFA/SG-Ergebnis für das Gesamtunternehmen**	20.000
+/-	Ergebnisbestandteile Dritter	0
=	**DVFA/SG-Ergebnis für die Aktionäre der Muttergesellschaft**	20.000

Es sind 20 000 000 Aktien im Umlauf.
DVFA/SG-Ergebnis je Aktie = 20.000.000,00 € : 20 000 000 = 1,00 €.

5484302

Grundlagen einer Anlageentscheidung in Aktien sind:

Fundamentalanalyse	technische Analyse	andere Einflüsse
Grundlagen: - Bilanz, GuV - Geschäftsberichte - Branchenberichte - Shareholder-Value - Rating	**Grundlagen:** die Charts der untersuchten Werte	**Grundlagen:** - aktuelle Politik - wirtschaftliche Entwicklung - steuerliche Überlegungen - usw.
Ziel: Auswahl der „interessanten" Werte	**Ziel:** Bestimmung des richtigen Kauf- und Verkaufszeitpunkts (Timing)	**Ziel:** Bestimmung des richtigen Anlagemediums (Aktien, Termingeld, festverzinsliche Wertpapiere, ...)
Die Fundamentalanalyse bestimmt den Wert, aber nicht den Preis einer Aktie.	Die technische Analyse bestimmt den Preis, aber nicht den Wert einer Aktie.	

Neben diesen Grundlagen sollten noch bestimmte grundlegende Verhaltensmuster einbezogen werden. Für den Kauf oder Verkauf gibt es günstige und ungünstige Börsentage. Häufig steigen montags die Kurse an, weil sich die Anleger übers Wochenende informiert haben. An diesem Tag sollte daher eher verkauft und nicht gekauft werden. Freitags dagegen fallen die Kurse meist, da die Händler nicht mit vollen Depots ins Wochenende gehen wollen, daher ist es sinnvoll, freitags zu kaufen und nicht zu verkaufen. Außerdem sollte sich jeder Anleger Ziele für Gewinnmitnahmen und Verlustrealisationen setzen. Ein Depot ohne klare Ziele und Begrenzungen erreicht meist nicht das Optimum. Diese verhaltenspsychologischen Grundsätze werden in der Fachsprache auch als „behavioural finance" bezeichnet.

15.5.1 Fundamentalanalyse

Bei der Fundamentalanalyse wird anhand von Kennzahlen die wirtschaftliche Situation eines Unternehmens dargestellt. Hierbei werden die Jahresabschlüsse analysiert, um Aussagen über den Substanzwert, den Ertragswert und die Liquidität eines Unternehmens treffen zu können. Neben Kennzahlen über den Gewinn und Ertrag werden auch die Bilanzstruktur, die Finanzierungskraft, die Verschuldung und die Liquidität durchleuchtet.

$$\textbf{Dividendenrendite} = \frac{\text{veröffentlichte Dividende} \cdot 100}{\text{Kurs}}$$

Praxisfall (Fortsetzung)

Die Creon AG besitzt ein Grundkapital von 100 Mio. € und hat 20 Mio. Aktien ausgegeben. Das Unternehmen weist einen Gewinn in Höhe von 20 Mio. € aus. Die Aktie wird mit 11,00 € an der Börse notiert. 10 Mio. € werden ausgeschüttet, der Rest wird in die Rücklagen eingestellt. Die Abschreibung auf Anlagen beträgt 2,255 Mio. €. Im Gewinn ist ein außerordentlicher Ertrag in Höhe von 2,755 Mio. € enthalten, der aus einer Kaufoption auf den US-Dollar entstanden ist.

Die Dividendenrendite gibt dem Käufer Auskunft darüber, wie hoch im Vergleich zu anderen Aktien oder im Zeitvergleich die Ausschüttung ist. Anleger, für die die Ausschüttung entscheidend ist, werden die errechnete Rendite mit der von anderen Anlageformen (Sparbuch, festverzinsliche Wertpapiere) vergleichen. Allerdings gibt sie keine Auskunft über die Ertragskraft, sondern berücksichtigt nur den Ausschüttungsbetrag im Verhältnis zum Kurs.

Praxisfall (Fortsetzung)

Ausschüttungsbetrag = 10 Mio. € : 20 Mio. Aktien = 0,50 €/Aktie

Ausschüttungsbetrag für 1 000 Aktien	500,00 €
abzüglich 25 % Abgeltungssteuer	125,00 €
abzüglich 5,5 % Solidaritätszuschlag (aus der Abgeltungssteuer)	6,88 €
= Gutschrift	368,12 €

$$\textbf{Dividendenrendite für eine Aktie} = \frac{0{,}50 \cdot 100}{11{,}00} = 4{,}55\ \%$$

Die Dividendenrendite soll die Möglichkeit schaffen, Aktien über einen längeren Zeitraum vergleichbar zu machen. Da der veröffentlichte Jahresüberschuss durch entsprechende Bewertungsspielräume nur begrenzt aussagekräftig ist, wird bei der Wertpapieranalyse der Gewinn nach DVFA/SG (Deutsche Vereinigung für Finanzanalyse und Anlageberatung/Schmalenbach-Gesellschaft) verwendet, der von Sondereinflüssen bereinigt ist.

$$\textbf{Gewinn je Aktie} = \frac{\text{Gewinn} \cdot \text{Nennwert je Aktie}}{\text{Grundkapital}} \quad \text{oder} \quad \frac{\text{Gewinn}}{\text{Anzahl der ausgegebenen Aktien}}$$

Praxisfall (Fortsetzung)

$$\textbf{Gewinn je Aktie} = \frac{20\ \text{Mio. €}}{20\ \text{Mio. Aktien}} = 1{,}00\ €$$

Die Dividendenrendite mit 4,55 % errechnet sich mit einer Ausschüttung von 0,50 €. Der Ertrag des Unternehmens betrug aber 1,00 € pro Aktie. Damit wird deutlich, dass die Dividendenrendite nur eingeschränkt aussagefähig ist.

Der Gewinn je Aktie gibt Auskunft über die Ertragskraft eines Unternehmens im Zeitablauf (Zeitvergleich) oder über die Ertragskraft verschiedener Unternehmen (Betriebsvergleich).

$$\textbf{Kurs-Gewinn-Verhältnis}\ \text{(KGV oder Price-Earnings-Ratio)} = \frac{\text{Kurs je Aktie}}{\text{Gewinn je Aktie}}$$

Das Kurs-Gewinn-Verhältnis prüft die Preiswürdigkeit einer Aktie im Vergleich zu inländischen und ausländischen Aktien oder im Branchenvergleich und gibt an, in welcher Zeit das Unternehmen den Kurswert der Aktie erwirtschaftet. Je höher die Kennzahl ist, umso teurer ist das Papier, und je niedriger, umso preiswerter ist die Aktie.

Praxisfall (Fortsetzung)

$$\textbf{KGV} = \frac{11{,}00}{1{,}00} = 11$$

Die Aktie erwirtschaftet ihren Kurswert in elf Jahren.

An den durchschnittlichen KGVs lässt sich auch die Entwicklung der Aktienkurse ablesen. Bei niedrigen KGVs ist Spielraum für Kurssteigerungen vorhanden, während bei hohen KGVs Kurssteigerungen begrenzt sind.

$$\textbf{Ertragswert} = \frac{\text{Gewinn je Aktie} \cdot 100}{\text{Kapitalisierungszins}}$$

Der Ertragswert soll bei einer Anlageentscheidung die Frage klären, ob der Kurs der Aktie im Verhältnis zum aktuellen Kapitalmarktzins richtig bewertet ist. Ist der Ertragswert höher als der Kurs der Aktie, lohnt sich die Anlage. Ist der Ertragswert niedriger, ist eine Anlage zum Kapitalmarktzins günstiger. Allerdings werden bei der Berechnung dieser Kennziffer erwartete Kursgewinne und das Kursrisiko nicht berücksichtigt.

Praxisfall (Fortsetzung)

Bei einem Kapitalmarktzins von 4 % ist der Ertragswert der Aktie = 1 · 100 : 4 = 25,00 €. Das bedeutet, dass bei einem Gewinn von 1,00 € auf dem Kapitalmarkt bei einem Zinssatz von 4 % ein Betrag von 25,00 € angelegt werden müsste. Verglichen mit dem Kurs von 11,00 € lohnt sich die Anlage.

Cashflow

Der Cashflow ist eine wichtige Kennziffer für die **Ertragskraft** eines Unternehmens, da bei dieser Größe zum Jahresüberschuss alle nicht auszahlungswirksamen Aufwendungen (Abschreibungen, langfristige Rückstellungen, außerordentliche Aufwendungen) hinzuaddiert und alle nicht einzahlungswirksamen Erträge (außerordentliche Erträge) abgezogen werden.

Praxisfall (Fortsetzung)

Für die Creon AG errechnet sich ein Cashflow in Höhe von

	Gewinn	20.000 T€
+	Erhöhung der langfristigen Rückstellungen	2.000 T€
+	Abschreibungen	2.255 T€
–	außerordentliche Erträge	2.755 T€
=	Cashflow	21.500 T€

$$\textbf{Cashflow pro Aktie} = \frac{\text{Cashflow} \cdot \text{Nennwert der Aktie}}{\text{Grundkapital}} \quad \text{oder} \quad \frac{\text{Cashflow}}{\text{Anzahl der ausgegebenen Aktien}}$$

Der Cashflow pro Aktie zeigt, wie hoch die Ertragskraft einer Aktie ist. Zur Analyse muss er mit den Branchenzahlen verglichen werden.

Praxisfall (Fortsetzung)

Der Cashflow pro Aktie beträgt 21,5 Mio. € : 20 Mio. Aktien = 1,075 €.

Kurs-Cashflow-Verhältnis (KCV)

$$\textbf{Kurs-Cashflow-Verhältnis} = \frac{\text{Kurs}}{\text{Cashflow pro Aktie}}$$

Das KCV ersetzt in zunehmendem Maße das KGV, da die Ertragskraft des Unternehmens dadurch besser dargestellt wird. Die Kennziffer drückt aus, **in wie viel Jahren das Unternehmen den Kurs der Aktie erwirtschaftet.**

Praxisfall (Fortsetzung)

Das Kurs-Cashflow-Verhältnis beträgt 11,00 : 1,075 = 10,23, d. h., dass das Unternehmen den Kurswert in 10,23 Jahren erwirtschaftet.

Weitere Kennzahlen sind:

$$\textbf{Substanzwert} = \frac{(\text{Vermögen} - \text{Schulden}) \cdot \text{Nennwert der Aktie}}{\text{Grundkapital}} \quad \text{oder} \quad \frac{(\text{Vermögen} - \text{Schulden})}{\text{Anzahl der ausgegebenen Aktien}}$$

Der Substanzwert gibt an, wie hoch der Wert der Aktie ist, wenn das Unternehmen aufgrund der Bilanzzahlen bewertet wird. Allerdings gehen in diese Beurteilung keine stillen Reserven ein, die durch Unterbewertung der Vermögenswerte oder durch Überbewertung der Schulden entstehen.

EBIT

(engl.: „earnings before interest and taxes") EBIT ist eine Unternehmenskennzahl, die den Jahresüberschuss vor Steuern, Zinsaufwand und außerordentlichem Ergebnis enthält. Zum Jahresüberschuss werden die genannten Positionen hinzuaddiert. Damit wird ein Vergleich der operativen Ertragskraft eines Unternehmens unabhängig von der Eigenkapitalquote möglich. Außerdem haben unterschiedliche Unternehmensbesteuerungen und Zinsniveaus keinen Einfluss.

Praxisfall (Fortsetzung)

	Jahresüberschuss der Creon AG	**20.761 T€**
+	Zinsaufwand	1.567 T€
-	erstattete Steuer	0 T€
+	gezahlte Steuer	912 T€
-	a.o. Ertrag	2.755 T€
+	a.o. Aufwand	0 T€
=	**EBIT**	**20.485 T€**

EBITDA

(engl.: „earnings before interest, taxes, depreciation and amortization") EBITDA ist eine Kennziffer zur Ertragslage eines Unternehmens. Im Vergleich zum EBIT werden zum Jahresüberschuss neben Steuern, Zinsergebnis und außerordentlichem Ergebnis auch noch die Abschreibungen hinzugerechnet. Damit wird der Tatsache Rechnung getragen, dass investitionsfreudige Unternehmen durch hohe ergebnismindernde Abschreibungen einen geringeren Gewinn als weniger investitionsfreudige Unternehmen ausweisen.

Praxisfall (Fortsetzung)

Die Creon AG hat ein EBIT von 20.485 T€. Zu ihm werden die AfA in Höhe von 2.255 T€ hinzugerechnet. Damit ergibt sich ein EBITDA von 22.740 T€.

15.5.2 Technische Analyse (Chartanalyse)

Die **Chartanalyse** versucht die Kursverläufe anhand von exakten Beobachtungen entsprechender Zahlenreihen (Charts) zu analysieren und zu prognostizieren. Die Zahlenreihen werden in Form von Linien-, Balken- oder Point-and-figure-Charts dargestellt.

Linien-, Balken-, Point-and-figure-Charts

Bei Liniencharts wird der tägliche Schlusskurs in das Chartblatt eingetragen und die Kurse durch eine Linie miteinander verbunden. Der Balkenchart (bar-chart) stellt die Kursspanne zwischen Höchst- und Tiefstkurs durch eine senkrechte Linie dar. Zusätzlich werden auf der Zeitachse des Charts die Börsenumsätze pro Börsentag eingetragen. Die Darstellung beim Point-and-figure-Chart entspricht dem Balkenchart, jedoch ohne Zeiteinteilung.

Gleitende Durchschnittslinien

Um langfristig ausgerichtete Trends oder Entwicklungen erkennen zu können, werden **gleitende Durchschnittslinien** – 38, 100 und 200 Tagelinien – ermittelt und in die Charts eingetragen. Durchstößt der Kurs die entsprechende Durchschnittslinie nachhaltig von unten nach oben, kann der Anleger auf weitere Kurssteigerungen hoffen. Umgekehrt wird ein Durchschneiden der Durchschnittslinie durch den Kurs von oben nach unten als ein Zeichen für weiter fallende Kurse gewertet. Solche Situationen werden als Kauf- oder Verkaufssignale angesehen (siehe ❶ und ❷ auf der folgenden Seite).

5484306

❶
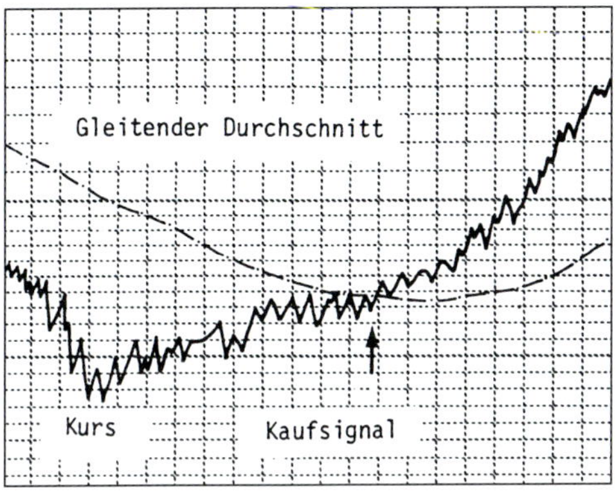

❷
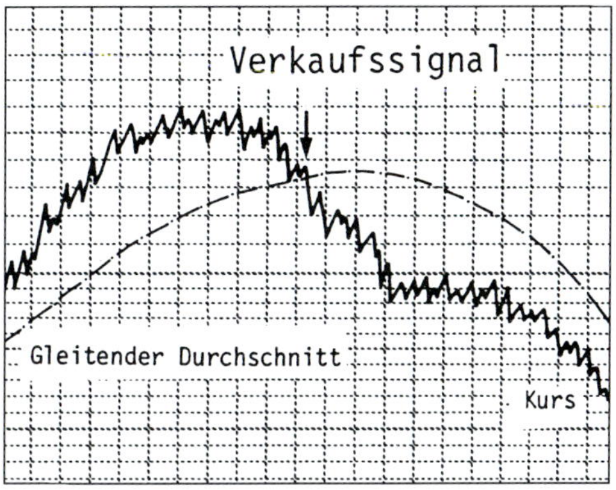

Für bestimmte Kursformationen werden auch **Trendgeraden** entworfen, bei denen die bisherigen Höchst- und Tiefstkurse durch eine gerade Linie verbunden sind. Verlaufen die obere und untere Linie parallel zueinander, ist ein **Trendkanal** zu erkennen (siehe ❸ und ❹). Das Ausbrechen des Kurses aus dieser Formation wird als Kauf- oder Verkaufssignal gewertet.

❸
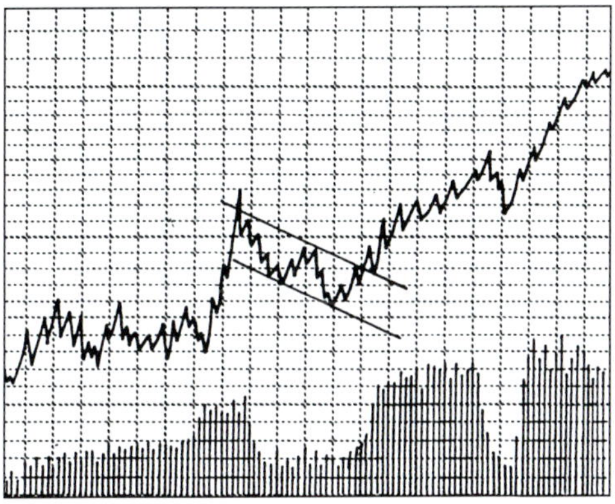

Flagge

❹
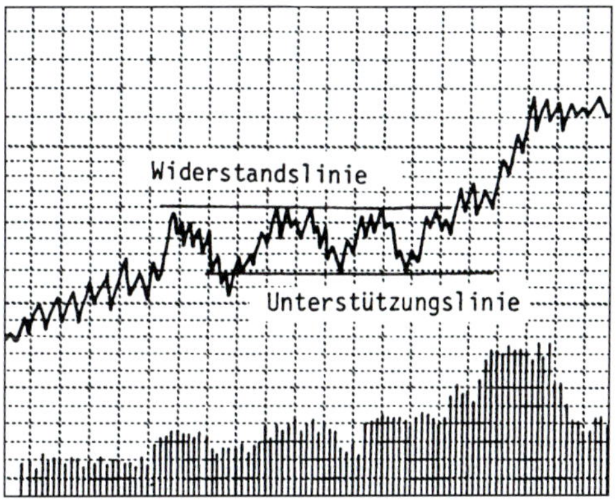

Rechteck

Im Falle waagerecht verlaufender Trendgeraden handelt es sich bei der oberen Gerade um die Widerstands- und bei der unteren Gerade um die Unterstützungslinie (siehe ❺ und ❻). Es ist häufig zu beobachten, dass der Kurs auf das Niveau der Unterstützungslinie fällt, sich dann aber immer wieder erholt. Wird die Linie nach unten durchbrochen, ist das ein Verkaufssignal. Der Kurs steigt wiederholt bis an die Widerstandslinie, fällt dann aber wieder in den Trendkanal zurück. Wird die Widerstandslinie durchbrochen, werden weitere Kurssteigerungen erwartet.

❺
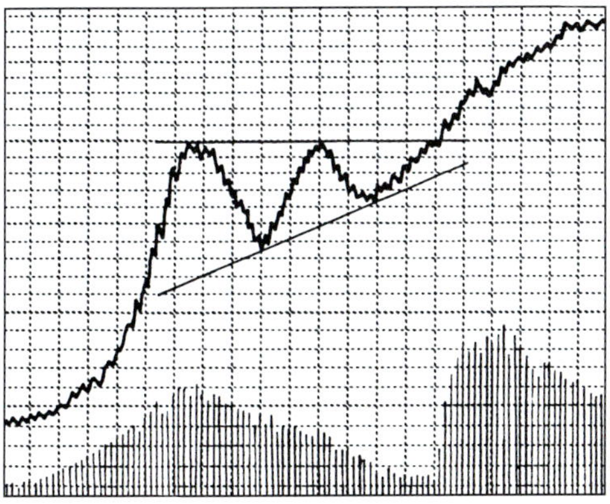

Dreieck

❻
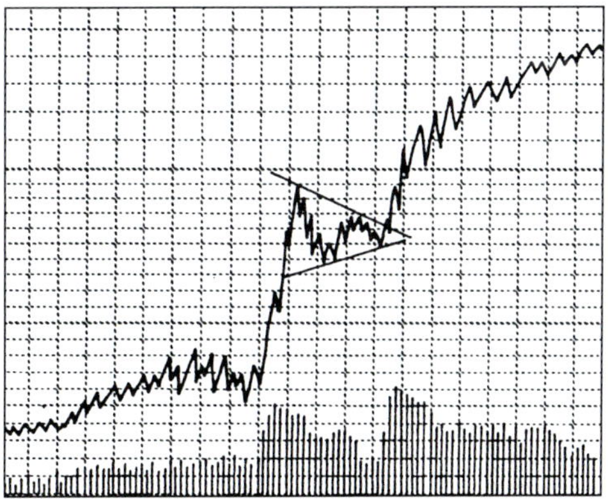

Wimpel

→

Zu den Konsolidierungsformationen gehören Dreieck, Wimpel, Rechteck und Flagge (❸ bis ❻). Diese Kursbilder sind nach langen Auf- oder Abwärtsbewegungen zu beobachten, wobei der Kurs dann einige Zeit in diesen Formationen „verharrt", bevor wieder stärkere Auf- oder Abwärtsbewegungen zu verzeichnen sind. Dreieck und Wimpel unterscheiden sich dadurch, dass beim Wimpel die Kursausschläge größer sind und die Mittellinie im Dreieck horizontal verläuft. Die Flagge unterscheidet sich vom Rechteck durch die kürzere Zeitspanne und die schräge Lage nach einem starken Kursanstieg, der Fahnenstange.

Die Trendumkehrformationen sind sehr häufig beim Übergang von steigenden zu fallenden Kursen oder umgekehrt von fallenden zu steigenden Kursen zu beobachten.

Die V-Formation (❼) ist sehr schwer vorherzusagen. Charakteristisch ist aber der plötzliche Umsatzanstieg an einem Tag nach Zeiten geringen Umsatzes und zurückgehender Kurse.

❼

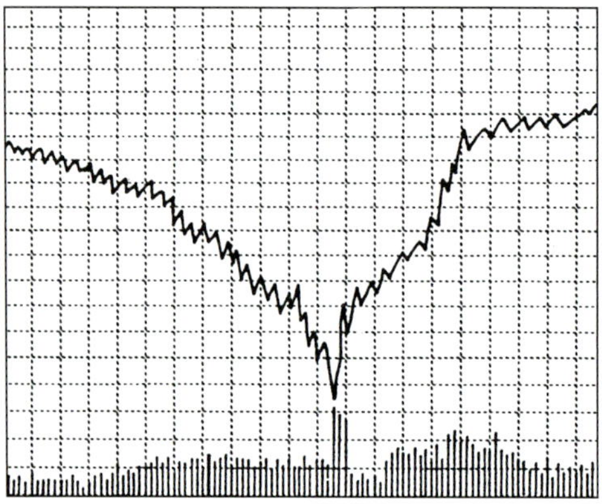

V-Formation

❽

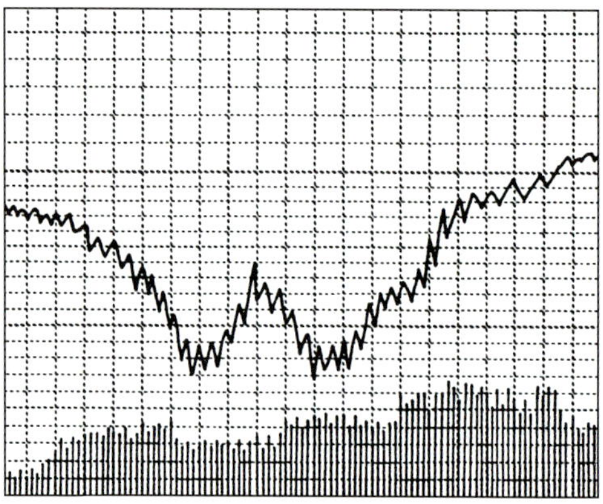

W-Formation

❾

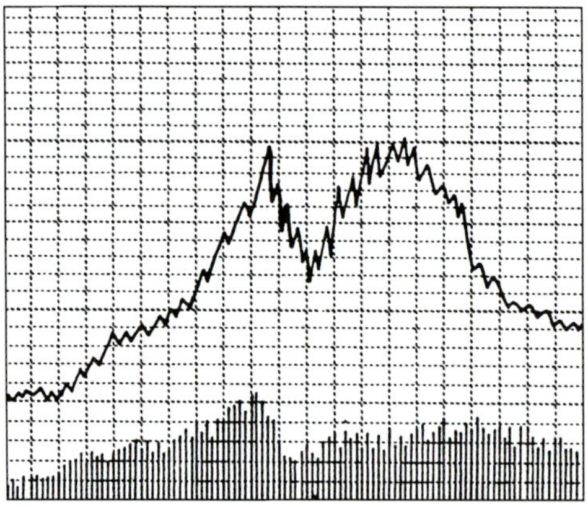

M-Formation

❿

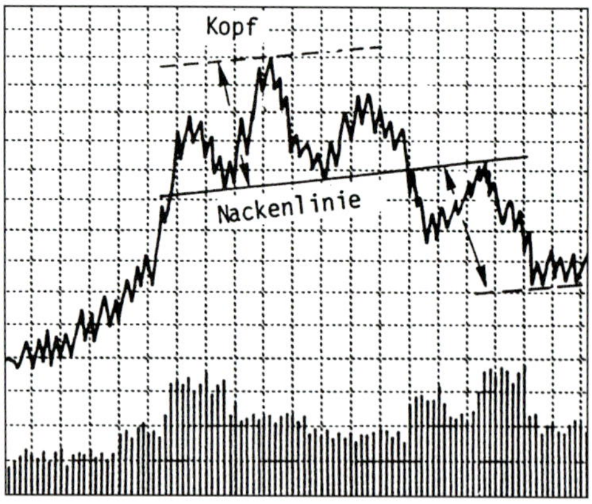

Kopf-Schulter-Formation

Bei der W- oder M-Formation (❽ u. ❾) ist die Umsatzentwicklung entscheidend für die Richtung, in die die Börsenkurse weitergehen. Bei der W-Formation muss der Anstieg nach dem Zwischenhoch durch eine ständige Umsatzausweitung unterstützt werden, sonst ergibt sich eine M-Formation mit weiter fallenden Kursen.

Die Kopf-Schulter-Formation (❿) entsteht dadurch, dass ständige Kursanstiege und Umsatzausweitungen durch eine Konsolidierung unterbrochen werden. Der nächste Kursanstieg wird aber nicht von steigenden Umsätzen getragen. Das führt zu einer weiteren Konsolidierungsphase. Der dritte Kursanstieg wird durch noch weniger Umsatz getragen und erreicht auch nicht die Spitzen des vorangegangenen Hochs. Der jetzt einsetzende Kursrückgang wird durch steigende Umsätze beschleunigt und führt zu weiteren Kursrückgängen. Diese Formation ist häufig zu beobachten, wenn das Kapitalmarktniveau steigt.

15.6 Rücklagen und Ausschüttungspolitik

Praxisfall

Peter Müller ist Aktionär der Danuba AG. Mit der Post hat er die neuesten Zahlen der AG erhalten.

Jahresüberschuss	7.897.654,00 €
+ Gewinnvortrag aus dem Vorjahr	253.456,00 €
- Einstellung in andere Gewinnrücklagen	3.000.000,00 €
= Bilanzgewinn	5.151.110,00 €

Neben diesen Daten liegt ihm noch folgender Auszug aus der Bilanz vor:

Eigenkapital	Jahr 01 in €	Jahr 00 in €
I. Gezeichnetes Kapital	11.400.000,00	11.400.000,00
II. Kapitalrücklage	9.987.256,00	9.987.000,00
III. Gewinnrücklage		
Gesetzliche Rücklage	1.140.000,00	1.140.000,00
Andere Rücklage	6.675.356,00	3.675.000,00
IV. Bilanzgewinn	5.151.110,00	4.954.000,00
davon Gewinnvortrag 253.456,00 €		
	34.353.722,00	31.156.000,00

Zur Gewinnverwendung wird folgender Vorschlag gemacht: Auf das dividendenberechtigte Kapital von 11.400.000,00 € wird eine Dividendenausschüttung von 0,40 € pro Aktie vorgeschlagen. Es handelt sich jeweils um Aktien mit einem Aktiennennbetrag von 1,00 €. Für die Gewinnverwendung ergeben sich die folgenden Zahlen:

Dividendenzahlung	4.560.000,00 €
Gewinnvortrag	591.110,00 €
Bilanzgewinn	5.151.110,00 €

Peter Müller kommt zu Ihnen in das Kreditinstitut mit folgenden Fragen:

1. Weshalb wird nicht der gesamte Jahresüberschuss ausgeschüttet?
2. Wer entscheidet über den Betrag, der in die Rückstellungen eingestellt wird?
3. Warum beschließen die Aktionäre auf der Hauptversammlung keine höhere Ausschüttung?

15.6.1 Gewinnverwendung in einer AG

Der Jahresüberschuss und ein eventuell vorhandener Gewinnvortrag aus dem Vorjahr können ausgeschüttet oder in die offenen Rücklagen des Unternehmens eingestellt werden. Über die Verwendung entscheidet entweder der Vorstand zusammen mit dem Aufsichtsrat oder die Hauptversammlung (§ 58 AktG). Wer letztlich die Entscheidung trifft, hängt davon ab, wer den Jahresabschluss feststellt (d. h. darüber entscheidet, ob der vorliegende Jahresabschluss gebilligt wird). Nach § 170 AktG macht der Vorstand dem Aufsichtsrat mit der Vorlage des Jahresabschlusses einen Vorschlag, wie der Gewinn verwendet werden soll. Dabei ist zu berücksichtigen, dass nach § 150 Absatz 2 AktG gesetzliche Rücklagen gebildet werden müssen. Laut Gesetz müssen mindestens 5 % des um den Verlustvortrag aus dem Vorjahr geminderten Jahresüberschusses in die gesetzlichen Rücklagen eingestellt werden, bis 10 % des Grundkapitals erreicht sind. Die Satzung kann eine höhere gesetzliche Rücklage vorsehen.

Neben den gesetzlichen Rücklagen werden aus dem Jahresüberschuss auch noch die „anderen Rücklagen“ gebildet. Nach § 58 AktG dürfen Vorstand und Aufsichtsrat nicht mehr als 50 % des um einen Verlustvortrag und um die Zuführung zu den gesetzlichen Rücklagen geminderten Jahresüberschusses in die „anderen Rücklagen“ einstellen. Die Satzung kann sie zu einer höheren Einstellung ermächtigen.

Daneben können noch „satzungsmäßige Rücklagen“ und „Rücklagen für eigene Aktien“ gebildet werden. Bei „satzungsmäßigen Rücklagen“ handelt es sich meist um zweckgebundene Rücklagen auf der Basis von Vorschriften in der Satzung. Die „Rücklagen für eigene Aktien“ werden gebildet, um eigene Aktien mit dem nicht ausgeschütteten Teil des Jahresüberschusses zu erwerben.

Die Verwendung der Rücklagen ist gesetzlich vorgeschrieben. Sie dienen in erster Linie der Substanzfestigung und dem Ausgleich eines Verlustes oder eines Verlustvortrages. Daneben können sie auch zur Kapitalerhöhung aus Gesellschaftsmitteln (Berichtigungsaktien, im Sprachgebrauch auch Gratisaktien) verwendet werden.

Gewinnverwendungsrechnung einer AG

	Jahresüberschuss/Jahresfehlbetrag
+/-	Gewinnvortrag/Verlustvortrag
+	Entnahmen aus Gewinnrücklagen a) aus der gesetzlichen Rücklage b) aus der Rücklage für eigene Aktien c) aus satzungsmäßigen Rücklagen d) aus anderen Gewinnrücklagen
-	Einstellung in Gewinnrücklagen a) in die gesetzliche Rücklage b) in die Rücklage für eigene Aktien c) in satzungsmäßige Rücklagen d) in andere Gewinnrücklagen
=	**Bilanzgewinn/Bilanzverlust**

Praxisfall

Peter Müller erkennt anhand der Gewinnverwendungsrechnung der Danuba AG, wie der Bilanzgewinn zustande kommt, und er weiß auch, dass der Vorstand und der Aufsichtsrat über die Gewinnverwendung entschieden haben.

Jahresüberschuss	7.897.654,00 €
+ Gewinnvortrag aus dem Vorjahr	253.456,00 €
- Einstellung in andere Gewinnrücklagen	3.000.000,00 €
= Bilanzgewinn	5.151.110,00 €

Verdeckte Rücklagen (stille Reserven)

In verschiedenen Positionen auf der Aktiv- und Passivseite der Bilanz können stille Reserven verborgen sein. Sie entstehen durch eine Unterbewertung von Vermögen (Aktiva) oder eine Überbewertung von Schulden (Passiva). Das HGB zwingt die Firmen durch die gesetzlichen Bewertungsvorschriften zur Bildung von stillen Reserven. Die Firmen haben aber auch selbst Interesse daran, durch bewusste Unter- oder Überbewertung stille Reserven zu schaffen, um in guten Jahren Vorsorge für schlechte zu treffen. Stille Reserven lassen sich in schlechten Jahren meist „geräuschlos" auflösen und mit ihnen kann das Jahresergebnis dann doch noch positiv aussehen. Allerdings setzen die Finanzbehörden beim Bilden von stillen Reserven enge Grenzen, um eine gerechte Besteuerung vornehmen zu können. Unternehmen, die Bilanzen nach IFRS erstellen, dürfen ihre stillen Reserven nicht verbergen. Der Bilanzierungsstandard IFRS gilt seit 2006 für alle börsennotierten Unternehmen.

15.6.2 Ausschüttungspolitik in einer AG

Bei der Entscheidung über die Gewinnverwendung stehen sich zwei Interessen gegenüber. Die Aktionäre haben ein Interesse an einer Ausschüttung in Form einer Dividende. Die Geschäftsführung hat das Interesse, möglichst viel Kapital in dem Unternehmen einzubehalten. Dieser Zwiespalt wird in vielen Unternehmen häufig durch Großaktionäre entschieden, die an Dividendenzahlungen meist kein Interesse haben, da sie zu Besteuerungen führen. Für sie ist es steuerlich günstiger, wenn der Gewinn im Unternehmen verbleibt.

15.6.3 Shareholder-Value

Der Begriff **„Shareholder"** stammt aus dem Englischen und bedeutet Aktionär. **Shareholder-Value ist die Ausrichtung des Unternehmens am Wohle des Aktionärs.** Ziel dieser Unternehmenspolitik ist die Optimierung des Aktienkurses und der Ausschüttungen. Damit sind die Unternehmen, die sich dem Shareholder-Value unterwerfen, zu einer langfristigen Strategie gezwungen. Die Marktposition muss ausgebaut, die Produkte müssen optimiert und Kosten gespart werden. Damit geht eine am Aktionär ausgerichtete Öffentlichkeitsarbeit einher.

Die Ausrichtung am Shareholder-Value ist für die Arbeitnehmer und Gewerkschaften nicht akzeptabel, da sie häufig zu Entlassungen führt. Allerdings ergibt sich aus der konsequenten Umsetzung dieser Unternehmenspolitik ein stabilisierendes Element für das Unternehmen selbst. Langfristig entsteht ein gesundes Unternehmen, das allen Beschäftigten lukrative und sichere Arbeitsplätze bietet.

15.6.4 Stakeholder-Value

Unter dem Begriff **„Stakeholder"** sind die **Mitarbeiter, Kunden, Lieferanten, Kreditinstitute und Versicherungen** zusammengefasst, die in oder mit dem Unternehmen zusammenarbeiten. Sie sind alle von Unternehmensentscheidungen betroffen und daher an einer Politik interessiert, die ihre Interessen in Form der Intensivierung bestehender Beziehungen mit berücksichtigt. Ein Unternehmen, das sich allein auf eine Politik des Shareholder-Value stützt, kommt mit seinen „Stakeholdern" in Konflikt. Das würde sich negativ auf das Ergebnis auswirken. Deshalb darf ein Unternehmen die Interessen der Stakeholder langfristig nicht vernachlässigen.

Zusammenfassung

Jahresabschluss		
Bilanz	**Gewinn- und Verlustrechnung**	**Anhang und Lagebericht** (bei Kapitalgesellschaften)

Aufbereitung des Jahresabschlusses

Ziel: Ermitteln von Kennziffern, die eine Beurteilung des Unternehmens zulassen oder bei der Analyse von Bilanz und GuV verwendet werden können.

Bilanz	Gewinn- und Verlustrechnung
Bilanzpositionen werden zusammengefasst und es ergibt sich die Strukturbilanz. Beispiel einer Strukurbilanz.	Umsatzerlöse +/- Bestandsveränderungen bei fertigen und unfertigen Erzeugnissen + andere aktivierte Eigenleistungen = Gesamtleistung – Materialaufwand + sonstige betriebliche Erträge = Rohergebnis – betrieblich erforderliche Aufwendung = Betriebsergebnis + a. o. Erträge – a. o. Aufwendungen = Ergebnis vor Steuern – Steuern vom Einkommen und Ertrag = Jahresüberschuss/Jahresfehlbetrag

Aktiva	**Strukturbilanz** Passiva
Immaterielle Anlagen Sachanlagen Anlagevermögen Vorräte Forderungen Wertpapiere (ohne eigene Aktien) Liquide Mittel Umlaufvermögen	Eigenkapital Fremdkapital langfristig mittelfristig kurzfristig

Analyse des Jahresabschlusses

Ziel: Vorbereitung einer Beteiligungs-, Kredit- oder Anlageentscheidung durch die Berechnung von Bilanz und Ertragskennzahlen und deren Bewertung.

Bilanz	Gewinn- und Verlustrechnung
Berechnung von Bilanzkennzahlen zur: – Vermögensstruktur, – Anlagequote, – Liquidität. – Kapitalstruktur, – Anlagendeckung,	Berechnung von Ertragskennzahlen zur: – Kostenstruktur, – Rentabilität, – Cashflow

Risikomanagement	
Aufsichtsrechtliche Funktion – Die Ermittlung der Risiken ist Basis für die Eigenmittelunterlegung des Kreditinstituts. – In Gesetzen, Verordnungen und den Vorschriften der Bankenaufsicht wird den Kreditinstituten ein Risikomanagement vorgeschrieben.	**Betriebswirtschaftliche Funktion** – Eine Bank muss ihre Risiken kennen, um keinen unvorhergesehenen Verlust zu erleiden. – Schutz der Bank durch Vorkehrungen, falls die Risiken eintreten – Verhinderung von Risiken, die nicht eingegangen werden sollen oder die die Bank gefährden

Zusammenfassung (Fortsetzung)

Bankrisiken Aufsichtsrechtliche Vorschriften			
	Säule 1	**Säule 2**	**Säule 3**
Ziel	Begrenzung der Risiken durch die vorhandenen Eigenmittel	Schaffung eines wirksamen Risikomanagements	Vorhandene Risiken in Banken müssen veröffentlicht werden.
Aufgaben	Risikomessung, Bonitätseinschätzung, Ermittlung eines Risikogewichts zur Anrechnung bei den Anrechnungsbeträgen	Risiken entdecken und einschätzen, Strategien zur Bewältigung entwickeln	vorhandene Risiken offenlegen
Risiken	Adressrisiken Marktrisiken Operationelle Risiken	alle Risiken	Adressrisiken Marktrisiken Operationelle Risiken
Gesetzliche Grundlagen	Solvabilitätsverordnung	Mindestanforderungen an das Risikomanagement	Solvabilitätsverordnung

Ratings = Bonitätseinschätzungen für Unternehmen	
Externe Ratings	**Interne Ratings**
von Rating-Agenturen erstellt	durch die Bank selbst erstellt
– können zur Risikomessung und Risikoeinschätzung bei Kreditkunden genutzt werden – sind neben anderem Basis bei der Risikoermittlung nach Säule 1 für den Standardansatz	– dienen der Risikomessung und Risikoeinschätzung bei Kreditkunden – sind Basis bei der Risikoermittlung nach Säule 1 für den IRB-Basisansatz und den fortgeschrittenen IRB-Ansatz

Informationen, die für Ratings verwendet werden		
qualitativer Art	**quantitativer Art**	
– Kennziffern der Bilanzanalyse Bilanzkennzahlen – Ertragskennzahlen – Bilanzkritik – Mittelfristige Unternehmensplanung	– Produkte – Fertigungsprozesse – Marktstellung – Geschäftsstrategie – Führungsstruktur – Qualität des Managements	– Branchenperspektiven – Nachfolgeregelung – Qualität des Controllings – Personalkonzept – Umgang mit der Umwelt

Unternehmensanalyse für	
Kreditentscheidungen	**Anlageentscheidungen**
– in der Bank	– in der Bank – für die Kundenberatung

Grundlagen einer Anlageentscheidung für Aktien		
Fundamentalanalyse	**Technische Analyse**	**andere Einflüsse**
– Auswertung der verfügbaren Informationen – bestimmt den Wert einer Aktie – „interessante" Aktien werden ausgewählt	– Auswertung der vorhandenen Kursverläufe – bestimmt den richtigen Kauf- oder Verkaufszeitpunkt	– Betrachtung der konjunkturellen Situation zur Bestimmung des richtigen Anlagemediums

Aufgaben

1. Bilanz der Verni AG zum 31. Dezember 20..:

Aktiva	(in Mio. €)		Passiva
Anlagevermögen	116	Gezeichnetes	
Umlaufvermögen	146	Kapital	70
		Rücklagen	24
		Fremdkapital	168
	262		262

Zusätzliche Angaben:

- Die stillen Reserven werden von Fachleuten auf 46 Mio. € geschätzt.
- Der Nennwert einer Aktie beträgt 1,00 €.
- Der Kurs der Aktie beträgt zurzeit 10,50 €.
- Es wurden 0,12 € Dividende ausgeschüttet.
- Geschätzter Gesamtgewinn (Jahresüberschuss) 29,4 Mio. €
- Abschreibungen 14 Mio. €
- Zuführung zu den Pensionsrückstellungen 5,6 Mio. €
- Bei der Ermittlung des Jahresüberschusses wurden außerordentliche Aufwendungen von 4,2 Mio. € berücksichtigt.

a) Berechnen Sie die Dividendenrendite, den Gewinn je Aktie, das Kurs-Gewinn-Verhältnis, den Buchwert, den Buchwert einschließlich stiller Reserven, den Cashflow pro Aktie, das Kurs-Cashflow-Verhältnis und den Ertragswert der Aktien bei einem Kapitalmarktzins von 8 %.

b) Betrachten Sie den Gewinn je Aktie und den Cashflow pro Aktie. Beurteilen Sie deren Aussagekraft mithilfe der folgenden Zahlen:

Jahr	Gewinn/Aktie	Cashflow/Aktie
1	0,42 €	0,62 €
2	0,48 €	0,70 €
3	...	... (errechnete Zahlen)

2. Während eines Anlagegesprächs wird über die Anlage in verschiedenen inländischen Aktien gesprochen. Es liegen zwei Bilanzen der angebotenen Aktien vor:

Aktiva	Compu AG in T€		Passiva
Anlagevermögen	2.500	Grundkapital	1.120
Umlaufvermögen	1.500	Rücklagen	756
		Verbindlichk.	1.900
		Jahresüberschuss	224
	4.000		4.000

- Vom Jahresüberschuss der Compu AG werden 134.400,00 € ausgeschüttet.
- Stückelung: 1-€-Aktien bei Compu AG und Biotech AG
- Der Jahresüberschuss der Biotech-Aktie wird voll ausgeschüttet.

Aktiva	Biotech AG in T€		Passiva
Anlagevermögen	4.000	Grundkapital	3.000
Umlaufvermögen	2.100	Rücklagen	1.100
		Verbindlichk.	1.400
		Jahresüberschuss	600
	6.100		6.100

a) Berechnen Sie die Dividendenrendite und interpretieren Sie den Aussagegehalt. Kurs Compu-Aktie 4,00 € und Biotech-Aktie 3,00 €.

b) Berechnen Sie das KGV und interpretieren Sie das Ergebnis.

c) Berechnen Sie den Cashflow pro Aktie (AfA: Compu AG 50.000,00 €, Biotech AG 150.000,00 €).

3. a) Erläutern Sie die Kennziffern und die Aussage der folgenden Kennziffern:
KGV = 4, Dividendenrendite = 4,5 %.

b) Zeichnen und erklären Sie jeweils zwei typische Formationen für technische Kaufsignale.

c) Zeichnen und erklären Sie jeweils zwei typische Formationen für technische Verkaufssignale (nicht die Gegenpositionen zu b).

4. Erläutern Sie die Besonderheit der DVFA/SG-Ergebnisse.

5. Wozu dient die „technische Analyse" und wozu die „Fundamentalanalyse"?

6. Wer entscheidet in einer AG über die Verwendung des Gewinns?

7. Welche gegensätzlichen Interessen im Zusammenhang mit der Ausschüttung haben:

a) Aktionäre und Unternehmen?

b) Kleinaktionäre und Großaktionäre?

c) Aktionäre und Belegschaft?

5484314

Konten- und Abschlussüberblick

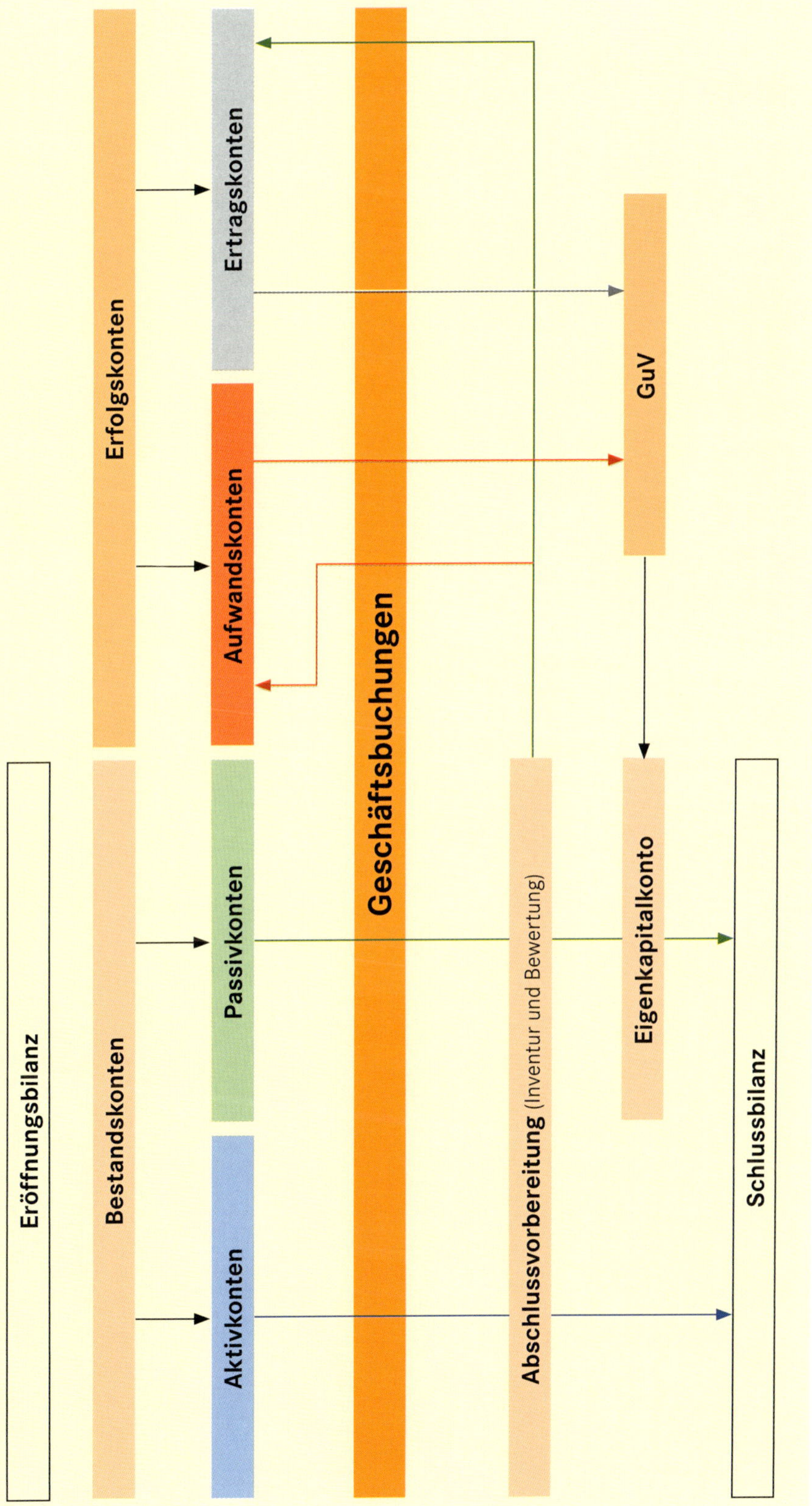

Formblatt 1

Jahresbilanz zum ______________________

der ______________________

Aktivseite

	€	€	€	€
1. Barreserve				
a) Kassenbestand				
b) Guthaben bei Zentralnotenbanken				
darunter:				
bei der Deutschen Bundesbank				
c) Guthaben bei Postgiroämtern				
2. Schuldtitel öffentlicher Stellen und Wechsel, die zur Refinanzierung bei Zentralnotenbanken zugelassen sind				
a) Schatzwechsel und unverzinsliche Schatzanweisungen sowie ähnliche Schuldtitel öffentlicher Stellen				
darunter:				
bei der Deutschen Bundesbank refinanzierbar				
b) Wechsel				
darunter:				
bei der Deutschen Bundesbank refinanzierbar				
3. Forderungen an Kreditinstitute				
a) täglich fällig				
b) andere Forderungen				
4. Forderungen an Kunden				
darunter:				
durch Grundpfandrechte gesichert				
Kommunalkredite				
5. Schuldverschreibungen und andere festverzinsliche Wertpapiere				
a) Geldmarktpapiere				
aa) von öffentlichen Emittenten				
darunter:				
beleihbar bei der Deutschen Bundesbank				
ab) von anderen Emittenten				
darunter:				
beleihbar bei der Deutschen Bundesbank				
b) Anleihen und Schuldverschreibungen				
ba) von öffentlichen Emittenten				
darunter:				
beleihbar bei der Deutschen Bundesbank				
bb) von anderen Emittenten				
darunter:				
beleihbar bei der Deutschen Bundesbank				
c) eigene Schuldverschreibungen				
Nennbetrag				
6. Aktien und andere nicht festverzinsliche Wertpapiere				
6. a Handelsbestand				
7. Beteiligungen				
darunter:				
an Kreditinstituten				
an Finanzdienstleistungsinstituten				
8. Anteile an verbundenen Unternehmen				
darunter:				
an Kreditinstituten				
an Finanzdienstleistungsinstituten				
9. Treuhandvermögen				
darunter:				
Treuhandkredite				
10. Ausgleichsforderungen gegen die öffentliche Hand einschließlich Schuldverschreibungen aus deren Umtausch				
11. Immaterielle Anlagewerte				
12. Sachanlagen				
13. Ausstehende Einlagen auf das gezeichnete Kapital				
darunter:				
eingefordert				
14. Eigene Aktien oder Anteile				
Nennbetrag/gegebenenfalls rechnerischer Wert				
15. Sonstige Vermögensgegenstände				
16. Rechnungsabgrenzungsposten				
17. Nicht durch Eigenkapital gedeckter Fehlbetrag				
Summe der Aktiva				

5484316

Passivseite

	€	€	€	€
1. Verbindlichkeiten gegenüber Kreditinstituten				
a) täglich fällig				
b) mit vereinbarter Laufzeit oder Kündigungsfrist				
2. Verbindlichkeiten gegenüber Kunden				
a) Spareinlagen				
aa) mit vereinbarter Kündigungsfrist von drei Monaten				
ab) mit vereinbarter Kündigungsfrist von mehr als drei Monaten				
b) andere Verbindlichkeiten				
ba) täglich fällig				
bb) mit vereinbarter Laufzeit oder Kündigungsfrist				
3. Verbriefte Verbindlichkeiten				
a) begebene Schuldverschreibungen				
b) andere verbriefte Verbindlichkeiten				
darunter:				
Geldmarktpapiere				
eigene Akzepte und Solawechsel im Umlauf				
3. a Handelsbestand				
4. Treuhandverbindlichkeiten				
darunter:				
Treuhandkredite				
5. Sonstige Verbindlichkeiten				
6. Rechnungsabgrenzungsposten				
7. Rückstellungen				
a) Rückstellungen für Pensionen und ähnliche Verpflichtungen				
b) Steuerrückstellungen				
c) andere Rückstellungen				
8. Sonderposten mit Rücklageanteil				
9. Nachrangige Verbindlichkeiten				
10. Genussrechtskapital				
darunter:				
vor Ablauf von zwei Jahren fällig				
11. Fonds für allgemeine Bankrisiken				
aus Handelsbestand				
12. Eigenkapital				
a) gezeichnetes Kapital				
b) Kapitalrücklage				
c) Gewinnrücklagen				
ca) gesetzliche Rücklage				
cb) Rücklage für eigene Anteile				
cc) satzungsmäßige Rücklagen				
cd) andere Gewinnrücklagen				
d) Bilanzgewinn/Bilanzverlust				
Summe der Passiva				

1. Eventualverbindlichkeiten			
a) Eventualverbindlichkeiten aus weitergegebenen abgerechneten Wechseln			
b) Verbindlichkeiten aus Bürgschaften und Gewährleistungsverträgen			
c) Haftung aus der Bestellung von Sicherheiten für fremde Verbindlichkeiten			
2. Andere Verpflichtungen			
a) Rücknahmeverpflichtungen aus unechten Pensionsgeschäften			
b) Platzierungs- und Übernahmeverpflichtungen			
c) Unwiderrufliche Kreditzusagen			

Gewinn- und Verlustrechnung

Aufwendungen

	€	€	€
1. Zinsaufwendungen			......
2. Provisionsaufwendungen			......
3. Nettoaufwand aus Finanzgeschäften			......
4. Allgemeine Verwaltungsaufwendungen			
a) Personalaufwand	......		
aa) Löhne und Gehälter			
ab) Soziale Abgaben und Aufwendungen für Altersversorgung und für Unterstützung	......	......	
darunter: für Altersversorgung ...... €			
b) andere Verwaltungsaufwendungen		......	......
5. Abschreibungen und Wertberichtigungen auf immaterielle Anlagewerte und Sachanlagen			......
6. Sonstige betriebliche Aufwendungen			......
7. Abschreibungen und Wertberichtigungen auf Forderungen und bestimmte Wertpapiere sowie Zuführungen zu Rückstellungen im Kreditgeschäft			......
8. Abschreibungen und Wertberichtigungen auf Beteiligungen, Anteile an verbundenen Unternehmen und wie Anlagevermögen behandelte Wertpapiere			......
9. Aufwendungen aus Verlustübernahme			......
10. Außerordentliche Aufwendungen			......
11. Steuern vom Einkommen und vom Ertrag			......
12. Sonstige Steuern, soweit nicht unter Posten 6 ausgewiesen			......
13. Aufgrund einer Gewinngemeinschaft, eines Gewinnabführungs- oder eines Teilgewinnabführungsvertrags abgeführte Gewinne			......
14. Jahresüberschuss			......
Summe der Aufwendungen			

Erträge

	€	€
1. Zinserträge aus		
a) Kredit- und Geldmarktgeschäften	......	
b) festverzinslichen Wertpapieren und Schuldbuchforderungen	......	......
2. Laufende Erträge aus		
a) Aktien und anderen nicht festverzinslichen Wertpapieren	......	
b) Beteiligungen	......	
c) Anteilen an verbundenen Unternehmen	......	......
3. Erträge aus Gewinngemeinschaften, Gewinnabführungs- oder Teilgewinnabführungsverträgen		......
4. Provisionserträge		......
5. Nettoertrag des Handelsbestandes		......
6. Erträge aus Zuschreibungen zu Forderungen und bestimmten Wertpapieren sowie aus der Auflösung von Rückstellungen im Kreditgeschäft		......
7. Erträge aus Zuschreibungen zu Beteiligungen, Anteilen an verbundenen Unternehmen und wie Anlagevermögen behandelten Wertpapieren		......
8. Sonstige betriebliche Erträge		......
9. Außerordentliche Erträge		......
10. Erträge aus Verlustübernahme		......
11. Jahresfehlbetrag		......
Summe der Erträge		

Dreisatz

Aufstellung des Dreisatzes:

Bedingungssatz	1,00 EUR	1,54 USD	(alle Angaben)
Fragesatz	750,00 EUR	x USD	(unbekannte Größe steht hinten)
Schlusssatz	$x = \frac{750{,}00 \cdot 1{,}54}{1{,}00}$	= 1.155,00 USD	(Bruchstrich bilden)

Arten: **Gerader /direkter Dreisatz:**	mehr → mehr	weniger → weniger	über Kreuz multiplizieren
ungerader /indirekter Dreisatz:	mehr → weniger	weniger → mehr	waagrecht multiplizieren

Prozentrechnung

$$\text{Prozentwert} = \frac{\text{Grundwert} \cdot \text{Prozentsatz}}{100}$$

$$\text{Prozentsatz} = \frac{\text{Prozentwert} \cdot 100}{\text{Grundwert}}$$

$$\text{Grundwert} = \frac{\text{Prozentwert} \cdot 100}{\text{Prozentsatz}}$$

Zinsrechnung

$$\text{Jahreszinsen (z)} = \frac{K \cdot p}{100}$$

$$\text{Monatszinsen (z)} = \frac{K \cdot p \cdot m}{100 \cdot 12}$$

$$\text{Tageszinsen (z)} = \frac{K \cdot p \cdot t}{100 \cdot 360}$$

wobei: z = Zinsen
K = Kapital
p = Zinssatz
m = Monate
t = Tage

Zinsberechnungsmethoden (Zinstage im Monat / Tage im Jahr)		Anwendung:
Kaufmännische Zinsrechnung	(30/360)	Anlagen auf Konten und Kundenkreditgeschäft
Angelsächsische Methode	(act./act.)	Abrechnung von Wertpapieren (Festzinssatz)
Französische Methode (Eurozinsmethode)	(act./360)	Interbankengeschäfte, FRNs

act. = taggenau, kalendermäßig

Summarische Zinsrechnung:

$$\text{Zinszahl (ZZ)} = \# = \frac{k \cdot t}{100}$$

Zinszahlen sind ganze Zahlen und werden kaufmännisch gerundet.

$$\text{Zinsteiler (Zt)} = \frac{360}{p}$$

$$z = \frac{\#}{Zt} \quad \text{oder} \quad z = \frac{\# \cdot p}{360}$$

Zinseszinsrechnung:

Aufzinsung: $K_n = K_0 \left(1 + \frac{p}{100}\right)^n$

wobei K_0 = Anfangskapital, K_n = Endkapital, n= Anzahl der Jahre, p = Zinssatz

wobei: Aufzinsungsfaktor = $q^n = \left(1 + \frac{p}{100}\right)^n$ in Tabellen

Abzinsung: $K_0 = \frac{K_n}{\left(1 + \frac{p}{100}\right)^n}$

wobei K_0 = Anfangskapital, K_n = Endkapital, n= Anzahl der Jahre, p = Zinssatz

wobei: Abzinsungsfaktor = $\frac{1}{q^n}$

Progressive Postenmethode: Zu Beginn des Jahres und bei jeder Kontenbewegung wird der Zins bis zum Jahresende vorausgerechnet. → Sparkontenrechnen

Saldenmethode: Zinsen werden am Ende einer Abrechnungsperiode für den jeweiligen Saldo ermittelt. → Kontokorrentabrechnung, Darlehenszinsen usw.

Effektenrechnen

Bewertung von Gläubigereffekten:

Rendite $= \frac{\text{durchschnittlicher Jahresertrag} \cdot 100}{\text{Kapitaleinsatz}}$

laufende Verzinsung $= \frac{\text{Nominalzins} \cdot 100}{\text{Kapitaleinsatz}}$ oder $\frac{\text{Nominalzins} \cdot 100}{\text{Kurs}}$

Effektivzins $= \frac{\left(\text{Nominalzins} + \frac{\text{Rückzahlungsgewinn}}{\text{Laufzeit}}\right) \cdot 100}{\text{Kapitaleinsatz}}$ oder $\frac{\left(\text{Nominalzins} - \frac{\text{Rückzahlungsverlust}}{\text{Laufzeit}}\right) \cdot 100}{\text{Kapitaleinsatz}}$

Bewertung von Aktien:

Dividendenrendite $= \frac{\text{veröffentlichte Dividende} \cdot 100}{\text{Kurs}}$

Gewinn je Aktie $= \frac{\text{Gewinn} \cdot \text{Nennwert}}{\text{Grundkapital}}$ oder Gewinn · Beteiligungsquote

Kurs-Gewinn-Verhältnis (KGV) $= \frac{\text{Kurs je Aktie}}{\text{Gewinn je Aktie}}$

Ertragswert $= \frac{\text{Gewinn je Aktie} \cdot 100}{\text{Kapitalisierungszinssatz}}$

Cashflow = Jahresüberschuss + ordentliche Abschreibungen + Erhöhung der langfristigen Rückstellungen + außerordentliche Aufwendungen – außerordentliche Erträge

Cashflow pro Aktie $= \frac{\text{Cashflow} \cdot \text{Nennwert}}{\text{Grundkapital}}$ oder Cashflow · Beteiligungsquote

5484320

Kurs-Cashflow-Verhältnis (KCV) $= \frac{\text{Kurs}}{\text{Cashflow pro Aktie}}$

Substanzwert $= \frac{(\text{Vermögen} - \text{Schulden}) \cdot \text{Nennwert pro Aktie}}{\text{Grundkapital}}$ oder $(\text{Vermögen} - \text{Schulden}) \cdot \text{Beteiligungsquote}$

Rendite $= \frac{\text{durchschnittlicher Jahresertrag} \cdot 100}{\text{Kapitaleinsatz}}$

Wert des Bezugsrechts (BR):

BR $= \frac{K_A - K_J}{BV + 1}$ wobei K = Kurs; A = alte Aktie, J = junge Aktie; BV = Bezugsrechtsverhältnis

BV $= \frac{\text{altes Grundkapital}}{\text{Kapitalerhöhung}}$ oder $\frac{\text{Anzahl der alten Aktien}}{\text{Anzahl der jungen Aktien}}$

BR mit DV $= \frac{K_A - (K_J - DV)}{BV + 1}$ oder $\frac{K_A - K_J + DV}{BV + 1}$ wobei DV = Dividendenvorteil

BR mit DN $= \frac{K_A - (K_J + DN)}{BV + 1}$ oder $\frac{K_A - K_J - DN}{BV + 1}$ wobei DN = Dividendennachteil

Optionsscheine:

Hebel $= \frac{\text{Aktienkurs}}{\text{Kurs des Optionsscheins}}$

Aufgeld / Agio = Basispreis + Kurs Optionsschein – aktueller Kurs Basiswert

Relatives Aufgeld $= \frac{(\text{Basispreis} + \text{Kurs Optionsschein} - \text{aktueller Kurs Basiswert})}{\text{aktueller Kurs Basiswert}}$

Innerer Wert = aktueller Kurs Basiswert – Basispreis

Wertpapierabrechnung:

Gläubigerpapiere: Kurswert $= \frac{\text{Nennwert} \cdot \text{Kurs}}{100}$

Aktien / Optionsscheine: Kurswert = Stückzahl · Kurs

Stückzinsberechnung:

Zinsberechnungsmethode bei festem Zinssatz: (act./act.)

Zinsberechnungsmethode bei variabler Verzinsung (FRN): (act./360)

Zinslauf: Wert Zinsschein Vorperiode bis Zinsvaluta (Schlusstag + 2 Börsentage – 1 Kalendertag)

Abschreibung

gleichbleibender Abschreibungsbetrag $= \frac{\text{Anschaffungswert}}{\text{Nutzungsdauer}}$

Abschreibungssatz in % $= \frac{100}{\text{Nutzungsdauer}}$

Kreditgeschäft

Standardisierte Ratenkredite:

Zinsberechnung mit Monatszinsen

$$\text{Anzahl der Raten} = \frac{(\text{Darlehensbetrag} + \text{Bearbeitungsgebühr})}{(\text{monatliche Rate} - \text{Zinsen pro Monat})}$$

Zinsberechnung = Darlehensbetrag · Raten · Zinsen pro Monat

Effektivverzinsung (Faustformel) =

$$\frac{(p \cdot m + \text{Bearbeitungsgebühr in \%}) \cdot 24}{m + 1}$$

wobei p = Monatszinssatz,
m = Gesamtlaufzeit in Monaten

Kreditsicherheiten:

Sachwert = Bauwert + Bodenwert

$$\text{Mittelwert} = \frac{(\text{Sachwert} + \text{Ertragswert})}{2}$$

Ertragswert = Jahresreinertrag (Mieteinnahmen – Bewirtschaftungskosten [25 % – 33 ⅓ %]) · K

$$\text{wobei K} = \text{Kapitalisierungsfaktor} = \frac{100}{\text{Kapitalisierungszinssatz}}$$

$$\text{Pauschalwertberichtigungssatz} = \frac{\text{maßgebl. Forderungsausfall} \cdot 100}{\text{risikobehaftetes Kreditvolumen}}$$

Bilanzkennzahlen:

$$\text{Vermögensstruktur} = \frac{\text{Anlagevermögen} \cdot 100}{\text{Bilanzsumme}}$$

$$\text{Eigenkapitalquote} = \frac{\text{Eigenkapital} \cdot 100}{\text{Bilanzsumme}}$$

$$\text{Verschuldungsgrad} = \frac{\text{Fremdkapital} \cdot 100}{\text{Bilanzsumme}} \quad \text{oder} \quad 100 - \text{Eigenkapitalquote}$$

$$\text{Anlagedeckung I} = \frac{\text{Eigenkapital} \cdot 100}{\text{Anlagevermögen}}$$

$$\text{Anlagedeckung II} = \frac{\text{Eigenkapital} + \text{langfristiges Fremdkapital} \cdot 100}{\text{Anlagevermögen}}$$

$$\text{Liquidität 1. Grades} = \frac{\text{liquide Mittel} \cdot 100}{\text{kurzfristige Verbindlichkeiten}}$$

$$\text{Liquidität 3. Grades} = \frac{\text{Umlaufvermögen} \cdot 100}{\text{kurzfristige Verbindlichkeiten}}$$

$$\text{Liquidität 2. Grades} = \frac{(\text{liquide Mittel} + \text{Forderungen}) \cdot 100}{\text{kurzfristige Verbindlichkeiten}}$$

$$\text{Eigenkapitalrentabilität} = \frac{\text{Betriebsergebnis} \cdot 100}{\text{Eigenkapital}}$$

$$\text{Gesamtkapitalrentabilität} = \frac{(\text{Betriebsergebnis} + \text{Zinsaufwendungen}) \cdot 100}{\text{Bilanzsumme}}$$

$$\text{Umsatzrentabilität} = \frac{\text{Betriebsergebnis} \cdot 100}{\text{Gesamtleistung}}$$

$$\text{ROI (Return on Investment)} = \frac{\text{Gewinn}}{\text{Umsatz}} \cdot \frac{\text{Umsatz}}{\text{Gesamtkapital}} \cdot 100$$

Cashflow = Jahresüberschuss + ordentliche Abschreibungen + Erhöhung der langfristigen Rückstellungen + außerordentliche Aufwendungen – außerordentliche Erträge

5484322

Auslandsgeschäft:

R wenn TK > KK, wobei R = Report, KK = Kassakurs, TK= Terminkurs (Zinsen Ausland > Zinsen Inland)

D wenn TK < KK, wobei D= Deport, KK = Kassakurs, TK= Terminkurs (Zinsen Ausland < Zinsen Inland)

$$\text{Swapsatz (R oder D)} = \frac{\text{KK} \cdot \text{Zinssatzdifferenz} \cdot t}{100 \cdot 360} \qquad \text{Zinssatzdifferenz} = \frac{\text{R oder D} \cdot 100 \cdot 360}{\text{KK} \cdot t}$$

Produktkalkulationen im Passivgeschäft

	Alternativzinsen für Beschaffung am GKM
-	Zinskosten
=	**Deckungsbeitrag I** (Zinsüberschuss, Zins-Konditionenbeitrag)
+	direkt zurechenbare Provisionserlöse
-	direkt zurechenbare Betriebskosten/Standardeinzelkosten
=	**Deckungsbeitrag II** (Netto-Konditionenbeitrag)
=	**Deckungsbeitrag III** (Beitrag zum Betriebsergebnis)

- Deckungsbeitrag II und III ohne Berücksichtigung der Overhead-Kosten

Produktkalkulationen im Aktivgeschäft

	Zinserlöse
-	Alternativzinsen für Anlage am GKM
=	**Deckungsbeitrag I** (Zinsüberschuss, Zins-Konditionenbeitrag)
+	direkt zurechenbare Provisionserlöse
-	direkt zurechenbare Betriebskosten/Standardeinzelkosten
=	**Deckungsbeitrag II** (Netto-Konditionenbeitrag)
-	Risikokosten
-	Eigenkapitalkosten
=	**Deckungsbeitrag III** (Beitrag zum Betriebsergebnis)

- Deckungsbeitrag III ohne Berücksichtigung der Overheadkosten
- Die Kosten für die Unterlegung mit Eigenkapital werden angegeben.

Kundenkalkulation

	Konditionenbeiträge der Aktivgeschäfte
-	Konditionenbeiträge der Passivgeschäfte
=	**Deckungsbeitrag I** (Zinsüberschuss, Zins-Konditionenbeitrag)
+	direkt zurechenbare Provisionserlöse
-	direkt zurechenbare Betriebskosten/Standardeinzelkosten
=	**Deckungsbeitrag II** (Netto-Konditionenbeitrag)
-	direkt zurechenbare Risikokosten
-	direkt zurechenbare Eigenkapitalkosten
=	**Deckungsbeitrag III** (Beitrag zum Betriebsergebnis)

AB	Anfangsbestand
AfA	Absetzung für Abnutzung
AfW	Aufwendungen für Waren
AG-Anteil	Arbeitgeberanteil
AHK	Anschaffungs-/Herstellungskosten
ALV	Arbeitslosenversicherung
AN-Anteil	Arbeitnehmeranteil
AO	Abgabenordnung
AOK	Allgemeine Ortskrankenkasse
ARA	Aktive Rechnungsabgrenzung
AV	Anlagevermögen
BAB	Betriebsabrechnungsbogen
BaFin	Bundesamt für Finanzdienstleistungsaufsicht
BGA	Betriebs- und Geschäftsausstattung
BIC	Bank Identifier Code (internationale Bankleitzahl)
BilMoG	Bilanzmodernisierungsgesetz
BKK	Bankenkontokorrentkonto
BWA	Betriebswirtschaftliche Auswertungen
CPD	Conto pro Diverse
DVFA/SG	Deutsche Vereinigung für Finanzanalyse und Assetmanagement/Schmalenbach-Gesellschaft
E.v.	Eingang vorbehalten
EB	Eröffnungsbilanz
EBIT	Earnings before interest and taxes
EBITDA	Earnings before interest, taxes, depreciation and amortization
EE	Eigene Effekten
Eig. WP	Eigene Wertpapiere
EK	Eigenkapital
EKK	Effektenkommissionskonto
EK-Preis	Einkaufspreis
EStG	Einkommensteuergesetz
EStR	Einkommensteuerrichtlinie
EWB	Einzelwertberichtigung
EZB	Europäische Zentralbank
FA	Finanzamt
FK	Fremdkapital
Fo Kdn	Forderungen gegenüber Kunden
Fo KI	Forderungen gegenüber Kreditinstituten
Fonds f. allg. BR	Fonds für allgemeine Bankrisiken
GKM	Geld- und Kapitalmarkt
GoB	Grundsätze ordnungsgemäßer Buchführung
GuV	Gewinn- und Verlustrechnung
GWG	Geringwertige Wirtschaftsgüter
HGB	Handelsgesetzbuch
IAS	International Accounting Standards
IBAN	International Bank Account Number (internationale Kontonummer)
IFRS	International Financial Reporting Standards
ISIN	Internationale Wertpapierkennnummer
KCV	Kurs-Cashflow-Verhältnis
KGV	Kurs-Gewinn-Verhältnis
KI	Kreditinstitut
KKK	Kundenkontokorrentkonto
KV	Krankenversicherung
KWG	Kreditwesengesetz
LiqV	Liquiditätsverordnung
MiFID	Markets in Financial Instruments Directive
MWSt	Mehrwertsteuer
n. E.	Nach Eingang
ND	Nutzungsdauer
p. a.	per annum (jährlich)
PGA	Provisionen und Gebührenaufwand
PGE	Provisionen und Gebührenertrag
PRA	Passive Rechnungsabgrenzung
PV	Pflegeversicherung
PWB	Pauschalwertberichtigung
RechKredV	Verordnung über die Rechnungslegung der Kreditinstitute
ROI	Return on Investment
RV	Rentenversicherung
SB	Schlussbestand
SolvV	Solvabilitätsverordnung
SV	Sozialversicherung
TARGET	Trans-European Automated Real-time Gross Settlement Express Transfer (automatisiertes Zahlungsverkehrssystem der Europäischen Zentralbank)
UE	Umsatzerlöse
ÜW	Überweisung
US-GAAP	United States-Generally Accepted Accounting Principles
USt	Umsatzsteuer
UStDV	Umsatzsteuerdurchführungsverordnung
UStG	Umsatzsteuergesetz
UStR	Umsatzsteuerrichtlinie
UV	Umlaufvermögen
VBL Kdn KK	Verbindlichkeiten gegenüber Kunden-Kontokorrent
VBL KI	Verbindlichkeiten gegenüber Kreditinstituten
VBL Spar	Verbindlichkeiten Spareinlagen
VK-Preis	Verkaufspreis
VL	Vermögenswirksame Leistungen
VSt	Vorsteuer
WP	Wertpapiere
ZB-Guthaben	Zentralbankguthaben
ZV	Zahlungsverkehr
ZVK	Zusatzversorgungskasse

5484324

L

M

N

O

P

Q

R

S

Bildquellenverzeichnis

Coverfoto: Lüders Sven/MEV Verlag, Augsburg
A1PIX, München: 7 (BIS), 79 (D)
adpic Bildagentur, Bonn: 28 (F. Matte), 65 (M. Baumann), 89 (H. Richter), 137 (A. Antl), 211 (P. Ramakers), 212 (M. Baumann), 258 (F. Matte), 259 (B. Leitner)
American Express, Frankfurt: 115
Bergmoser + Höller Verlag AG, Aachen: 100
bildmaschine.de, Berlin: 113 (foto-begsteiger)
Corbis, Düsseldorf: 19 (S. Oskar/zefa)
Giesecke & Devrient GmbH, München: 178
GLOBUS Infografik GmbH, Hamburg: 104
Keystone, Hamburg: 9 (Volkmar Schulz), 55 (Volkmar Schulz)
Safescan Europe, NL-Den Haag: 71
vario images, Bonn: 35 (Ulrich Baumgarten), 43 (Ulrich Baumgarten)
V. Zimmermann, Frankfurt: 292

Trotz intensiver Nachforschungen ist es uns in manchen Fällen nicht gelungen, die Rechteinhaber zu ermitteln. Wir bitten diese, sich mit dem Verlag in Verbindung zu setzen.

5484328